"博学而笃志,切问而近思。"
(《论语》)

博晓古今,可立一家之说;
学贯中西,或成经国之才。

复旦博学·复旦博学·复旦博学·复旦博学·复旦博学·复旦博学·复旦博学

主编简介

郑功成，湖南平江人。现任中国人民大学学科责任教授、博士生导师，第十届全国人大常委会委员、全国人大内务司法委员会委员。兼劳动和社会保障部、民政部、国家人口与计划生育委员会及全军军人保险委员会咨询委员或顾问，教育部公共管理学科教学指导委员会委员，中国社会保险学会副会长、中国劳动科学教育分会副会长、中华慈善总会常务理事、中国社会工作协会常务理事、中国保险学会常务理事、中国政策研究会公共政策委员会常务理事等。

长期从事社会保障、商业保险、劳动就业及相关领域的教学与研究工作。迄今出版有《构建和谐社会：郑功成教授演讲录》《关注民生：郑功成教授访谈录》《社会保障学－理念、制度、实践与思辩》《论中国特色的社会保障道路》《中国社会保障制度变迁与评估》《中国社会保障论》《中国救灾保险通论》《中华慈善事业》《中国灾情论》《灾害经济学》《保险学》《财产保险》《责任保险理论与经营实务》《保险案例分析》《各国保险公司管理与运作》《全球化下的劳工与社会保障》《变革中的就业环境与社会保障》等二十多种学术著作，在《人民日报》《新华文摘》等发表学术论文约300多篇。曾应邀到美国、德国、奥地利、保加利亚、俄罗斯、日本等国家进行国际学术交流。

荣获过第九、十、十二届中国图书奖、全国首届孺子牛金球奖、国家级优秀教学成果二等奖、全国挑战杯园丁奖等多种全国或省部级教学、科研奖励。先后入选北京市理论人才百人工程和教育部新世纪优秀人才支持计划，是有突出贡献的中青年专家和国务院政府特殊津贴获得者。

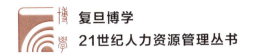

复旦博学
21世纪人力资源管理丛书

社会保障概论

郑功成　主编

本丛书荣获
第六届高等教育
国家级教学成果奖

复旦大学出版社

内容提要

本书是一本高等院校本科层次使用的社会保障专业课程教科书。它按照知识性与思辩性相结合、总结性与前瞻性相结合、理论性与实践性相结合的原则编写。全书分十二章，全面、深刻地阐述了社会保障的基本概念、基本理论、基本规律及主要模式，系统介绍了包括社会保障立法与管理、养老保险、医疗保险、失业保险、工伤保险、社会救助、社会福利、军人保障、补充保障等在内的各种制度安排及实务知识。每章均附学习要点、相关案例与思考题，以引导学生把握书中的重点、难点内容，同时增进学生对社会保障理论与实践的了解与理解。本书适合高等院校经济类、管理类及人口与社会学类专业师生作为教材使用，同时亦适合所有对社会保障有兴趣的人士阅读。

丛书编辑委员会

主　任　曾湘泉

委　员（按姓氏笔画排序）

文跃然　孙健敏　刘子馨　刘尔铎　萧鸣政
苏荣刚　郑功成　徐惠平　彭剑锋

总策划

文跃然　苏荣刚

总序

时间过得飞快！从1991年12月红旗出版社正式出版《中国人民大学劳动人事学院系列教材》至今，12个年头已经过去了。中国的政府、企业和其他非赢利组织对劳动科学，特别是对人力资源管理的认识，可以说发生了翻天覆地的变化。当时，人力资源管理在国内还处于无人知晓的阶段，所以到了1993年我们首次将人事管理专业改成人力资源管理专业后，在招生时竟发生学生家长误以为，学人力资源管理是搞计划生育的笑话。今天，战略性人力资源管理、薪酬制度、绩效管理、E-HR、素质模型等，几乎成为媒体出现频率最高的词汇。可以说，历史上从来没有像我国今天这样，社会各个层面的人们，特别是从事实际工作的各个组织的高级管理者，对人力资源管理理论和实践的关注达到了前所未有的程度。加入WTO后，经济的全球化大势所趋，企业面临更加激烈的来自国内外的竞争，对人才的吸纳、维系和激励，即对人力资源管理的需求迅速上升，最终派生了对人力资源管理知识的巨大需求。

回顾十多年的教学和人才培养所走过的道路，我们对人力资源管理学科的认识也在不断提升。从20世纪80年代起，我们大胆学习和借鉴了以美国为代表的发达市场经济国家的人力资源管理的理论、技术和方法。当年，在赵履宽院长的领导之下，我们学院积聚了一批具有市场化和国际化意识的教师，敢于抛弃前苏联劳动学科体系，大胆提出发展中国劳动力市场，积极推动运用现代人力资源管理理论、技术和方法，解决我国企业面临的"人"的实际问题的理论观点和做法。20世纪90年代中期以后，在引进发达国家人力资源管理理论和技术的同时，我院的一批教授，通过对国内大量企业的管理咨询，体验企业的人力资源管理和变革的活动，增加了对我国人力资源管理现实问题的理解和认识，使我院在历史上曾被称之为"以市场经济理论见长"而"实际管理操作不足"，得到了根本的弥补，并且很快成为一个新的亮点。这为今天我们静下心来，总结我国人力资源管理实践，采集我国企业人力资源管理的案例，编写既有国外先进的理念和知识，又贴近我国企业现实的人力资源管理教科书，无疑打下了很好的基础。今天摆在您面前的这一套人力资源管理的系列丛书，可以说是真实地反映了20世纪90年代以来，我国人力资源管理理论和实践发展的脉络，从一个侧面，展示了劳动人事学院教师们多年来吸收和消化国外理论、技术和方法，以及实践活动探索的路径和轨迹。

如果说，本套丛书有着一些特点的话，我以为可归结为如下几点。

首先是它的理论性。管理，包括人力资源管理，常常被视为只是一套具体的技术，而缺乏理论。无论从西方的管理学说或东方的管理思想的演变，人们常常得到的感觉是表达和说法层出不穷，而最终缺乏一致的范畴和分析的框架。正如国外的一位学者所言，人力资源欠缺适切的核心理论。在整个人力资源管理学科教材体系设计过程中，在强调基础学科内容的训练，强化经济学、心理学、管理学和法学等学科之间的融合的同时，从整个教材体系搭建到每一本教材内容的安排，我们都试图做出努力，尽可能地减少和避免这一不足。在本丛书中，突出了《劳动经济学》、《组织行为学》等基础理论分量较重的教材。

其次，我们也考虑到了尽可能地向读者提供系统性的知识。这主要体现在两个方面：一是尽最大可能从整个人力资源管理流程，如招聘、培训、薪酬和考核等所需要的教学内容出发，以更加细化的方式加以完整体现，使人力资源管理专业的学生，能全面地对人力资源管理流程中的各个环节、接点，有深入的理解、认识和把握；二是试图从理论到实践、从经济到文化、从国外到国内，给学生提供一种尽可能全面的、也是新颖的透视和观察的角度。

技术性和操作性较强也是本丛书的一个特点。当前，人们对人力资源管理的学习热情持续升温，国内近百所院校都开设了人力资源管理专业，培养专业的人力资源管理学生。有数以万计的在职人员，积极申报由国家劳动和社会保障部颁发的人力资源专业资格证书的考试。光顾各大书店，人们对现代人力资源管理知识的需求上升，我们也能不断目睹新的人力资源管理方面的教科书应运而生，但总体而言，符合国际通行的人力资源管理理念、技术和操作规范，又能适合我国国情的教科书尚不多见。目前已出版的教科书，明显存在着两方面的问题：一是简单拷贝国外已有的教材，其内容几乎与国外教科书完全相同，甚至所有案例都无一例外来自国外。另外一个问题是，大量的概念和一般知识介绍有余，实际操作的技术和方法介绍不足，甚至可以说是极端缺乏。与此相比，由于劳动人事学院教师团队，多年来企业管理咨询的实战经验的积累，为编写这种实际操作性较强的教科书打下了一定的基础，在一定程度上弥补了这些缺陷。本套丛书，在所撰写的教材中，从技术、方法和国内所选择的案例，充分反映了我们对国际人力资源管理技术的理解和运用，乃至于一些新的知识和技术的特点，这将在一定程度上，较好地满足当前人力资源管理专业人士的实际需求。

当然，我们也毫不忌讳地承认，本套丛书中的不同教材，包括一本教材中的不同章节的质量，也参差不齐。最重要的是，一个国家的一本教材，深刻地反映了一个国家该学科领域研究的真实水平和发展的状况。坦率地讲，无论是经济学还是管理学，甚至是整个社会科学，国内学术界与国际学术界的学术规范和研究前沿相比，仍存在着一定的差距和不足。一套教材不可能超越目前国内学者对人力资源管理领域现有研究状况，特别是对现有知识系统的贡献的程度。不过，这也并不妨碍本套丛书的特点，更不能否认如下这一点：这里的大部分教材，都是我们教师群体"用心"体会、独立思考完成的成果。

成立于1983年的中国人民大学劳动人事学院，今年迎来了它成立20周年的喜庆日子。《复旦博学·21世纪人力资源管理丛书》的出版，也是带给我院成立20周年的一份献礼。感谢我院人力资源管理系主任文跃然副教授的策划，复旦大学出版社副总编刘子馨先生、副编审苏荣刚先生的鼎力支持。还要感谢人力资源管理系硕士生朱玲玲同学在丛书编辑过程中的辛勤付出。学院老师和出版社共同努力来出版这一套教材，让我写下这一段算是"序"的文字。我们相信，这套丛书的出版，将会推动我国人力资源管理的教学、科研及管理实践活动的健康发展。希望如Arthur K. Yeung 和 Kenneth J. Dewoskin在"亚洲国家的人力资源管理发展"一文中所指出的那样，"展望未来，我们相信当亚洲或拉丁美洲等地区受到更多专家学者的关注之后，终将出现以亚洲或南美洲为主的人力资源理论与措施。"

中国劳动学会副会长
中国劳动学会劳动科学教学分会会长
中国人力资源开发研究会副理事长
中国人民大学劳动人事学院院长
博士生导师

曾湘泉
2003年7月7日于中国人民大学资料楼323室

前言

尽管研究社会保障已有二十年了，但要写好一本社会保障教材却非易事，因为教材不似学术专著可以只发表个人的见解，而是应当将较为成熟的理论与相对定型的政策阐述清楚。我一直认为，一本优秀的教科书就像一个好的导师，会传授正确的知识并给人以启迪；而一本劣质的教科书，却一定会误人子弟，其过莫大焉！

社会保障作为事关全体国民切身利益构建和谐社会的重大制度安排，已经在我们国家的政治、经济、社会发展进程中占有着越来越重要的地位，与此相适应，社会保障及与之相关的教育也在我国得到了前所未有的发展。在这样的背景下，社会保障成了高等院校许多专业都需要开设的基础课程或专业课程，从而客观上又需要有合适的教材。本着为高校学生提供一本合适教材的目标，我在自己多年积累的基础上，在其他几位同志的协助下，完成了本教材的编写任务。作为一本兼具知识性、思辨性的教材，本书是有自己的明显特色的，相信它能够满足高等院校学生学习社会保障课程的需要。

本书由我拟定编写大纲，除我自己撰写第1、2、3、4、6、9、11章及第6章第一、四节和第12章第一、四、五节外，还有杨方方撰写第5、7章，朱卫东撰写第8章，孙洁撰写第10章，于秀丽撰写第6章第二、三节和第12章第二、三节。除第6、8、12章外，其他各章的案例讨论均由我编写。在各章作者完成初稿后，由我集中进行统稿、修订并定稿。

欢迎高校师生及读者提出批评意见，以期不断修订完善。

郑功成
2005年2月28日于北京

目录

1	**第一章 绪论**
2	第一节 社会保障的理论界定
6	第二节 社会保障的学科性质与理论框架
10	第三节 社会保障的目标与功能
16	第四节 社会保障的特征与原则
26	第五节 社会保障的意义
28	案例讨论 利率杠杆的失效
29	思考题
31	**第二章 社会保障的发展**
32	第一节 概述
36	第二节 慈善事业与济贫制度
42	第三节 现代社会保障制度
51	第四节 社会保障发展经验、教训与改革
57	第五节 新中国社会保障制度的发展
70	案例讨论 智利公共养老金私营化改革
72	思考题
73	**第三章 社会保障体系与模式**
74	第一节 概述
78	第二节 社会保障体系
88	第三节 社会保障主要模式
100	案例讨论 从公积金到强积金:完全积累型模式的差异
101	思考题

第四章　社会保障立法与管理

- 103　第一节　概述
- 106　第二节　社会保障立法
- 121　第三节　社会保障管理

- 128　案例讨论1　多龙不治水的社会保险管理格局
- 129　案例讨论2　企业因不参加社会保险而败诉
- 130　思考题

第五章　养老保险

- 132　第一节　概述
- 139　第二节　养老保险模式
- 144　第三节　养老保险的基本内容
- 149　第四节　中国的基本养老保险

- 157　案例讨论1　连续工作38年无处领取养老金
- 158　案例讨论2　提前退休与养老金"黑洞"
- 159　思考题

第六章　医疗保险

- 161　第一节　概述
- 166　第二节　医疗保险的基本内容
- 173　第三节　医疗保障模式
- 178　第四节　中国的医疗保障

- 184　案例讨论1　泰国的医疗卡计划
- 185　案例讨论2　坦桑尼亚非正规部门医疗保险互助会制度

第七章　失业保险

- 188　第一节　概述
- 195　第二节　失业保险的基本内容
- 201　第三节　国外失业保险
- 208　第四节　中国失业保险制度

- 213　案例讨论　失业率的真假
- 215　思考题

216	**第八章 工伤保险**	
217	第一节	概述
222	第二节	工伤保险的基本内容
229	第三节	工伤保险的主要模式
231	第四节	中国的工伤保险
239	案例讨论1	违章操作负伤能认定为工伤吗
240	案例讨论2	交通事故致伤能认定为工伤吗
242	案例讨论3	"生死合同"是否违法
243	案例讨论4	在工作岗位上突发疾病死亡是否算工伤
245	思考题	
246	**第九章 社会救助**	
247	第一节	概述
252	第二节	社会救助的基本内容
259	第三节	最低生活保障
265	第四节	农村五保制度
268	第五节	灾害救助
272	案例讨论1	不完善的最低生活保障制度
273	案例讨论2	北京市最低生活保障制度实行分类救助
274	案例讨论3	深圳市最低生活保障制度的实践
280	思考题	
281	**第十章 社会福利**	
282	第一节	概述
286	第二节	社会福利的基本内容
289	第三节	老年人福利
296	第四节	残疾人福利
301	第五节	妇女儿童福利
306	案例讨论1	社区老年福利服务星光计划
308	案例讨论2	被遗弃的孩子
310	思考题	
311	**第十一章 军人保障**	
312	第一节	概述
317	第二节	军人抚恤优待

3

323	第三节　军人保险
326	第四节　其他军人保障
328	案例讨论　军人配偶随军未就业期间社会保险制度的建立
334	思考题

335	**第十二章　补充保障**
336	第一节　概述
340	第二节　员工福利
345	第三节　企业年金
352	第四节　互助保障
357	第五节　慈善事业
361	案例讨论1　美国401K计划
363	案例讨论2　希望工程
366	思考题

367	**主要参考书目**

第一章 绪论

【本章学习要点】

通过本章的学习,应当了解社会保障的理论界定及其差异的形成,准确认知社会保障的学科性质与理论框架以及社会保障的基本特征与原则,同时正确理解社会保障的目标、功能与意义。

第一节 社会保障的理论界定

社会保障是一个十分古老的问题。因为自古以来,就总有一部分社会成员会因各种原因陷入生活困境,需要政府、社会或他人援助才能避免生存危机,各国政府为了维护社会稳定、缓和阶层矛盾,亦在很早以前就制定并实施过诸如救灾、济贫等方面的社会政策,如中国历代统治者就均实施过救灾救荒的措施,英国则在1601年颁布过《济贫法》。19世纪末,德国更适应工业社会的需要,率先建立了与工业文明相适应的社会保险制度。但"社会保障"(Social Security)[①]一词的出现,最早却是在美国1935年颁布的《社会保障法》中。此后,社会保障一词即被有关国际组织及多数国家所接受,并逐渐成为以政府和社会为责任主体的福利保障制度的统称。不过,由于社会保障要受到政治、经济、社会乃至文化等诸多因素的影响,各国具体国情的差异又使其在社会保障制度的实践中出现很大差异,对社会保障的认识和理论界定也很自然地存在着很大差异。因此,当代世界对社会保障的理论界定的多样化,同时也是各国国情差异与各社会保障制度多样化相吻合的一种客观现象。有鉴于此,研究社会保障时,就很自然地需要综合运用到政治学、经济学、社会学乃至哲学、伦理学等诸般知识。

一、国外对社会保障概念的界定

据已有的文献资料,可以选择部分不同的社会保障概念界定列示如下:

国际劳工组织对社会保障的界定。作为以维护劳工权益为己任的主要国际性组织,国际劳工组织在1942年出版的文献中即将社会保障界定为:通过一定的组织对这个组织的成员所面临的某种风险提供保障,为公民提供保险金、预防或治疗疾病、失业时资助并帮助他重新找到工作[②]。

德国是社会保险制度的发源地,社会保险制度的出现标志着现代社会保障制度产生。作为最早建立现代社会保障制度的国家,德国对社会保障的理解主要是基于

[①] 对"Social Security"一词,也有人将其翻译成"社会安全"。在国际劳工组织等的文献中,更由社会保障扩展到社会保护,其内涵与外延均在进一步扩张。

[②] 国际劳工组织此后一直十分关注社会保障,并自20世纪50年代以来通过了一系列的公约。其中最重要的是1952年6月28日在日内瓦国际劳工会议上通过的《社会保障最低标准公约》,所涉及的内容包括医疗照顾、疾病津贴、失业津贴、养老退休金、雇员工伤津贴、家庭补助、生育津贴、伤残津贴、遗属津贴等。此后,还通过了诸如《生育保护公约》及其建议书(1952)、《平等待遇(社会保障待遇)公约》(1962)、《工伤赔偿公约》(1964)、《病残、老年、遗属补助公约》(1967)、《医疗照顾与疾病津贴公约》(1969)、《维护社会保障权利公约》(1982)及其建议书(1983)等。

德国社会市场经济的理论,将社会保障理解为社会公平和社会安全,认为社会保障是对竞争中不幸失败的那些人提供基本的生活保障①。

英国是老牌资本主义国家,亦是西方福利国家的代表。而建立福利国家的理论与政策依据便是1942年由贝弗里奇主持起草的研究报告《社会保险及相关服务》。在这份报告中,贝弗里奇实际上勾画出了一幅较完整的现代福利国家蓝图,社会保障被首次赋予了普遍性原则和类别原则,被认为是代表社会进步的可理解的政策的一个组成部分,其目标被界定为消除贫困,并将其概括为国民在失业、疾病、伤害、老年以及家庭收入锐减、生活贫困时予以生活保障②。

美国作为最先采用社会保障一词的国家,其对社会保障的理解早先仅限于对老年、残疾及遗属的生活保障,后来扩展到各项社会保险及家庭津贴等。在美国社会保障总署编写的《全球社会保障》一书中,社会保障被界定为"系指根据政府法规而建立的项目,给个人谋生能力中断或丧失以保险,还为结婚、生育或死亡而需要某些特殊开支时提供保障。为抚养子女而发给的家属津贴也包括在这个定义之中"③。

日本官方对社会保障的界定可以采用1950年日本社会保障制度审议会的解释,即"社会保障是指对疾病、负伤、分娩、残疾、死亡、失业、多子女及其他原因造成的贫困,从保险方法和直接的国家负担上,寻求经济保障途径。对陷入生活困境者,通过国家援助,保障其最低限度的生活,同时谋求公共卫生和社会福利的提高,以便使所有国民都能过上真正有文化的成员的生活。"④在日本学术界,则有广义与狭义的区别,广义的社会保障被看成是政府关于解决各种社会问题的社会政策的统称,狭义的解释如日本学者松尾均衡在《日本社会保障读本》中所言,"社会保障,是指国民在生活上蒙受诸如失业、伤病、高龄等各种事故,而使这些国民的生活源泉——所得出现中断或减少,给国民生活带来困难时,通过社会保障机制进行国民再分配,保障其最低限度的收入所得,由国家来救济国民生活之缺损的制度。"而日本社会福利学者康子则将社会保障与社会福利分离,认为社会保障的对象是经济方面的困难者,它是一种普遍地、平等地实施的制度⑤。

事实上,对社会保障概念界定的差异在一国之内的不同历史时期和不同学者之间亦存在,这是因为社会保障一直处于发展之中,而研究者亦有着自己不同的价值取向与研究视角,因此,要想有一个全球统一的社会保障理论界定,就像要有一个全球统一的社会保障制度一样,在相当长时期内是难以实现的。

---

① 引自陈良瑾主编:《社会保障教程》,第1—2页,知识出版社,1990。
② "Social Insurance and Allied Services" Report by sir William Beveridge, Cmd, 6404.
③ 美国社会保障署编:《全球社会保障—1995》,阅读指南第1页,华夏出版社,1996。
④ 转引自陈良瑾主编:《社会保障教程》,第2页,知识出版社,1990。
⑤ 一番夕濑 康子著:《社会福利基础理论》,第33—34页,华中师范大学出版社,1998。

二、港台地区对社会保障的界定

由于香港、澳门长期被英国、葡萄牙占领,回归后亦实行"一国两制"①,台湾则与大陆分割而治已达半个多世纪,致使中国一国四地不仅在社会保障实践方面有很大差异,而且在对社会保障概念的认知方面亦存在着分歧。虽然两岸四地在社会福利方面的交流日益增多,但对社会保障的界定仍然难求统一。

在香港,官方界定的社会保障是以政府为责任主体并通过向有需要人士直接发放款项的方式提供的福利,包括综合保障援助计划、公共福利金计划及暴力及执法伤亡赔偿计划、交通意外伤亡援助计划、灾民紧急救济等。香港学者周永新认为,社会保障是政府为保障国民最低生活需求所采取的政策措施,包括非供款性的社会救助、供款性的社会保险和普遍津贴制度等。另一专家莫泰基也指出,"社会保障可以理解为一个政府设立的制度,运用大众的财富,给予需要的人最基本或应得的援助,藉以维持生活需要,以及配合社会发展,增加国民福利。"②由此可见,香港官方的界定范围要窄,仅限于官方的非供款性援助;而专家学者的界定范围较宽,还包括了供款性的社会保险等在内。

台湾的社会保障制度较香港要健全,对社会保障概念有如下界定,即"社会保障是国家以社会救助、社会保险以及公共服务等各种不同方式,对于国民之遭遇危险事故,以致失能、失依,因而生活受损的人,提供各项生活需求,给予其健康保障、职业保障及收入保障,并从而促进民族健康、全民就业及民生均足。"③但总体而言,台湾地区更好提社会福利概念或将社会保险、社会救助、社会福利等概念分割界定。

三、内地学者对社会保障的界定

中国内地对社会保障的认知有其共识的一面,即都以广义的社会保障为对象,但在具体阐述其定义时,依然存在着较大的差异。

官方自1986年在制定和实施国民经济与社会发展第七个五年计划的文献起,就是采用大社会保障的概念,即肯定社会保障是国家和社会对全体社会成员的社会生活提供基本保障的制度安排。但亦未完全定型,如是否将教育福利纳入到社会保障体系,是否将商业保险尤其是商业性的人寿保险、医疗保险等纳入社会保障体系等

---

① "一国两制"是"一个国家、两种制度"的浓缩,指在中国内地实行社会主义制度,而在香港、澳门地区继续实行资本主义制度。
② 莫泰基著:《香港贫穷与社会保障》,第54页,中华书局,1993。
③ 同上书,第56页。

等,即使在官方文献中亦未能够统一。

在理论学术界,陈良瑾认为,"社会保障是国家和社会通过国民收入的分配与再分配,依法对社会成员的基本生活权利予以保障的社会安全制度"①,该定义强调社会保障的责任主体是国家或政府,社会保障的目标是满足人的基本生活需求,实施的条件是相应的社会立法。

侯文若认为,"社会保障可理解为对贫者、弱者实行救助,使之享有最低生活,对暂时和永久失却劳动能力的劳动者实行生活保障并使之享有基本生活,以及对全体公民普遍实施福利措施,以保证福利增进,而实行全社会安定,并让每个劳动者乃至公民都有生活安全感的一种社会机制。"②

郑功成在综合考察现代社会保障制度在各国的发展实践,以及国际性组织、部分国家政府及有关学者对社会保障的概念界定后,提出了对社会保障的定义。即:社会保障是国家或社会依法建立的、具有经济福利性的、社会化的国民生活保障系统。在中国,社会保障则是各种社会保险、社会救助、社会福利、军人福利、医疗保障、福利服务以及各种政府或企业补助、社会互助等社会措施的总称③。这一定义包括了如下必备要素:

(1)依法建立。即现代社会保障制度遵循的是立法先行的原则,是通过社会保障立法来确立社会保障制度,法制规范是社会保障制度赖以建立的客观基础与依据。

(2)突出以人为本。它以保障和改善国民生活、增进国民福利为宗旨,包括经济保障与服务保障等。

(3)具有经济福利性。即从直接的经济利益关系来看,因有政府、雇主与社会各界的参与和分担责任,受益者的所得要大于所费。

(4)属于社会化行为。即由官方机构或社会团体来承担社会保障的实施任务,而非供给者与受益方的直接对应行为。

基于上述理论界定,社会保障的内容主要包括社会救助、社会保险与社会福利三大部分,还有面向军人的独立保障系统,以及其他补充性的社会保障措施。从层次上划分,则社会保障可以划分为如下三个层次:

(1)经济保障。即从经济上保障国民的生活,它通过现金给付或援助的方式来实现,解决的是国民遭遇生活困难时的经济来源问题。

(2)服务保障。即适应家庭结构变迁与自我保障功能弱化的变化,通过提供服

---

① 陈良瑾主编:《社会保障教程》,第5页,知识出版社,1990。
② 侯文若著:《社会保障理论与实践》,第11页,中国劳动出版社,1991。
③ 郑功成著:《中国社会保障论》,第5—6页,湖北人民出版社,1994;参见郑功成著:《论中国特色的社会保障道路》,第6—7页,武汉大学出版社,1997;参见郑功成著:《社会保障学——理念、制度、实践与思辨》,商务印书馆,2000初版,2003、2004再版。

务的方式来满足国民对个人生活照料服务的需求。如安老服务、康复服务、儿童服务等。

（3）精神保障。除了经济保障与服务保障需求外，人们在现实生活中还离不开相应的情感保障，即精神慰藉也是人的正常、健康生活的必要组成部分，因此，现代社会保障还日益承担着为需要者提供精神保障的责任。当然，精神保障属于文化、伦理、心理慰藉方面的保障，它突出地体现了社会保障制度的人性化要求，从而属于更高层次的保障。尽管在实践中，难以将精神保障作为特定的制度安排来加以建设，但发达国家或地区的社会保障制度实践表明，制度化安排中确实需要尊重并满足有需要者的精神保障需求。

第二节　社会保障的学科性质与理论框架

一、社会保障的学科性质

在以往的文献中，对社会保障学科性质的认识存在着巨大偏差。这一方面与研究者不同的专业视角有关，另一方面也是受到了社会保障走过的历程及其多样化实践的影响。

经济学家通常在追求效率的前提下将社会保障视为一种收益分配手段，从而很自然地将社会保障划入经济学范畴；而在社会保障理论的发展进程中，一些经济学家尤其是像庇古、凯恩斯这样一些声名卓著的经济学家对社会保障的理论贡献，更使将社会保障归属于经济学范畴成为学界中相当多的人士认同的观点。而社会学家则从人类社会发展的终极目标与社会公平的角度出发，将社会保障视为社会学的一个领域，柏拉图的《理想国》、培根的《新大西岛》、莫尔的《乌托邦》、康帕内拉的《太阳城》等一批社会学名著通常被视为社会保障基础性的理论源泉。一个很有趣的例子，就是在学术界不仅能够看到经济学者之间或社会学者之间对有关社会保障理论与政策问题争论不休，而且经济学者与社会学者之间的争论更为激烈，这种争论并非只是一道学术风景，而是必然对社会保障政策产生直接的影响。一些政治学者也会说社会保障属于政治学范畴，因为实践中的社会保障事关国家的政治稳定，是当代世界政党政治的重要内容；而法学家、管理学家等对社会保障学科的性质亦存在着不同的看法。

现实中的社会保障是否作为经济学或社会学或管理学等学科的一个分支，或者作为一个独立的学科发展，在不同国家其实是不同的。在英、美等发达国家，社会保障通常不是一个独立学科，而是一个多学科均可以研究的领域，研究社会保障的人士及社会保障专业人才的培养并不限于经济学科和社会学科,而是来自多个学科,但与社会保障相关的社会工作却是一个相对确定的应用学科;美国的社会保险通常列入经济学范畴,日本的社会福利学科通常纳入社会学范畴;在德国,社会保障法与社会保障几乎可以划等号。而在中国,1997年国务院学位委员会将新增的社会保障归入管理学门类公共管理一级学科,将其与土地管理、卫生事业管理等纳入同一范畴,它虽然部分地体现出了社会保障的公共性,但亦存在着无法全面概括社会保障学科作为一个学科领域的内在缺陷,这一定位也就并非是当然的结论。因此,在国际范围内,社会保障并非必然地划归某一传统学科或享有独立学科的地位。

鉴于社会保障独特的性质及其在人类社会发展进程中占有的越来越重要的地位,将其作为任何一个学科(包括经济学、社会学、管理学、政治学等)的分支均非合适[①],而作为一个相对独立的学科领域来发展或许更有利于社会保障理论的健康发展。"因为从理论上讲,社会保障从基金筹集到支付的过程实质上是国民收入的分配与再分配过程,它应当属于经济学范畴;社会保障的直接目的是为社会稳定发展服务,是国家通过法律强制实施的社会政策,它又应当属于政治学范畴;社会保障的行为是社会控制,其内容与任务是解决各种特定的社会问题,从而又应该属于社会学范畴;在实践中,社会保障关系只能由独立的法律部门来调整和规范,并需要运用到统计学、管理学及保险学等技术。由此可见,社会保障牵涉面甚广,上述学科均不可能包容它。目前的专业分割式研究正是造成社会保障理论研究表面繁荣、背后危机的深层原因所在。因此,社会保障应当成为一门相对独立的学科,即是在经济学、政治学、社会学等多学科的基础上发展起来的一门独立的、交叉的、处于应用层次的社会学科。"[②]

作为当代社会科学的一个组成部分,社会保障学科所具有的相对独立性,是因为社会保障在许多国家的发展实践已经表明,它不仅要受经济、政治、社会、文化等诸多因素的影响,而且确实有着自己完整而严密的体系结构和特有的运行规律,从而具备了相对独立地发展社会保障学科的现实基础。社会保障学科的交叉性,是因为它牵涉面广,从而不可能孤立地存在和发展,只能是建立在多学科的基础之上并需要以经济学、社会学等多门学科为理论源泉。社会保障学科的应用性,只不过是揭示了社会保障问题研究更多的是作为一门政策学科而非纯理论学科的客观事实[③]。对社会保

---

① 尽管一些学科可以将社会保障纳入自己的学科体系,如经济学中的福利经济学、社会学中的福利社会学或应用社会学等,但它始终只能从一个侧面来展示社会保障而无法全面、系统地阐述社会保障。

② 郑功成:"论社会保障领域的理论建设",载《中国社会保险》,1995年第7期,第8—19页。

③ 回顾社会保障制度的发展,可以发现不同的学派或不同学者的理论观点往往成为当政者制定社会保障政策的依据。如德国第一批社会保险法律制度的出台与实施,与德国的改良主义——新历史学派(又称为讲坛社会主义学派)有着直接的关系;而贝弗里奇则以《社会保险及其相关服务》的研究报告为福利国家的建立描绘了蓝图;美国在20世纪30年代制定《社会保障法》并实施较为系统的现代社会保障制度时,凯恩斯的经济理论即起了重大的作用,等等。现阶段各国当政者在制定有关社会保障政策时仍然会高度重视学者的意见。

障学科作如上理解,并不妨碍其他多门学科研究社会保障问题并取得相应的理论与政策研究成果,同时显然有助于中国现阶段社会保障理论研究走出误区,促使社会保障理论从分散研究走向系统研究,从微观研究走向宏观与微观研究相结合,最终促使其以整体的面目在社会科学中占据应有的地位。

需要指出的是,本书所称的社会保障学是不能按照传统的思维定势来理解的,因为传统思维定势对"学"的理解是指在已经被固定化了的、经过周密论证的知识体系之下,去进行论证和诠释并且已经完成了的知识体系。而社会保障学显然不具备这一条件。然而,如果我们只是沿着这种固有的思维去理解学科的发展,就不会有新学科的生长。因此,不能用形而上学的、规范的、超历史的眼光来看待社会保障学,而应当将学科的建立与发展立足于研究对象的特殊性的基础之上,在不断的认识过程中去探究,进而建立和把握它的理论体系。据此,社会保障学仍然是能够成立的,它的最大特点就是它不是在已经被固定化的或者封闭化的体系中构筑,而是在多学科的基础上根据社会保障制度的发展实践去进行探索,并在探索中建立和逐步完善它的体系[①]。

二、社会保障学的基本理论框架

作为一门相对独立的学问,社会保障学所探究的是别的学科无法包容或无法完全包容的理论范畴。它所肩负的任务,不仅是揭示和阐明社会保障制度产生与发展的一般规律和特殊规律,而且需要为社会保障政策的制订提供科学的依据,使社会保障政策与本国的国情及所处的时代相适应,并保持自身的正常、健康、高效运行。因此,社会保障学尤其强调将理论研究的目标引导到实践中来。

从现实出发,社会保障学的理论体系尚未最终确立,其理论框架亦未定型。在这种条件下,只能先将社会保障在现实中的具体问题抽象化,然后再进行范畴化的研究。不过,根据社会科学研究的一般法则、社会保障制度的发展实践,以及发达国家对社会保障问题已经取得的研究成果状况,仍然可以从总体上把握社会保障学的基本理论框架[②]。

首先,是社会保障的基础理论问题。这一层次除社会保障的一般理论原理或规律外,客观上还应当包括福利经济学、社会福利学等和社会保障与其他已经被固定化的知识体系相结合的领域,这些领域堪称社会保障学的理论基石。其中,社会保障发展理论,社会保障结构理论,社会保障心理学与伦理学理论,社会保障基金理论,社会

---

① 郑功成著:《社会保障学——理念、制度、实践与思辨》第1章,商务印书馆,2000初版,2003、2004再版。
② 郑功成:"论社会保障领域的理论建设",载《中国社会保险》,1995年第7期,第9页。

保障与政治、社会、经济乃至意识形态的关系理论,社会保障学与政策学等相关学科的关系等,是这一层次理论的核心所在。

其次,是社会保障的政策理论问题。这一层次探究的是社会保障各个子系统乃至各个具体保障项目的产生、发展及运行规律,它客观上表现为政策研究。其内容应当包括社会保险政策、社会救助政策、社会福利政策,以及其他社会保障子系统与各具体项目的政策研究。

再次,是社会保障的管理理论问题。社会保障以政府与社会为责任主体,它面向全体国民,可供分配的资源亦是一种公共资源,从而不仅需要强化管理而且强调公共权力的介入。因此,社会保障学还需要特别重视管理理论的研究。这一层次探究的是社会保障法制理论、社会保障管理体制理论、社会保障财务会计制度与统计制度、社会保障监控理论等,而政府介入的程度和调控手段以及具体的运行机制,构成了这一层次理论的核心所在。

上述框架仅仅是一个简单的设计,但它已经勾画出了一个基本的轮廓。在发达国家,处于第一层次的社会保障基础理论是相当丰厚的,这不仅表现在理论成果的数量与质量上,而且产生了一批有世界影响的代表性人物。如20世纪20年代初期的福利经济学创始人庇古、1998年诺贝尔经济学奖获得者阿马蒂亚·森等,均因在福利经济学、贫困问题等的卓越研究成果而享誉世界。在社会保障专业应用理论方面,亦涌现出了英国福利国家蓝图的设计师贝弗里奇这样杰出的代表性人物。在中国,经过近二十多年的建设与发展,社会保障理论研究有了很大的发展,从介绍西方的社会保障政策到研究中国的社会保障问题,取得的成果是多方面的,但与发达国家相比,中国的社会保障学科建设显然刚刚起步,它甚至比中国落后的社会保障制度实践还要落后,即社会保障理论与政策研究迄今仍然滞后于中国社会保障制度改革与发展的需要,各种社会保障专业人才的培养亦不能满足各项社会保障事业发展的需要。

社会保障问题的复杂性和社会保障学科的交叉性,还决定了研究社会保障问题不能囿于传统的规范式研究方法,而是需要在立足现实的基础上,从发展的、开放的角度出发,选择适用的科学研究方法。包括纵横结合研究方法、定性分析与定量分析相结合方法、多学科综合研究方法等。其中对社会保障发展进程进行纵向考察是发现社会保障规律、实现社会保障知识体系化的基础,而进行国别或地区之间的横向比较研究则能够挖掘社会保障在不同国家或地区的共性与个性;定量分析可以社会保障政策实践的客观效果作为分析对象,但政策的效果与结论却只能是理性的阐述;而多学科综合研究方法的采用几乎是一切新兴、交叉学科产生与发展的必然,社会保障客观上涉及经济、社会、政治等多个学科,它的发展现状是多学科参与,它的理论体系也只能在多学科综合研究的基础上才能逐渐成熟起来。

第三节 社会保障的目标与功能

社会保障作为国家发展进程中的重要制度安排,是通过以经济手段来解决相应的社会问题进而实现特定的政治与社会目标的,它在实践中发挥着自己的功能,同时亦体现出其他制度不可替代或者不可完全替代的一些基本特征。

一、社会保障的目标

社会保障从非正式制度到正式制度安排,其追求的目标也是随着社会的发展进步而不断发展变化的。

早期的社会保障主要基于维护统治阶级的统治秩序,从而客观上充当着统治者控制社会并使统治秩序得以延续的工具。

进入现代社会后,社会保障的目标则日益融入了人道主义与社会公平的理念。如社会保险制度在德国产生时,推动这一制度发展的"铁血宰相"俾斯麦就公然宣称这一制度是消除革命的必要成本,并断言一个等着领取养老金的人是不会反政府、反社会的。因此,社会保险作为工业化的产物,它一出现就事实上充当着俾斯麦政府镇压工人运动的武装"大棒"之外的"胡萝卜",是为了防止工人阶级反抗的政治工具。随着社会的发展,社会保障单纯追求社会安全或稳定社会的目标亦发生了巨大变化。一方面,人道主义日益成为支撑这一制度的伦理基础,对社会弱者的关注与援助日益成为建立社会保障制度的国家或地区的重点与核心,各项社会保障制度不再是出于单纯的政治目标,而是被赋予了人道主义的内核;另一方面,公平与正义日益成为各国人民共同的追求,社会保障则成了追求这一发展目标的不可替代的制度安排,因而使社会保障肩负着缩小社会不公平和维护社会公平与正义的使命。例如,20世纪50年代以后在许多发达国家建立的福利国家模式,就已经不再是以社会安全为这一制度的追求目标或者说已经不再是这些国家社会保障制度的主要目标,其追求的即是社会公平与正义。

从现代社会的发展进程与文明进步的视角出发,综合考察各国的社会保障制度,尤其是发达国家的社会保障制度,可以发现,社会保障的总目标是通过保障和改善国民生活、增进国民福利来实现整个社会的和谐发展。

围绕着上述总目标,社会保障制度在实践中需要实现如下分目标:

1. 帮助国民摆脱生存危机。由于各种先天与后天因素的影响,部分国民可能因天灾人祸、失业、疾病等各种原因陷入生活困境,如果没有相应的社会保障,这部分国民将陷入生存危机而无法自拔,因此,通过相应的制度安排来解除国民的生存危机是社会保障的一个基本目标,也是最低追求目标。

2. 满足国民的生活保障需求,不断改善和增进国民的福利。随着社会经济的发展,人们对社会保障的需求也是不断发展的。如在人口老龄化的背景下,人们不仅对养老金保障有需求,而且日益对各种个人生活照料服务有着强烈需求;在最低食物保障得到满足后,人们还会要求有相应的精神、文化、教育福利等等。社会保障制度正是通过经济保障、服务保障乃至精神保障的提供,来达到满足国民福利增长需求并保证不断改善和增进国民福利的目标的,它相对于前一个目标而言,是更高层次的追求目标。

3. 实现整个社会的和谐发展。作为一个由多个社会保障子系统或项目构成的基本社会制度,社会保障追求的并不只是解决某些社会问题和增进国民福利的目标,而是为了促使整个社会的和谐发展。换言之,社会保障虽然属于社会政策与公共政策范畴,但又不单纯是一项社会政策或者公共政策,它还需要综合考虑经济社会的协调发展以及自身的可持续发展,还要兼顾社会各阶层的利益;与经济政策或其他社会政策目标较为单一相比较,社会保障对实现整个社会的和谐发展负有更多的责任,它构成了和谐社会的核心制度安排。

二、社会保障的功能[①]

社会保障的功能,是指社会保障包括其各个子系统及其具体项目在实施过程中发挥出来的实际效能和作用。传统的社会保障理论,一般只承认社会保障事后救助的单一功能,然而,范围广泛、项目齐全、形式多样的现代社会保障体系,早已远非历史上单一的救灾济贫可以比拟。在国家社会经济发展进程中,社会保障通常发挥着稳定、调节、促进、互助等多重功能作用。这些功能并不因为某些人对社会保障制度安排的批评甚至完全否定而被抹杀,而是在实践中作为事实而客观存在。当然,也应当承认,社会保障制度的功能是否充分地得到了发挥或是否全部表现为正面效能,通常不是取决于社会保障制度本身,而是取决于社会保障制度的设计者与执行者。这就好像营养食物,它对任何人都是必要的,其作用肯定是积极的,但若吃得太多或太少,或不符合特定消费者的消费偏好,却又可能有害于享受者的身体,但我们显然不能指责食物本身,而是需要考虑享受对象范围的适当性与消费分量的适当性。判断社会保障制度的功能,亦应当运用类似于判断食物功能的规则。

---

① 郑功成著:《社会保障学——理念、制度、实践与思辨》,商务印书馆,2000 初版,2003、2004 再版。

(一) 稳定功能

从社会学角度出发，任何一个社会都需要有动力机制与稳定机制，市场机制即是现代各国经济发展的首选动力机制，而社会保障则充当着首选的稳定机制。社会经济的发展进步，任何时代都离不开稳定的社会秩序和社会环境，而各种特殊事件的客观存在，又往往给社会成员造成群体性的生存危机，如人口老龄化、自然灾害、工业事故与职业病、疾病及市场经济条件下的失业现象等等，均不以人的主观意志为转移，且会导致一部分社会成员丧失收入和失去有效的生活保障。如果国家不能妥善地解决这些问题，这一部分社会成员因其生活危机便可能构成社会不稳定的因素，社会秩序可能因此而失去控制，并进而破坏着整个社会经济的正常发展。中国历史上的历次农民起义及其导致的朝代更迭，工业化国家因经济衰退导致大批工人失业进而出现大罢工而带来的社会震荡等等，均表明建立社会保障制度在现代社会所具有的必要性与必然性。

通过建立社会保障制度，国家为社会成员的基本生活乃至不断发展提供相应的保障，首先是能够帮助陷入生活困境的社会成员从生存危机中解脱出来，其次则是能够满足社会成员对安全与发展保障的需要。如市场经济条件下工人因企业破产或就业竞争失败而失业，即可能陷入生存困境，失业保险与社会救济制度的确立正是对这类社会成员基本生存权利的保障；各种社会福利服务的提供，有效地解除了社会成员在哺幼、养老及其他生活服务等方面的后顾之忧，显然为社会成员的发展创造了条件等等。可见，社会保障能够防范与消化社会成员因生存危机而可能出现的对社会、对政府的反叛心理与反叛行为，能够保障社会成员在特定事件的影响下仍然可以安居乐业，从而有效地缓和乃至消除引起社会震荡与失控的潜在风险，进而维系着社会秩序的稳定和正常、健康的社会发展。因此，社会保障是通过预先防范和即时化解风险来发挥其稳定功能的，它在许多国家均被称为"精巧的社会稳定器"或"减震器"。

(二) 调节功能

社会保障的调节功能表现在政治、经济与社会发展等广泛领域。

在政治上，社会保障既是各种利益集团相互较量的结果，同时也是调整不同利益集团、群体或社会阶层利益的必要手段，并在不同的社会制度下表现出不同的政治功能。在社会主义制度下，社会保障除具有一般的政治调节功能外，还特别促进了社会成员在国家和社会生活中的主人翁地位；在资本主义制度下，社会保障亦强化了国民对现存制度的依赖意识，同时对调节不同社会阶层的政治冲突和促进政治秩序的长期稳定并维持其整体正常运营发挥着特别重要的政治作用。现代社会保障在工业化国家之所以成为党派斗争和政党政治、民主竞选中的重要议题,正是社会保障具有不容忽略的巨大政治功能的体现。

在经济领域,社会保障的调节功能尤其显著。在第一层次上,社会保障有效地调节着公平与效率之间的关系。社会保障水平愈高、规模愈大,意味着国家在公平方面的强制力愈强;反之,若社会保障水平愈低、规模愈小,则意味着国家在公平方面的强制力愈弱;而社会保障对公平与效率的合理调节,则是促进国民经济持续发展的必要举措。在第二层次上,社会保障调节着国民收入的分配与再分配。社会保障资金来源于国民收入的分配与再分配,并通过税收或征费或"转移性支付"给予保证,进而分配给受保障者或有需要者,正如国际劳工组织为一个发展中国家起草的一份报告中所指出的,"在现代社会保障的各项计划中,可以看到收入再分配的一些机制……它们按照一定的体制,提取一部分生产成果,为遭受职业损害的人们谋利益;由收入较高工人负担一部分费用,以保证低收入工人的最低年金收入;通过适当税收的办法,把社会开支分别用于鳏寡、伤残和其他可能发生的情况;它们呼吁产业部门在整个国家范围内发展基本保健服务,并且,在全面范围重建经济平衡以利于相对的最下层社会。"[①] 而在社会保障制度健全的国家,这种调节功能更加显著,它通过社会保障资金的征集与社会保障待遇的给付,在不同的受保障对象之间横向调节着收入分配,同时还在代际之间实现着纵向调节收入分配。在第三层次上,社会保障调节着国民经济的发展,它甚至被称为国家的福利投资。一方面,社会保障资金的筹集、储存与分配,直接调节着国民储蓄与投资,并随着基金的融通而对相关产业经济的发展格局产生直接调节作用,如一些国家将储存的社会保障基金投向国家重点公共基础设施和重点项目即会刺激这些领域的发展,一些国家还利用社会保障基金或公积金向社会成员个人融资,亦促进了住宅业等的发展。另一方面,社会保障还是经济发展周期与周期之间的蓄水池,当经济增长时,失业率下降,社会保障收入增加而支出减少,社会保障基金的规模亦随之扩大,减少了社会需求的急剧膨胀,最终对平衡社会总供给与总需求起重要作用;当经济衰退时,失业率提高,由于失业者不再缴纳社会保险费等而导致社会保障基金收入的减少,而失业者及经济衰退带来收入下降的低收入阶层对社会保障待遇的要求随之增大,又使社会保障基金支出规模扩大,从而在一定程度具有唤起有效需求、提高国民购买力的功能,最终有助于经济的复苏[②]。此外,社会保障事实上还对市场体系起调节作用,如养老、失业保险制度对劳动力市场起直接

---

① 国际劳工局社会保障司编著:《社会保障导论》,第141页,劳动人事出版社,1989。
② 需要注意的是,社会保障在刺激需求方面的作用比其减少需求的作用要大,这主要是因为社会保障待遇的支付是政府的一项契约性义务,而享受社会保障待遇则是国民的一项基本权益,待遇水平一般具有能上不能下、能升不能降的特征,社会保障制度所具有的这种"刚性"使政府在经济膨胀时,很难利用社会保障作为减少总支出的手段来实现减少需求的目的。因此,在充分肯定社会保障对供需平衡方面的积极作用时,亦应当看到其某些不足。

调节作用,是劳动力资源自由流动和优化配置的基本条件;社会保障基金的融通对资本市场与产业结构起调节作用;社会保障体系中的教育福利、职业培训、医疗服务和社会福利等,又为提高劳动者的知识素质与身体素质等奠定了基础,并对技术市场产生相应的影响。

在社会发展领域,社会保障亦有效地调节着社会成员的协调发展。在社会保障制度健全的国家,社会保障构成了调节"社会成员中高收入阶层(富人)与低收入阶层(穷人)、劳动者与退休者、就业者与失业者、健康者与疾患者、幸运者与不幸者、有子女家庭与无家庭负担者之间利益关系的基本杠杆"[①]。不同社会阶层之间的利益冲突因社会保障制度调节功能的发挥而得到了有效缓和,社会因收入分配差距等导致的非公正性、非公平性在一定的程度上得到了调节。正如联邦德国总理施密特1978年在接受美国《商业周刊》的采访时所承认的,联邦德国利用"社会费用"(社会保障费用)换来了劳资之间长期存在的"妥协气氛",而且这种"妥协气氛"同第二次世界大战后联邦德国出现的经济增长奇迹是密不可分的[②];20世纪90年代德国实现统一后,原联邦德国(西德)亦对民主德国(东德)的养老、疾病、失业保险制度进行了改造,实行了老年过渡补助金制度等,国家虽然为此付出了一定的经济代价,却有效地缓和了德国西部地区与东部地区的社会矛盾与冲突,促使地区之间的社会发展逐步走向协调化[③]。

(三) 促进发展功能

理论学术界对社会保障的稳定功能与调节功能往往容易达成共识,而对社会保障是否具有促进发展的功能还存在着分歧。其实,社会保障制度在产生初期或许主要体现出稳定与调节功能,但发展到现在则已明显地具备了促进发展的功能。

首先,现代社会保障制度已经由一种被动的、消极的、事后的补救性机制,转变为一种主动的、积极的、事前与事后相结合的保障机制,从而为促进发展提供了制度基础;其次,社会保障范围的持续扩大和基金积累规模的日益庞大,又使社会保障具备了促进社会经济发展的相应的影响力与实力;再次,则是当代社会经济的发展,客观上要求社会保障发挥出促进发展的功能,如社会文明的进步和市场经济的发展就均需要社会保障发挥推动与促进作用。

社会保障的促进发展功能,表现在社会发展领域有如下几个方面:一是能够促

---

① 参见郑功成著:《论中国特色的社会保障道路》,第617页,后记第1页,武汉大学出版社,1997。
② 〔美〕《商业周刊》,1978—6—26。
③ 德国在由国家负担一笔资金后,即在东部地区(原民主德国)建立了与西部地区接轨的社会保险制度,职工个人与单位共同分担应缴保险费的50%,由国家来解决发展不平衡的地区之间的社会保障制度统一成本与改制成本,是一种值得重视的经验。

进社会成员之间及其与整个社会的协调发展,使社会生活实现良性循环;二是能够促进遭受特殊事件的社会成员重新认识发展变化中的社会环境,适应社会生活的发展变化;三是能够促使社会成员的物质与精神生活水平的提高,使其更加努力地为社会工作;四是能够促进政府有关社会政策的实施,如社会保障对象通常不分性别的做法就极大地促进了男女平等,教育福利有助于义务教育的普及,养老保险与家庭津贴等有利于生育政策的实施等等;五是能够促进社会文明的发展,如社会保障为社会成员提供了安全保障,有助于消除其对不幸事件或特殊事件的恐惧感,增强自信心,进而破除封建迷信观念,树立起互助互济、自我负责、积极向上的新观念。可见,社会保障在社会成员与社会发展中的促进作用是十分明显的①。

在经济领域,社会保障通过营造稳定的社会环境促进着经济的发展,同时透过社会保障基金的运营直接促进着某些产业的发展。此外,社会保障对劳动力再生产的保障与劳动力市场的维系,又促进着劳动力资源的高效配置和生产效率的提高。因此,社会保障对市场经济并非只有单纯的维系、润滑作用,而是有着促进作用。

(四) 互助功能

社会保障资金来源于包括税收、缴费、捐献等多渠道,又被支付给受保障者与有需要者,这种分配机制其实是一种风险分散或责任共担机制,风险分散与责任共担本身即是以互助为基石并在互助中使风险得到化解的;同时,构成社会保障体系重要组成部分的社会福利与社会服务,无论在国内还是在国外,几乎均以社区为基础,以社会成员之间相互提供劳务为主要的表现形态,从而实质上体现出了互惠互助以及在互惠互助中的他助与自助②。资金的互助、物的互助和劳务服务的互助,表明社会保障制度不仅是一种社会稳定机制,而且也是一种社会互助机制。

在当代社会,生产的社会化与生活方式的社会化,使完全形态的自助成为不可能;而市场机制的作用和人类的私欲,又使完全形态的他助成为不可能。因此,那种希望社会保障完全自助化(完全自我负责)或完全他助化(完全劫富济贫)都是不现

---

① 人道主义与伦理道德是社会保障制度的最初理论基础,也是社会发展的基石。但社会保障是否能够促进人道主义与伦理道德的发展,却在某些学者之间存在着分歧。肯定者认为,社会保障通过对社会成员互助互济的强制化、固定化,有助于培养社会成员的社会责任感并形成整体的人道主义氛围及优良的社会伦理道德;反对者则认为,社会保障对社会成员互助互济的强制化、固定化,反而削弱了社会成员之间的互助互济精神意识,损害了家庭成员之间那种天然的、自发的、相互关爱的伦理道德基础。这种争论还可以持续下去,但制度化的社会保障让社会成员依赖一种制度来获得安全保障,客观上较依赖一种取决于人道主义与伦理道德的非制度化保障更为可靠。

② 风险共担不是商业保险的专利,也是现代社会保障制度的基础。一些学者指出类似于新加坡的公积金制度和私营化管理的智利养老金并非传统意义上的社会保障,因为它们均缺乏互助共济功能,这显然是有一定道理的。但从这些制度的强制性与目的出发,它又具有社会保障的特性,只不过是因互助功能的削弱甚至丧失而受到了损害而已。况且,无论是新加坡还是智利,上述模式并不等于该国社会保障模式,因为它们还同时存在着具有互助特性的其他社会保障制度。因此,社会保障的互助功能是不应该受到怀疑的。

实的,也是无法实践的;而强调以互惠为基础,充分发挥社会保障的互助功能,同时发挥社会成员自助与他助的作用,将不仅有利于正确理解社会保障制度的真实面目,更有利于社会保障制度得到持续、健康的发展。

(五) 其他功能

除稳定功能、调节功能、促进功能与互助功能等四大基本功能外,社会保障事实上还有着诸如防控风险等其他功能。如社会保障尤其是养老、失业、医疗、工伤等社会保险制度,即是事先筹集保障资金,用以防范劳动者可能发生的上述风险,从而具有预防风险的功能;救灾济贫措施多用来解决社会成员遇到的即期生存危机,从而具有及时控制风险的功能。

在西方国家,有的经济学者还认为社会保障有资本积累功能,并把它作为现代垄断资本主义经济的重要组成部分。因此,不能低估社会保障的功能,否则便不符合社会保障制度自产生以来的客观情形,便无法理解社会保障制度在遇到许多非议的条件下为什么还能够在发达国家与发展中国家获得如此普遍的发展。

需要指出的是,在肯定社会保障具有多重功能的同时,也要警惕将社会保障功能泛化。如强调社会保障对经济发展与经济增长做出重要贡献,或者过分突出社会保障对效率的追求,以及将社会保障的政治功能夸大甚至被当成政治竞争工具,必然损害社会保障的正常功能的发挥。

第四节 社会保障的特征与原则

一、社会保障的特征

根据对各国社会保障制度发展实践的全面考察,可以发现它作为一项久远的制度安排,尤其是进入现代社会上升到法制规范的层次后,体现出来了一些鲜明的特征,这些特征不仅使社会保障区别于其他社会化保障机制,而且揭示出了社会保障自身的本质与应当遵循的基本原则。现代社会保障制度的基本特征,主要表现在它的公平性、社会性、福利(互济)性、法制规范性、多样性及发展性等方面。

(一) 公平性特征

社会保障的公平性特征,主要表现在以下几个方面:一是保障范围的公平性,它通常不会有对保障对象的性别、职业、民族、地位等方面的身份限制,全民保障实现的是全体国民社会保障权益的公平性,选择性保障实现的亦是覆盖范围内的所有成员在社会保障权益方面的公平性。如福利国家的普通国民年金、香港地区的高龄津贴等,无论贫富,只要达到了规定的受益年龄就可以享受这种福利待遇;绝大多数国家的救济政策均规定,只要是低于贫困线或最低生活保障线的居民家庭,均可以获得政府提供的现金或食物援助,面向贫困人口的社会救助构成了各国社会保障制度的基石等等。二是保障待遇的公平性,即社会保障一般只为国民提供基本生活保障,超过基本生活保障之上的需求通常不能从社会保障途径获得解决。如贫困线的划定使贫困人口的认定及救助标准有了统一的依据,各项社会保险待遇标准的指数化亦为受益者提供了公平的参照系,尽管不同受益者获得的现金或实物援助或劳务服务存在着差异,但这种差异较初次分配表现出来的悬殊差别已经大为缩小,从而体现了保障待遇的公平性。三是保障过程的公平性。社会保障为社会成员解除了许多后顾之忧,维护着社会成员参与社会竞争的起点与过程的公平,同时,通过社会保障资金的筹集与保障待遇的给付,又缩小着社会成员发展结果的不公平等等。

社会保障的公平性特征,并非以不讲效率为条件。从宏观上讲,社会保障只是整个社会结构的一个系统,它的公平性需要以社会产品按生产要素分配为基础,并不是取代按劳分配或损害按劳分配,而是通过再分配的方式来促使收入分配更加合理;从微观上讲,社会保障追求社会公平,其本身也是要讲究效率的,只有最大限度地发挥出社会保障资源的效率,才能更好地实现社会公平并促使社会进步[①]。

(二) 社会化特征

社会保障之所以有别于家庭保障与职业(或机构)福利,是因为它不是封闭运行而是面向整个社会开放,并通过社会化机制加以实施的制度安排。因此,社会化是现代社会保障制度的重要特征。

社会保障的社会化特征,主要体现在如下几个方面:

(1) 制度的开放性。各项社会保障制度虽然都规范有相应的资格条件,但这一制度通常是在向公众开放的条件下确立的,并接受公众的评价与监督。

(2) 筹资社会化。社会保障制度是用经济手段解决社会问题,它需要有相应的财政来支撑制度运行,而从各国社会保障制度的实践来看,虽然不同的社会保障项目的财政来源不完全相同,但总体而言,社会保障资金的筹集却是社会化的,它一般包括了财政投入、企业缴费、个人缴费乃至向社会募捐、发行福利彩票等多个渠道,充分

---

① 社会保障作为一种收入分配机制,不能与按劳分配相对立,但亦非按劳分配的继续。虽然社会保险强调权利与义务相结合,其待遇需要与受保障者的工作年限、工资水平挂钩,但工作年限已经粗放到以10年或20年为界限,工资水平亦因社会保险替代率的大幅度降低和最低工资、最低养老金等政策的保护,而使受保障者之间的差别大为缩小。因此,社会保障不能替代按劳分配,而按劳分配亦不可能替代社会保障。按生产要素分配是国民收入分配的第一层次的规则,而包含了按需分配原则在内的社会保障分配则是国民收入分配第二层次的规则。

体现了社会保障财政来源的社会化特色。

（3）服务社会化。社会保障制度的实践过程实质上也是为有需要者提供援助与服务的过程，在政府主导社会保障制度的条件下，各项制度的实践通常需要依赖各种社会组织，如养老金的给付通常需要利用邮局、银行等机构的发达网点才能做到方便发放，医疗保险只有通过各种医疗机构才能真正实现其目标，社会救助亦离不开居民委员会或村民委员会等基层自治组织或其他社区组织的配合，各项福利事业更是需要众多的社会福利机构来承担，因此，社会保障愈发达，其社会化服务的特色就愈是显著。

（4）管理与监督社会化。随着社会保障体系的扩张和非政府组织参与程度的提高，对社会保障的管理与监督亦从政府专责向社会化监管发展。一方面，是政府通过相应的途径将有关社会保障事务委托非政府组织管理，这种尝试在发达国家及我国的香港、台湾地区已经不乏罕见；另一方面，大量的社会福利与公益慈善机构的成立，又直接承担着相应的社会保障事务，它们作为独立的法人团体，实现自我管理。因此，政府在很大程度上只充当着监督者的角色。需要指出的是，一些国家对部分社会保障事务采取私营化的方式经办亦是社会保障制度社会化的一个方面。

可以肯定，各国社会保障制度在实践中还会进一步强化其社会化特色，这既是社会保障责任由社会分担的需要，也是这一制度提高效能并实现可持续发展的需要。

（三）福利性特征

在现代社会，福利的概念是非常广泛的[①]，并且为经济学家、政治学家和社会学家等高度关注。国际社会在"1970—1980年国际发展战略"中就明确强调，"发展应该把保证不断改善每个人的福利，并为所有人谋利益作为最终目的……重要的在于保证更加公正地分配收入与财富以促进社会正义与生产效率，显著提高就业水平，增强就业保障，扩大和改善教育、公共健康、营养、住房和社会保护，保护环境。"[②]在很多时候或很大程度上，福利几乎就是社会保障的代名词，这一方面是反映了社会保障制度的传统特性，另一方面也是社会保障制度安排的具体要求。

社会保障的福利性特征，即相对于社会成员个人而言，其在社会保障方面的支出要小于在社会保障方面的收入。换言之，凡所得大于所费即具有了福利性。如果社会成员用同样多的钱购买同样多的服务，他运用的便只能是市场经济条件下的等价交换原则；如果社会成员用大量的钱购买了小量的服务，这种交易便购买了对购买者

---

① 福利一词在一些国家被解释成幸福。在英文中，welfare和well-being两个字均可以译为中文的"福利"，但中文社会保障著述中的福利通常与welfare相对应。在福利经济学奠基者庇古那里，福利则被区分为社会福利（含义广泛，包括自由、家庭幸福、友谊等）和经济福利（指社会福利中能够用货币衡量的部分）。

② 转引自国际劳工局社会保障司编著：《社会保障导论》，第145页，劳动人事出版社，1989。

的价值剥削;如果社会成员用低于服务的价格购买到了这种服务,便含有了福利性的因素在内。因此,社会保障的福利性特征,体现的是社会成员在社会保障方面的交易成本低于所获得的保障待遇。

这一特征的形成,主要是因为除社会保障参与或受益群体外,政府、雇主及社会各界还在一定程度上分担着个人的生活保障责任。对受益群体而言,社会保险的受益者虽然通常要付出一定的经济代价,但因国家、雇主等分担了社会保险费或运行成本而获得了所得大于所费的福利保障;社会救助作为国家的基本义务,受益群体只要符合相应的资格条件而无需付出经济代价;能够被社会保障制度包容的社会服务,因由国家财政补贴或社会捐献等来充实财政基础,亦大多以免费或低费的形式提供,有需要者亦直接享受着所得大于所费的福利待遇。福利性作为社会保障制度的一个基本特征,决定了社会保障虽然可以引进一定的市场机制,但它在本质上却是市场机制无法调控的。因此,我们可以自由讨论社会保障制度的范围与水平问题,并适当控制其范围与水平,但在政策实践中却不可能否定这一制度的福利性色彩。

(四) 法制规范性特征

社会保障旨在切实保障国民的收入安全与基本生活。一方面,社会保障资金的筹集由于涉及国家、企业及其他法人团体与个人的权利、义务及经济利益,必须以相应的法律、法规作依据,并借助政府的行政权力才能完成筹资的任务,没有完善的法制规范,便不会有社会保障制度稳定的财政基础,进而也不会有真正的社会保障制度安排;另一方面,作为一种社会稳定机制与利益调整机制,有关各方的权利与义务亦必须由法律明确规范,并要求严格依法办事,没有法制规范,社会保障制度便可能滑出正常运行的轨道,因为从社会保障资金的筹集到社会保障待遇的给付,均是市场机制难以发挥作用的。因此,现代社会保障制度自产生之日起,便以立法规范为前提,以政府干预为条件,法律的硬约束与政府的强势干预即是社会保障制度强制性的具体体现。

社会保障制度的法制规范特征,主要体现在法律的规范与强制方面。首先,法律的强制规范为社会保障的运行提供了必须遵守的行为准则;其次,政府只能根据法律的规范与授权,并在法律允许的范围内对社会保障制度的运行进行干预,换言之,政府的强制植根于法律的规范,并服从于法律的规范。再次,即使不是由政府直接管理而由民间举办的社会保障事务(如慈善公益事业),也必须由相应的法律、法规来规范,于后才可能健康发展。因此,尽管社会保障体系的强制性因民间参与程度的提升和政府责任的控制而存在着弱化趋势,但法制规范性这一特征将始终不会改变。

(五) 多样性特征

基于影响社会保障因素的复杂性和不同国家的传统,以及社会成员对社会保障的需求的差异,现代社会保障制度在各国的实践中通常表现出多样性的明显特征。

社会保障制度的多样性特征,主要表现在:

(1)各国社会保障制度的模式日益多样化。以俾斯麦模式与贝弗里奇模式为代表的单一保障模式风行世界的时代已经成为历史,各国在建立自己的社会保障制度时,通常要考虑本国的国情及所处的时代。如西、北欧国家选择福利国家模式,德国与法国等则采取社会保险模式,美国则更重视市场与民间力量,即使同样是福利国家,加拿大、澳大利亚等与北欧国家亦存在着差异。再以完全积累型的养老金为例,新加坡首创完全积累型的公积金制度,智利则在借鉴的基础上建立了私营化的个人账户养老金制度,中国香港又在借鉴上述两种制度的基础上建立了自己的强积金制度,而中国内地则采取了社会统筹与个人账户相结合的独特模式。因此,近二十多年来,当代世界各国的社会保障制度模式正在走多样化发展之路。

(2)同一项社会保障制度,在一国之内也开始呈现不同的模式。这一多样性是为了适应不同社会群体的社会保障需求,同时增加国民对社会保障的选择权利。如中国的基本医疗保险对患者在哪一级医院就诊就有不同的费用分担办法,患者可以自己选择,类似办法在其他国家或地区亦可以发现。这种区别不仅是为了更好地提高社会保障的运行效率,而且应当是增加了受保障对象的选择权利,从而在某种程度上代表着社会保障制度的一种改革与发展趋向。

(3)项目结构多样化。由于社会成员的社会保障需求并非是完全统一的,也就不能指望用一种制度来涵盖社会保障的全部内容,项目结构多样化便成为现代社会保障制度的一个重要特征。如社会救助在过去主要是对贫困人口的食物保障或生活救助,但现在通常还需要加上医疗救助、住房救助、子女教育救助等多项内容,从而需要在一个制度内部设立多个项目,唯有这样才能更好地满足需要并确保这一制度的效能。

(4)水平结构多样化。即不同的社会保障项目需要在待遇水平上体现出差异,如失业保险待遇与济贫待遇就需要有一定的差别,且通常表现为前者较后者的保障水平要高。

考察全球范围内的社会保障制度,多样性特征已经得到了明显体现。各国之间的国情差异与地域差异、各国之间的文化传统差异、各国国民的社会保障需求差异与文化、价值偏好的差异等,均决定了多样性是现代社会保障制度的一个基本特征。

(六)刚性发展特征

绝大多数国家的社会保障发展实践,都揭示了现代社会保障制度刚性发展的特征。社会保障制度在实践中的这一特征,既是社会成员对社会保障需求不断增长的结果,也是现代社会保障走向制度化之后的客观结果。例如,在慈善事业时代与济贫制度阶段,各国只有非常简单的救灾济贫保障项目,这种保障并非是制度化的保障,它基本上取决于统治者和实施者的意志及财力。进入工业社会后,各国的社会经济条件发生了巨大的变化,社会保障的对象群体也发生了很大的变化,工业劳动者的年老、疾病医疗、职业伤害、失业、生育等事件由个人风险转变成群体性社会风险,使建立社会化的养老保险、工伤保险、医疗保险、失业保险、生育保险等制度成为必然,虽然这些项目不一定同时出现,但对于市场经济体制却是缺一不可的。

随着社会经济的不断发展,社会成员的福利需求亦会日益增长,国家为了满足这种需求,往往通过立法来建立起相应的社会福利制度,从而使福利项目不断增加,最终促使现代社会保障制度走向完备化。一旦社会保障项目通过立法手段得以确立,便很难再行取消。同时,社会保障的范围与水平也是刚性发展的,即覆盖范围会持续扩大,直到覆盖全体国民;待遇水平会不断提高而不会下降。因为人类社会的发展不允许倒退,受益群体更不会让一种社会保障制度消失,不可能允许政府将自己从已经进入的社会保障网络内剔除,更不会认同社会保障待遇水平下降。因此,现代社会保障制度在项目结构、覆盖范围、待遇水平等方面无疑是刚性增长的。这是现代社会保障制度以往实践表现出来的一个显著特征,也是现阶段乃至未来社会考虑社会保障发展问题时必须引起充分注意的特征。

如果对各国社会保障制度的发展实践作进一步考察,还可以看出其在刚性增长的总体趋势下,还呈现出阶梯式持续发展规律。即社会保障的项目会随着社会经济的发展及社会成员社会性保障需求的增长而不断增加,社会保障体系会在发展中不断膨胀。其中在19世纪80年代以前属于保障项目有限、保障水平普遍很低的时期,社会保障亦处于第一阶梯。进入19世纪80年代以后,尤其是进入20世纪以后,社会保障制度进入了第一个阶梯式膨胀发展阶段,不仅原有的社会保障项目如救灾、济贫、抚恤等仍然存在并不断发展,而且包括养老保险、工伤保险、失业保险、医疗保险和生育保险等项目在内的社会保险制度得到了全面的发展,并迅速在一些国家的社会保障体系中占据了主体地位。随着社会经济的不断发展,社会成员对社会保障的需求进一步增长,国家和社会亦具备了越来越强的社会保障能力,从而使社会保障制度进入了第二个阶梯式膨胀发展时期。不过,由于工业化的程度不同,各国的社会经济发展水平存在着很大差异,加之社会保障体系自身发展进程中的惯性,各国进入这一时期的标志并不像第一个阶梯式膨胀时期那样明显。但从一些发达国家的发展实践来看,第二个阶梯式膨胀发展时期主要表现为各种社会福利或福利性的社会服务项目的增长和水平的显著提高,以及整个社会保障体系的进一步完善等方面。在这一时期,传统的社会救助项目、军人保障项目仍然被保留并得到新的发展,社会保险在进一步普及化的同时也得到了持续发展,而老年人福利、儿童福利、妇女福利、残疾人福利及其他各项福利事业不仅自成体系,而且逐渐成为社会保障体系中新的主体内容,追求社会福利、改善生活质量成为社会成员的普遍性需求。

从上述分析可见,社会保障的发展确实具有刚性增长和阶梯式持续发展的特征,即它的项目发展不是一个一个地增加,而是随着社会的发展变化而采取急剧膨胀型发展的方式。如在第一个膨胀时期,社会保险的项目就不是单个出现,而是养老保险、医疗保险、工伤保险、失业保险等项目成批出现,20世纪80年代以后又在部分发达国家增加了护理保险等;在第二个时期,社会福利体系亦是由老年人福利、残疾人福利、妇女福利、儿童福利等多个项目共同组成。社会保障制度在工业化国家尤其是在福利国家可能完成了阶梯式膨胀进程,但刚性增长规律仍然会持续发挥作用,一些国家的社会保险项目亦在向普遍性的福利服务发展,如生育保险在多个国家演变成为普遍性的生育津贴,养老保险在部分国家亦形成了普遍性的国民年金制度等等。

综上,各国在发展自己的社会保障事业时,必须充分注意到社会保障刚性发展的规律,在尊重这一发展规律的同时亦有必要采取有效措施防止这一规律走向极端。

二、社会保障的基本原则

社会保障的基本原则是建立这一制度应当奉行的基本准则。它通常包括公平原则、与社会经济发展相适应原则、责任分担原则、普遍性与选择性相结合原则、互济性原则等。

(一)公平原则

社会保障制度安排,属于公共产品、公共资源在公共领域中的分配,因此,缩小社会贫富差距、创造并维护社会公平,是社会保障制度的基本出发点,也是社会保障政策实践的归宿[1]。尽管不同的国家与不同模式的社会保障制度安排,在公平方面存在着程度不同的差异,但现代社会保障制度的产生与发展,却普遍遵循着公平原则。

根据公平原则,在社会保障制度设计中,必须打破各种身份限制,公平地对待每个国民并确保其享受到相应的社会保障权益;在社会保障实践中,必须更多地维护好弱势群体的利益,以此达到缩小贫富差距、促进整个社会健康、和谐发展的目标。

公平原则的最充分体现,是建立覆盖全民的社会保障体系,让全体国民普遍享受

---

[1] 有的观点认为,社会保障制度应当坚持效率优先、兼顾公平原则,以便突出经济发展与经济增长才是当代社会发展之根本。这其实是对社会保障的一种误解,因为社会保障制度不仅是调整社会公平与经济效率关系的调整机制与手段,而且是社会公平的重要标志,它本身虽然要讲究效率,但本体职责却是努力创造并维护社会公平。因此,在肯定整个社会的发展进步必定要以经济发展与经济增长为现实基础、必定要强调对效率的追求的同时,并不意味着社会保障会蜕变成一种促进经济发展与经济增长的机制与手段。因为经济发展与经济增长的动力系统应当是市场机制,而社会保障则是作为稳定机制发挥作用,两者的分工及协调,正是整个社会经济获得协调发展的前提条件。

社会保障。然而,由于每一个社会保障项目均需要有相应的财力支撑,在物质财富尚未达到十分丰富的阶段时,公平原则亦只能循序渐进地加以推进。在社会保障制度建设与发展进程中,它通常表现为项目建设日益健全、覆盖范围持续扩大、保障水平逐渐提高这样的规律,项目的增长促使社会保障体系最终形成没有漏洞的社会安全保护网,覆盖范围的扩大最终会使全体国民普遍享受社会保障,而保障水平的提高则意味着国民福利的不断增进,社会公平程度进一步提升。

当一个国家只有少数人能够享受社会保障时,则社会保障的公平原则只在享受者中得到了体现;只有当全体国民普遍享受到社会保障并通过社会保障制度使生活水平与生活质量获得改善与提升时,社会保障的公平原则才真正得到全面贯彻。尽管公平原则的落实需要循序渐进,但社会保障制度的发展进程,即是这一原则日益得到落实的过程。

(二) 与社会经济发展相适应原则

社会保障是国家用经济手段来解决社会问题,进而达到特定政治目标的制度安排。因此,社会保障的发展亦必须坚持与社会经济发展相适应的原则。

一方面,社会发展变化决定着社会保障制度的结构变化。如工业化带来机器大生产,产生了工人阶级,也就很自然地需要建立起相应的社会保险制度,如果工业化国家仍然只有农牧社会中的救灾济贫政策,则工业社会所带来的各种职业风险与社会风险便不可能得到化解;再如人口老龄化高峰的到来,不仅需要建立相应的养老金制度,亦需要有发达的老年福利事业,如果没有养老金保障和相应的老年服务体系,则长寿将不会是幸福的事情。可见,社会发展客观上决定着社会成员对社会保障的需求。如果社会保障制度不能满足这种需求,国家或社会便会因风险的发生而形成社会问题与社会危机。

另一方面,社会保障制度的确立无一例外地需要相应的财力支撑。如果没有相应的财力,社会保障制度就会变成无源之水、无本之木,即使建立起来也无法持续下去。因此,经济发展是社会保障制度的物质基础,它事实上决定着社会保障的发展水平。

中外社会保障制度的发展实践表明,社会保障制度只有与社会经济发展相适应,才可能在解决相关社会问题的同时获得健康、持续的发展。如果滞后于社会经济的发展,其功能便难以充分发挥,社会问题将持续恶化,进而妨碍整个社会经济的健康发展。因此,与社会经济发展相适应的原则是各国建立社会保障制度的基本原则。

需要指出的是,在坚持这一原则时,应当全面理解这一原则的含义,既不能单纯强调社会发展的需要,也不能单纯强调与经济水平发展相适应,而是需要综合考虑社会发展需要与经济发展的承受能力,否则,便会顾此失彼,使社会保障制度在实践中陷入被动。

(三) 责任分担原则

社会保障制度在国内外的改革与发展,揭示出这一制度有必要确立责任分担原则。因为政府包办或者企业与个人承担过重的责任,都会损害这一制度的健康发展,并无助于解决那些需要通过社会保障才能解决的社会问题,只有确立责任分担原则并按照这一原则来让政府、企业、个人乃至社会等合理分担社会保障责任,这一制度才可能获得持续发展并有利整个社会的和谐发展。

在政府改革向小政府、大社会格局和有限责任政府迈进的潮流中,社会保障制度亦日益呈现出政府主导和社会分责的发展趋势。一方面,在正式制度安排中,政府虽然承担着主导责任但已经不再是全部责任,企业与个人均参与其中;另一方面,正式制度安排与非正式制度安排的结合正日益构成现阶段社会保障制度建设的新特色,而非正式制度型的社会保障措施通常都是企业、社会乃至个人承担着更多责任,政府只起支持与鼓励的作用。如政府负责的基本养老保险制度的保障水平在很多国家得到了控制,而由企业负责的非正式制度型的企业年金却在许多国家得到了前所未有的发展;救助贫困人口被国际社会公认为政府的责任,但在政府的正式社会救助制度之外,许多国家或地区的非正式制度型的慈善公益事业却很发达并同样发挥着有益的补充作用等等。

坚持责任分担原则,实现正式制度安排与非正式制度安排的有机结合,既是政府无法包办社会保障事务和正式制度安排难以满足国民日益增长的福利需求的现实使然,也是提高社会保障公共资源的效率并充分调动民间与社会力量共同促进社会保障事业发展的必由之路,最终目的仍然是为了增进国民的福利。

需要指出的是,国家虽然不能将非正式的社会性保障纳入正式的制度安排,却应当积极引导并发挥各种非正式制度安排的作用,正式制度安排与非正式制度安排的有机结合,将放大整个社会保障体系的效能①。此外,对中国等具有家庭保障传统的国家而言,社会保障与家庭保障相结合亦应当成为责任分担原则的具体体现,将家庭保障作为整个社会保障制度安排的基础,将有利于促使整个社会保障制度步入稳定、健康、良性的发展轨道。正如前国际劳工局局长弗朗西斯·勃朗夏指出的那样,"在支持家庭作为其成员的代理人享受保障方面,社会保障的重要性是不容忽略的。就其固有的目标而言,社会保障应有助于加强家庭关系的稳定性,这种稳定性本身就是

---

① 实际上,某些不被纳入正式制度安排的保障机制在一些国家亦具有强制性。如中国、日本、韩国等国家的家庭保障便通常由有关法律规范并强制推行,家庭成员之间如果不尽到相互扶持、相互服务的责任,将不单受到道德的谴责,还可能遭到法律的制裁。这种现象是对传统伦理道德的固定化和制度化,却又不需要占用国家公共资源,从而是值得国家维护并发掘的"财富"。

社会保障系统保护受益人的先决条件。"①

(四) 普遍性与选择性相结合原则

社会保障的普遍性原则是1942年贝弗里奇起草的《社会保险及相关服务》政策研究报告中提出的一项基本原则,它要求国家在确立社会保障制度时,其对象、范围不能局限于贫困阶层,而应当使全体国民均能够享受到相应的社会保障与福利。普遍性原则符合社会保障制度对社会公平、公正的追求,体现了人类社会的终极目标,从而被许多工业化国家所认可,并成为西方福利国家等在社会保障制度安排中普遍遵循的一项原则。福利国家能够风靡一时,普遍性原则的应用及其所带来的效果确实起到了非常特别的作用,贝弗里奇显然功不可没。

选择性原则是一些强调效率优先的国家与发展中国家在社会保障制度安排中遵循的一项原则。其含意在于根据国家财政的承受能力和受保障者的经济收入状况及对社会保障的需求程度,有区别地安排社会保障的项目、对象范围、筹资方式和待遇水平等。与普遍性原则相比,选择性原则下的社会保障显然不可能是全民保障,因为人们对社会保障的需求客观上存在着差异,国家的财政实力亦有强弱之分,尤其是一些发展中国家的地区发展很不平衡,这些条件极大地制约了普遍性原则的实践,而遵循选择性原则既能够满足社会成员不同的社会保障需求,亦不会超越社会经济发展水平而构成沉重包袱。因此,选择性原则的实践其实为普遍性原则的落实创造着条件。

如果客观而论,普遍性原则与选择性原则在许多国家其实是相伴而行的。因此,在肯定普遍性原则并尽可能地推进社会保障制度的公平性与公正性的同时,不能将选择性原则与普遍性原则对立起来,而是应当承认发展中国家按照选择性原则或普遍性与选择性相结合的原则来建立社会保障制度的合理性与过渡性②。

(五) 其他原则

除上述四大基本原则之外,社会保障制度建设还需要遵循互济性原则、法制性等原则。互济性原则既是社会保障制度赖以生存与发展的基础,也是增进整个社会协调发展的重要条件。在理论与实践中,互济性原则其实是以互惠制为基础的,即我为他人作贡献,他人也为我作贡献,两者互为条件,互相促进。互济或互惠制最早应当出现在家庭,家庭成员之间即是一种互惠与互助的关系,"养儿防老"道出了家庭成

---

① 国际劳工局:《展望21世纪:社会保障的发展》,序言第6页,劳动人事出版社,1988。
② 以中国为个案,首先是城乡之间的巨大差别将全国几乎分成两个相互分割的整体,其次是东部、中部、西部之间的梯度发展差别,均使实行统一的社会保障制度在短期内成为不可能。因此,中国只能坚持选择性原则与普遍性原则相结合,否则,将不利于社会保障制度的建立与健康发展。

员之间经济关系的真谛;由家庭而家族,由家族扩展到邻里与社区,再由社区扩展到整个社会,便构成了社会保障潜在的思想基础与群体意识。社会保障制度安排,正是这种互助或互惠制的强制化、固定化和规范化①。

法制性原则强调的是社会保障制度必须以立法为依据,以社会保障法律作为制度确立的标志,以社会保障法律作为实施社会保障项目的依据,以社会保障法律作为政府管理与监督社会保障事务的依据。不仅企业与个人需要依法承担相应的社会保障义务或享受相应的社会保障权益,政府管理与监督社会保障事务亦必须依法行政而不能越权行事。

第五节 社会保障的意义

社会保障作为人类社会久远的福利制度安排,在进入工业社会后,竟然发展到了事关各国国民切身利益,并对许多国家的政党与政治家的前程产生重要影响的客观事物,这是一种历史的必然,其中也蕴含着一些偶然。就像现代社会保障体系中的重要组成部分——社会保险制度不是产生于有"日不落帝国"之称的老牌资本主义发达国家英国,而是产生于较为薄弱的德意志一样,它本身即表明了这种制度受着诸多因素的影响,包括经济的、社会的、政治的、伦理的因素乃至本土历史文化和国外榜样的影响等,有时是多种因素综合影响的结果,有时则可能是单一因素影响的结果。

社会保障的意义,主要表现在以下几个方面:

第一,社会保障突出以人为本,彰显人道主义,是人类文明发展进步的重要成果与推动力量。现代社会保障制度强调的是以人为本,其伦理基础是人道主义和公平价值理念,包括面向低收入阶层的各种社会救助项目、面向劳动者的各种社会保险项目、面向全体国民的各种社会福利以及各项具有互助互济、分散风险性质的保障措施,健全的社会保障体系不仅能够解除人们的后顾之忧、保障着人的基本生活,而且实践着缩小社会不公平和维护社会公平等多方面的功能,直接体现了对弱者的重视与照顾以及人文关怀的精神,直接促进着人的全面发展甚至解放了人类自身,是人由家庭人转化为社会人的必要条件,最终必然促进整个社会的和谐健康发展。因此,世

---

① 新加坡、智利等国家的养老保险采取个人储蓄积累模式,显然并不具有互济性,这正是公积金制度与智利养老金制度遭遇批评的一个方面。然而,没有互济性并非没有福利性,对受益者而言,公积金制度的福利性是明显的,国家免税和企业分担缴费责任,均决定了受益者的所得必然大于所费;而智利的养老金完全由劳动者个人缴费,但政府仍然实行免税的优惠,这与纯粹采取等价交换的商业保险业务是有区别的,这或许体现了这种养老金制度的有限福利性。需要指出的是,国际上绝大多数国家并未采取新加坡模式或智利模式,亦是基于它的互济性和福利性太弱并与传统社会保障制度相去甚远。

界各国在评估社会进步时,普遍将社会保障状况作为十分重要的指标,社会保障制度健全的国家同时也会是社会发展进步水平高的国家。可见,社会保障制度因价值理念的先进性和实践中的巨大功能,对社会文明发展进步有着重要贡献。

第二,社会保障维护并创造着公平的竞争环境,促进着经济社会的正常发展。一方面,社会保障解除了人们的后顾之忧,增强了人的安全感与对未来的信心,从而不仅为人的全面发展提供了制度保障,而且能够帮助遭遇特殊事件的社会成员恢复正常生活并重新投入社会,如医疗保险化解着人们不确定的疾病风险,工伤保险解除了劳动者职业伤害的后顾之忧,各项社会福利又弥补着家庭保障功能的弱化等等,这些问题的解决,客观上消除了个人因不确定事件或意外风险导致的非公平竞争,同时也切断了个人风险转化为社会风险进而转化为社会问题的可能,避免这些问题可能导致的社会危机。另一方面,社会保障还不仅直接提高着劳动者的素质,促进着劳动生产率的提高,而且维系着劳动力市场的一体化,推动着劳动力资源的优化配置。可见,建立健全的社会保障制度,并非仅仅是为了被动地解决某些社会问题,而是作为社会发展与市场经济的维系机制和促进机制发挥作用。

第三,社会保障不断增进着国民福利。任何社会保障项目的建立,都是受益者福利的直接提升,而健全的社会保障体系则带来社会福利的普遍提升。如住房福利在不损害高收入阶层的住房条件的同时,使低收入家庭也能够有机会获得住房条件的改善;医疗保障因消除了疾病导致贫困的根源,亦是间接提升了人们的福利水平;养老金制度与老年福利事业的发展,更是使老年人所享受到的福利与人类社会的发展进程和人均预期寿命的延长保持了协同。尽管也有人认为社会保障是劫富济贫,是增加了一部分的福利(如低收入阶层人士)而损害了另一部分人(如高收入阶层人士)的福利,但即使是从经济学意义出发,同样的财富对于一个高收入者与低收入者的经济效用是完全不同的,就像100元现金对于一个高收入者可能不屑一顾,对于一个贫困家庭却是一笔重要的生活来源,这100元在贫困者那里所创造的经济效用便很自然地要高得多。因此,一个国家的社会保障制度健全与否,与其国民福利水平的高低通常呈现正相关的关系。

第四,社会保障能够为其他相关政策的实施提供配套。社会保障是一项基本的社会制度,它作为整个社会结构中的一个系统或一个构成部分,既需要其他政策体系等为之配套(如医疗保险离不开医疗卫生事业的配套,基金式的养老保险制度离不开资本市场的配合),也可以为其他政策体系的实施提供配套。例如,各国的人口政策就通常需要社会保障制度的配合,凡采取鼓励生育政策的国家,通常通过面向多子女家庭提供更为优惠的福利津贴与服务来刺激生育,反之,中国实行计划生育政策则是对少生育子女家庭给予补贴或奖励。再如,就业问题在相当长时期内都将是中国面临的严峻挑战,要解决或缓和就业问题就需要促进灵活就业,但若没有相应的社会保障制度配合,灵活就业方式就很难被接受,或者被接受也是以损害劳动者的权益为代价的无奈之举等等。因此,国内外社会保障可以促进其他相关政策顺利实施的实践,表明了这一制度的功能还需要重新评估,国家亦需要综合考虑各大政策体系的配合协调,尽可能实现各相关政策相得益彰。

第五,社会保障能够创造就业机会,改良着社会产业结构。社会保障是一个庞大的体系,它需要众多的专业人士的参与,从而是能够容纳众多劳动力的新兴部门。如社会保险制度的建立,需要社会保险费的征收与基金管理人员,需要相应的工伤鉴定工作人员,需要相应的基金投资人员,需要相应的待遇给付机构与工作人员;各种社会福利多以提供服务的方式出现,更是需要大量的劳动者参与进来。因此,社会保障事业的发展,既直接创造出大量的就业岗位,也改良着社会产业结构,这一意义应当得到重视。

综上所述,建立健全社会保障体系有着十分重大的意义。"社会发展与市场经济对社会保障的依赖以及社会保障所具有的内在功能,决定了中国不仅需要尽快建立起新型的社会保障制度及其完整的体系,而且需要新型的、独成体系的社会保障理论的指导。"①

【案例讨论】

利率杠杆的失效

1996年5月1日,中国人民银行宣布存款利率平均降低0.98%,贷款利率平均降低0.75%;1996年8月23日,中国人民银行宣布存款利率平均降低1.5%,贷款利率平均降低1.2%;1997年10月23日,中国人民银行再次宣布存款利率平均降低1.1%,贷款利率平均降低1.5%。然而,在居民收入持续增长的背景下,作为市场经济国家宏观调控重要手段的利率杠杆在我国却完全失效,因为三次大幅度调低利率并未起到减少储蓄、刺激消费的作用。从1994—1997年底,城市居民家庭人均可支配收入由3 496.2元增长到5 160.3元,农村居民家庭人均纯收入由1 221元增长到2 090.1元;而在利率持续大幅度下调的条件下,同期居民储蓄存款却由21 518.8亿元急剧增长到46 279.8亿元,大大超过居民的收入增长水平;同一时期的结果是城乡居民消费不旺的局面依然持续,期间物价不涨反跌。从

---

① 郑功成著:《中国社会保障论》,第19页,湖北人民出版社,1994。

而形成了收入增、利率降、存款增、消费降的两增两降的畸形格局，一大批国有企业库存急剧增加，亏损面急剧扩大。

造成利率杠杆失效的原因，不在于利率本身，而在于城乡居民因社会保障的严重缺失导致了安全感与对未来的信心急剧下降。当时的背景是，自1993年国家确定社会主义市场经济为我国经济体制改革的目标模式后，效率优先逐渐演变成了效率至上，社会保障制度在改革中亦日益打上了经济政策与效率优先的烙印。不仅未进入社会保障网的城乡居民仍然缺乏社会保障，即使是应当享有社会保障待遇的离退休人员也出现了不能按时足额领到退休养老金的现象，各项社会保障制度的改革由计划经济时代的平均主义、大锅饭走向了追求效率而忽略社会公平的极端，改革似乎只是为了控制政府的责任而放大个人与家庭的责任，市场机制的作用被无限夸大。在当时的情形下，人们不仅要对自己的养老与疾病医疗负责，还要对失业、下岗承担责任，而教育的产业化亦迫使城乡居民必须对子女的教育甚至是义务教育承担责任，住房制度改革也走向了自有化、私有化的极端。整个社会保障制度的可靠性动摇了，作为这一制度担保人的政府的信誉也受到了极大的损害。人们不再相信社会保障制度，转而为自己及家人可能遇到的各种后顾之忧预作筹备，因此，在生产发展的另一方面，居民消费始终处于低迷状态，不安全感导致了人们不敢消费。

1997年前后的情形，揭示了社会保障制度奉行的公平原则与可靠性是不能动摇的，社会保障制度所具有的稳定与促进等功能是市场机制所无法替代的。正是为了弥补市场机制的失灵，工业化国家才建立了健全完备的社会保障制度。凡有健全完备社会保障制度的国家，人们的后顾之忧便得到了解除，安全感的提升必然带来生活信心的提升，进而会刺激消费，促进发展。因此，不能单纯地把社会保障看成是一种福利，它在增进国民福利的同时也是一种促进经济社会发展的战略投资与现实投资。

思 考 题

1. 如何理解社会保障理论界定的差异？
2. 如何理解社会保障的目标的嬗变？
3. 为什么说社会保障具有多重功能？
4. 社会保障具有哪些基本特征？

5. 社会保障应当遵循哪些原则？
6. 如何理解社会保障的积极意义？

第二章 社会保障的发展

【本章学习要点】

通过本章的学习,应当了解社会保障的发展线索与发展规律,理解并把握影响社会保障制度的诸种因素,同时能够客观地看待社会保障发展进程中的经验、教训与改革取向,全面、系统地掌握中国社会保障制度的发展与改革进程。

第一节 概 述

在人类社会的发展进程中,社会保障是伴随着社会经济的发展而不断发展起来的。它由非正式制度安排发展到正式制度安排,从为统治者服务到促进社会公平及为整个社会长期稳定、协调、和谐发展服务,从一种社会政策演变成社会政策与经济政策等交互作用并相互协调的混合政策,其本身就是社会文明发展进步的重要标志。在社会保障发展的背后,可以发现,"尽管经济发展是我们应当努力追求的目标,但经济发展的目的却是为了促进整个社会相互协调地向前发展。从孔子的大同社会理想到邓小平同志的共同富裕观,从古代的救灾济贫措施到现代社会健全的社会保障制度,客观上都昭示着全体社会成员的健康发展是整个社会、经济发展的终极目标。"[①]毫无疑问,社会保障制度的建立与发展,正是促使我们接近这个终极目标的有效手段和合理路径。因此,考察社会保障的实践史及其在发展进程中的某些规律,剖析现代社会各种不同的实践模式,对修正现阶段社会保障制度安排及技术选择方面的失误,促使社会保障与整个社会经济长期稳定协调地发展下去,显然具有非常重要的意义。

一、社会保障发展阶段的划分

对社会保障的产生与发展进程,在理论学术界一直存在着不同的见解。一种观点认为应当以1601年英国伊丽莎白时代颁布《济贫法》为产生标志;一种观点则认为德国俾斯麦于1883年制定并实施有关社会保险法律是社会保障制度产生的标志。

实际上,社会保障作为超越家庭保障的一种社会化机制,源远流长,古代社会的救灾济贫措施即是现代社会保障制度的直接源流。因此,就社会保障发展史而言,它已经产生并存在了数千年。在中国,以互助、他助等为基本特征的原始社会保障活动,事实上在三千多年前即已出现。如中国在西周时即"遣人掌邦之委积,以待施惠;乡里之委积,以恤民之艰厄;县都之委积,以待凶荒。"[②]此即是一种社会保障措施。西方社会立足于慈悲为怀的宗教慈善事业与济贫法颁布后政府介入的济贫事业,其历史亦相当悠久。可见,现代社会保障制度与历史上的救灾济贫活动客观上存

---

① 雷洁琼:"建设有中国特色的社会保障理论(序言)",载郑功成著《论中国特色的社会保障道路》序言,武汉大学出版社,1997。
② 《周礼·大司徒》。

在着渊源关系。

就现代社会保障制度而言,较为公认的是以社会保险制度在德国出现为标志,因为社会保险制度是与工业化相适应的正式制度安排,并完全具备了现代社会保障制度的法律形式与基本内容。不过,不同的时代对社会保障又有着不同的需要,社会保障在不同的时代亦有着不同的表现形式与特征。因此,考察社会保障的实践史,科学划分社会保障的不同发展阶段,显然是认识社会保障客观发展规律和构建能够适应未来社会发展需要的社会保障制度所必需的。

要对社会保障发展实践进行阶段划分,必须有客观、明确的标志。郑功成提出的划分社会保障发展阶段的标志主要有①:

(1) 一定时期内的生产力发展水平或社会经济发展水平。它是决定该时期社会保障实践活动的决定性因素。如整个人类社会的发展,就可以划分为原始社会、农牧社会、工业社会、高度发达社会等阶段,每一阶段都只具备适合本阶段社会保障发展需求的社会经济基础,任何超越或滞后发展,都将带来不良的后果。

(2) 一定时期内社会成员对社会保障的需求。它是决定该时期举办社会保障项目或内容的社会基础。如在农牧社会,农民依赖于土地和家庭,需要的只是救灾济贫;到工业社会,如果只有救灾济贫式的保障,就绝对无法满足社会成员对社会性保障的需要,各项社会保险会成为人们的需要;而进入发达社会后,国民的福利需求又将全面、普遍性地增长。

(3) 政府介入的程度。它是社会保障制度化与非制度化的一个分水岭,在此,当然不能认为政府介入愈深愈好,但政府介入的程度与介入的方式对社会保障制度的建立与发展无疑具有非常重要的意义,从而亦应当作为划分社会保障发展阶段的重要标志。

(4) 社会保障实践的出发点与基本目标。这是衡量社会保障发达状态与进步程度的重要标志,如果社会保障活动只是少数人举办并为少数人服务,其追求和实现的自然是低目标,社会保障亦只能是低水平状态;反之亦然。

(5) 一定时期内社会保障实践的具体内容。它是衡量社会保障发展处于何种发展阶段的客观标志,即在社会保障体系中,以何种项目或子系统最为重要,则表明社会保障处于以该项目或该子系统为主体内容的时期。

根据前述标准和社会保障活动的具体实践,可以对社会保障的发展阶段作不同的划分。

以政府介入的程度或制度化作为依据,则社会保障在人类社会发展史上的发展

---

① 郑功成著:《社会保障学——理念、制度、实践与思辨》,第111—112页,商务印书馆,2000;郑功成著:《论中国特色的社会保障道路》,第35—36页,武汉大学出版社,1997。

实践可以划分为以下三个大的阶段：一是慈善事业时代或前社会保障阶段；二是济贫制度的形成与发展阶段；三是现代社会保障阶段，它又可以分为现代社会保障制度产生阶段、发展阶段与成熟阶段。

以社会保障在不同时期的具体实践内容为依据，又可以划分为以下三大发展阶段：一是社会救助型发展阶段，这一时期只有救灾济贫活动，目的在于化解部分社会成员的生存危机，在社会保险制度建立之前均可以归入这一阶段；二是社会保险型发展阶段，这一时期并非不要救灾济贫措施，而是适应工业社会的需要，社会保险制度成为整个社会保障体系的主体，它从社会保险制度产生开始，到社会保险制度成为一种普遍性的社会保障制度止，其目的在于解除社会成员的后顾之忧，从而在保障内容与目标上是第一次质的飞跃；三是社会福利型发展阶段，即当人们的后顾之忧获得化解后，关注的领域必然是如何进一步改善和提高生活质量，这是社会福利所要解决且能够解决的问题，因此，社会福利将逐渐成为社会保障体系中最重要的内容，从而进入社会福利型发展阶段[①]。

二、影响社会保障发展进程的因素

无论是社会保障活动的起源，还是现代社会保障制度的发展，都可以发现影响与制约社会保障的因素是多方面的，尽管在多数情况下经济因素可能发挥着更大的作用，但也不能排除一定时期内政治的、社会的或道德的因素等能够起支配作用[②]。因此，全面考察社会保障的影响因素，将更有助于把握现在所处的时代及其所需要的社会保障制度。

从总体上考察社会保障的发展史，可以发现影响其进程及状态的最重要的因素不外乎是经济因素、社会因素、道德因素、政治因素等。

经济因素毫无疑问是社会保障制度的重要影响因素。因为任何社会保障制度或措施都离不开相应的经济基础，只有当生产力发展到一定水平时才可能出现物质财富的剩余，并使国家、社会或家庭具备帮助有需要者的能力，进而才会有物质的援助活动存在。因此，经济发展水平客观上决定着社会保障的发展水平，如古代社会只有简单的、有限的救灾济贫活动，进入工业社会后却出现了社会保险，20世纪第二次世

---

① 参见郑功成著：《论中国特色的社会保障道路》，第35—40页，武汉大学出版社，1997。
② 在研读中外有关社会保障方面的著作时，可以发现不同的学者站在不同的学术角度对社会保障制度的影响因素有不同的理解，经济学者大多赞成经济因素始终是社会保障制度的决定性因素，而多数社会学者在研究社会保障问题时可能更注重社会问题、社会公正或正义及伦理道德等对社会保障制度的影响，政治学者或许会强调政治与政治家对社会保障制度的发展具有重大影响，他们都能够列举许多实例来加以佐证。其实这正表明影响社会保障制度的因素是多方面的，在不同的历史条件下不同因素的影响度可能会产生不同的变化，从而是社会保障制度自身所具有的复杂性与时代性的具体体现。

界大战后部分发达国家率先宣布建成福利国家,均表明了生产力发展水平与经济发展水平对社会保障制度的重大影响。然而,经济因素是否在所有地区、所有时代均真正决定着社会保障的发展进程,却还要受到其他因素的制约和影响。

社会因素是社会保障制度产生与发展的基础性影响因素。因为任何社会保障实践活动,都是基于某种特定社会问题的客观存在,且需要通过相应的社会保障措施才能得到解决为前提的。救灾措施的实施,必定以灾害尤其是大的自然灾害造成社会成员生存危机,进而引发严重的社会危机为要件;济贫制度的确立与发展,是以部分社会成员因贫困而致生存危机为要件;社会保险制度的建立与发展,亦是基于劳动者有诸多后顾之忧且可能因此而引发严重社会问题为要件;老年福利的发展则是人口老龄化及家庭结构变迁导致家庭保障功能持续弱化的必然结果等等。因此,社会因素,包括社会结构变迁、社会成员分化、社会矛盾激化等,都直接影响着社会保障制度的建设与发展。

道德伦理因素是影响社会保障发展的又一重要因素,在社会保障实践的起源阶段尤其重要。大约在公元前 2000 年,人们便将乐施好善视为一种高尚的德性,古埃及的宗教文献《死亡之书》中就有"我给所有的饥饿者以面包,我给裸露者以衣裳。"《圣经》旧约全书更通过列举约伯的善举来劝人行善,即"穷人求助,我总乐意帮助;孤儿求助,我就伸出援手。我为水深火热中的人祝福;我也使寡妇的心欣慰。我以正义做衣服穿上,公道是我的外袍,我的华冠。我做盲人的眼睛;我做跛子的腿。我做穷人的父亲,我常为陌生人伸冤。我摧毁强暴者势力,救援被他们欺压的人。"这种让高于人的神来倡导乐施好善,导致了相应的道德规范的出现,这种道德规范并非只是抽象的伦理,而是表现为具体的利益与责任关系。因此,在西方社会,最初的救灾济贫活动是由宗教组织推动的,而中国虽然是官方较早介入救灾济贫活动,也是受到了儒家推己及人、仁者爱人的道德思想的影响。因此,道德因素对社会保障实践活动的影响在最初几乎是起决定作用的,后来虽然随着社会保障制度的确立与发展,其影响似乎日渐式微,但时至今日,爱人如己、推己及人、同情弱者、互助互惠的人道主义伦理道德,不仅依然对社会保障制度的发展产生着直接影响,而且上升到公平与正义的价值理念。

政治因素的影响,在西方是随着 16 世纪的宗教改革时开始的。此前,西方社会的政治与福利是分离的,救灾济贫等社会性保障事务作为一种社会功能,属于教会的工作范围,是在家庭保障与社区互助的基础上的宗教慈善事业;此后,以英国颁布《济贫法》为重要标志,政府通过法令来帮助教会履行济贫职责,西方国家中政治对社会保障的影响便由此日益重要;到 19 世纪末,德国作为发达程度不如英国等的欧洲国家,却成了世界上第一个建立起社会保险制度的国家,亦有着政治因素的重大影响在内。对于中国这样一个中央集权的国家,政治因素的影响尤其明显,封建朝代官方的救灾济贫事业虽然有儒家伦理道德的影响,但主要是出于维护统治者的统治秩序并延续其政权生命,从而更早、更多地打上了政治烙印。随着民主政治的发展,政治因素对社会保障制度发展的影响更是无处不在、无时不有。因此,政治因素是现代社会需要引起特别关注的因素。

此外,历史文化因素亦对社会保障制度产生相应的影响,而来自国外的实践经验与教训同样会对一国社会保障政策的选择产生影响。

可见,社会保障制度呈现出多样化发展、不平衡发展的格局且很难成为一种国际化事业,是因为即使是都采用市场经济体制或都实行资本主义制度或都具有同样的经济发展水平的国家,亦可能存在着社会的、政治的和伦理道德及历史文化方面的差异,而这些因素客观上均对社会保障的发展有着直接的影响[①]。

第二节 慈善事业与济贫制度

一、慈善事业时代

慈善事业时代是一个相当漫长的时代,它可以从不同国家出现自发的、临时性的救灾济贫活动算起,到国家以立法的形式介入社会保障活动时止。

慈善事业时代作为社会保障发展史上的第一个阶段,它的社会背景即是不发达的农牧社会。在这一时期,民族国家逐渐形成并走向巩固,但生产力水平仍处于非常落后的状态,对统治者而言,防御外强入侵与开疆拓土可能是最重要的事业,尽管需要帮助者众,而能够提供帮助者却少,国家更是缺乏足够的财力。因此,无论是西方宗教组织开展的救灾济贫活动,还是古代中国历代统治者开展的救灾济贫活动,抑或是民间自发开展的救灾济贫活动,其特色都是取决于举办者的意愿与财力,并非为满足社会成员的需要,从而只是一种随机的、临时的、非常落后的救助活动。

构成慈善事业时代的三大支柱,是宗教慈善事业、官办慈善事业与民间慈善事业。

---

① 参见郑功成著:《社会保障学——理念、制度、实践与思辨》,第112—115页,商务印书馆,2000。对多因素影响的认可,不仅能帮助我们理解济贫制度首先建立于英国,而社会保险制度却产生于德国;而且能帮助我们理解美国为什么还有4 000万人口缺乏基本的医疗保障,中国香港作为发达地区为什么到20世纪末还没有建立社会保险制度,而中国内地却在20世纪50—80年代却建立过全民化的社会性保障制度(这种制度在城镇是国家福利与单位福利的组合,而在乡村则是在集体混合分配和合作医疗等措施上得到体现)。

(一) 宗教慈善事业

在慈善事业时代,值得大书特书的应当是宗教慈善事业。西方盛行的各种宗教不仅是当时社会保障思想的重要来源,而且直接指导着各宗教团体的慈善活动,其中尤以佛教、基督教、天主教等对慈善事业的影响最大。一方面,各种宗教教义多将行善列为基本的准则。如佛教教人慈悲为怀,强调以深度的爱护之心予众生以快乐幸福,以深度的同情怜悯之心拔除众生的痛苦,倡导布施、福田、利行等行善方法,并将照拂他人特别是贫弱无依的人的行为称之为"善",反之就被称为"恶";基督教则强调爱人如己,并将行善作为《圣经》的基本内容来约束教徒等等。另一方面,教会组织开展的各种救灾、济贫、施医助药等活动,在这一时代成为一些西方国家主要的社会保障方式,并随着宗教影响区域的扩大而扩大到全世界。尽管后来随着宗教的改革与政府势力的增长,国家逐渐介入济贫事业和其他社会保障事业,但宗教慈善事业一直未有间断,迄今仍在许多国家或地区发挥着传统的救世济困作用,并构成对现代社会保障制度的有益且重要的补充。

(二) 官办慈善事业

所谓官办慈善事业,可以理解为由官方开展但尚未制度化的救济活动。与宗教慈善事业不同,官办慈善事业是以国家的介入并以传统道德及政治需要为基础而产生且得到发展的,这在西方国家有一个渐进的过程,即政府根据需要与实力,在宗教慈善事业不能满足贫弱社会成员的需要时,亦直接出面举办有限的临时性救济活动;而在中国,官办慈善事业则是源远流长,因为中国历史上一直是皇权至上,宗教在社会上的影响一直未能像西方社会那样,势力不大,而贫弱社会成员对救灾济贫的需要便只能由官方来满足。

在中国,历史上最富有特色与创见的官办慈善事业,莫过于仓储后备和以工代赈两种救灾济贫方式。所谓仓储后备,是平时建立谷物积蓄以备灾荒并济贫民的一种古老的社会保障措施,《礼记·王制篇》中说:"国无九年之蓄,曰不足;无六年之蓄,曰急;无三年之蓄,曰国非其国也。三年耕必有一年之食,九年耕必有三年之食,以三十年之通,虽有凶旱水溢,民无菜色";《礼记·月令》中有"天子布德行惠,命有司发仓廪,赐贫穷,振(作者注:振在此处意义同赈)乏绝"的记述;《孟子·尽心篇》中有战国时期"齐宣王亦尝发棠邑之仓,以赈贫民"的记载等。至于义仓的建设,自隋唐至明清一直未有间断,并事实上发挥过很大的作用。可见,中国古代统治者很早就有过救灾济贫的实践活动,并一直延续下来①。

---

① 参见郑功成著:《中国社会保障论》第一编,渊源篇,湖北人民出版社,1994。

在西方,在《济贫法》颁布前,官方介入救灾济贫活动的事例亦不乏罕见。如早在6世纪末的罗马城邦社会,城邦的市政府当局就曾经用公款和捐款购买谷物,用以无偿分发给丧失劳动能力的人和阵亡将士的遗属或低价出手以平抑物价;在15—16世纪之交的法国,由宗教团体掌握的福利设施亦逐步地为世俗政权所接管,它通常被视为教权衰落、王权兴起的直接反映;在《济贫法》颁布前的英国都铎政府,甚至通过了一项强制征收济贫税的条例,规定每一教区须对其贫民负责等等。因此,历史上官方参与开展救灾济贫活动,可以视为现代社会保障制度从一产生就由政府充当责任主体或主要责任主体的直接来源。当然,在这一时期的政府介入,一是没有法制约束,二是并非固定的、经常性的措施,三是所提供的救助被看成是一种恩赐行为,四是这种救济活动十分有限,因此,它只不过是举办者的一般改变而已,仍然是与宗教慈善事业性质相同的一种传统意义上的慈善事业,从而不能与现代社会政府举办的济贫事业相提并论。

(三) 民办慈善事业

除宗教慈善事业与官办慈善事业外,古代的社会保障活动事实上还有第三极,即由民间人士自发举办的各种慈善活动。民间零星的互助或他助活动,在中外历史上不乏记载。有组织、有规模的民间慈善事业大约是在中世纪以后出现的。且不论欧洲国家,仅看只有200多年立国历史的美国,亦可以发现这种事实。如在1657年,美国波士顿就出现了民间的苏格兰人慈善协会,它由住在该市的27位苏格兰人组成,并开展着多种济贫活动[①]。

在中国,宋代范仲淹举办的"义田"、朱熹的"社仓"、刘宰的"粥局",清代熊希龄举办的慈幼局等等,均是被史家关注的慈善典型;而迄今仍在香港地区享有很高声誉与影响的东华三院,亦是1851年由部分华人乡绅创办的广福义祠基础上不断发展、壮大起来的民间慈善团体,100多年来一直为香港有需要的人士提供着医疗与医药救助[②]。

此外,以互助为基本特征的社会性救助活动亦开始出现,并成为慈善事业的重要补充。如在中世纪的德国,出现了"基尔特"即手工业者互助基金会,它通过向会员收取会费筹集基金,以帮助那些丧失工作能力又没有土地作为生活依托的手工会员。在18世纪的英国,则出现过很多具有互助性质的"友谊会",其形式类同于德国的"基尔特"。中国亦在同一时期出现过各种行会,并开展着具有互助性质的救助活动。

---

① 郑功成著:《社会保障学——理念、制度、实践与思辨》,第120页,商务印书馆,2000。
② 参见郑功成等著:《中华慈善事业》第二、第七章,广东经济出版社,1999。

综上，在济贫制度确立前，社会保障实践活动虽然在中西之间存在着极大的差异，但总体上仍可以称为宗教慈善事业、官办慈善事业与民间慈善事业共生的时代，即可以统称为慈善事业时代。这一时代尽管层次极低，却说明了人类社会对社会性保障机制的需要，以及他助与互助的道德基础，并提供了某些可行的解贫济困方式与手段，从而仍然具有它的历史价值与现实启迪。

二、济贫制度的出现与发展

（一）《济贫法》的颁布与济贫制度的确立

国家通过立法的形式来介入济贫事务，是社会保障发展史上的一个重要里程碑，这个里程碑显然应当以 1601 年英国颁布《伊丽莎白济贫法》为标志。

在英国颁布《济贫法》前，英国社会处于动荡不安的时期，这一时期人口大量流动，贫困、失业、流浪现象急剧增加，社会陷入极不稳定状态，而仅仅依靠宗教的力量已不能解决当时的诸多社会问题；同时，这一时期也开始出现教权衰落、王权兴起的现象，商品经济的发展，推动欧洲地区进入了民族国家时代，原来由宗教组织主持的济贫事务，亦不可避免地要部分地转移到政府手中，而正因为王权在欧洲处于兴起时期，就像宗教慈善活动在中世纪巩固和发展了教会的势力一样，政府亦期望通过逐渐介入济贫事务来加强和发展世俗政权的力量。因此，社会动荡、教权衰落、民族国家与王权的兴起，是这一时期的特定时代背景。

面对社会的极度不稳定，一些国家便开始考虑采取相应的措施来缓和社会矛盾，促进民族国家的发展，并使王权得以巩固。首先是 1572 年英国都铎政府通过了强制征收济贫税的条例，于后才是 1601 年颁布世界上第一部《济贫法》[①]，该法将已有的宗教或社会救助活动惯例用法律的形式固定下来，首次由官方划定一条贫困线，对有需要的孤、老、病人进行收容，同时为失业者、贫民小孩提供有限的帮助。

在西方由农业社会向工业社会过渡时期，济贫制度可以说是一种主要的社会保障模式。

（二）济贫制度的发展

英国自 1601 年颁布《济贫法》后，又于 1723 年通过了设立济贫院的法律，其目的是强调使穷人"懂得"劳动。1774—1824 年，英国议会通过了一系列劳工协议法案；1782 年通过了格伯特法，放宽了济贫法的实施范围，缓和了旧济贫法因"惩戒性"救

---

① 为了与二个世纪后颁布的《济贫法》相区别，历史上称 1601 年英国颁布的《济贫法》称为"旧济贫法"或"伊丽莎白济贫法"；而将 1834 年通过的《济贫法修正案》称为"新济贫法"。

助所造成的某些惨况。到1834年,英国议会又通过了著名的《济贫法修正案》(即新济贫法),它确立了"劣等处置"与"济贫院"规则,实现了减少济贫税的目标,从而赢得了社会上层与中产阶级的欢迎,却因缺乏人道而遭到了下层民众的诅咒。

自英国济贫法颁布后,欧洲其他国家亦开始仿效,如瑞典于1763年制定了《济贫法》,经多次修订而在1871年将救济对象限定为老年人;荷兰亦于1854年颁布了《济贫法》。

在北美,当时正处于殖民地时代,英国的济贫法很自然地直接影响着该地区的早期社会救助活动。较早的文献记载是马萨诸塞殖民地首任总督翰·温思罗普在1630年写的《基督慈善的典范》和1635年写的《日志》,文中即记载了该殖民地议会对某人的救济活动;一些殖民地则通过了类似英国济贫法式的法律,规定每一城镇都要为穷人提供基本的食品、衣着和居住等[①]。

在中国,历史上并未像英国等国家那样颁布专门的济贫法,但仓储后备经过历代统治者的继承与发展,又确实成为一项用于赈灾济贫的常备制度。

尽管依据《济贫法》确定的济贫制度与现代社会保障制度不能相提并论,尽管济贫制度在英国的实践以惩罚受助者而有着恶名(十分苛刻的受助条件以至于使有的贫民宁肯饿死也不愿领取救济),尽管这种立法极不平等并事实上亦未使济贫活动成为一项固定的、经常性的制度,但它毕竟是通过法律的形式将早期的社会保障活动固定了下来,从而埋下了未来社会保障制度的种子,这显然是一个历史的进步。

三、对早期社会保障发展的简要评论

从慈善事业时代的济贫活动到济贫制度的确立,再到现代社会保障制度的建立,慈悲为怀的道德值得肯定并依然在发挥着作用,而制度化的安排更应当值得肯定,因为我们无法强迫一个人行善,却可以透过强制性的制度安排并通过征税或征费来实现社会保障再分配的目的。正如Trattner在其所著的《从济贫法到福利国家》一书所言,"社会福利发展的历史就是从慈悲到正义之路,慈悲是善心是情操,正义是制度化公理,前者无法持久,而后者却可以长久运行。"[②]因此,济贫制度作为现代社会保障制度产生之前的尝试,其进步意义是毋庸置疑的。

然而,在漫长的农业社会里,社会保障实践始终处于社会救助型阶段。一方面,社会保障活动限于当时的生产力水平与社会经济发展状态,除有限的济贫活动与仓储后备外,根本不可能建立起社会保障基金,从而只能满足部分社会成员因灾或因其

---

① 郑功成著:《社会保障学——理念、制度、实践与思辨》,第122—123页,商务印书馆,2000。
② Trattner, Walter I. (1989). From Poor Law to Welfare State. US: The Free Press.

他不幸事件濒临死亡线上时的最起码的社会性保障需求;另一方面,当时的社会结构也比较简单,社会成员被分为统治阶级与被统治阶级两大对立阶级,职业结构亦主要是从事农业生产,因此,除宗教慈善事业与民间慈善事业外,官方的社会保障活动便只是统治者对被统治者实施的所谓"仁政",其目的是为了防止被统治者无法生存时的反抗。

对这一时代社会保障活动,我们可以作出如下评价:

第一,性质上是居高临下的施舍型。无论是慈善事业时代还是济贫制度出现以后,因为统治者与被统治者的不平等,加之并没有相应的法律制度来规范这种行为,或者虽然有法律制度却完全是有利于统治阶级的,其各种救济活动便很自然地成为统治者对被统治者居高临下的施舍,即灾民与贫民并不天然具有获得救助的权利,他们是否能够得到救助,或这种救助能否解决灾民和贫民的生存危机问题,都完全取决于统治者和实施救助的教会等机构,有时甚至以牺牲人格或接受惩罚为条件。因此,接受救助者不得不对给予救助者感恩戴德,而提供救助者则可以驱使被救助者,两者处于极不平等的地位。

第二,根本目的是防止被统治者反抗。不论是王权兴起的西方,还是中央集权的中国,政府介入济贫事务的根本目的,既不是为了真正解决社会成员中的贫困现象,也不是真正保障社会成员的生存权利,而是为了防止被统治者在因灾或因不幸事件陷入生存困境时发生与统治者直接对抗的行为。因此,这一时期的社会保障活动是统治者的"灭火器",这是与现代社会保障制度有着根本区别的。

第三,保障项目是极端有限型。这一阶段的社会保障项目在世界各国都是极为有限的,并集中体现在救灾济贫项目上。以中国封建社会的社会保障为例,就只有救灾、济贫、优抚等三大项目,其中:救灾项目可以分为赈款救灾、赈谷救灾、以工代赈等内容,它是旧中国社会保障制度中的主体项目;与救灾措施相比,旧中国的济贫措施显得十分薄弱,基本上限于对部分无家可归、无力生存的孤老残幼进行有限的临时救助,它只能看作是救灾措施的补充;优抚则是旧中国能够引起统治者重视的一个保障项目,它面向服役的军人,包括死亡抚恤、伤残抚恤及对军人家属的有关照顾等内容。由此可见,这一阶段的社会保障项目是十分有限的。

第四,保障水平是极端低下型。由于慈善事业与政府的济贫政策事实上并非一种固定的、必行的社会政策,加之受当时财力的局限,其保障水平极端低下。如以中国古代的救灾为例,多数情况下是采取赈谷救灾的方略,但赈谷也不过是临时的应急之策;有时大灾发生时,官方只在灾民外流路边设置粥棚向流民施粥,解决的只是一顿一天的生存问题,这从一个侧面反映了当时救灾济贫水平的极端低下。

第五,保障效果是不良型。由于身份极不平等,加之项目太少、水平太低,这一时期的社会保障实践效果也是不良的,不仅不能解决有需要的社会成员的生存保障问题,而且也不能真正解决得到救助的社会成员的生存问题。因此,每当大的灾荒发生,"饿殍塞途"、"尸横遍野"、"人相食"的惨剧便史不绝笔,中外历史上不乏人民因无法生存而揭竿而起的实例①,从而充分说明了这一时代的社会保障效果是不良的。

从上述分析可见,从慈善事业时代发展到济贫制度确立与发展的时代,社会保障经过数千年的孕育,确实在随着社会的发展而发展,但慈善事业时代只能算是社会保障的起源,而济贫制度的确立亦只不过是社会保障由非制度化向制度化发展的一个过渡,它们均因非制度性和非权利性,只能算是社会保障发展进程中的初级阶段。

第三节 现代社会保障制度

现代社会保障制度是工业化的产物,它以19世纪80年代德国制定并实施有关社会保险法令为起始标志。经过20世纪上半叶的发展,现代社会保障制度作为一个由多个子系统构成并同时得到发展的体系,于20世纪40—50年代进入成熟期;到20世纪70—80年代以后,随着社会经济等诸影响因素的发展变化,各国又先后步入改革、发展与完善阶段。

一、社会保险制度的产生

(一) 社会保险制度产生的背景

19世纪80年代,德国成为世界上第一个建立起社会保险制度的国家。

当时的社会背景是,欧洲国家在18世纪取得工业革命的胜利后,先后迈入工业社会,而工业社会带来的最大变化,就是工业生产逐渐取代农业生产而占据经济发展中的主导地位,市场经济取代了小农经济,社会结构日益走向复杂化,职工则逐渐成为社会阶层结构中的主体。工业生产的社会化和规模化促使越来越多的劳动者从乡村进入城镇工作与生活,并构成一个日益庞大的无产者阶层,以往作为家庭或个人风险的年老、疾病、工伤、失业等特定事件,亦开始演变为一种社会性的群体风险,因为每一个工业劳动者只要发生这种风险,便意味着失去收入来源和生活保障,进而成为

---

① 中国历史上历次大的农民起义,几乎无一不是以大灾害、大饥荒的发生为背景,以抢米抢粮为导火索。这种定例表明了人的生存危机一旦转变成社会群体危机,社会秩序便很难控制,大的社会动乱就必然发生。它从另一个侧面揭示了通过建立相应的社会保障制度来化解这种社会风险的必要性与重要性。

社会不稳定的因素。在这种情形下,仅靠以往的济贫措施与慈善事业,已根本不可能解决问题,因此,各国执政者在继续对贫民、灾民进行救助的同时,不得不将建立新的安全机制与保障机制提到重要位置来考虑,从而促使能够适应工业社会需要的各种社会保险制度成为新的政策选择。

社会保险制度首先产生于德国,并非因为德国是当时世界上最先进的国家,而是有着其他因素的推动。一方面,从19世纪70年代至第一次世界大战前夕,德国境内盛行鼓吹劳资合作和实行社会政策的学派即新历史学派,该学派主张为国家直接干预经济生活的管理和负起文明与福利的职责,这种主张对统治者的影响极大,从而为社会保险制度的产生奠定了理论基础;另一方面,随着马克思主义的传播,在社会主义政党的推动下,德国工人运动日益高涨,它强烈要求政府实施保护劳工的政策,同时自发组织各种互助储金会等,迫使当局考虑社会保障问题,从而堪称社会保险制度出台的催化剂。此外,德国当时处于有"铁血宰相"之称的俾斯麦执政时期,俾斯麦很清楚要取得对内对外政策的胜利,关键在于安抚好工人,以便取得工业发展的先机,进而实现对外扩张。独特的社会背景和德国内部上述因素的影响,促使德国成为最先建立社会保险制度的国家。从1881—1889年,德国先后制定了疾病保险法、工伤保险法和老年与残疾保险法等,并于1911年将上述三部法律确定为德意志帝国统一的法律文本,另增《孤儿寡妇保险法》,而成为著名的《社会保险法典》,史称"帝国社会保险法典";1923年和1927年,德国又先后制定了《帝国矿工保险法》《职业介绍和失业保险法》,至此基本建成了完整的社会保险制度。德国的实例亦能够表明,社会保障制度的确立与发展,并不完全取决于经济发展状态。

由于以社会保险为主体内容的社会保障体系适应了工业社会的需要,对于解除劳动者的后顾之忧和稳定社会发展具有良好的作用,继德国之后,西欧、北欧国家及部分东欧国家纷纷仿效,并于19世纪末到20世纪30年代先后建立了自己的社会保险制度;不仅如此,这一时期欧洲国家还通过殖民扩张,将这种制度带到了一些殖民地地区,并最终为大多数国家所接受。

以社会保险制度的出现作为现代社会保障制度产生的标志,理由在于:一是社会保险属于制度化保障机制,从而完成了由济贫时代的不确定性、临时性到稳定性、经常性的转变;二是由雇员、雇主共同供款和国家资助建立起来的社会保险制度,真正确立了社会责任与风险的共同分担机制;三是受保障者无需以牺牲人格尊严和接受惩戒为受益条件,免去了济贫制度下的经济状况调查和济贫院的冥落。因此,尽管社会保险制度在产生之初只不过是统治者的一种"怀柔之术",但它的出现确实使社会保障进程产生了质的飞跃,即零星的救灾济贫措施发展成为稳定的社会政策,施舍式的社会救助发展成为公民的一种法定权利。因此,国际劳工组织这样评价社会保险制度的出现,"在社会政治历史上,没有什么事情比社会保险更能急剧地改变普通人的生活了,这种保险制度使人们在因公害事故、健康不良、失业、家庭生计承担者死亡,或因任何其他不幸使收入受到损失的情况下,不至于沦为赤贫。"①

(二) 社会保险制度的基本特征

考察社会保险制度的产生与形成,可以发现它具有如下一些特征:

其一,社会保险在性质上是权利义务结合型。尽管政府与雇主均承担着供款责任,但劳动者要享受社会保险待遇,仍须承担相应的缴费义务,因此,权利与义务相结合便成为社会保险制度的重要特征。

其二,社会保险制度的根本目的是解除社会成员的后顾之忧。社会保险面向劳动者,它保障的不是劳动者已经发生的生存危机,而是其可能发生的收入丧失或剧降风险,其目的在于解除劳动者在年老、工伤、疾病、失业等方面的后顾之忧,并通过对劳动者的收入保障来解决其家庭危机。因此,社会保险解决的是社会成员的未来或可能风险,客观上还能够起到预防贫困的作用,与慈善事业及济贫制度解决的现时或现实风险相比,这显然是一个巨大的进步。

其三,保障水平是基本保障型。社会保险是工业化和市场经济的产物,与社会救助相比,社会保险显然具备了为全体社会成员提供基本生活保障的经济基础,其保障水平更是普遍高于社会救助项目,从而使社会成员的基本生活得到了保障。因此,社会保险制度通过对劳动者遭遇特定事件时提供收入或费用保障,进而为劳动者及其家庭成员的基本生活保障提供了有力的保障,从而是社会保障进入新的发展阶段的重要标志。

其四,保障过程是强制化、规范化。社会保险制度的确立,使提供社会保障成为国家和社会的重要责任,而享受社会保障则成了社会成员的法定权利,这就使得社会保障由此进入强制化与规范化发展阶段。如各种社会保险项目的保障范围、保险水平、实施程序,以及同一时代的社会救助等,无一不以相关的法律法规为依据。因此,社会保险制度不再是统治者对被统治者的恩赐与怜悯,而是国家和社会的一项应尽职责,社会保险的提供者与社会保险的享受者在法律上处于平等地位,这正是现代社会保障制度最本质的东西。

---

① 国际劳工组织主编:《社会保障基础》,第21页,吉林大学出版社,1987。

二、现代社会保障制度的发展

(一) 现代社会保障制度的发展线索

由于现代社会保障制度是法制化事业,我们可以通过对工业化国家社会保障法制建设的考察,来揭示现代社会保障制度的发展线索。

毫无疑问,1883年德国颁布疾病保险法应当是现代社会保障制度产生的标志,而1935年罗斯福当政时美国通过的《社会保障法》,以及据此确定的社会保障制度,则是现代社会保障制度由社会保险制度朝着综合性社会保障制度发展跨了一大步,第二次世界大战后英国工党政府宣布建立福利国家则可以看成是现代社会保障制度开始步入成熟阶段;到20世纪70年代末至80年代以来,一些西方国家基于以往社会保障政策出现的一些问题,开始思考改革的办法,从而促使现代社会保障制度进入了一个改革、发展与完善时期。

与此同时,第二次世界大战后,一些国家奉行社会主义制度,它几乎打破了旧制度的一切,在社会保障领域则是普遍建立起一种国家保险制度,实行着由政府负责的全民保障,但这种制度随着苏联、东欧社会主义国家在20世纪90年代的解体和社会、经济制度的变化而被摒弃。即使是在继续奉行社会主义制度的中国,传统社会保障制度经过20世纪80年代以来的改革,亦逐渐被社会化的新型社会保障制度所取代。可见,社会主义国家的社会保障制度既未保持这些国家在旧制度下已有社会保障的延续性,后来又因国家解体或制度发生重大变革而实际上放弃了新确立的国家保险制度。因此,包括中国在内的社会主义国家的社会保障制度的发展进程并不顺利。

对于一些发展中国家而言,在社会保障制度建设方面则处于不平衡状态。有的国家迄今仍未建立起相应的社会保障制度,或者仅有适用于少数人口的保障制度。因此,大多数发展中国家仍然需要加强自己的社会保障制度建设。

基于上述情形,能够清晰地反映现代社会保障制度发展线索的,只能是一直处于继承与发展过程中的工业化国家的社会保障实践。

(二) 现代社会保障制度发展的基本内容

在现代社会保障制度产生阶段,除济贫制度等旧式保障项目依然存在外,与工业社会相适应的社会保险制度逐渐成为社会保障体系中的主体内容,其中疾病保险、工伤保险与老年保险是工业化国家最早关注的领域,后来则增加了失业保险;并进一步完善了社会救助制度。

第二次世界大战后,各工业化国家在完善社会保险制度的同时,普遍重视社会福利制度建设,如英国、瑞典等西欧、北欧国家先后宣布建成福利国家,建成了对国民"从摇篮到坟墓"的全面的福利保障制度;其他工业化国家虽然未走福利国家的道路,但社会福利方面的立法却被不断颁行,如日本就制定过著名的"福利六法",为日本健全的福利保障制度的建立与发展提供了具体的法律依据。因此,第二次世界大战后工业化国家的社会保障制度即是包括了社会救助、社会保险与社会福利等各种现代保障措施在内的完整的社会保障体系。

此后,不同的国家虽然亦有新的项目增加,如希腊建立了独特的灾害社会保险制度,德国、日本等于20世纪90年代新增了独特的社会保险项目——护理保险,但新项目的数量不多,绝大多数工业化国家社会保障制度在内容上的发展,主要不是表现为新项目的增加,而是表现在服务范围的扩展和水平的变化上,以及有关保障方式的改革与完善。

发展中国家的社会保障制度在内容方面的发展,既表现为社会保险项目与社会福利项目不断增加(但建立失业保险制度的国家较少),也表现为保障范围不断扩展以及实施方式的不断调整等方面。同时,由于许多发展中国家客观上还是二元社会,贫困问题在乡村表现得尤其突出,因此,重视扶贫工作构成了一些发展中国家的一种特殊的社会性保障措施,并事实上取得了较一般保障项目更好的成效。如中国自20世纪80年代以来,尤其是1994年实施"八七扶贫攻坚计划"以来,国家通过多方筹资,在贫困地区开展大规模扶贫工程,使全国乡村的赤贫人口由1978年的2.5亿人持续下降到2003年的3 000万人以下,其成就为世界瞩目;印度开展的"绿色革命",泰国实施的乡村发展计划、小农发展规划(SFDP)和乡村就业工程,以及巴西、菲律宾、印度尼西亚等一些发展中国家实施过的扶贫计划,均取得了缓和贫困问题、保障乡村贫民最低生活的良好效果①。但总体而论,发展中国家的社会保障制度与工业化国家相比,无论是在项目设置还是在服务范围与保障水平等方面,均存在着较大的差距,从而还面临着进一步加快社会保障制度建设与发展的问题。

(三) 现代社会保障制度发展的基本标志

根据前述现代社会保障制度的基本发展线索,社会保障制度将随着生产力水平的持续提高和各国社会经济的持续发展而继续发展。在社会保险日益成为各国的普及化制度的基础上,社会成员便必然要求不断地通过社会保障性措施来改善和提高生活质量,尤其是人口老龄化趋势的加快,更使包括老年人福利在内的各种社会福利措施逐渐成为社会成员最关注和整个社会最重视的社会保障问题,因此,社会保障制

---

① 郑功成著:《社会保障学——理念、制度、实践与思辨》,商务印书馆,2000初版,2003、2004再版。

度便很自然地进入社会福利型社会保障阶段。

基于各国尤其是多数工业化国家的发展实践,可以发现现代社会保障制度在现阶段乃至未来的一些基本特征。它主要包括:

(1)社会保障在性质上表现为全民的普遍性福利,即全体社会成员均能享受到多方面的社会保障,除社会成员按有关条件分别享受社会保险、社会救助、医疗保障、军人保障等待遇外,社会福利项目的多样化使之真正成为全民共享的保障待遇。换言之,普遍性的社会保障构成了全体国民共享发展成果的基本途径。

(2)社会保障根本目的在于提高社会成员的生活质量和促使整个社会和谐发展。一方面,社会成员的基本生活因为社会保险和社会救助制度而得到了国家和社会的保障,而国家和社会设置各种社会福利项目的根本目的,即是使社会成员的生活状况得到进一步的改善,并使其生活质量得到提高。另一方面,通过社会保障,能够实现全体社会成员共享发展成果,社会阶层矛盾从根本上得到缓和,进而为整个社会的和谐发展创造了必要且重要的条件。

(3)福利保障项目实现完备化,一方面是原有的各种社会保险、社会救助等保障项目不可能被取代,仍将持续地得到发展,而社会福利等项目仍会不断增加,从而促使社会保障成为一个由多个子系统和若干具体项目组成的庞大的保障家族,它们共同构成了完备的社会保障体系,既从各个方面保障着全体社会成员的基本生活权益,又能够使社会成员的生活质量从多个方面得到真正的提高。

(4)实施过程进一步社会化,即政府、企业与民间等共同分担社会保障责任的机制日益成熟,社会保障在管理、实施乃至监督等诸环节上均进一步走向社会化。

社会福利的普及化与高水平化,标志着社会保障进入了高级阶段。从世界范围来考察,一些西方发达国家事实上已经进入了这一时期。如被誉为西方"福利国家橱窗"的瑞典,以及英国、瑞典等西、北欧福利国家,均是高福利、全民福利国家。尽管这些国家的高福利政策已经造成了一些社会问题,但并不表明社会保障制度由低水平向更高水平、更合理的组合方式发展的规律存在着问题,因为人类追求福利的增长是天然的、合理的要求,而社会经济的不断发展又为满足这种要求提供了经济的、政治的、社会的条件。因此,在现代社会保障制度的发展进程中,国家和社会考虑的应当不是如何拒绝它,而是在对社会福利过度膨胀进行有效调控的前提下,把握好发展时机,以促进国民福利合理增长为基本出发点,及时修正社会保障的发展路径与方案,尽可能地将社会保障可能产生的负作用加以消除,充分发挥社会保障造福全体社会成员并促进社会经济长期稳定协调发展的目标得到实现。

三、现代社会保障制度发展规律

尽管各国之间的社会保障理论及其具体实践存在着较大差异,但作为人类社会不可或缺的一种社会稳定、公平与协调发展机制,任何国家的社会保障制度在发展进程中又都表现出一些带有共性的规律。这些规律在实践中均具有客观性和不可逆转性。

(一) 立法先行

与慈善事业时代与济贫制度相比,现代社会保障制度在各国实践中表现出来的首要规律,即是先有社会保障立法,于后才会有社会保障项目的具体实践,是通过社会保障立法来确立社会保障制度。这一点在工业化国家的社会保障立法与制度建设轨迹中是显而易见的。因此,立法先行正是现代社会保障制度作为一种社会政策和一种国家制度安排的特征的具体体现。

由于法律的制定需要经过一个审慎的、公开的决策过程,而民主社会的立法者往往是民众选举出来并具有民意代言人身份,立法先行便表明了国家在建立社会保障制度时审慎而负责的态度,同时也是充分汇集国民或绝大多数国民在福利方面的意愿的表现。

立法先行还有一层特殊的意义在于,政府可以主导社会保障制度,却不能决定社会保障制度。这是因为政府虽然直接掌握着公共权力、控制着公共资源并负有谋取公众福利的责任,但政府始终是现代社会保障制度中的责任分担者之一,它既不可能包办所有的社会保障事务,也不可能单方面决定着社会保障制度,因为企业或雇主、社会团体与个人在社会保障制度中,也承担着相应的责任并享有自己的发言权甚至选择权。因此,只有通过能够广泛地代表和综合各社会阶层与利益群体的意见的立法机关,才能让社会保障制度更加符合各责任方的利益与责任均衡,并促使社会保障制度沿着公平的、法制化的轨道正常发展。可见,立法先行不仅仅是现代社会保障制度的惯例,更是现代社会保障制度的内在要求。

(二) 与社会经济发展相适应

社会保障是国家和社会有组织地运用经济援助与社会服务的手段来满足社会成员的各种社会保障需求,这就必然要与当时当地的社会经济状况相适应,任何超越时代的社会保障措施都将导致物极必反的结果,任何落后时代的社会保障措施亦因不能真正解决其应当解决的各种社会问题而酿成社会危机。因此,社会保障制度的发展应当与社会经济发展相适应。

一方面,社会保障制度的确立首先是为了解决社会成员的特定社会问题,而特定的社会问题又是与特定的时代、特定的社会结构等紧密联系在一起的。例如,在原始社会,社会成员通过氏族组织共同生活在一起,共同劳动、共同分配,过的是原始共产主义生活,社会成员的生存问题统一由氏族组织来保障,从而既不需要也不可能建立起近代或现代型的社会保障制度。在奴隶社会,虽然国家已经产生,但社会结构是由奴隶主与奴隶组成,奴隶主分割占有社会财富和奴隶,奴隶主因为有土地与财富,生存条件自不必言,而奴隶作为奴隶主的一种私有财产,其生存问题亦仅仅是奴隶主的私人问题,并取决于奴隶主。进入封建社会后,社会结构开始发生重大变化,社会保障的主要对象——农民作为一个社会阶层出现,从而使国家组织救灾济贫事务成为必要;如果国家救灾不力,或贫民无法生存,农民起义就将此起彼伏,甚者导致封建王朝的灭亡,这已是中外历史证明了的一条客观真理。进入资本主义和工业社会后,工人作为新的社会阶层出现并日益壮大,其占有的社会地位也日益重要,社会分工的日益发达又使其他行业也发达起来,社会结构便变得日趋复杂,社会成员对社会保障的需求亦趋向多样化、多层次化,从而需要建立起健全、完备的社会保障制度。如果缺乏相应的社会保险制度安排,工人阶级便可能生活在风险与生存危机之中;如果没有相应的社会福利,亦无法满足社会成员对不断改善生活质量的需要。因此,现代社会需要的不再是单项的社会保障措施,而是健全、完备的社会保障体系。

另一方面,社会保障采用的主要是经济援助的手段,即使是社会服务的提供也需要相应的财力来支撑,从而必须具备相应的经济基础。在生产力不发达、经济落后的时代或社会里,即使社会成员有着多方面的甚至是非常迫切的社会保障需求,国家和社会也无法真正满足这种需求。如在旧中国,广大人民长期生活在水深火热之中,并非是所有的封建王朝都不顾人民的死活,但限于当时的生产力水平与国家财力,往往对大灾之后的灾民缺乏必要的和有效的救济,于是"尸横遍野"、"饿殍塞途"、"人相食"的惨剧史不绝笔。基于同理,在一定的经济基础条件下,如果过分追求社会保障的规模与水平,亦必然带来不堪重负的后果,最终仍然会出现严重的社会问题。反之,如果有了雄厚的经济基础,社会保障的规模与水平便具备了不断提高的经济基础。

需要指出的是,如果经济发展到了一定的水平而社会保障严重滞后,则社会问题便无法得到解决,由此而引发的社会危机必然进一步演变为经济危机与政治危机,最终损害的仍将是整个国家与社会的健康发展。

综上,与社会经济发展相适应的规律,是社会保障在发展进程中必须遵循的客观规律,如果违背了这一规律,就会发生严重的社会问题;换言之,如果社会保障的发展水平超越或严重滞后于社会经济发展水平,就将得到与建立社会保障制度时的初衷相背离的结果。

(三) 协调发展

无论是历史上的社会保障,还是现代社会保障,都是一个由若干不同的保障项目组成的系统。尽管不同历史时期的社会保障项目有多寡之分,但就当时的背景而言,每一个项目却均具有不可缺少性,子系统或项目之间必然是协调发展的关系。社会保障制度的协调发展规律,具体体现在以下两个层次:

第一,社会保障各具体项目协调发展。一方面,社会保障项目的内容应当协调发展,如农牧社会中的救灾与济贫作为当时社会保障的主要项目,就缺一不可,因为若无救灾便会有灾民造反,若无济贫便会有走投无路的贫民揭竿而起;再如工业社会里若仅有养老保险而无生育保险,女工的就业权益和生活权益就会因生育事件而受到严重损害等等。另一方面,社会保障项目之间的水平应当协调发展,如救灾项目与济贫项目之间、各种社会保险项目之间的保障水平的差距就不能太过悬殊,否则,亦会导致新的社会问题发生等等。因此,社会保障各具体项目之间的协调发展是整个社会保障体系协调发展的基础。

第二,社会保障各子系统协调发展。现代社会保障制度是由多个子系统共同构成的,各子系统之间虽然保障对象不同、保障内容有别、保障待遇也存在着差异,但它们是一个完整的、协调的体系,在发展中不能顾此失彼,也不能厚此薄彼;否则,就会严重影响社会保障体系整体功能的发挥,甚者会激化社会成员之间的矛盾。在此,不同社会保障子系统之间的保障水平应当相互协调,如以社会保险子系统的保障水平与社会救助子系统的保障水平为例,虽然后者应当低于前者,但若两者差别太大,整个社会保障水平就会失去平衡;同时,不同子系统的项目之间应当相互配合,如社会保险子系统中的失业保险就需要有社会救助子系统中的社会救助相配合,否则,对失业工人的社会保障便是残缺不全的。

综上所述,在社会保障发展进程中,不能违背协调发展的规律,如果顾此失彼、厚此薄彼,就不仅会因留下保障的漏洞而无法解决已有的社会问题,而且会因项目之间或子系统之间的不协调而导致整个社会保障体系效率低下。因此,协调发展规律是各国社会保障制度必须遵循的客观规律。

(四) 多样化发展

进入现代社会后,虽然社会保险型保障模式与福利国家模式一度成为许多国家参照的典范,苏联国家保险模式在20世纪50年代后亦曾成为其他社会主义国家参照的样板,新加坡或智利的完全积累模式亦被一些东南亚地区或拉美国家仿效,但在现阶段,世界各国的社会保障制度在发展中又均呈现出多样化发展规律。

多样化作为现代社会保障制度在各国发展实践中所表现出来的客观规律,它既是影响社会保障制度走向的重要因素,也是制约社会保障制度的政治、社会、经济、历史、文化乃至伦理因素综合影响的一个结果,经济全球化可能会对社会保障制度的发展产生一定的影响(如国际资本流动与劳动力成本之间的关系,必然促使劳工标准国际化,等等),但在可以预见的未来均将无法同化各国的社会保障制度。因此,多样化发展规律在过去、现在乃至将来均将是社会保障制度发展进程中应当遵循的一项基本规律,它能够促使某些国家尤其是发展中国家,在建立与发展本国的社会保障制度时,保持以现实国情为基础的较为清醒的头脑,而不会受所谓的美国模式、英国模式、德国模式乃至智利模式等牵制。

对世界各国而言,社会保障统一模式或由少数几种模式来决定的时代已经过去,多样化成了现阶段社会保障制度在各国走向发展的重要规律。

第四节 社会保障发展经验、教训与改革

近一个世纪以来,现代社会保障事业在各国得到了普遍的发展。从19世纪80年代社会保险产生,到20世纪90年代,全世界不同程度地建立了现代社会保障制度的国家已经发展到了170多个。这些国家在发展本国的社会保障制度时,既都取得了相当的成就,也不同程度地存在着一些问题。总结社会保障制度发展实践中的经验与教训,对社会保障制度的改革与发展,显然大有裨益。

一、社会保障发展的国际经验

一般而言,与社会经济发展相适应、协调发展和多样化发展,既是社会保障制度的客观发展规律,也是社会保障制度在各国发展实践中的重要经验。此外,各国社会保障制度的发展经验还有着如下几点:

第一,尊重本国的国情。鉴于西方国家社会保障的发展实践中出现的有关问题,以及这些国家的社会保障制度总与其国情具有千丝万缕的关系,它不可能被照搬到其他国家。发展中国家在建立自己的社会保障制度时,亦不再单纯仿效已有的社会保障模式,而是尊重本国的国情,努力探索着适合本国的社会保障道路。如新加坡的公积金制度、智利的养老社会保险由私营机构管理等,虽然同样不能成为其他国家的现成模式,但它至少表明了对这些国家具有较强的适应性,从而被认为是较为成功的探索。一些发达国家也在不断地研究着发展中国家的做法,同时更加全面地检讨以往的社会保障制度,并根据本国发展变化了的情况进行着改革或修订。因此,在尊重本国国情的基础上互相参考、互相借鉴,正在成为各国社会保障制度发展实践中的普遍性经验。

第二,追求长期稳定、协调、和谐发展。从"惩戒术"到"怀柔术",从为统治者服务到为社会长期稳定、协调、和谐发展服务,从只救助不幸者到成为共享人类发展成果的重大制度安排,社会保障制度确实走过了不平凡的发展历程。发展到现阶段,越

来越多的国家将社会保障制度视为国家长期稳定、协调、和谐发展的重大战略,并通过及时修订立法和完善社会保障政策来促使社会保障制度更加完善化。如有的工业化国家的社会保障财政危机因社会保障政策的及时调整而得到了缓解,一些发展中国家加快了滞后发展的社会保障制度建设步伐,客观上均有助于促进整个社会经济长期稳定、协调、和谐地发展,而社会保障制度也在一些国家以更新的姿态迈上了可持续发展之路。因此,社会保障制度的建立,不仅需要考虑其在现阶段的作用,而且应当考虑它的可持续发展以及与整个社会经济的长期稳定、协调、和谐发展。

第三,健全社会保障法律制度。这是工业化国家建立并实施其社会保障制度的重要经验。在工业化国家,普遍颁布有多部与社会保障有关的法律、法规,社会保障法律构成为一个独立的法律部门,并在国家法律体系中占有很重要的地位。如英国就颁布有《国民保险法》、《国民救济法》、《国民工伤保险法》、《国民保健事业法》等多部社会保障法律;日本仅就社会福利方面就颁布过有名的六部法律,被称为"福利六法"等等。在德国等欧洲国家,还设有专门的社会(保障)法法院系统,以专门维护国民的社会保障权益。法律制度的健全,不仅使各种社会保障事业均有了具体的法律依据,亦为国民社会保障权益的实现提供了保证,从而是社会保障事业走上法制化、规范化道路的前提。

第四,努力追求社会化。历史上的社会保障主要是政府保障与教会保障,它与一般社会成员并不具有双向交流功能。而现代社会保障事业则被看成是全体社会成员的共同事业,一些国家鼓励本国社会成员主动参与社会保障事务,包括分担缴费、参与经办保障事务、参与管理和监督社会保障制度的实施等,社会保障不再单纯是政府的责任,这种做法使社会保障事业具备了更为坚实的社会、经济基础,从而是一条值得重视的宝贵经验。当然,社会化有程度高低之分,发达国家社会保障的社会化程度较发展中国家要高。对社会保障而言,追求社会化是毋庸置疑的,但也要根据国情来定,落后国家或落后地区或许既需要社会化程度较高的社会保险,同时也需要社会化程度较低的社区型社会保障,社区可以成为一些国家或地区社会保障制度的重要基石。

第五,对市场机制日益重视。一方面,由于现收现付制社会保障无法应付人口老龄化的挑战,越来越多的国家便选择基金制社会保障(主要是养老保险制度),而社会保障基金的长期积累又必然面临着贬值风险,从而需要与资本市场相结合才能实现保值增值的目标,因此,社会保障制度亦开始了与经济政策、资本市场的有机结合,并通过资本市场来创造并分享经济发展成果。另一方面,在市场经济条件下,越来越多国家的政府亦开始将一些社会保障事务交由市场或社会组织来承担,同时利用市场机制通过适度的竞争和对民间与社会资源的调动,促使社会保障制度达到更高的效率。

二、社会保障发展的国际教训

无数事实表明，社会保障制度的产生与发展，取得的成就无疑是十分辉煌的，因为它化解了社会危机，维护了社会公平，解除了国民的后顾之忧，缓和了社会矛盾，促进了社会经济的稳定协调发展。然而，许多国家纷纷对社会保障制度进行改革的事实亦表明，现代社会保障百余年来的历程并非只有令人陶醉的一面，它同样有着一些必须引起我们重视的教训。主要的教训有：

第一，国家包办社会保障事务和福利的高速膨胀，将带来严重的社会保障财政危机。社会保障具有刚性增长的特征，在实践中表现为项目、水平均只能上不能下，从而使保障规模不断扩大，保障支出亦不断膨胀，这种趋势愈快，政府的财政压力就愈重。一些国家只能依靠征收高税收来维持高福利，即使如此，仍无法使社会保障收支趋向平衡。严重的社会保障赤字危机一直是令西方发达国家最为头痛的国内问题之一，也是其他国家对西方社会保障模式颇多非议的主要原因。尽管西方发达国家的社会保障制度并没有因财政危机而破产的先例，但一些国家已经出现的社会保障财政危机（主要是养老保险），亦表明了社会保障事务完全由国家包办并快速膨胀是一个深刻的教训。而造成这一危机的重要原因则是社会保障在某种程度上的泛政治化。

第二，社会保障水平过高会助长国民惰性，影响国家竞争力。一些西方国家由于社会保障太全面、保障水平太高，国民即使不劳动也能依靠社会保障来保障基本生活，从而导致了国民惰性的增长。同时，社会保障水平过高，亦必然促使劳工成本过高，从而不仅会超越社会经济发展的承受能力，而且会影响到一个国家的生产成本，进而会对一个国家的国际竞争力产生相应的影响。一些发达国家近十多年来为促使本国的经济发展而不断做着削减或调整社会福利的尝试，亦表明了社会保障水平太高及由此带来的某种负面影响确实是值得重视的又一教训。

第三，社会保障体系的残缺不全或水平过低亦会使有关社会问题进一步恶化。如一些国家由于缺乏必要的社会保障，社会问题日益严重。非洲地区及南亚地区的一些国家，每年还有许多社会成员陷入严重的生存危机之中而无法自拔，有的因饥饿而亡，有的因无钱医病和缺乏医疗保障不治而亡，灾民流离失所的现象还很普遍，进而引发严重的社会危机与政治危机等，而在这样的条件下要实现经济发展的目标显然是不可能的。为数不少的落后国家的现实表明，研究社会保障问题不能仅仅注意已经建立了现代社会保障制度的国家，不能仅仅看到社会保障水平过高所带来的某些负面影响，还应当注意到那些没有建立起社会保障制度及社会保障严重不足的国家，因为这些国家所出现的严重社会问题或危机及其对经济发展的不利影响，亦从另一个侧面证明如下结论:如果缺少完备的社会保障体系,特别是产业工人的社会保险出现纰漏,要构建任何一种市场经济体制几乎是不可能的,并且不可能成为工业社会的一名合格成员。因此,发展中国家不能把社会保障简单地看成是国家的一种负担,而是应当把它看成是为了在社会经济发展中使效率与公平保持有机结合的一种必需机制,是促进整个社会协调、和谐发展的一种必需手段。

三、国外社会保障改革

20世纪80年代以来,许多国家均在改革、修订甚至重建自己的社会保障制度,但这绝不意味着社会保障制度走向终极,而是现代社会保障制度将适应时代的发展而更加理性地得到发展。

国际劳工组织的意见可能有助于我们对社会保障领域存在的问题保持清醒的头脑,这就是"所谓的社会保障'危机'问题,应当明确并且强调两个更深刻的要点。首先,现存危机的主要起因既不是领取养老金人数的持续增加,也不是由于改进医疗技术的结果。最主要的原因是经济发展速度缓慢,失业问题严重"。"就社会保障存在的危机而论,不是社会保障结构的危机,而是经济基础由于运营不良而受到侵蚀所造成的危机,社会保障既非经济危机的起因,也非经济衰退的起因。在很大程度上,社会保障对衰退造成的社会经济影响起到了缓解作用。""应该永远记住社会保障的积极作用。"①在肯定社会保障制度的积极作用的同时,认识其不足,并通过改革措施来加以修正,已经成为越来越多的国家共同努力的一个方向。

(一)福利国家的改革

世界上可能没有任何一种制度安排像福利国家模式一样地遭受着两种截然不同的评价,它在产生之初被西方世界一致称颂并为许多国家所仿效,而进入20世纪80年代以后,却又被许多国家视为政府的包袱和妨碍国家经济发展的绊脚石。如果从福利国家模式自产生后到20世纪60年代这一段时期西欧、北欧国家的社会经济发展状况,很自然地会感受到福利国家不仅是社会进步的标志,而且是社会发展的巨大推动力量;如果再考察20世纪70年代以后一些福利国家的状况,也很自然地会发现福利国家模式给政府造成的压力和对社会经济发展的某些负面影响。因此,福利国家的失误,与其说是一种制度安排的失败,不如说是这种制度在发展进程中存在着调控不当或控制机制乏力所致。这一判断的前提,就是要客观地审察福利国家的发展历程,既不能忘记这种制度曾经起到的巨大的积极作用,也不能忽视后来出现的某些

---

① 国际劳工局:《展望21世纪:社会保障的发展》,第94—95页,劳动人事出版社,1988。

负面影响。从这一点出发,可能有助于找到可行的改革方案,进而修正其在一定程度上偏离了初衷且具有惯性的发展路径。

有关福利国家危机的议论是在20世纪80年代成为社会保障界或福利界的焦点的,除福利国家自身开始重新检讨外,非福利国家模式的国家也将检讨福利国家模式并提出改革建议作为一种时尚,有时甚至较福利国家的检讨更加尖锐。经济合作与发展组织的专家认为,福利国家的危机突出地表现为失业率高、社会保障财政赤字、某些社会政策加剧通货膨胀不利经济发展等等①。这些现象无疑是福利国家真实的一面,但国际劳工组织的专家却不赞同将社会保障危机完全算在社会保障制度的头上,认为社会保障存在的危机并非社会保障结构的危机,而是经济基础由于运营不良而受到侵蚀所造成的危机,并进而认为社会保障既非经济危机的起因,也非经济衰退的起因②。不论如何评价福利国家危机的起因,针对福利国家的现状,都可以发现福利水平过高所造成的某些负面影响。如以社会保障支出为例,在英国,社会保障支出总额在1949—1950年度为103亿英镑,仅占GNP的4.7%;1979—1980年度支出额增加到449亿英镑,占GNP的9%;到1992—1993年度时进一步上升到741亿英镑,占GNP的12.3%;1978—1992年间社会保障支出年均递增3.7%,这一增长率超过了英国GDP增长率和政府财政增长率,而这还未包括社会保障系统之外的其他公共福利支出③。在瑞典,包括社会保障、教育、健康等各公共福利部门在内的公共支出占GNP的比重在1950年时为25%,1960年为33%,1970年为45%,1980年以后达到60%以上,它在20世纪70年代年均增长5.9%,大大超过其GDP 2%—3%的增长速度④。其他福利国家与英国、瑞典的情形大体相同。福利国家社会保障支出的膨胀,一方面表明了国民共享经济社会发展成果的程度很高,安全网很健全,社会也很和谐,但另一方面也需要以高税收为财政基础,而高税收则需要以高工资为条件,高工资又直接影响着就业率和生产成本,可见,福利国家事实上陷入了一个不改革便很难解脱的怪圈。

针对公共福利支出膨胀并导致财政危机,以及社会保障部门日渐庞大而逐渐演化成官僚机器的现象,福利国家在维护福利国家模式的基本前提下,自20世纪80年代开始,就将改革或修订原有的社会保障制度作为一种必要的发展手段。英国从前首相撒切尔夫人到布莱尔政府,均致力于福利领域的改革;瑞典社会民主党自1982年重新执政后亦以"保卫福利,重建经济"为口号,对社会保障制度实施某些调整;其他福利国家亦对社会福利制度作出了一定程度的调整。

---

① 参见经济合作与发展组织秘书处编:《危机中的福利国家》,序言,华夏出版社,1990。
② 参见国际劳工局编:《展望21世纪:社会保障的发展》,第209页,劳动人事出版社,1988。
③ 陈炳才、许江萍著:《英国——从凯恩斯主义到货币主义》,第24页,武汉出版社,1997。
④ 张平、孙敏著:《瑞典——社会福利经济的典范》,第67页,武汉出版社,1997年版。

概括起来,福利国家对社会保障制度的改革措施主要有如下几点：

(1) 削减福利支出。如英国在撒切尔夫人执政时即采取了减少住房补贴和用优惠价格向住户出售公有住房的步骤,同时允许公费病人到私人医院看病；瑞典规定了最高养老金的限额,同时减少了失业救济金和多子女补助费,取消了对减时工作工人的工资补贴；一些国家还通过提高退休年龄来减少养老金支出等等。

(2) 调整福利结构。如英国自1998年开始实施"改救济为就业"的计划,以帮助较长时间没有工作的年轻人和城市贫民区单身母亲找到工作,同时准备取消收入较高家庭的儿童补贴和母亲补贴等等。

(3) 扩充社会保障资金来源。如努力促进经济发展,降低失业率,由此而使缴费人数增加和征收的社会保障税增加；制定更加严密的税收征管办法,防止偷税漏税行为发生；提高退休年龄以增加社会保障税的收入；一些社会保障部门甚至开始了某些创收活动。

(4) 引入私营机制,以减轻官方系统的压力并提高社会保障系统的行政效率。如英国政府就迫使地方政权、全国健康服务等部门,将一系列服务项目通过招标改由私人承包,同时鼓励私人养老保险、医疗保险与职业福利的发展；瑞典亦开始出现少数的公共服务私营化机构；而官方社会保障系统的膨胀得到了抑制。此外,各国还进一步采取防范措施,以避免社会保障待遇被骗取。

上述改革并未动摇福利国家社会保障制度的根本,但事实上已经取得一定的成效,即社会保障支出的膨胀速度有所缓和,行政效率亦有好转。

(二) 美国的社会保障改革

美国对社会保障政策的调整是从20世纪70年代开始的,因为此前的社会保障基本上是以大政府、小社会、高税收和高福利模式为背景,采取的也是扩大社会保障规模与开支来促使社会福利的增长。进入20世纪70年代以后,随着自由主义的相对衰落,保守主义抬头,新联邦主义得到了发展,美国的社会经济政策也发生了转变,出现了小政府、大社会、低税收和有限福利模式的政策发展趋势。

在社会保障领域,美国的政策调整或改革主要表现在以下几个方面：

(1) 调整社会保障指导思想。在继续强调国家干预的前提下,充分发挥自由竞争的功能；在强调联邦政府的主导作用下,充分兼顾州政府和地方政府以及私营机构的能动作用。

(2) 适当调整社会保障的目标。以控制社会保障规模和纠正社会保障弊端并发挥州及地方政府的作用为主,将社会保障要解决的问题,定位于不是被遗忘的低下层,而是如何在安抚中产阶层的前提下照顾好低下层,是在控制安全阀的条件下解决费用过多、管得过宽及发挥效力的问题。

（3）调整社会保障的有关内容。总体上是从20世纪60年代以前的不断扩大到相对收缩,从以失业、老年保障为重点到着力解决医疗保险和医疗补助,以及以低收入年轻母亲和抚养未成年子女为重点的家庭津贴①。小布什2004年赢得第二任总统选举胜利后,又提出要改造美国现行的公共养老金制度,适度引入个人账户制。

（4）重视私营机构的作用。如企业年金、商业性医疗保险等在美国国民的生活中占有很重要的地位,同时也充当着政府负责的社会保障系统的重要补充。不过,克林顿政府提出的医疗保险改革计划并未能顺利实施,迄今全美国仍然有近4 000万人口缺乏基本的医疗保障;然而,美国经济自20世纪90年代以来的发展,使联邦政府开始出现财政盈余,从而为解除社会保障财政危机并进一步调整社会保障制度的结构提供了很好的条件。

需要指出的是,美国并非福利国家,它与西欧、北欧国家相比,效率与公平长期较量的结果总是偏向效率优先。因此,美国社会保障制度的选择,在很大程度上是从效率角度出发的,这种制度有其自身的特色与优势,也存在着与福利国家相同的某些问题。而数以千万计的国民缺乏基本的医疗保障和数以千万计贫困人口的客观存在,也使它作为世界头号经济大国遭到了"非议"。

总之,改革社会保障制度已经成为一种世界潮流,它的背景是时代在发展变化,而各种传统的社会保障模式也确实存在着一些不能令人满意的地方,因此,修订原有的社会保障制度,调整以往的社会保障结构,进一步增强对社会保障的调控能力,努力实现社会保障与整个社会经济长期稳定协调发展,是许多国家正在进行或准备进行的重要工作;而个人责任的回归、市场机制的适度引入等将成为新的发展趋势,但政府的主导责任从根本上不会发生改变。

第五节 新中国社会保障制度的发展②

一、新中国社会保障制度的建立

新中国的社会保障制度,是逐步建立起来的。它虽然与历史上的社会保障实践有着渊源关系,却又与旧中国的社会保障制度无直接继承关系。考察中国社会保障制度半个多世纪的实践,在改革开放前的30年所走的历程,是从国家责任发展到国家与单位责任并重的进程,进入改革开放时期后则是一个逐渐走向国家主导与社会

---

① 参见黄安年著:《当代美国社会保障政策》,第292—293页,中国社会科学出版社,1998。
② 本节摘自郑功成著:《中国社会保障制度变迁与评估》第一篇,中国人民大学出版社,2002。不再单独引注。

各方共担责任的进程。

(一) 新中国社会保障制度建立过程

1949年10月1日中华人民共和国成立,当时充当临时宪法的《中国人民政治协商会议共同纲领》为建立新中国的社会保障制度提供了最基本的法律依据,该纲领明确规定"革命烈士家属和革命军人家属,其生活困难者应受国家和社会的优待。参加革命战争的残疾军人和退休军人,应由人民政府给以适当安置,使其能谋生自立",并要"逐步实行劳动保险制度"等。

1951年2月26日,政务院颁布《中华人民共和国劳动保险条例》,并经1953、1956年两次修订,全面确立了适用于中国城镇职工的劳动保险制度,它的实施范围包括城镇机关、事业单位之外的所有企业和职工,从而成为新中国社会保障制度中最重要的一项社会保障制度。1952年6月27日,政务院颁布《关于全国各级人民政府、党派、团体及所属事业单位的国家工作人员实行公费医疗预防的指示》,实施数十年之久的公费医疗制度自此建立;1955年12月29日,国务院发布《国家机关工作人员退休处理暂行办法》、《国家机关工作人员退职处理暂行办法》、《关于处理国家机关工作人员退职、退休时计算工作年限的暂行规定》、《国家机关工作人员病假期间生活待遇试行办法》等法规,国家机关、事业单位职工退休、退职制度由此确立;1956年6月30日,第一届全国人民代表大会第三次会议通过了《高级农业合作社示范章程》,确立了面向乡村孤老残幼的"五保"制度;这一期间,中央政府或其职能部门还就职工福利、社会福利事业、福利工厂、生活困难补助等社会保障问题发布了一系列的法规性文件。到1956年时,中国已经初步建立了以国家(通过中央政府)为主要责任主体、城乡单位担负共同责任并一起组织实施的较为完整的社会保障制度。在这种制度安排下,国家直接承担着统一制定各项社会保障政策、直接供款和组织实施有关社会保障事务的责任,城镇企业单位负责缴纳职工的劳动保险费用,农村集体则担负着救济"五保户"和优待烈军属等责任,各种单位开始普遍承担着实施有关社会保障政策的任务,国家(通过政府)与单位在社会保障制度的确立与实施过程中日益紧密地结为一体。

自1957年开始,随着建国初期三大改造任务的完成,国家转入有计划地全面进行社会主义经济建设时期。为适应新形势的发展,中央政府开始对社会保障制度进行调整与完善,为此,国务院(原政务院改为国务院)经全国人大常委会批准先后于1957年3月和1958年3月颁行了《关于工人、职员退休处理的暂行规定》、《关于工人、职员退职处理的暂行规定》等法规,企业职工的退休养老成为一项独立的制度安排;1962年2月国务院又颁布了《关于精简职工安置办法的若干规定》等法规,并开始在中国农村普遍建立起县、乡(公社)及村(生产大队)三级医疗保健网,合作医疗制度在广大乡村得到确立。在这一时期,卫生部、劳动部、内务部等亦发布有关决定,对公费医疗、劳保医疗、农村五保保障和军属优待制度等进行了相应的调整。军人的退休制度亦得到确立。在这一时期,国家—单位保障制仍然延续着创立时期的格局,国家(主要体现在中央政府)承担着主要责任,各种单位共担着相关责任,只是保障内容发生了一些变化。如城镇职工的退休制度从劳动保险中独立出来并趋向统一、正常化,社会保险覆盖面在稳步扩大,农村五保制度、合作医疗制度及其他各项社会保障政策得到了一定程度的完善。不过,因受"大跃进"等的影响,城市工业畸形发展到职工人数大规模削减(从农村进城再回农村去),有关福利事业也同样经历了一个从大发展到大削减的过程,农村中合作医疗亦曾经历过"一哄而起"而在一些地方办办停停的现象,因此,拟议中的社会保障制度调整任务并未完成。

  1966年8月,"文化大革命"开始,国家进入十年动乱时期。当时的基本社会背景是政治上强调意识形态至上,共产主义与集体主义成为时尚,城镇经济成为国有经济一统天下,农村则全面进入"一大二公"的公社化时期,国家—集体—个人利益进入高度"一致"的时期,国家和单位对社会成员的生活提供保障被视为社会主义制度的当然内容和优越性,并与各个单位的生产活动和劳动分配混同在一起。以1968年底国家撤销主管救灾救济、社会福利等事务的内务部为起始,负责劳动保险事务的工会亦陷入瘫痪状态,劳动部门受到削弱,国家(通过政府)已经无法有效地掌控社会保障制度的实施。在这种情形下,1969年2月,财政部发布《关于国营企业财务工作中的几项制度的改革意见(草案)》,规定国营企业一律停止提取劳动保险金,原在劳动保险金开支的劳动保险费用改在企业营业外列支,形成待遇标准按照国家政策规定执行,所需费用由企业实报实销的"企业保险"模式,自此以后,作为整个社会保障事业主体内容的劳动保险从此失去统筹机能并演变成企业或单位保障制,社会保障制度只能主要依靠各个单位组织来维持和延续。因此,国家——单位保障制的责任重心由国家转向单位,城镇企、事业单位包办社会的现象迅速扩张,社会保障在很大程度上走向自我封闭的单位化。

  1978年不仅是中国发展进程中特别重要的一年,也是中国社会保障制度变迁的较为重要的一年。在结束"文化大革命"的背景下,这一年中国共产党第十一届三中全会召开,为扭转中国的混乱状态创造了较好的政治、社会条件;同年第五届全国人民代表大会第一次会议通过的《中华人民共和国宪法》亦在第48、49、50条分别对劳动者的福利、养老、疾病医疗或者丧失劳动能力的物质帮助以及对残废军人、烈士家属等的生活保障问题作出了原则规定;国家重设民政部,主管全国社会救济、社会福利、优抚安置事务,劳动部门的工作亦开始恢复正常。与此同时,国务院还先后颁行了《关于安置老弱病残干部的暂行办法》《关于工人退休、退职的暂行办法》等法规,对于恢复被"文化大革命"破坏的退休养老制度起到了重要作用。1980年10月7

日,国务院发布《关于老干部离职休养的暂行规定》,一种待遇特殊的退休制度——离休制度由此确立,并与一般退休制度一起构成了中国的退休养老制度。1982年12月4日五届人大五次会议修订通过的《中华人民共和国宪法》亦在第43条中规定了国家发展劳动者休息与休养的设施及休假等福利问题,第44条规定了国家机关与企事业单位职工的退休保障,第45条规定了公民在年老、疾病或者丧失劳动能力的情况下有从国家和社会获得物质帮助的权利(包括社会保险、社会救济、医疗卫生、优抚事业、各种社会福利等),第46条规定了公民受教育权利,第48条规定了妇女权益问题,第49条规定了老人、妇女、儿童保护等。因此,1982年通过的《中华人民共和国宪法》对公民的社会保障权益规范是相当广泛的。1984年10月20日,中共中央第十二届三中全会通过了《关于经济体制改革的决定》。城镇继农村承包责任制改革后正式步入经济体制改革时期。随后进行的城市经济体制改革,从根本上触动了国家——单位保障制的经济基础,也动摇着赖以支撑国家——单位保障制的行政体系和单位组织结构。因此,在国家正式决定推进经济体制改革后,与计划经济体制相适应的国家——单位保障制亦意味着只能走上重大变革的必由之路。

总体而论,1969—1977年间是国家——单位保障制重心向单位转移并持续扩张的时期;1978—1985年仍然维持并巩固着这种制度模式,这一时期所做的工作虽然有所改进,但主要还是为了解决历史遗留问题和恢复被"文化大革命"破坏了的退休制度等,尽管个别地区在劳保医疗(如让职工分担部分医疗费用)、退休费用统筹(个别城市进行行业统筹)方面进行了试验,却并未触动国家——单位保障制的根本。因此,1969—1985年间,国家——单位保障制的实质及其以单位为重心的格局一直未有改变。1986年开始,中国的社会保障制度开始正式进入改革时期和一个新的发展时代。

(二)计划经济时代社会保障制度的基本框架与特色

从制度结构出发,计划经济时代形成的国家——单位保障制的基本框架由国家保障、城镇单位保障、农村集体(单位,下同)保障三大板块组成。其中:城镇单位保障因其保障全面且水平较高而成了整个社会保障制度的主体,国家保障与农村集体保障成为整个社会保障制度的两翼。

国家保障板块是在国家统一政策规范下,以政府财政拨款为基础,由政府主管部门直接实施(或者借助于机关、事业单位与城乡基层政权)的社会保障项目。它主要包括机关事业单位工作人员社会保障、城镇居民价格补贴、军人保障、民政福利、农村救灾救济等。

城镇单位保障板块服从于国家统一的政策规范,由企业从收益中直接提取经费并自行组织实施,封闭式运行。在计划经济时代,当企业收益不足以支撑单位保障时，国家财政通过补贴的方式来给予最后保证。绝大多数城镇居民主要依靠单位保障板块提供保障。它主要包括职工劳动保险、职工集体福利。这一制度使绝大多数城镇居民直接受惠。因此，城镇单位保障事实上一直是中国社会保障制度的主体。

除国家提供有限的救灾救济外，农村以社队集体为单位，农村居民通过所在的社队集体获得有关社会保障，其经费来源于社队集体单位统一核算中的统一提留。其主要内容包括合作医疗、五保户供养及其他福利保障。

全面考察计划经济时代形成的国家—单位保障制，可以发现这种制度安排的特色非常鲜明，概括起来即是国家负责、单位包办、板块分割、全面保障、封闭运行、缺乏效率。

（1）国家负责。国家通过计划经济体制维护着各个单位组织长生不死，并通过财政补贴的方式来直接担保。社会保障制度能否实施？如何实施？能否持续下去？最终并非取决于单位而是取决于国家政策，取决于国家财力，可见，国家—单位保障制的本质特征即是国家负责。

（2）单位包办。在国家—单位保障制下，单位的作用异乎寻常的重要，国家离开了单位便根本不可能实施社会保障政策。各单位无一例外地要听命于国家政策规定并直接承担起组织实施本单位社会保障的责任，企业单位与乡村集体经济组织还要为这种制度的实施提供经费。因此，在城镇，居民除接受政府的价格补贴，几乎所有生活保障事务均是通过所在单位来获得保障的；在乡村，除灾民接受灾害救助外，亦是依靠集体经济组织的分配与福利来获得生计与疾病医疗保障的。因此，对绝大多数国民而言，国家—单位保障制就是单位包办的社会保障制度。

（3）板块结构。国家保障、城镇单位保障与农村集体保障三大板块相互分割、各负其责，计划经济不仅使国有经济一统天下、人民公社一大二公，而且保证了城镇劳动者的高就业、"铁饭碗"，加之严格的户口管理和城乡之间、干群之间、不同所有制单位之间的森严壁垒，所有的社会成员均被分割安置在城镇的某一个单位或农村的某一个社队，社会成员也就普遍被某一保障板块或者两个保障板块所覆盖，因此，特定的社会、经济结构使三个相互分割的板块共同构成了一个并无遗漏的安全网。不过，这种板块状结构毕竟与社会保障社会化原则相背离，它最终不仅导致了单位负担不公平和不堪重负的直接后果，而且造成了社会成员的畸形福利观念，从而是阻碍社会经济协调发展的重要因素。

（4）全面保障。在国家—单位保障制下，作为社会主义优越性的体现，这种制度保障的范围是广泛的。在城镇，从退休养老到疾病医疗，从住房福利到教育福利，从就业安置到贫困救助，从价格补贴到职工食堂等等，由国家主导、单位包办的社会保障事务不仅涵盖了人们的社会性保障需求，甚至还包括了一部分非社会性保障需求。在农村，保障项目虽然不多，但国家规定农村收益分配采用按劳分配与按人口分配相结合的方式,收入分配中即含有福利的份额,政策规范的保障项目亦受益者众多,如城镇的劳动保险与职工福利几乎使所有城市居民均受惠其中,农村合作医疗曾经惠及95%以上的农村人口。

(5)封闭运行。在国家—单位保障制下,制度的实施过程是完全封闭的,各个单位只对本单位的成员负责,一些集体福利设施即使闲置也不会对其他单位开放。在各个单位客观上存在着收益差异(如事业单位接受财政拨款有多寡、企业单位销售收益有多寡、农村社队生产产量有高低)的条件下,封闭运行所带来的必然是本位主义和相互攀比之风。

(6)缺乏效率。一方面,在国家—单位保障制下,由于国家与单位承担了社会保障的全部责任,并分别组织实施着各项社会保障政策,社会成员个人就无需承担直接义务,在其他国家社会保障领域发挥重要作用的各种社会组织亦无生存空间,因此,国家—单位保障型制度是权利义务单向、社会组织缺位的制度模式。另一方面,在国家—单位保障制下,劳动者的福利所得实际上与其劳动所得混淆不清,城市长期实行的是低工资、多福利待遇,享受福利成为劳动者及其家庭成员生存的必要条件,因此,城市居民的社会保障待遇其实含有劳动报酬的份额在内,这就使得保障与就业无法分离;在农村,农民的收益分配即是按劳分配与按人口分配相结合。这种制度安排因无法调动政府之外的积极性和混淆了劳动所得与福利分配的差别,从而不仅影响了制度自身的效率,亦直接损害了劳动者的劳动积极性。

此外,国家—单位保障制的特色还表现在国家与单位之间的"父子关系"上,在这种制度模式下,不仅人民享受着国家的"父爱",在遇到生计困难时依靠国家,各种单位也享受着国家的"父爱"——接受着各种补贴,从而具有很浓厚的中国传统文化色彩。

二、中国社会保障制度的改革(1986年以来)

20世纪80年代以后,中国进入改革开放时代。对于中国社会保障制度改革的起始标志与进程的确认,观点不尽一致。一种看法认为,应从1978年党的十一届三中全会的召开算起,因为它标志着中国进入一个新时代;一种看法认为,中国社会保障改革与中国经济改革同步,应当自1980年农村经济改革算起;一种看法则认为,中国的社会保障改革应当以社会保障政策发生重大变革为标志,而1986年即因相关政策的出台而可以视为进入改革阶段的正式年份。能够支撑这一结论的依据是此前出台的政策主要是延续原有的保障制度,而1986年4月12日六届人大四次会议通过的《国民经济和社会发展第七个五年计划》不仅首次提出社会保障的概念,而且单独设章阐述了社会保障的改革与社会化问题,社会保障社会化作为计划经济时代国家负责、单位包办保障制的对立物,被正式载入国家发展计划;同年7月12日由国务院发布《国营企业实行劳动合同制暂行规定》和《国营企业职工待业保险暂行规定》,不仅明确规定国营企业用劳动合同制取代了计划经济时代的"铁饭碗",规定合同制工人的退休养老实行社会统筹并由企业与个人分担缴纳保险费的义务,而且初步构成了失业保险制度的框架,从而具有了显著的制度创新象征;而同年11月10日由劳动人事部颁发的《关于外商投资企业用人自主权和职工工资、保险福利费用的规定》,因强调外资企业必须缴纳中方职工退休养老基金和待业保险基金,亦意味着国家在承认经济结构多元化的条件下对劳动者社会保障权益的维护,并开始消除社会保障单位化的烙印。1986年发生的上述标志性事件,显示了中国社会保障制度自此进入了制度重构时期。

(一) 中国社会保障制度改革的原因与简要历程

中国社会保障制度改革是在特定时代背景下多种因素综合影响的结果。一方面,是经济改革所带来的变化动摇了原有社会保障制度的经济基础与社会基础。例如,20世纪80年代初期农村承包责任制的推行,使原有的农村社会保障制度(如"五保"制度、合作医疗制度等)丧失了赖以支撑的集体经济基础,除"五保"制度在政府修改原有制度并通过颁布《农村五保供养工作条例》(1994年1月23日)强力推进外,合作医疗制度几乎全面崩溃;而稍后进行的城市经济改革,又使国民经济结构由国有经济一统天下转变为多元经济成分并存发展,国有单位不再是长生不死,伴随而来的则是社会结构发生深刻变化,经济主体多元化、劳动力市场化、收入差距扩大化及由此带来的社会阶层分化,以及单位与政府之间、个人与国家、单位之间的利益追求由一致走向分离,必然动摇原有社会保障制的经济基础和社会基础,如果不对其进行重大变革,社会保障制度安排就不仅不可能继续发挥其作用,而且可能成为社会冲突、激化矛盾的新的致因,并直接对市场经济改革与经济发展造成直接损害。另一方面,计划经济时代形成的社会保障制自身亦存在着缺陷,并在实践中造成日益严重的负面影响。如封闭运行的单位保障制导致社会保障统筹、互济功能的丧失,单位负担畸轻畸重,一些老国有企业在改革开放前就陷入了不堪重负的困境,公费医疗等制度亦存在着巨大的资源浪费现象,一些保障项目的不公平性由受保对象个人权益的不公平日益扩展成社会不公平,因此,原有制度因自身存在着难以克服的缺陷,亦有着改革的必要性。此外,社会保障改革作为一种世界性潮流自20世纪70年代以来就在西方工业化国家和许多发展中国家兴起,它们的行动表明这种制度不可能是一成不变的,它需要适应社会经济的发展变化而及时作出调整。

通过对中国社会保障制度改革的考察,发现它可以划分为三个阶段:

第一阶段(1986—1993),重点是为国有企业改革配套和缓解乡村贫困问题,原有的社会保障制在延续,但新型的社会化保障机制开始生长。国家在这一阶段提出了社会保障社会化原则并通过中央政府的推动取得了进展,国家责任得到了适度控制和调整,改变单位包办社会保障事务的做法成了改革的重要内容,个人亦开始承担有象征意义的缴费责任等,这些变化预示着社会保障社会化开始替代社会保障单位化。这一阶段社会保障改革的重点在总体上是为国有企业改革配套和缓解贫困地区的乡村贫困问题,但单纯强调为国企改革配套亦使城镇社会保障制度改革目标走向片面化。正是这种片面化造成了社会保障制度改革日益滞后于经济改革与社会发展的需要,因为社会保障制度不可能只为某项改革配套,也不可能只为国有企业和国有企业职工服务。

第二阶段(1993—1997),社会保障成为市场经济体系的重要支柱,新旧社会保障制度并存但此消彼长。这一阶段以 1993 年 11 月 14 日中共十四届三中全会通过《关于建立社会主义市场经济体制若干问题的决定》并在其中对社会保障改革提出明确要求与原则规范为主要标志。社会保障社会化自此成为改革中追求的主要目标,并越来越多地体现在政策实践中,但原有的社会保障制度亦未明确宣布废除,因此,这一阶段是原有社会保障制和新型社会保障制并存但此消彼长的时期。这一阶段的背景是,国家已经确立经济改革的目标模式是市场经济体制,社会保障制度被确认为市场经济正常运行的维系机制,社会保障亦被称为市场经济体系的五大支柱之一,中共中央在《关于建立社会主义市场经济体制若干问题的决定》中的第 26—28 条明确要求"建立多层次的社会保障体系",并确认了"社会保障体系包括社会保险、社会救济、社会福利、优抚安置和社会互助、个人储蓄积累保障"及"城镇职工养老和医疗保险金由单位和个人共同负担,实行社会统筹和个人账户相结合"等重要内容。1994 年 1 月 23 日,国务院颁布《农村五保供养工作条例》,农村五保供养工作自此走向规范化;同年 4 月 14 日,经国务院批准,国家体改委、财政部、劳动部、卫生部联合发布《关于职工医疗制度改革的试点意见》,在城市开始推进职工医疗保险制度改革,医疗社会保险开始取代国家—单位保障制中的公费医疗与劳保医疗;同年还先后制定并公布了《国家八七扶贫攻坚计划(1994—2000)》、《关于深化城镇住房制度改革的决定》,扶贫工作与住房制度改革步入一个新的发展时期;此外,劳动部、民政部等还颁布了一系列有关社会保险、最低工资保障、福利彩票管理等方面的行政性法规。此后,国务院先后颁布了《关于深化企业职工养老保险制度改革的通知》(1995)、《关于建立统一的企业职工基本养老保险制度的决定》(1997),使新型养老保险制度建设取得重要进展;国务院还发布了《关于在全国建立城市居民最低生活保障制度的通知》(1997)、《关于卫生改革与发展的决定》(1997)等,促使城镇贫困救济政策走向制度化,卫生体制改革亦被正式列入改革日程。劳动部、民政部等中央部委亦发布了一系列政策法规推进各项社会保障制度改革。因此,这一阶段的社会保障改革随着市场经济改革的步伐加快而加快,它体现了为市场经济改革服务、以养老保险改革和医疗保险改革为重点的特色。

第三阶段(1998年以来),社会保障逐渐成为一项基本的社会制度。进入这一阶段的主要标志有三:一是1998年3月新一届中央政府在保留民政部的同时,新组建了劳动和社会保障部,相对统一了社会保障管理体制;二是社会保障全面走向社会化和去除单位化,建立独立于企事业单位之外的社会保障体系、筹资渠道多元化、管理服务社会化,成为改革旧的社会保障制度和建设新型社会保障制度的明确目标;三是超越了片面为国有企业改革配套和单纯为市场经济服务的观念,开始将社会保障制度作为一项基本的社会制度安排来建设。1998年以来,国务院先后颁布了《关于实行企业基本养老保险省级统筹和行业统筹移交地方管理有关问题的通知》(1998)、《关于建立城镇职工基本医疗保险制度的决定》(1998)、《失业保险条例》(1999)、《社会保险费征缴暂行条例》(1999)、《住房公积金管理条例》(1999)、《城市居民最低生活保障条例》(1999)、《关于完善城镇社会保障体系的试点方案》(2000)、《工伤保险条例》(2003)、《劳动保障监察条例》(2004)等一系列法规或法规性文件,并成立了全国社会保障基金理事会,劳动和社会保障部、民政部等亦制定了一批有关社会保险、社会福利、社会救助方面的法规性文件,它们共同规范与指导着社会保障制度的全面转型。尤其是在2004年3月,十届全国人大二次会议通过宪法修正案,正式将建设同经济发展水平相适应的社会保障制度写入了宪法,更明确标志着社会保障制度正在成为国家发展必要的基本制度安排。在这一阶段,国家仍然继续主导着的社会保障改革并承担着直接的、重要的责任,但构成社会的各个方面(如企业、机关事业单位、慈善公益团体等等)及社会成员个人均共同分担着社会保障责任,社会保障不再单纯地为经济改革服务而是为整个社会经济协调稳定发展服务,包括社会保险、社会救助、社会福利在内的整个社会保障制度的规范性建设和管理、服务社会化取得了显著的进展。

(二) 对中国社会保障制度改革的简要评论

中国社会保障制度选择的渐进改革的方式。这种改革方式几乎有别于任何国家的社会保障制度改革,因为其他国家或地区对社会保障制度的改革几乎都是立法先行,有关社会保障制度的法案获得通过,即意味着新的社会保障政策得到确立或完全替代原有的政策。但中国社会保障制度从1986年以来走过的历程却并非如此,它经历了从自下而上到自上而下、从自发改革到自觉改革、从单项改革到综合改革的渐进过程,在很长时期内都是新旧社会保障制度并行,几乎所有的社会保障新方案均通过长时期的试点。这种渐进改革方式符合中国整个改革事业的要求,因为中国的经济改革也是渐进式的而非休克式的,但不符合社会保障制度变革的国际惯例,因为它在实践中不仅受制于经济改革,而且容易对其他改革的推进产生路径依赖。因此,回顾中国社会保障改革的历程,便可以发现既有巨大的成就,亦存在着不少失误。

一方面,中国社会保障制度改革所取得的成就是巨大的,通过近20年来的变革,在维系经济改革和国民经济持续增长、保证整个社会基本稳定的同时,促使曾经惠及亿万国民的社会保障制度实现整体转型,这在国际上是没有先例的。许多国家的社会保障制度改革只能局限于某一项目或某一环节,甚至还引发严重的社会危机,既揭示了社会保障制度变革的艰难性,也从一个侧面证实了中国社会保障制度改革的成就。具体而言,中国社会保障制度改革的成就主要表现在以下几个方面:一是国民的社会保障观点发生了巨大的变化,从单纯依赖政府与单位转化到责任分担;二是制度转型任务基本完成,即从计划经济时代形成的国家负责、单位包办、全面保障、封闭运行、缺乏效率的板块结构式社会保障制度,逐步转化成政府主导、责任共担、合理保障、开放运行的社会化保障制度;三是新型社会保障制度基本框架得到确立,管理体制基本理顺,包括养老保险、医疗保险、失业保险、工伤保险、城镇居民最低生活保障等在内的主要社会保障项目均在制度创新中获得发展,在新型社会保障制度下受保障的人口在持续扩大。上述成就表明,对社会保障改革成就给予高度评价显然有充分的事实依据。

另一方面,如果从社会保障制度转型仍未最终全面完成、新型社会保障制度依然滞后于经济社会发展的需要、社会保障改革实践中的不公平现象依然十分严重,以及这一制度在建设中所遇到的许多难题,就会发现,中国社会保障制度改革并非只有成功与经验,它还同时存在着失误和需要吸取的教训。尽管这些失误与教训大多因受以往经济改革的渐进性和"摸着石头过河"思路的影响而难以完全避免,但正视这些失误对整个社会保障改革的深化和新型社会保障制度的最终确立显然具有非常重要的意义。概括而言,中国社会保障改革中出现的失误,主要表现在价值取向上过分强调效率、改革观念上过分强调为国有企业改革配套、改革方式上存在着统放不分、制度安排中长期忽略农村社会保障制度建设等方面。

(三) 中国社会保障制度发展所面临的主要问题

中国社会保障制度发展所面临的问题很多,其中既有历史问题,也有改革中未能妥善处理好的问题;既有制度之内的问题,也有制度之外的问题。当前存在的主要问题有:

第一,新的社会保障体系不完善,社会保障明显不足。完善的社会保障体系不仅包括规范、协调的保障项目体系,而且应当包括确保制度运行安全的健全的监管体系和能够满足制度实施的完善的服务体系。但从现状出发,中国社会保障体系还存在着诸多缺漏,不仅现有项目体系无法覆盖全体应当被覆盖的社会成员,而且还存在着诸多项目空白;而在监管等方面,除养老保险等少数项目的监督趋严与社会化服务进程在加快外,其他社会保障制度的监管体系与服务体系的建设均很欠缺;政府主导之外层次的社会保障体系亦未能真正推进。因此,中国的社会保障安全网客观上存在着巨大的漏洞,绝大多数人缺乏基本养老保险,绝大多数人没有基本医疗保障,乡村数以千万计的贫困人口尚未有制度化的社会援助制度,包括面向老年人、残疾人等在内的各项社会福利事业严重滞后,一些迫切需要国家与社会帮助的社会成员在遇到困难时易生绝望心态。可见,中国社会保障制度现阶段面临的主要问题,是社会保障不足的问题,中国的发展迫切需要建立健全的社会保障体系。

第二,立法滞后。在当代社会,任何制度均只有通过法律调整才能摆脱单纯偶然性和任意性羁绊。社会保障制度对法制性的要求更高,立法先行是一项基本原则,工业化国家(或地区)及许多发展中国家在建立或修订自己的社会保障制度时均会遵循这一规则,即任何一项社会保障制度的建立和改革,通常都以立法机关制定或修订相关法律、法规为先导,以管理部门制定相应的实施细则为条件,于后才是具体组织实施社会保障项目。这一定例除法治社会和市场经济的客观要求外,亦是社会保障制度自身的需要。因为社会保障是涉及亿万国民切身利益的社会公共事业,没有立法的规范和硬约束,便不可能得到有效推进;同样重要的还有,社会保障制度安排牵涉到政府、企业与个人之间的责任分担和不同社会群体或利益集团的利益调整,当我们考察西方国家的社会保障制度时,就可以发现行政机关与立法机关在社会保障立法方面存在分歧的现象非常普遍,许多关于社会保障立法事实上是行政机关与立法机关相互较量与妥协的结果,这说明至少仅仅依靠政府是难以真正确立社会保障制度的。因此,立法的意义不仅在于对社会保障制度的权威规范,更在于实现社会保障责任与权益的合理配置①。然而,中国的现实恰恰是缺乏对社会保障的法制规范,迄今为止一直依靠行政机关的政策或指示来推动整个社会保障制度的改革。这种状况不仅无法使新的社会保障制度真正走向定型发展,而且因政策的多变或过度灵活而损害了新制度应有的稳定性。尽管社会保障立法不是可以草率进行的事情,但现实却对社会保障立法提出了迫切的需要。没有社会保障立法,便意味着这种制度还缺乏法律的认可,人们便无法准确把握国家在这种制度中所承担的责任和个人可以期望的安全值,政府与民间也无从合理分工并充分发挥出各自的积极性。因此,立法条件不具备也不应当成为立法滞后的借口,目前的立法可以是不完善的法律,但至少应当规范社会保险及其他社会保障系统的性质、国家或政府在其中的责任、企业与个人应当承担的义务,以及明确的权益等。

第三,责任模糊。包括:一是历史责任与现实责任划分不清,正在影响着对历史

---

① 郑功成:"加入 WTO 与中国的社会保障改革",载《管理世界》,2002(4)。

责任的合理化解和新制度的统一;二是政府责任边界不明晰,不仅造成了政府日益加重的负担,更重要的是无法有效引导市场、社会乃至单位组织发挥应有的作用,如慈善公益事业就缺乏扶持,商业保险亦缺乏有力引导;三是中央政府与地方政府的责任未能明确。在国家责任方面,虽然中央财政自1998年以来对社会保障的投入在大幅度增长,但并非是一种固定机制,在很大程度上带有随意性;而地方财政的投入极少,一些地方的财政几乎处于缺位状态。社会保障制度安排中的主体各方责任的非确定性或模糊性,财政责任的非固定化乃至缺位,无疑会直接损害新制度的有计划性和可预见性,同时也会给经济发展和市场竞争中的主体各方带来权利与义务的不确定性,并增加劳动者代际负担的不确定性和每届政府应负责任的不确定性,进而可能损害市场经济的正常秩序,弱化国家参与国际竞争的能力。因此,用明确的责任划分来替代现实中的责任模糊,用分级负责的固定拨款机制来促使各级财政到位,客观上已经成为新型社会保障制度建设所面临的紧迫任务。

第四,新制度的有效性还有待提高。社会保障制度改革虽然改变了计划经济时代单位包办社会保障事务时负担畸轻畸重的现象,却因多种原因造成了新的不平等。如因基本养老保险统筹层次低,各地区的缴费率因历史负担的轻重而存在着很大的差距,这不仅损害地区之间的公平竞争,而且构成了中国社会保障制度尤其是应当统一的基本养老保险制度走向统一的重大阻碍因素;劳动者个人之间因多种原因导致的社会保障权益不平等,亦直接损害着社会保障的公平与公正,阻碍着统一劳动力市场的形成。同时,现行社会保障制度均还存在着有效性不足的问题,如医疗保险改革采取的统账结合模式,因不能很好地解决受保障者的疾病医疗问题而面临着调整的必要,失业保险对就业促进的功能有待提高,最低生活保障制度因仅仅包含单一的食物保障而面临着与其他贫困救助制度整合的必要,其他保障政策亦存在着政策不协调、不规范及相当多的技术问题。因此,尽管新制度取得了值得肯定的实践效果,但有效性仍然有待提高。

(四)中国社会保障制度的未来发展

2004年3月,十届全国人大二次会议通过的《中华人民共和国宪法》修正案,明确规定国家建立健全同经济发展水平相适应的社会保障制度,这不仅表明了国家建立社会保障制度的目标与方向已经明确,而且揭示了国民的社会保障权益正在得到确立,它预示着中国的社会保障制度将进入一个较快的发展阶段。

立足于全面建设小康社会的新时代,基于社会保障制度自身的规律和中国的国情,以及近20年来整个社会保障制度的变革,可以概括出中国社会保障未来发展的基本轮廓。

在讨论新型社会保障制度的发展目标时,应当避免陷入认识误区和可能导致不良后果的政策取向。如借鉴国外经验不等于与国际接轨,利用民间力量和市场机制不等于走私有化道路,维护经济发展不等于只服从于经济增长,强调个人责任不等于政府可以推脱自己的责任,等等。因此,稳妥而又有效的选择将是在植根现实国情的基础上走理性而又中和的发展道路。从中长期的发展角度出发,新型社会保障制度的发展目标,应当是在这种制度最终定型的基础上,发展成为全体国民走向共同富裕的重要路径,并在维护经济社会的持续发展中实现自身的持续发展。它的分目标包括:一是尽快实现制度定型,包括完成国家立法、在政府主导下完善保障体系、健全监管机制和全面实现社会化等;二是维系整个社会经济的长期稳定协调发展,包括化解市场经济条件下的失业风险,维护劳动力市场并促进劳动力再生产,缩小收入分配差距和贫富差别,创造公平稳定的社会环境,并发挥雄厚的基金的融资功能,促进社会经济长期稳定协调发展;三是保障城乡居民的基本生活并使其生活质量不断得到改善。如将基本养老保险、医疗保险逐渐发展成为普遍受惠的制度安排,社会福利成为不断提升城乡居民生活质量的可靠保证,其他社会保障制度安排按照各自分工发挥出应有功能等等;四是促使新制度的有效性不断提高,在与时代保持适应的条件下实现自身的可持续发展,成为中国社会发展进程中不可或缺的久远制度安排。

在建设中国新型社会保障制度的进程中,应当确立大协调观与可持续发展观,突出以人为本和公平的价值取向。一方面,社会保障不仅要追求系统内部各子系统与各项目之间的协调,还应当追求社会保障政策与就业政策、收入分配政策、公共财政政策、人口政策等相关政策的协调;不仅要追求制度自身的可持续发展,而且要为整个社会经济的可持续发展做出有益的、有力的贡献。另一方面,社会保障的最终目标是为了人的全面发展,是为了促进社会公平,从而在制度发展进程中,必须牢固地确立以人为本和公平正义的价值取向。

在现阶段,中国社会保障发展的首要任务,就是将社会保障制度上升到国家立法规范的层次,进一步明晰政府在社会保障制度中的主导责任,并根据责任分担的原则进一步明确政府、企业、社会及个人的社会保障责任,在实践中坚持制度建设的多层次化与社会化原则,采取官民结合的手段来调动政府、社会、市场、企业乃至家庭及个人的参与积极性,最终建成一个健全的、覆盖全体国民的社会保障体系。

【案例讨论】

智利公共养老金私营化改革[①]

　　智利对公共养老保险制度采取私营化改革,几乎是一场对传统养老社会保险制度的重大革命,它始于20世纪80年代初期,当时的政治背景是智利军方发生政变后并于1980年通过修订宪法取得了合法的统治地位,皮诺切特将军独揽大权实行独裁统治且至少延续到1989年;同时,军人政府通过宪法从制度上削弱了政府的职能,并把这些职能转交给私营部门,另外还通过限制参政渠道、增强市场作为社会经济活动管理者的作用等方式分解社会,并通过了一系列的新政策规范,排除了有组织的对抗。此外,智利人不好储蓄的传统亦影响了其经济的发展。在这种社会、政治、经济及传统习俗的背景下,养老保险私营化即作为一项新的政策出台并被强制实施。

　　智利养老保险制度私营化模式,是在1973年10月将全国各种家庭津贴统一起来并将其由养老保险基金会转交给新成立的机构——家庭津贴补偿组织,以及1979年2月废除建立在工作年限基础上的养老保险制度而建立起对养老金水平统一调整制度的基础上,以1980年11月通过的3500号法令为依据,于1981年开始实施的一种新型养老制度。它以个人资本为基础,实行个人账户制(包括基本个人账户和补充个人账户,前者指个人要将其纳税收入的10%作为自己的养老金投入,后者则是在前者基础上为将来得到更多养老金而进行更多储蓄所设立的补充个人账户),由私人养老基金管理公司负责经营管理,保险费完全由个人缴纳,雇主不承担缴费义务。政府的作用有二:一是立法强制;二是成立智利养老基金监管局主管各家私人基金公司,同时成立社会保险制度标准化管理局负责协调新旧制度的过渡,智利中央银行亦直接参与私人基金公司投资活动的监管。从智利养老保险模式的运行来看,其最大的特点就是养老保险个人负责制,同时将政府的管理责任转移给私人管理公司,这样,政府的责任被缩小到最小限度,而个人的责任却被扩大到极大程度。

　　智利在养老金制度上的改革因其在20世纪80年代期间确实取得了政府负担减轻、养老保险基金运营效益显著增长等成就,由此而成为世界瞩目的对象。养老保险基金私营化管理亦被另外一些拉丁美洲国家视为值得仿效的榜样。首先是秘

[①] 郑功成著:《社会保障学——理念、制度、实践与思辨》,第173—178页,商务印书馆,2000。参见郑功成:"智利模式——养老保险私有化改革述评",载《经济学动态》,2001(2)。

鲁于 1992 年开始仿效,随后是哥伦比亚、阿根廷于 1993 年开始改革,乌拉圭、墨西哥于 1995 年开始改革,接着是玻利维亚、萨尔瓦多于 1996 年采用民营管理,委内瑞拉亦于 1997 年对养老保险制度进行改革。美国、欧洲国家乃至像中国这样的发展中国家,都以极大的兴趣关注着智利模式,可以这样说,自 19 世纪 80 年代俾斯麦创造的德国社会保险模式和 20 世纪 40 年代以后依据贝弗里奇报告建立的福利国家模式后,社会保障领域再也没有一种改革能够像智利模式这样引人注目了。然而,也应当看到,对智利模式持审慎态度的人似乎更多[①],即使在仿效智利的拉美国家中,也并非是完全模仿,如墨西哥采用的是包括私营化管理在内的多元管理方式,阿根廷、乌拉圭采用的是混合改革方式,秘鲁、哥伦比亚采用的是公营与私营平行的改革方式,还没有哪个国家重新采取取消纳税的智利体制,而是都选择了一种混合体制;中国虽然选择了社会统筹与个人账户相结合的养老保险模式,也只能说是部分地吸收了新加坡、智利的个人账户做法。

需要指出的是,智利养老金制度私营化改革,并不等同于智利整个社会保障制度的私营化,因为在智利的社会救助乃至失业保险等其他社会保障制度仍然由官方直接提供着保障。同时,对于养老保险领域,智利政府亦并非完全放任,而是从立法与监管方面尽到自己的责任。如智利养老基金监管局和中央银行的管理职责就包括:规定养老基金管理公司的投资工具及其应占的比例,每种投资工具的采用均要事先得到法律的认可;制定养老基金在资本市场中的运行规则,确保竞争的透明度和公平性,保证投资的安全性,协调各方的利益冲突;规定投资的最小回报率等。

由此可见,智利养老金私营化改革并不意味着政府在社会保障方面的责任的终结,而只是对养老金制度做了力度很大的调整。还需要强调的是,任何一种社会保障模式,至少需要经过 40 年以上的实践才能真正验证其是否真正具有持续发展的潜力,而智利模式显然还过于"年轻化"了,从而还需要继续加以考察。

[①] 对智利模式持怀疑态度的人,主要有如下理由:一是该模式使今天的供款人不仅要为自己退休后提供资金,而且要为那些一辈子都在预扣所得税制度下工作的人的养老金提供资金,这种双重负担在政治上、经济上都是不能接受的;二是智利特定的社会、政治背景并不具有普遍性;三是私营化管理隐蔽性强,潜在风险大,当遭遇经济衰退时管理公司亦可能破产,从而造成受保障者的权益缺乏保障,或者仍然构成政府的负担;四是这种模式取消了责任共担机制而代之以完全的个人责任制,根本上取消了社会保险的公平目标与互济性特征,从而是逆潮流的做法;五是智利模式是否成功还需要有更长时间的考验,现在还不到下结论的时候。

思 考 题

1. 社会保障发展要受哪些因素的影响？
2. 社会保障发展经历了哪些阶段？
3. 比较宗教慈善事业、官办慈善事业、民办慈善事业的异同。
4. 试评价早期的社会保障。
5. 为什么说社会保险的出现是现代社会保障制度建立的标志？
6. 现代社会保障制度的发展有哪些基本规律？
7. 社会保障的国际经验与教训有哪些？
8. 如何评价福利国家及其改革？
9. 如何评价中国的社会保障改革？
10. 谈谈你对中国社会保障未来发展的见解。

第三章 社会保障体系与模式

【本章学习要点】

通过本章的学习,应当了解社会保障体系的涵义与目标,掌握政府主导的基本社会保障制度与民间及市场主办的补充保险的结构、基本内容及差异,在把握国情与社会背景的基础上把握不同社会保障模式的特点与区别。

第一节 概 述

一、社会保障体系的涵义

社会保障体系,是指由社会保障各个有机组成部分所构成的整体,它强调的是社会保障的项目结构及运行机制等。换言之,社会保障体系是国家依法建立起来的保障国民生活、维护社会稳定、促进和谐发展的系统,是由社会保险、社会救助、社会福利、军人保障以及各种具有互助共济功能的社会化保障机制共同编织成的"社会安全网"。从各国的发展实践来看,社会保障体系有无漏洞通常是衡量社会保障制度完备与否的基本依据。

由于影响社会保障的因素复杂,而各国的具体国情又差异甚大,各国在建立自己的社会保障体系时,都经历了一个从单一保障项目到多个保障项目、从单一层次保障到多层次保障、从相互分割的"头痛医头"措施到相互协调的完整体系的发展过程。从横向比较来看,各个国家或地区的社会保障体系往往不尽相同,这是因为社会保障制度的建立及发展要受到所在国家或地区的经济、社会、政治、文化、历史以及发展阶段等多重因素的影响,在社会保障的项目设置、覆盖范围、保障水平、给付标准等方面也就不可能一致;从纵向比较来看,各国的社会保障体系也一直处于不断调整、充实和完善之中,因为社会保障制度必须不断地适应社会经济发展和社会成员对社会保障需求的发展变化,其覆盖范围、项目设置、待遇水平等也必须适时调整。只有社会保障体系与本国国情相适应并且与所处发展时代相适应,社会保障才能说是合理的制度安排,并发挥出自己应有的功能作用。

考察现代社会保障制度的发展进程,可以发现现代社会保障体系的发展大致可划分为如下三个阶段:

(1)面向贫困人口与工业劳动者的阶段。这一阶段,传统的救灾济贫项目得到完善,但国家社会保障制度的重点主要是面向工业劳动者(产业工人),主要的社会保障项目(如养老保险、医疗保险、工伤保险与失业保险等)均围绕着工业劳动者的需要而设立。

(2)面向贫困人口与一般劳动者的阶段。这一阶段,社会保障的范围持续扩大,不仅工薪劳动者纳入了社会保障体系,而且农民及其他社会阶层也被纳入社会保障范围,保障项目开始增加,社会保障的公平性得到提升。

(3)面向全体国民的阶段。这一阶段,全体国民都被纳入社会保障的范围,社会保障体系不仅包括各种已有的社会救助项目与社会保险项目,而且向各种社会福利项目扩张,完备的社会保障体系使社会保障制度成为全民共享发展成果的社会制度。

从施行社会保障的项目来看,也是在保持和改造传统的救灾济贫项目的同时,先以劳动者的病、残、老以及生育为主要内容提供保险,以后逐步扩大到对失业后的生活保障,进而随着社会发展的进程促使各项社会性福利得到发展。无论哪一个工业化国家,基本上都是遵循这样的途径发展其社会保障体系的。

二、社会保障体系建设的目标

从各国的社会保障制度发展实践出发,社会保障体系建设是一个逐渐完善的过程,但无论一个国家或地区的社会保障体系建设是否已经完备,均会以完备的社会保障体系为其追求目标,这一目标又可以分解为社会保障体系的完整性、协调性与层次性。

(一) 完整性

从现代社会的需要出发,只有完整的社会保障体系,才能真正全面解决各种需要国家和社会运用社会保障手段来解决的现实社会问题。以老年人为例,当人均预期寿命不断延长,国家会进入老年型国家,社会会变成老年型社会,老年人口在总人口中的比重亦会持续上升。在人口老龄化阶段,如果没有相应的养老金制度安排,众多的老年人就完全可能因退出劳动岗位而丧失收入进而陷入贫困状态;如果缺乏相应的老年人福利等,即使老年人有养老金保障,也因缺乏社会化的生活照料服务而影响到生活质量,甚者会导致悲惨的生活结局;同时,随着子女数量的减少以及"丁克家庭"的出现,人在进入老年后还尤其需要有相应情感保障,这就要求社会保障制度必须充满着人性与人文关怀等等。可见,对老年人而言,经济保障、服务保障与精神保障都是不能缺少的保障。在市场经济条件下,个人的生活风险更大,包括就业岗位的竞争等均可能造成收入剧减与生活困境,因此,市场经济更需要有较为完备的社会保障体系,即保障项目应当齐全化、保障内容应当完整化,若干个性质相近的社会保障项目构成一个完整的社会保障子系统,若干个社会保障子系统共同构成一个完整的社会保障体系。

在国际上,国际劳工组织有关公约所规定的九项保障内容,包括医疗津贴、疾病津贴、失业津贴、老龄津贴、工伤津贴、家庭津贴、生育津贴、残废津贴、遗属津贴,可以作为一个较完整的社会保障体系的最低要求。

尽管现在包括中国在内的发展中国家的社会保障体系并不一定具备完整性的特征,但这应该作为社会保障体系建设的发展目标。

（二）协调性

完备的社会保障体系，是以社会保障制度内容各子系统或项目协调发展为条件的。因此，社会保障体系建设的发展应当具有协调性。

（1）社会保障各个子系统与各个项目之间的发展水平应相互协调，不能畸高畸低，造成社会保障对象之间的对立。

（2）社会保障各个子系统与各个项目在分工负责的同时，应当具有功能上的互补性。如失业保险与社会救助分属于两个不同的子系统，其水平有高低之别，但都可以对失业者负责，两者的有机结合与协调发展将有助于为劳动者的失业风险提供全面保障；基本养老保险的保障水平应该适当，以便为企业补充养老保险（企业年金）和商业人寿保险的发展留有余地；养老保险可以解决老年人的基本收入来源，但仍需要老年福利服务等措施的配合才能解决社会成员的老年保障问题。

（3）要避免留下遗漏，亦必须实行各社会保障项目与各子系统之间的协调发展。如城镇建立了医疗社会保险制度，广大农村地区还不具备建立医疗保险制度的条件，但如果没有相应的疾病医疗保障项目，则农村社会成员的疾病医疗问题将会成为导致贫困现象、加深城乡矛盾的严重社会问题，从而需要建立相应的疾病医疗保障制度。因此，社会保障项目之间、各子系统之间既是分工负责的，又是互相联系的，完整的社会保障体系应当保证整个体系能够在水平、功能等方面实现协调发展①。

（三）层次性

尽管社会保障追求的是社会公平，且社会保障的公平性往往在一元化的制度安排中能够得到更加全面的体现，但完备的社会保障体系并不等于制度安排或项目设置的绝对统一，也不可能实现绝对统一。因为社会成员对社会保障的需求既有共性的一面，也有个性的一面，不同的社会阶层与社会成员的收入水平、生活状况以及对社会保障的要求亦不会一致，因此，完备的社会保障体系还应当体现出多层次性，以便满足对社会保障有不同需求的社会成员的需求。

在现代社会保障体系中，针对不同人群的需要，每个项目的目标定位及作用也各不相同。其中，社会保险保障的对象主要是社会成员中的劳动者，甚至在许多国家主要是工薪阶层的劳动者，这部分人及其家属在社会群体中占有很大比重，社会保险对他们来说是保障其基本生活水平的重要制度安排。然而，由于失业、疾病或天灾人祸等各种原因，这部分人仍有可能陷入困境，难以自救，从而还需要另一层次的保障制度，社会救助作为最低层次的社会保障措施，正是对从社会保险制度"漏出"的社会

---

① 郑功成著：《论中国特色的社会保障道路》，第153—154页，武汉大学出版社，1997。

成员,如无收入、无生活来源、无家庭依靠并失去工作能力者,生活在国家的"贫困线"或最低生活标准以下的家庭或个人,以及遭受自然灾害和不幸事故者等,提供物质援助的又一层次制度安排;而社会福利作为社会保障体系的最高层次,则是为了增进福利、改善国民物质及其他生活条件的社会保障事业。

即使是解决老年人经济来源的养老保障制度,在许多国家也是由多层次的老年保障项目构成的,如政府负责的具有普遍福利性质的国民年金、社会保险型的基本养老保险、企业建立的企业年金,以及个人向人寿保险公司购买的人寿保险,在中国还有法定的家庭养老等,它们构成了一个多层次的老年保障体系。

三、社会保障体系的结构

现代社会保障体系包含的内容非常广泛,其结构可以从不同角度进行划分。

(1) 根据现代社会保障制度所包括的业务内容看,构成社会保障体系的内容主要包括以下三类:

- 社会救助。包括面向低收入阶层的贫困救助、面向遭灾的灾民的灾害救助,以及面向遭遇特殊困难的社会成员的特殊救助等。
- 社会保险。包括面向劳动者提供工伤保险、疾病医疗保险、养老保险、生育保险、失业保险,以及对其家属的津贴和伤残、退休之后的生活保障等待遇等等。
- 社会福利。包括老年人福利事业、残疾人福利事业、妇女儿童福利,乃至教育福利、住房福利等等。

在上述三大基本系统之外,在各个国家事实上还有其他社会保障措施。在许多国家,面向军人的保障制度安排,通常是一个独立的社会保障子系统,它解决的是军人的后顾之忧,并在一定程度上惠及其家属。在一些国家,医疗保障构成一个独立的子系统,成为社会成员的普遍性需求。以我国为例,城镇中有基本医疗保险,农村中有合作医疗,还有传染病防治、地方病防治、儿童免疫等保障措施,它们也无法统一归入到社会救助、社会保险或社会福利中去。

在政府主导的社会保障制度之外,许多国家还有发达的补充保障层次,包括企业年金、补充医疗保险、互助保障、慈善公益事业等在内的各种社会性保障措施,均属于补充保障层次,它们的发展在很大程度上起着弥补基本社会保障制度不足、完善社会保障体系的作用,从而可以称之为现代社会保障体系中的补充保障子系统。

上述各社会保障子系统在分化、整合的基础上实现功能耦合,相辅相成,共同承担着社会保障的责任,并维系与促进着整个社会的健康、和谐发展。

(2) 根据是否与受保障对象的社会生产活动或收入关联,社会保障体系还可以划分为如下两类:

- 与社会生产或收入关联的保障制度。它通常强调权利与义务相结合的原则,受益者缴费的水平与其收入水平挂钩,享受相应的社会保障待遇时也往往与收入关联,如根据劳动者工龄长短和收入水平发展的年金、养老金、伤残抚恤金、遗属抚恤金和定期补助——如家属津贴、失业救济金、病残补助、生育补助、工伤补助等。

- 与社会生产或收入无关联的保障制度。它强调的是社会成员的需要,受益者享受的保障待遇亦与其收入不直接挂钩。如对所在国或地区的一定居住年限以上的人实行普遍性的养老、伤残、孤儿抚恤金、家属津贴;以及根据经济情况调查,对贫穷或低收入的人或地区给予生活补助;对不可预见性的自然灾害和人为灾害的救济,还有社会性的伤残康复、公费医疗、福利设施以及弱智、残疾人教育项目等等。

(3) 根据政府介入的程度以及法律规范的强制性,现代社会保障体系还可以划分为如下两大类:

- 制度化的社会保障。它是指由法律制度严密规范并借助公共权力、运用公共资源加以实施的社会保障项目,它体现的是国家与社会的责任,是最稳定、最可靠的社会安全机制。如制度化的社会救助、社会保险及有关公共福利项目等。

- 非制度化的社会保障。它是指不借助公共权力而由非政府组织或企业等自愿推动的社会化保障措施。如企业年金、慈善公益事业等。

此外,现代社会保障体系还可以从更广义的角度来阐述。前述划分均是从保障项目的视角出发的,事实上,社会保障体系除保险项目的设置外,还需要有相应的运行机制,包括法制系统、管理系统、实施系统与监督系统等,它们共同构成了完整的社会保障体系。

第二节　社会保障体系

从世界大多数国家的情况来看,社会保障体系通常包括基本社会保障制度与补充社会保障两大类,前者由国家立法统一规范并由政府主导,一般包括社会救助、社会保险和社会福利三个基本组成部分,以及部分国家针对军人建立的特殊保障制度;后者则通常是在政府的支持下由民间及市场来解决,一般包括企业年金、慈善事业等,它们构成对基本社会保障制度的补充,并发挥着有益的作用。

一、社会救助

社会救助是指国家和社会依据法律规定,面向不能维持最低生活水平的低收入家庭,提供经济帮助的一项社会保障制度,它是现代社会保障体系中具有基础地位的一个重要子系统。

与其他社会保障子系统相比，社会救助的特点十分明显：

第一，社会救助的资金来源主要是国家财政预算拨款或特别捐税辅助。

第二，社会救助通常被认为是政府对国民应尽的责任，是低于贫困线或最低生活保障线的国民应该享受的一项基本权利，提供救助方与接受救助方的权利与义务关系具有单向性，而其他社会保障子系统则多是权利与义务相结合。

第三，社会救助的对象是社会成员中的一个特殊弱势群体。他们没有或者丧失了劳动能力（如孤儿、孤苦老人、残疾人等）而没有收入，或者有劳动能力但由于各种原因（如自然灾害、意外事故或其他经济社会原因）而一时或相当长时间内减少了或丧失了收入，是社会保险不能或不能完全保障的贫困人群，他们连起码的最低生活水平都不能维持。

第四，社会救助的目标是帮助贫困人群维持最低生活水平，其标准低于社会保险的要求。因此，社会救助也是社会保障体系中最低层次的保障措施，是保障社会成员安全的"最后一道防线"。

第五，社会救助需要救助者依法自愿提出申请，经救济机构调查并批准后方可获得救助。

进入现代社会后，因贫困人口减少和其他社会保障系统的建立，尽管社会救助在整个社会保障体系中的地位较历史上有所下降，但因其肩负着解决特别弱势的社会成员的基本生存权利保障问题的重任，从而仍然占有必不可少的基础地位。其重要性主要表现在以下两个方面：

第一，社会救助是最先形成的、历史最悠久的社会保障形式，各国的社会保障制度均是在原来社会救助措施的基础上不断发展起来的。尽管在多数国家的社会保障体系中，社会保险与社会福利已经成为最重要的社会保障形式，但社会救助依然并且会长久存在，因为贫困现象将会长久存在，孤、寡、残等需要帮助的弱势群体也会长久存在，各种灾害事故更是不可完全避免，因此，社会救助在社会保障体系中的基础地位将不会改变。

第二，社会救助是保证社会成员生存权利的最后一道防线。尽管社会保险为社会安全设置了一道防线，但仍会有一部分人因保障不足而生活十分困难。比如，一部分失业者在失业保险金给付期满后，仍未找到工作而生活陷入极端困境者，就需要通过社会救助向他们提供帮助，特别是在社会保险的覆盖面不广时，社会救助更是不可或缺的。因此，社会救助是社会保障制度的最后防线。

二、社会保险

社会保险是国家依法建立的面向劳动者的一项社会保障制度，它由政府、单位和个人三方共同筹资,目标是保证劳动者在因年老、疾病、工伤、生育、死亡、失业等风险暂时或永久失去劳动能力从而失去收入来源时,能够从国家或社会获得物质帮助,以此解除劳动者的后顾之忧。这一概念强调了社会保险的对象是最重要的社会群体——劳动者,并突出了以劳动权利为基础,在实践中实行权利义务相结合和劳动者个人、单位和国家(政府)三方责任共担。

作为现代社会保障体系的重要组成部分,社会保险也是个人消费品的一种再分配形式,但劳动者享受社会保险待遇或权利并不是一刀切,它不完全取决于个人缴费的多少,而是依据国家的社会保险法、社会保险政策和有关条例规定,对社会履行劳动义务的情况进行界定,至于给付多少则按照当时国家经济状况和个人收入水平而确定。几乎在所有国家,社会保险的支出规模都占有社会保障支出的最大份额,而社会保险所包括的项目几乎关系到每个公民进入劳动年龄以后的整个生命周期,劳动者从业期间及至退休以后所发生的重大事件都会涉及社会保险支出。因此,社会保险事实上构成了现代社会保障体系的主体和核心。

除了具有社会保障制度的一般特点,社会保险制度还独具如下一些特色:

(1)预防性。社会保险的预防性特点,主要反映在社会保险基金的建立上。通过多方筹措而建立起来的社会保险基金,可由国家用在每个投保者身上,防范他们一旦发生社会保险立法规定范围内的风险而遭受损失,起到有备无患、未雨绸缪的作用。其他社会保障项目如社会救济,则是事先难以掌握,因而侧重善后,预防性特点较弱。

(2)补偿性。社会保险给予参加者的物质帮助,主要限于收入损失补偿,即劳动者在劳动中断、收入中断时才有权获得给付。社会保险的缴费虽然通常与工资挂钩,但社会保险待遇的给付却不与工资相等。因此,从社会保险那里得到的补偿只能是对受保障者收入损失一定程度的补偿,即保障劳动者的基本生活需要。

(3)储蓄性。社会保险机构依法收取企业和个人的社会保险费,同时,也吸取来自国民收入的分配与再分配资金,并按立法规定进行积累,然后根据社会保险政策进行分配。只有积累社会保险基金,才能对丧失劳动能力或收入中断的劳动者及其供养的亲属提供必要的物质帮助,才能保证其基本生活需要。因此,社会保险资金在征集与管理过程中具有相应的储蓄性。

(4)责任分担。社会保险资金来源于多渠道,不仅由劳动者、企业单位或雇主缴费,政府补贴,还会有相应的投资收益等,三方共同筹资,不仅体现了社会保险责任的分担,而且也保证了资金来源的可靠性。

(5)互助共济。参加社会保险者定期缴纳社会保险费,建立社会保险基金,当其中有人遭遇特定风险而受到损失时,可以按规定领取一定数量的保险金,从而达到了风险分担、互助共济的目的。如失业保险是全体参与失业保险的劳动者分担失业者的失业风险,工伤保险是全体参与工伤保险的劳动者分担遭遇工伤事故(含职业病)的劳动者的职业伤害风险,医疗保险是全体参与医疗保险的劳动者分担患病职工的疾病医疗风险,养老保险同样体现了同代劳动者与隔代劳动者之间的互助共济功能。因此,社会保险具有典型的互助共济特征。当然,完全积累型的保障制度的互助共济性被明显弱化。

由于社会保险所承担的风险是劳动者丧失收入的风险,在实践中表现为劳动者在其全部生命周期内遇到的各种失去收入的风险,包括年老、疾病、失业、工伤、生育风险等。因此,社会保险制度安排亦通常包括以下几个方面:

(1)养老保险。这是对法定范围内的劳动者因年老(符合法定退休条件)而退出社会劳动后,能够获得满足其基本生活需要的、稳定可靠的经济来源的社会保险项目。养老保险的覆盖范围受经济发展水平的制约,在经济发展和社会进步处于低水平条件下,养老保险往往按照选择性原则局限在部分劳动者范围内;只有当经济发展到一定水平后才会逐步扩大到全体劳动者。在各个国家的社会保障体系中,养老保险一般都是最重要的项目,这是因为在养老保险中受保人享受保险待遇的时期最久,待遇给付的标准相对较高;尤其是在人口老龄化加剧的条件下,养老保险的重要性更是不言而喻。在制度实践中,养老保险必须贯彻切实保障老年人基本生活的原则,因此,退休金水平不仅要适度,而且要有能够随着物价上升而不断调整的弹性,真正让退休的老年人继续分享社会经济发展的成果。

(2)医疗保险。这是对法定范围内的劳动者在患病或非因工伤伤害时提供保障的社会保险项目。它既包括医疗费用的给付,也包括各种医疗服务。医疗保险的目的是恢复劳动者的劳动能力和补偿劳动者病假期间的生活开销,在各国的社会保险制度中,医疗保险是仅次于养老保险的又一重要的社会保险制度。不过,疾病津贴的发放也不是无限期的,超出规定期限则不能继续享受医疗保险待遇,而是转由社会救助系统来承担。

(3)工伤保险。这是对法定范围内的劳动者因从事职业工作遭受伤害或患有与工作相关的职业病提供生活保障的一种社会保险项目。与其他社会保险制度相比,工伤保险具有雇主赔偿的性质,工伤保险的缴费一般完全由雇主承担,政府在特殊情况下予以资助,而劳动者个人不需承担缴费义务。在工伤责任认定方面,各国普遍采取"无过失补偿"原则,即不管导致工伤的责任在何方,只要不是劳动者的故意行为所致,遭受伤害的劳动者均有权享受工伤保险待遇。工伤保险的对象是从事经济活动的劳动者本人,但获取保险待遇的,往往不限于劳动者本人,还包括他们的家属。

(4)失业保险。这是对法定范围内的劳动者因失业而失去经济来源时,按法定时限和标准给予其物质援助的社会保险项目。在市场经济条件下,劳动者的就业通常由竞争机制发挥主导作用,失业现象在所难免。因此,对失业者予以一定的保障,既有利于劳动力的再生产,使企业和国家经常拥有可靠数量和素质合格的劳动力资源,也有利于社会安定。当然,失业者获得失业保险也必须满足一定的条件,如一定的工作期限、参与失业保险并承担缴纳义务、有再就业的愿望并在失业保险部门登记、接受工作介绍等。

(5)生育保险。这是对法定范围内的女性劳动者因生育而导致收入暂时丧失而提供生活保障的社会保险项目,是一项维护女性劳动者权益的社会保险。女性劳动者在怀孕、生育和护理婴儿期间,必须离开工作岗位,因而会面临工资收入暂时丧失的风险。生育保险的实施,便可保证女性劳动者在生育期间获得必要的物质帮助而使自己的经济损失得到补偿。实行生育保险也是解决劳动妇女既要从事经济活动又要担负生育子女的天职的矛盾的必要制度安排。建立生育保险制度一方面可以恢复和保护女性劳动者的劳动能力,另一方面亦保护了妇女生儿育女的权利和后备劳动力的健康成长。一般而言,妇女的生育活动需要一个较长的周期,包括怀孕、临产、分娩、婴儿哺育等,所以生育保险要贯彻产前产后一律给予保险待遇的原则,应包括妇女产前产后一定时间内的带薪假期,有时还包括生育补助费。产假工资的多少、产假长短、补助费的数量,各国不尽相同。需要指出的是,发达国家的生育保险已经上升为一项普遍性的国民福利,即不限于从事社会劳动的女性,而是覆盖所有生育妇女,生育保险待遇亦为生育津贴所替代。

(6)死亡抚恤,亦称遗属保险。其待遇包括两个部分,一部分是死者的丧事治理和安葬费用,另一部分是死者遗属享有的抚恤金。丧葬费包括死者穿戴的服装衣帽、整容、遗体存放、运送、火化、骨灰盒及其存放费用支出。至于遗属领取的抚恤金,一般均按死者生前一定时限的工资收入发给,未成年子女和无收入的配偶还可按期领到补助。

(7)残障保险。它是对因病致残的劳动者提供残障保险待遇的社会保险项目。它包括经常性补偿和一次性赔偿,还包括医疗服务、休养、康复疗养等待遇。除了满足致残者的基本生活需要之外,还尽可能使他们恢复部分劳动能力,重新走上工作岗位,从事力所能及的工作。

(8)护理保险。在德国、日本等发达国家,由于进入了少子高龄化时期,国家还建立了专门的护理保险制度,即劳动者在劳动期间可以参加护理保险,待年老需要生活照料时,可以通过护理保险获得保险。

上述项目构成了社会保险制度。需要指出的是,各个国家的社会保险项目不尽一致,如希腊甚至将灾害保险也纳入社会保险范畴。而在另一些发展中国家,部分社会保险演变成为国民福利,或者分化成为社会保险与普遍性的国民福利。因此,社会保险制度在稳定中发展。

三、社会福利

社会福利的涵义有广义和狭义两种理解。

广义的社会福利实际上是广义的社会保障的同义语,是国家和社会对全体社会成员提供的全部物质和文化生活的保障和福利,除前述社会保险、社会救助外,还包括其他旨在改善与提高国民生活质量的物质福利,以及全部公共的文化、教育、卫生、体育设施和服务。狭义的社会福利,作为社会保障的从属概念,是与社会保险、社会救助并列的概念,是社会保障体系中日益重要的子系统。在中国,社会福利作为社会保障体系的一个子系统,已得到学界、官方及公众的普遍认同。

中国的社会福利子系统包括如下主要项目:

(1) 老年人福利。它是专门面向老年人的福利项目,主要是老年人的生活照料服务及其他福利。如老年福利院、老年公寓、老年保健、老年护理、家居照顾等项目,以及有关公益场所免费对老年人开放等。在一些国家或地区,还有专门面向老年人的福利津贴,如香港地区的高龄津贴就是面向全港年满70周岁以上的老年人的一项福利津贴。随着人口老龄化时代的到来,老年人福利日益成为现代社会保障体系中的重要项目。

(2) 残疾人福利。它是专门面向残疾人的福利项目,主要包括残疾人康复事业、残疾人教育事业、残疾人就业以及其他相应的福利。残疾人福利事业的发展水平是衡量一个国家或地区社会文明程度的重要标志。

(3) 妇女儿童福利。它是面向妇女儿童的福利项目,亦可以分解为妇女福利与儿童福利。如妇幼保健、儿童免疫、孤儿收养、妇幼津贴等。

(4) 其他福利。如教育福利、住房福利及其他不在前述三大项目范围之内的各项公共福利事业,它们从不同的角度满足着社会成员的需求。

此外,面向劳动者的福利通常划分职业福利或机构福利范畴,由企业或雇主负责提供,从而被剔除在基本社会保障制度之外,可以纳入补充保障范畴。

作为整个社会保障体系的一个子系统,社会福利具有如下特点:

第一,保障对象全员化。社会福利的覆盖范围不像社会保险仅限于劳动者,也不像社会救助只限于特殊的弱势的社会群体,而是全社会成员,被称为"按人头"的社会保障制度。

第二,保障项目广泛。社会福利的项目包括全社会成员享受的公共福利事业,如教育、科学、文化、体育、卫生、环境保护设施和福利服务;特殊人群享受的福利事业,如为孤寡老人、孤儿、残疾人设置的福利院、教养院、疗养院等;局部性的、选择性的福利措施,即专为一定地区、一定范围社会成员提供的福利待遇,如寒冷地区的冬季取暖津贴,住公房的房租补贴等,这些项目或者是免费,或者是减费优惠。

第三,资金来源多渠道。社会福利项目的资金来源包括各级政府的财政预算拨款,还有各个组织单位的专项基金、社会团体的资助与捐献,以及福利服务的收费等。根据资金来源的不同,它可以分为官办福利事业、民办福利事业、单位办福利事业,以及官助民办福利事业等。

第四,保障水平弹性化。社会福利的项目、范围和水平取决于各个国家的经济文化发展水平和受益者的需求程度。经济发达国家社会福利的内容和水平相对较多、较高,经济不发达国家则相对较少、较低。在一个国家的不同发展阶段和不同时期,社会福利的内容和水平也有所不同,总的趋势是随着社会经济发展水平的提高而不断改善和提高。

总之,社会福利的目标是改善全体社会成员的物质文化生活水平,提高国民的生活质量,不断增进国民的福利。因此,社会福利是最高层次的社会保障制度。

四、军人保障

军人保障是以现役军人为保障对象的一个综合性保障系统,这主要是因为军人肩负着保卫国家的任务,是一个有着特殊性的群体,军队的独立与军人高度集中的群体意识与职业要求,不可能与普通社会成员一样地纳入同一个社会保障系统,而是需要相对独立的制度安排。因此,在世界各国,都有专门针对军人这一特殊职业的专门保障制度,如在美国社会保障体系中就有军职人员退职退休津贴等特殊项目。

在中国社会保障体系中,亦专门为军人建立相应的保障制度,这一系统随着市场经济体制改革与社会发展而进一步扩充为军人保障系统,它包括军人保险、军人抚恤、军人福利、军人复员转业的就业安置或补偿等项目。

需要指出的是,军人保障的对象虽然以现役军人和武装警察为主体,但也包括了革命烈士家属,退伍、复员、转业军人,因公残废的军、警人员,部分项目还惠及军人家庭。

军人保障的资金主要来源是国家财政拨款,其实质是国家对军人的一种褒扬和经济补偿,也是解除军人后顾之忧的一种制度安排。因此,军人保障是一项兼具社会保险、社会救助、社会福利性质的综合性的、有重大政治意义的特殊社会保障制度。

当然,当军人转业、复员或退休后,亦可直接融入面向普通国民的各项社会保障制度。

五、补充保障

在各国的社会保障体系中,除政府主导并由专门法律具体规范的基本社会保障制度外,往往还有一些非正式的社会化保障措施同时存在并发挥着相应的社会保障功能作用。如慈善事业、社区服务、企业年金、商业保险等客观上均不同程度地发挥着社会保障的作用,从而亦是现代社会保障体系的有机组成部分。

(一) 慈善事业

慈善事业是建立在社会捐献基础之上的一种民办社会救助事业,它以社会成员的善爱之心为道德基础,以社会各界的自愿捐献为经济基础,以民间公益事业团体为组织基础,以大众参与为发展基础。在实践中,慈善机构根据捐献者的意愿,对需要帮助的社会成员进行物质帮助,从而是现代社会保障体系中的特殊组成部分。

发达国家和地区的经验表明,发展慈善事业是当代社会得以化解诸多社会问题、促进社会良性发展的一条重要而有效的途径。许多慈善事业不仅能有效地弥补政府基本社会保障制度的不足,而且对处于困境而无力自行摆脱危难的社会弱势群体提供更多的来自社会的援助和关爱,进而充当着沟通不同社会阶层的有益桥梁,有效地润滑着社会关系,促进整个社会的安定、和谐发展。不仅如此,慈善事业还直接弘扬着优良的社会道德,净化社会风气,从而最终有助于推动社会文明的进步[①]。本部分内容将在第十章详细介绍。

(二) 社区服务

社区服务是指在政府指导下,以社区组织为依托,在城乡一定层次的社区内以全体社区居民为对象,以特殊群体为重点,运用灵活多样的形式向他们提供福利性服务的一种社会化保障机制。在 20 世纪 30 年代,国外就开始出现社区这种社会基层组织,并相应出现社区服务这种形式,发展到今天,它已成为社会保障体系的一项新内容。

社区服务属于社会服务范畴,但又不同于一般的社会服务,它是以社区为单位组织的社会服务。其特点主要有:一是自主性。它不依赖政府,不等待外援,而是社区从本社区居民的需要出发,自主筹办并自觉地为社区居民就近提供服务,是社区居民以自助、互助为特征的自我服务。二是社会性。社区服务的组织管理强调动员社区

---

① 郑功成著:《论中国特色的社会保障道路》,第 268—276 页,武汉大学出版社,1997。参见郑功成、张奇林、许飞琼著:《中华慈善事业》,广东经济出版社,1999。

范围有关组织和个人广泛参与,既适应了社会生活的需要,又是在社会共同关心下健康发展的,它是社会福利事业社会化的基础形式与重要途径。三是多样化。社区服务采取社会效益和经济效益并重的方针,针对不同对象实行有偿、低偿、无偿等不同的服务方式,以有偿服务为主,并在实践中取得自我生存、自我发展的能力,既不增加国家负担,又能长盛不衰地为国家分忧,为民解愁。

社区服务不以营利为目的,还可以获得政府的支持与扶持。它一般以老年人、残疾人、贫困户和烈军属、荣誉军人和劳动模范为重点服务对象,对这些社区居民提供特殊服务,既体现了对社会弱者的关心,又体现了对特殊贡献者的优待。社区服务立足于自愿、自治、自助、互助,即强调社区成员个人自愿参与,"我为人人,人人为我",方可能提供无偿服务或低偿服务。对重点及特殊服务对象,它亦提供无偿服务;对一般对象,则提供低偿服务。

(三) 企业年金

企业年金是指由企业建立的面向本企业职工的一项补充养老保险制度,是职业福利或机构福利中日益重要的组成部分,是对政府主导的基本养老保险制度的重要补充。

在实践中,企业年金包括各种类型的企业补充退休保险,如雇主退休金计划、利润分享退休金计划、员工股权退休金计划、企业团体寿险等项目。在美国等国家,企业年金的出现要早于国家的退休制度,而一旦国家正式的养老保险制度建立以后,企业年金就成为养老保障的次级层次,成为企业招揽人才、激励劳动者的劳动积极性和提高企业竞争力的有效制度,并被视为企业人力资源管理的重要内容。企业年金作为人力资源管理系统中报酬管理或员工福利进行安排,是雇主为了吸引和留住员工长期为企业服务和提高劳动生产效率,向雇员提供的一笔年金。

由于企业年金具有调和劳资关系、改善劳动者福利和补充基本养老保险制度的多重功能,它一般能够得到政府的财税优惠,其费用通常可以列入企业成本,允许在规定的额度内实行税前列支。

(四) 商业保险

商业保险是保险人与投保人或被保险人通过保险合同建立保险关系的一种商业交易行为,是由投保人或被保险人向保险人支付一定的保险费,将自己特定的风险转移给保险人,当约定风险或事件发生后,由保险人依据保险合同支付赔款或保险金的一种风险管理机制。商业保险包括人寿保险、人身意外伤害保险、健康保险及各种财产保险、责任保险等。

商业保险作为一种等价交换、自愿成交的商业行为,其性质、经办方式、权利与义务关系、保障对象与水平等均不同于社会保险。它建立在商业保险合同的基础之上，由作为企业单位的商业保险公司经营，以营利为目的，一旦保险契约或保险合同到期或者履行完毕，保险责任便自行终止。因此，商业保险在实践中往往具有两重性：一方面，它的主观目的是从保险公司通过开展各项直接保险业务而赚取利润或者通过收取保险费进行投资运营赚取利润；另一方面，它在客观上又有着分散风险、补偿损失的功能，个人养老保险还能够通过平时的保险积累为劳动者晚年的生活保障服务。从这一方面说，商业保险体现了投保人之间的互助互济精神，以合理计算、风险共担方式，在一定程度上起到了与社会保险相同的客观作用。所以，商业保险尤其是商业保险中的人寿保险、健康保险等业务，可以作为社会保障体系的必要补充。

需要指出的是，商业保险的发展，能够在一定程度上解除社会成员的后顾之忧并弥补基本社会保障制度的不足，但商业保险毕竟是一种商业行为，追求利润是商业保险的根本目的。因此，无论商业保险多么发达，均不可能替代社会保障。

（五）家庭保障

家庭保障虽然不是社会性保障机制，但对于亚洲国家尤其是中国而言，它又确实是国民可靠且稳定的一种生活保障机制。在此，家庭保障是指在家庭内部，家庭成员之间相互提供包括经济保障、服务保障和精神慰藉等内容在内的生活保障机制，它在保障社会成员的生活方面通常与国家和社会负责的社会保障并驾齐驱。在中国，《中华人民共和国婚姻法》《中华人民共和国继承法》《中华人民共和国老年人权益保障法》《中华人民共和国残疾人权益保障法》《中华人民共和国妇女权益保障法》等多项法律均规定了家庭成员之间的互助保障义务。因此，家庭保障不只是中华民族的一项传统，也是现行法律制度的规范。在一些国家，政府主导的有关社会保障项目还通常与家庭保障有机地结合起来，或者制定相应的家庭政策，对家庭保障给予扶助。

在家庭保障中，家长或成年成员充当着责任主体，但每个家庭成员均会有较为明确的分工，从而在实质上仍含有家庭成员之间长期互惠的内生机制。尽管工业革命摧毁了以家庭为基本单位的自然经济基础，资本主义大工业取代了一家一户的手工生产而成为社会的基本生产单位，传统的家庭结构也逐渐走向解体，由几世同堂缩小到核心家庭甚至单亲家庭，其所承担的许多职能为社会保障所替代，但总体而论，家庭保障仍然是社会成员的处理基础地位的重要保障机制。因为在世界范围内，对青少年、儿童的哺育，对老年人的赡养，绝大多数生活服务的提供，仍然主要是由家庭来解决的[①]。目前在西方发达国家，社会保障制度对家庭保障功能产生了越来越大程度

---

① 郑功成著：《社会保障学——理念、制度、实践与思辨》，第30—33页，商务印书馆，2000。

的替代,这在一定程度上弱化了家庭保障,美国就有很多人认为是社会保障制度制造了越来越多的未婚母亲和不负责任的父亲,这种评价促使西方国家不断呼吁重视家庭的保障作用。在亚洲地区,家庭更是社会的基石,家庭为家庭成员提供着经济、服务及情感方面的保障。

中国传统的家庭制度和家庭伦理,对家庭保障尤其具有特别重要的意义。中国长期受儒家思想影响,而儒家强调"百善孝为先","孝"是中国的"大传统"和"小传统"的核心①,也是家庭保障的文化心理基础之所在。"养儿防老"不仅在家庭内部的代际分配关系上具有积极意义,在"亲子融融"的人际关系上更具有积极的意义。正是因为它的积极意义,中国的现行法律制度才始终支持着中国的家庭制度和家庭意识,子女赡养老人得到国家法律的明确保证,如《中国人民共和国宪法》第49条和《婚姻法》第15条以及《老年人权益保障法》、《继承法》等都规定子女有赡养父母的义务,这为家庭养老提供了充分的法律保障。文化和法律互动的结果,强化了中国非正式的家庭保障制度,也减轻了基本社会保障制度的压力。虽然随着工业化、城镇化的发展和计划生育政策的实施,中国的家庭结构已经发生了巨大的变化,家庭的保障功能也在持续弱化,但是中国的"亲子"文化和"尊老养老"文化并没有消失,尤其是在农村,家庭保障仍然是农民最基本的生活保障方式。因此,中国的社会保障发展需要重视对家庭保障功能的重视与扶持。

第三节　社会保障主要模式

现代社会保障制度以19世纪80年代德国制定并实施有关的社会保险法令为起始标志。在这100多年的发展历程中,社会保障制度由单一项目的制度安排逐渐发展成为一个包含多个子系统及众多保障项目在内的社会安全体系。然而,由于社会制度、经济发展水平及文化传统等的差异,各国建立的社会保障制度也不尽相同,从而形成不同的社会保障模式。从各国社会保障制度的具体安排出发,可以分为四种类型,即社会保险型模式、福利国家模式、强制储蓄型模式和国家保险型模式②。

---

① 金耀基:《从传统到现代》,中国人民大学出版社,1999。
② 社会保障模式的划分主要是基于社会保障制度安排的筹资方式、保障范围及项目等主要因素的特点,实际上,不同国家的社会保障模式要复杂得多,世界上没有哪个国家的社会保障制度与另一个国家的社会保障制度完全一样。因此,本书的模式划分只是相对而言的,它对于理论研究和政策分析有益。

一、社会保险型模式

（一）社会保险型模式的起源及特征

社会保险型模式是最早出现的现代社会保障模式，亦被称为"传统型"社会保障模式，或者自保公助型模式。它起源于19世纪80年代的德国，后来被世界上许多国家引进，包括美国、德国、法国等在内的许多发达资本主义国家和部分发展中国家都采用这种模式。

在19世纪80年代，普鲁士德国处于俾斯麦当政时期，被称为"铁血宰相"的俾斯麦基于德国当时的社会背景，首创了与工业社会相适应的社会保险制度，从而开启了现代社会保障发展的大门。德国创建社会保险制度的理论依据是德国历史学派和德国政策协会的"国家干预主义"，以弗里德里希·李斯特为先驱的旧历史学派强调国家对经济发展的作用，主张国家干预经济生活。19世纪70年代，由旧历史学派演变而成的新历史学派，进一步强调国家的超阶级性及其对社会经济的决定作用，主张由国家通过立法进行自上而下的改良。1873年，由德国新历史学派成立的"社会政策协会"主张实行"社会政策"，强调通过举办诸如社会保障、缩短劳动时间、改善劳动条件以缓和阶级矛盾。俾斯麦在对日益高涨的工人运动采取镇压措施的同时，在内外交困的严峻形势下，采用了这种理论，于1883—1889年间先后制定了并颁布了三部社会保险法令，由此确立了社会保险制度，并迅速被其他国家仿效，进而成为许多国家社会保障体系中的主体内容。

在20世纪30年代的经济大萧条和第二次世界大战战后期，社会保险制度被欧洲某些国家和美国等进一步发展成比较完善的社会保险型社会保障制度。如美国1935年颁布的《社会保障法》就是在德国社会保险制度的基础上制定的，它不仅继承了德国社会保险制度所采取的理论，而且吸取了凯恩斯提出的"有效需求"和依靠政府干预经济来摆脱失业和萧条的理论和建议，同时进一步确立了"保险费用部分由雇主、部分由雇员交纳，国家给伤残和养老保险提供津贴"的原则，追求的社会目标是使受保者不致陷入贫困。这样，雇主与个人投保为主、义务和权利的有机结合构成了社会保险（或自保公助）型社会保障制度的基本原则。

社会保险型社会保障制度作为工业化的产物，是在工业化取得一定成就并有较雄厚的经济基础，以及单位和个人都有了一定经济承受力的情况下实行的。它的目标是以劳动者为核心，通过提供一系列的基本生活保障，使社会成员在疾病、失业、年老、伤残以及由于婚姻关系、生育或死亡而需要特别援助的情况下得到经济补偿和保障。

社会保险型模式社会保障制度的特点,主要有:

(1)以劳动者为核心。即社会保险制度面向劳动者,且主要是工薪劳动者,围绕着劳动者在年老、疾病、工伤、失业等风险设置保险项目,并用以保障劳动者在遭遇这些事件时的基本生活。在某些情形下,社会保险制度还通过劳动者惠及其家庭成员。

(2)责任分担。社会保险强调雇主与劳动者个人分担社会保险缴费责任,国家财政给予适当支持,从而是一种风险共担和责任分担的社会保障机制。

(3)权利与义务有机结合。社会保险强调劳动者享受社会保险的权利与缴纳社会保险费的义务相联系,劳动者享有的社会保险待遇水平亦常常与缴纳社会保险费的多少和个人收入情况相联系,不参加社会保险或者未缴纳社会保险费是不能享受社会保险待遇的。

(4)互助共济。雇主与劳动者个人缴纳的社会保险费形成养老、医疗、失业、工伤、生育等社会保险基金,等劳动者遭遇保险事件时,享受相应的社会保险待遇,社会保险基金在受保成员之间调剂使用,充分体现出互助互济、共担风险的原则。

(5)社会保险基金的筹集以现收现付为主。

由此可见,社会保险型模式非常重视权利与义务的对应关系,强化责任分担意识,在追求公平的同时亦体现了效率原则。不仅如此,社会保险基金在社会成员之间统筹使用,符合风险管理中的大数法则,体现了社会保险的互助互济宗旨。不过,采取现收现付方式筹集社会保险基金时,保险费率受人口年龄结构与人口就业比例的影响较大,难以应付人口老龄化导致的养老金支付高峰,进而可能因基金积累不足而造成财务危机。因此,有必要对此保持警惕。

(二)社会保险型模式的代表

德国是世界上最先建立起社会保险制度的国家,自创建社会保险制度至今已经有一百多年的历史。

德国现行的社会保险制度是在直接继承俾斯麦时期创建的社会保险制度的基础上发展起来的,它与战后德国所奉行的"社会市场经济"密不可分。在德国,市场效率与高水平的社会保障之间的结合被视为缺一不可、互为条件的发展基石。这种以经济效率兼顾社会公平的目标更有利于效率的发挥和充分体现公平的一致性。在实践中,社会保险型保障模式表现为享受者自己缴纳社会保险费,每个公民只要符合规定的条件,均可享受相应的社会保险待遇。政府禁止滥用社会保险基金,并采取一系列的措施限制和推迟某些社会福利费用。

不仅如此,德国还把社会保障与其他经济、政治措施结合起来运用,如把"自助"的社会保障同保持货币的长期稳定联系在一起,以防止消费和投资的膨胀,从而保持稳定的经济秩序。在社会保障方面,德国虽然也存在资金紧张等难题,但与"福利国家"相比并不严重。在保障内容方面,基本上分为两大部分:一是以养老保险、医疗保险、工伤保险、失业保险、护理保险等为主体的广泛的社会保险体系,以及社会抚恤、社会救济以及青少年救助和住房补助等;二是以"共同决定权"和劳动保护为主体的雇员保护政策体系。第一部分是德国社会保障制度的核心,在五大保险项目中,养老保险与医疗保险是德国社会保障体系中开支最大的项目,也是覆盖范围最广的保障项目。在社会保障的管理方面,德国实行由雇主与劳动者高度自治、政府加以监督的管理体制,其管理社会保障的责任主体包括有不同保险机构、基金会或部门所属地方机构管理和实施;除失业保险外,社会保险机构均由劳资双方共同参与,实行自治管理,政府不插手干预,但对社会保险机构的运行进行相应的监督。德国社会保障总的监督部门为联邦劳工与社会事务部,政府的监督只对社会保险机构是否守法、经营管理和会计工作等方面进行监督。

美国是世界上头号经济大国,其社会保障制度亦有着自己的显著特色,但总体而论,美国仍然属于社会保险型模式国家。1935年由罗斯福总统签署的《社会保障法》通常被认为是美国社会保障制度得以建立的标志。此前虽然也有部分社会保障措施,但1929—1931年的经济大危机,才真正使美国政府认识到建立与工业社会相适应的社会保障制度的重要性。《社会保障法》的出台,在很大程度上是当时各种社会力量共同推动的结果,其中罗斯福总统的社会保障社会化主张和对联邦政府责任的认可,则为社会保障立法提供了理论和政策依据。自《社会保障法》实施后,美国的社会保障制度又经过多次修订和补充,形成了比较健全且范围广泛的社会保障制度,它主要由社会保险和社会福利两大部分构成。其中:社会保险制度主要包括老(年)残(障)遗(属)社会保险、医疗保险、失业保险、工伤保险;社会福利按照发放形式则可以分成"现金福利"和"非现金福利"两类,前者主要包括"家庭补助"和"补充性保障收入"两个项目,后者主要由以下6类项目组成:医疗补贴、食品补贴、儿童营养、住房补助、就业培训、贫困家庭子女教育。在上述社会保障项目中,老(年)残(障)遗(属)社会保险构成美国社会保障开支中的最大项目,甚至美国官方及一些人士通常将其等同于"社会保障"。此外,美国社会保障体系的一个重要特点就是私人保险的作用突出,保险公司在寿险、医疗保险等领域提供的商业保障服务在很大程度上受到欢迎,各种非营利机构亦发挥着重要作用。在社会保障管理方面,美国实行州政府管理为主、联邦政府支持的管理方式,联邦政府、州和地方各级政府、社会组织及团体分层次设有管理机构,并尽可能把权限下放到地方和基层,以提高效率。但多层次管理亦存在机构臃肿的现象,且行政管理费亦较为庞大。

日本是亚洲第一个推行社会保险制度的国家。从20世纪20年代到50年代,日本逐渐建立起了以健康保险、雇员年金保险和国民年金制度为核心的社会保障体系。二战后,日本政府的发展策略是首先发展工业,其次是成倍增长国民的收入,使国民过上富裕的生活,最后再增加福利费用的支出。当时,日本理论界认为,国家应把财政资金更多地投向经济生产部门,由企业家和家庭成员负担福利所需要的开支,只有当他们做不到这一点时,才由国家来代替他们承担这一责任,日本当时社会保障政策的原则之一是国家只保障人们的最低生活水平。凡申请生活补助的人,其工资收入必须低于厚生省所规定的最低生活费。原则之二是强调企业发挥内部互助作用。即各企业分别制定面向本企业员工的福利计划,国家尽量避免直接参与。这些理论依据和策略原则使日本社会保障制度有自己的特色,尽管日本的社会保障水平较高,但给国民经济造成的负面影响并不像福利国家那么严重①。日本现行社会保障制度的基本内容包括:面向一般国民的环境政策、公共卫生政策、儿童补贴,属于社会福利范畴的儿童福利、残疾人福利、生活保护和老人福利,面向一般高龄者的老人保健,以及属于社会保险范畴的养老保险(年金制度)、医疗保险(健康保险)和失业保险制度。其中,社会保险制度是日本社会保障制度的核心与主体。日本社会保障制度虽然是模仿西方建立的,但也带有鲜明的亚洲特色,如重视个人、家庭的保障作用,强调劳资关系的和谐等,企业福利计划相当发达。在社会保障管理方面,日本奉行行政与业务分开、管钱与管事分开的原则。日本社会保险分别由立法、行政管理、监督执行、社会保障基金管理运营等机构分管。立法由参议院负责,中央一级行政管理由劳动厚生省(地方政府中仍然是厚生与劳动分设)等机关负责。

由于社会保险型保障模式既适应了工业社会的需要,又避免了福利国家的某些缺陷,从而受到了多数国家的重视。但各国的社会保障发展实践也表明,在社会保险制度方面的差异仍然是很大的,社会保险制度在整个社会保障体系中的地位,亦并非总是占据主体或核心的地位。有的国家确实继承了德国模式,但有的国家却只是采取了"俾斯麦模式"社会保险制度的部分做法而已,有的国家甚至完全将这种模式蜕变为其他模式(如储蓄型保障模式等)。

二、福利国家模式

(一) 福利国家的起源与基本特征

福利国家一词出自英国著名经济学家贝弗里奇在1942年完成的一份社会保障研究报告《社会保险及相关服务》,它在社会保障领域是全民福利的象征。

福利国家型社会保障的理论依据是"福利经济学"。1920年,英国剑桥学派的主要代表人物之一的庇古出版《福利经济学》,这部具有划时代意义的著作的问世,为

---

① 穆怀中主编:《社会保障国际比较》,第62页,中国劳动社会保障出版社,2002。

确立福利国家奠定了相应的理论基础。在该书中，庇古认为经济政策的目标，在于使社会福利总和的最大化。国民收入的总量愈大，社会福利就愈大；在国民收入一定的条件下，国民收入的分配愈是均等化，社会福利也愈大。因此，他主张国家通过累进税政策，把富人缴纳的一部分税款给低收入者享用，以增加社会福利。福利国家模式正是在这种理论的指导下，以公民权利为核心，确立了福利普遍性和保障全面性的原则，它以国家为直接责任主体，以国家为全体国民提供全面保障为基本内容，以充分就业、收入均等化和消灭贫困等为目标，以政府与公民之间的责任关系取代了建立福利国家之前的雇主与雇员、领主与农奴及社团伙伴之间、家庭亲属之间的责任关系[1]。

1948年，英国在通过一系列的社会保障法律并加以实施后，正式宣布建成福利国家。随后，西欧、北欧等一些国家也纷纷宣布建立了福利国家，加拿大、澳大利亚等国家也迈向了福利国家，福利国家作为经济社会发展水平达到很高层次和社会文明进步的象征，在世界上风靡一时，20世纪60年代达到鼎盛时期。

具体而言，福利国家模式及其所推行政策的主要特征有：

（1）累进税制与高税收。国家通过确立累进税制对国民收入所得进行再分配，使社会财富不再集中于少数人手里；同时，为维持福利国家高水平的福利支出，也必然需要高税收来支撑。因此，高税收不仅充当着福利国家的财政基础，而且构成了福利国家的重要特征。

（2）普遍覆盖与全民共享。"普遍性"和"全民性"构成福利国家型社会保障的基本原则，其目标不仅使公民免遭贫困、疾病、愚昧、肮脏和失业之苦，而且在于维持社会成员一定标准的生活质量，加强个人安全感。各种保障制度，不仅限于被保险者一人，而且推及其家属；不只限定于某一保险项目，而且推及凡维持合理生活水平有困难和经济不安定的所有事件，以最适当的方法给予保障。

（3）政府负责与保障全面。在福利国家，政府是社会保障的当然责任主体，不仅承担着直接的财政责任，而且承担着实施、管理与监督社会保障的责任。同时，福利国家的社会保障项目众多，待遇标准也较高，保障项目设置涵盖了每个社会成员"从摇篮到坟墓"的一切福利保障需求，而个人通常不需缴纳或低标准缴纳社会保障费用，福利开支主要由政府和企业负担。

（4）法制健全。各种社会保障制度均依法实行，并设有多层次的社会保障法律监督体系。

（5）充分就业。国家采取各种措施来促使人人有就业机会，通过消灭各种导致失业的因素来实现充分就业的目标。

---

[1] 郑功成著：《社会保障学——理念、制度、实践与思辨》，第145页，商务印书馆，2000初版，2003、2004再版。

(二) 福利国家模式的代表

在世界上，许多国家的社会保障制度选择福利国家模式。除英国等西欧国家，还有北欧国家，以及加拿大、澳大利亚等发达国家。其中，英国是福利国家的起源国，瑞典被称为福利国家的橱窗，北欧五国被誉为福利国家的天堂。

福利国家起源于英国，是与英国当时特定的历史条件分不开的。第二次世界大战期间，英国遭受了前所未有的战争破坏，社会矛盾激化，迫切需要在战后建立缓和社会危机、促进经济发展的一套社会稳定机制。于是，在1941年，英国政府委托著名经济学家贝弗里奇负责制定战后社会保障计划，这个计划于1942年底以《社会保险及相关服务》(又称贝弗里奇报告)为题发表，报告提出在战胜法西斯德国后，建立一套"从摇篮到坟墓"的社会福利制度。

贝弗里奇报告[1]提出社会保障应当采取三种方式，即满足基本需要的社会保险、对特殊情况的国民补助和作为补充基本保障的自愿保险；同时，贝弗里奇报告还认为，英国的社会政策应以消除贫穷、疾病、肮脏、无知和懒散等五大祸害为目标，建立一个覆盖全社会的国民保险制度。该报告提出了社会保障的六项原则，即：(1)按统一标准发放补助金，不论接受者在失业、丧失工作能力或退休前原有的收入是多少，一律提供相同数量的补助；(2)按统一标准缴纳保险捐，投保人员无论贫富，无论从事何种职业，一律缴纳相同的保险捐；(3)将负责的行政部门统一起来；(4)领取的补助金的数额应当适当，并及时提供，补助金的数量应当充分；(5)普遍性原则，社会保险的对象要逐步扩大到全国人口；(6)类别原则。上述原则其实是对公平性、强制性、福利性等的追求，它随之成为所有选择福利国家模式的国家建立健全社会保障制度的基本原则。

在贝弗里奇报告的基础上，英国政府在短短数年内先后制定了一系列社会保障法案。如《国民保险法》(1944)、《社会保险法》(1946)、《国民卫生保健服务法》(1946)、《家庭补助法》(1945)、《国民保险法》(1946)和《国民救济法》(1948)等。这些社会保障法律的颁布，使英国成为当时世界上社会保障制度最完备的国家，并于1948年正式宣布第一个建成"福利国家"。经过此后20年的改进完善，英国的社会保障制度发展成为面向全体社会成员、高福利、统一管理体制、为公民提供"一揽子"预防性保障的完整的社会保障体系，国家作为责任人承担着最后责任。

根据英国工党1945年在竞选宣言中所表示的，福利国家就是"使公民普遍地享受福利，使国家担负起保障公民福利的职责"。因此，英国的"福利国家"内容十分广泛，包括全民医疗保健、社会保险和社会服务。全民医疗保健包括农民(和在英国居

---

[1] 参见〔英〕贝弗里奇著：《贝弗里奇报告——社会保险和相关服务》，中国劳动社会保障出版社，2004。

住一年以上的外国人)在内,基本上由国家负担;而社会保险主要是发放退休金、失业救济和家庭补贴,退休金有基本退休金、补助退休金,失业救济分失业救济、失业者额外津贴和额外补助三个部分,家庭补贴包括孕妇补贴、儿童补贴、低收入家庭补贴、寡妇补贴、住房补贴和圣诞节奖金等;社会服务则是一个发达的个人生活照料系统,满足着社会成员的生活服务需求。不仅如此,为实施"福利国家"政策,英国政府还建立了一个庞大的管理机构,其中的中央管理机构是保健和社会保障部,有工作人员8 000人,还有上百万的工作人员在各地区、地方社会保障机构中服务。英国的社会保险是通过529个中央、地区和地方机构开展工作的。家庭医生则由90个家庭医生委员会组织服务[①]。

瑞典是福利国家的又一典型代表。自1948年开始,瑞典致力于建设"福利国家"。瑞典的社会保障制度大体分为两个层次:一是针对所有公民的基本生活保障,二是在此基础上提供的与收入相联系的保障,前者项目多、内容繁杂,后者则主要同少数保障内容相联系。因此,瑞典的社会保障制度在本质上奉行公平原则。

就保障内容而言,瑞典的社会保障项目繁多,对人们生老病死的每一个环节都有相应的保障,除生育、疾病、伤残、失业、养老保障外,还有儿童、遗属、单亲家庭、住房、教育和培训津贴。除现金津贴外,还提供医疗、护理等多项服务。这种全民性保险和广泛而优厚的补贴制度,使瑞典获得了"福利国家橱窗"之称。

为了管理庞杂的社会保障事务,瑞典成了统一的社会保障委员会。在国家社会保障委员会的领导下,形成了由国家、州市各级政府社会机构与服务处所构成的社会保障服务网络。

瑞典奉行的这种"从摇篮到坟墓"的社会保障政策,对于社会稳定和经济发展起了很大的作用。国家通过立法手段,干预经济和财政,对国民收入的再分配力度大,使财富在各家庭之间的分配趋于平等,这对于消除贫困和维持社会稳定与繁荣起了保障作用。据统计,瑞典的公共开支占GDP的比重在1960年时为31%,1982年上升到67%。但是,当时瑞典的经济成就却引人注目,失业率只有2.7%,通货膨胀率仅3.3%,低于欧洲也低于经合组织成员国的平均水平[②]。到20世纪末,瑞典在维持高福利的同时,其经济形势依然良好,瑞典仍然是欧洲生活水平最高的国家之一,也是保持了经济发展活力的国家之一。

不过,过于优厚的社会保障待遇,亦造成了一些负面影响。例如,社会保障支出增长过快,导致了社会保障制度的收不抵支;同时,由于国家包得过多,标准过高,导致用于生产的财力减少,社会成本提高,产品在国际市场竞争力相对下降。此外,由

[①] 孙光德、董克用主编:《社会保障概论》,第16页,中国人民大学出版社,2000。
[②] 穆怀中主编:《社会保障国际比较》,第69页,中国劳动社会保障出版社,2002。

于社会保障项目多、范围广、水平高,使社会保障收入同劳动收入的差距逐渐缩小,这种现象必然会使部分人产生过分依赖社会和国家的思想。正是因为福利国家在快速发展中出现了一些问题,学术界(主要是经济学界)亦对福利国家模式多有批评,认为它是造成公共福利开支不断膨胀,税收负担加重,影响经济增长与国际竞争力的一个重要致因。因此,福利国家自20世纪80年代起也在调整自己的社会保障制度,但总体而论,包括西欧、北欧国家和加拿大、澳大利亚等在内的福利国家模式不会从根本上改变。

三、强制储蓄型模式

与传统社会保险型模式与福利国家模式有着巨大区别的另一种社会保障模式,是新加坡等国创立的公积金制度及后来变种的智利养老金私营化模式等,它们实质上都是一种强制储蓄型保障模式。

(一)强制储蓄型的基本特征

强制储蓄型模式的社会保障制度,曾经长期不被国际社会保障界认可,因为它缺乏传统社会保障制度的互济功能。不过,自新加坡建立公积金制度以来,随着人口老龄化的加剧,在以往的社会保障模式确实未能很好地解决养老等问题时,强制储蓄型模式得到了重视,一些国家在改革或建立自己的社会保障制度时,亦会考虑借鉴和吸收强制储蓄型模式的优点。

强制储蓄型模式除具备国家立法规范、政府严格监督等特点外,还具有如下鲜明的特点:

(1)强调自我负责,缺乏互济性。强制储蓄型模式是在国家立法的规范下,采取强制手段扣除劳动者的一部分工资储存起来,完全用于劳动者自己养老等。它不存在劳动者之间的互助共济功能,从而也无法让风险在群体中分散。可见,这种制度强调的自我负责而不是追求互助共济,这一点与其他社会保障模式所追求的目标是相背的。

(2)建立个人账户,实行完全积累。在强制储蓄型模式下,每个参与其中的劳动者均拥有一个账户,雇主与劳动者自己缴纳的费用均直接记入该账户,并逐年积累,直到劳动者年老退休时才领取。因此,这种模式实现的其实是劳动者自己一生中的收入与负担的纵向平衡。

(3)与资本市场有机结合。由于强制储蓄型模式是完全积累的财务机制,每个劳动者在劳动期间积累在个人账户上的资金是不断增长的,从参加强制储蓄到领取相应待遇,往往间隔数十年,期间必然遭遇基金贬值的风险。因此,强制储蓄型模式的最大压力在于如何使个人账户上积累的基金实现保值增值,这就必然要求积累基金与资本市场相结合,才可能在参与社会财富创造的过程中避免贬值的风险。

(4) 在保障内容上主要是养老保障。从当代世界采取强制储蓄型模式的国家来看,这一模式主要适用于具有长期积累性的养老保险。因此,所谓的强制储蓄型模式并不等于采取这一模式国家的整个社会保障制度,而只是整个社会保障制度中的一部分。

(5) 政府承担责任的方式特殊。在强制储蓄型模式下,政府通常并直接分担缴费责任,而是扮演着监督者的角色,而对个人账户上积累基金的投资运营的监督是重点。同时,不同国家政府承担的责任亦是有区别的,如新加坡是设立中央公积金局来集中运营公积金并由政府确保相应的收益率,智利则采取私营化办法,政府仅仅承担监管责任。

正是因为强制储蓄型模式具备上述不同于其他社会保障模式的特点,它才有了自己鲜明的个性。这种模式在激励劳动者自我负责和限制政府责任方面是有效的,对应付人口老龄化亦具有相当正面的效果,但其缺乏互济性的缺陷,不利于风险的分散,从而并不是值得所有国家仿效的制度安排。因此,迄今为止,真正实行强制储蓄型模式的国家只有新加坡等小国家,或者类似于智利只在养老保险等个别项目中实施。

(二) 强制储蓄型模式的代表

在20世纪50年代,新加坡获得独立后即考虑建立自己的社会保障制度,但在经过对工业化国家已有社会保障模式的全面考察与评价后,新加坡放弃了简单模仿他国做法的想法,而是根据自己的国情,创设了独特的公积金制度。

新加坡的公积金制度,是通过国家立法,强制所有雇主、雇员依法按工资收入的一定比例向中央公积金局缴纳公积金,由中央公积金局加上每月应付的利息,一并记入每个公积金会员的账户,专户储存;会员享受的待遇,只在其账户存续期间累积的公积金额度内支付。新加坡的公积金最初只是一种简单的强制养老储蓄制度,后来随着社会经济的发展和收入水平的提高,逐步发展成包括养老、住房、医疗在内的一项综合性社会保障制度。会员除在达到退休年龄时领取养老金之外,退休前还可在特准范围内用于购买住房和支付医疗、教育费用等。因此,新加坡的社会保障制度是以公积金制度为主体的,公积金制度之外虽然还有部分救助与福利事业,但在保障国民生活方面的作用均弱于公积金制度。

新加坡的公积金制度强调劳动者自食其力、自力更生、自我保障,采取的是统一的个人储蓄而不是分散的个人储蓄,资金来源于职工工资收入的一部分并按照法律规定强制征收后记入个人账户。在资金筹集方面,由雇主和雇员按规定的一定比例分担,政府根据经济发展、工资收入及公积金储蓄比例等作相应调整。由于实行个人账户与完全积累,公积金制度虽然具备积累财富的功能,并能够起到激励作用,对促进经济发展也有积极作用,但这种模式并不具备再分配和互助调剂的功能,从而并不能解决所有的社会问题。不过,新加坡的公积金制度经历半个多世纪的发展,从单一功能发展到多功能(综合功能),进而成为新加坡国民主要的社会保障措施,说明它是符合新加坡的国情并具有生命力的。

另一个引起广泛关注的采取强制储蓄型模式的代表性国家是智利。智利曾经是拉美国家中最早建立社会保险制度的国家。与新加坡相比,智利强制储蓄型制度的区别在于:一是雇主不缴费而只由劳动者个人缴费;二是由私人机构管理养老基金的运营;三是个人账户上的强制性储蓄只能用于养老而不能像新加坡那样可以用于医疗保健与住房开支等。可见,智利的养老金私营化较传统模式而言,显然走得比新加坡更远。当然,智利的强制储蓄制度事实上还需要其他相应的社会保障措施配套[①]。

智利现行的养老金私营化制度规定,职工必须按工资收入的10%按月缴纳保险费,并存入个人退休账户,企业不缴费。在基金的运行中,智利采取的是由相互竞争的养老基金公司负责管理个人账户基金,注重基金的投资运营和保值增值。保险金待遇主要取决于个人退休账户积累额及投资收益状况。当职工达到法定退休年龄后,通过不同方式领取退休养老金,如购买年金保险或从个人账户上逐月支取。智利在推进养老金私营化模式时,政府从立法、运行机制及监控体系等方面发挥作用,以确保基金的有效运营和保值增值。可见,智利养老金私营化的突出表现为:(1)专人专户,一家公司负责一项基金计划,实现基金运行的简化、透明,并强化监督管理作用;(2)将养老保险基金的营运纳入法制化、规范化和制度化的轨道,通过规定最低准备金、年金基金资产的投资限额,将相互投资公司的投资营运限制在一定幅度之内,以维持养老保险基金的总体平衡;(3)建立有效的监控体系和制定严格的投资规则,以确保基金营运的安全性和盈利性。尽管智利政府不直接参与基金的管理与运营,但并不是说政府就放任自流,听之任之。

为了保障基金的安全,政府加强了间接调控的职能,具体表现在:(1)通过立法,规范指导商业经营性年金基金公司的运作;(2)由政府保证实现对低收入劳动者的最低限度保障及对公司营运的最低担保;(3)由政府出面帮助实现新、旧模式的顺利转轨,它采取的措施是通过发行认购退休债券的方式由政府承担部分原有体制下的未决债务,使新、旧模式的转换成为可能。

[①] 智利模式当时得以成功建立的一个很重要的社会背景是军人政府的上台,而这种条件在其他国家一般是不具备的。仿效智利的拉美国家也在不同程度上进行了创新。如墨西哥采用的是包括私营化管理在内的混合管理方式,阿根廷、乌拉圭采用的混合改革方式,秘鲁、哥伦比亚采用的是私营与公营并行的改革方式。参见郑功成:"智利模式——养老保险私有化改革述评",载《经济学动态》,2001(5)。

将公共养老金制度改为养老金私有化管理以来,智利模式取得了明显的成就,受到国际货币基金组织和世界银行等一些纯经济组织的高度重视,但在国际社会保障界却并未得到高度认可。因为智利毕竟是在特有的政治、经济背景下,将传统的社会保险制度改变为养老储蓄基金制度的,虽然这一创新值得肯定,但智利所采用的具体方法,其他国家却不一定全都适用,实际上也并没有哪个国家是完全照搬了智利模式,都不约而同地根据本国的情况进行了不同程度的调整①。当然,从它的变革中,也确实体现了一些新的社会保障制度发展前景的特质,即在传统的以公平为主的社会保障领域中引入了市场机制,在传统的国家责任领域增加了更多的个人责任,在传统的政府垄断性管理的领域加入竞争性经营等。

四、国家保险型模式

国家保险型模式,是由前苏联创建并在 20 世纪中期被其他社会主义国家仿效的社会保障模式。这种模式以公有制为基础,与高度集中的计划经济体制相适应,由政府统一包揽并面向全体国民,因而又被称为政府统包型社会保障制度。国家保险型模式的宗旨是:最充分地满足无劳动能力者的需要、保护劳动者的健康并维持其工作能力。

国家保险型模式的主要特征有:

(1) 国家通过宪法将社会保障确定为国家制度,公民所享有的社会保障权利由生产资料公有制保证,并通过相应的社会经济政策的实施取得。

(2) 社会保障支出由政府和企业承担,其资金由全社会的公共资金无偿提供,由于国家已事先做了社会保障费的预留和扣除,个人不需要缴纳社会保障费。

(3) 保障的对象是全体公民。每一个有劳动能力的人都必须积极参加社会劳动并在劳动中获得相应的社会保障,国家对无劳动能力的社会成员也提供着物质保障。

(4) 工会参与社会保障事业的决策与管理。

国家保险制度作为社会主义国家普遍采用过的社会保障模式,曾经造福于亿万人民,但因这种保险超越了现阶段的承受力,经过半个多世纪的实践,逐渐随着前苏联的解体与东欧国家的剧变而被摒弃。即使是仍然坚持社会主义的中国,也从 20 世纪 80 年代开始改革这套制度,并代之以能够适应市场经济体制的社会化社会保障制度。

如果不是以社会保障制度主体内容为依据,而是从社会保障制度的整体出发,那么,许多国家选择的或正在改革中的社会保障制度,其实是社会保险型与福利国家型

---

① 郑功成著:《社会保障学——理念、制度、实践与思辨》,第 151 页,商务印书馆,2000 初版,2003、2004 再版。

乃至强制储蓄型并存、现收现付与部分积累乃至完全积累并存的混合型保障模式。例如,中国在摒弃社会主义国家传统的国家保险模式后,经过20年来的改革正在逐渐形成中的即是一种混合型社会保障制度,其中既有个别全民性福利,也有社会保险,还引进了个人账户制,社会救助亦因需要者众多而与社会保险制度具有几乎同等重要的地位,从而只能是混合型保障模式[①]。

【案例讨论】

从公积金到强积金:完全积累型模式的差异

完全积累型模式是相对于现收现付型模式而言的一种养老保险财务机制,它通常以个人账户的面孔出现。在世界上,新加坡建立的公积金制度开创了社会保障个人账户与完全积累制的先河,接着是智利于1980年推行养老金私营化改革,然后是中国香港于2000年推行强积金制度。从公积金到强积金,新加坡、智利与中国香港地区选择的养老金制度,在制度模式上均是强调个人负责,采取的都是强制性的个人账户形式,确立的都是完全积累型财务机制,且均与资本市场紧密结合,缺乏共济性是它们的共同缺陷,所有这些均表明了强制储蓄型模式的共性。

然而,比较一下新加坡的公积金制度、智利的养老金私营化制度和中国香港地区的强积金制度,便可发现三者之间其实存在着如下差异:

(1) 在资金筹集方面,新加坡是雇主与劳动者个人按照等额原则共同分担缴费责任,智利是完全由劳动者自己承担缴费责任,而中国香港地区借鉴了新加坡的做法。

(2) 在基金管理方面,新加坡建立中央公积金管理局并由其负责管理公积金,智利与中国香港则均由私营机构管理着养老基金。

(3) 在基金投资方面,新加坡采取公营方式,由中央公积金局根据政府的主导统一集中投向房屋建设等公共领域,从而为改善国民的居住条件做出了贡献;而智利与中国香港地区则由私营机构实行分散投资,完全参与资本市场的竞争。

(4) 在待遇给付方面,新加坡的公积金除用于养老外,还可用于改善受保者的居住条件和医疗方面,而智利与中国香港地区均只能用于养老。

---

① 郑功成著:《社会保障学——理念、制度、实践与思辨》,第153页,商务印书馆,2000初版,2003、2004再版。

（5）在政府角色定位方面，新加坡选择公营方式有确保相应的投资收益率决定了政府扮演着公积金制度的担保人角色，而在智利与中国香港地区，政府扮演的主要是监督者的角色。在新加坡，参与公积金的劳动者无需承担投资失败和基金贬值的风险，而在智利与中国香港地区，个人却须对基金投资风险负责，因为分散投资的决定权在个人账户所有者手中。

（6）在制度建立的基础方面，新加坡的公积金制度完全是新创建的，从而没有历史负担；而智利则是对原有的公共养老金的革命，从而需要政府承担转制成本并采取认购债券的方式来消化。在中国香港地区，建立强积金制度前即有部分企业或组织已经建立了相应的养老金制度，香港采取的办法是凡缴费水平高于强积金制度确定的缴费水平的继续实施该组织原有的办法，凡未建立养老金或者已经建立的养老金缴费水平低于强积金制度规定的缴费水平的，则须按照强积金制度规定的标准参与进来，因此，中国香港地区建立强积金制度是在维护市民既得利益的条件下进一步增进其福利。

还可以列举其他一些差异，但上述差异已经足以表明，社会保障模式进入了多样化发展阶段，即使是同一种类型的社会保障模式，也在不同的国家或地区发生了裂变。新加坡、智利、中国香港地区在养老金制度同样采取个人账户与完全积累制，却在具体实践中存在着多方面的差异，起作用的是其国情或区情。因此，各国社会保障制度改革的方向在相当长的时期内将不是越来越趋同，而是在尊重社会保障自身发展规律的同时还要充分尊重本国的国情，并在这种尊重中日益体现出自己的个性。中国的社会保障制度改革也不会例外。

思 考 题

1. 为什么说社会保障体系不能有漏洞？
2. 中国现行社会保障体系包括哪些内容？
3. 比较基本社会保障与补充社会保障的差异。
4. 比较社会救助、社会保险与社会福利的异同。
5. 比较几种主要社会保障模式的异同。
6. 如何评价智利养老金私营化改革？

第四章 社会保障立法与管理

【本章学习要点】

通过本章的学习,应当了解社会保障法制化的意义与价值,掌握社会保障法律制度的基本理论与中国社会保障立法的进程,熟悉社会保障管理模式与基本原则,明了中国社会保障管理体制。

第一节 概 述

现代社会保障是法制化、规范化的制度安排,社会保障立法确立着社会保障制度,而要确保这一制度真正得到落实又离不开健全的管理体制。因此,立法与管理其实构成了社会保障制度及其运行的根本要件。一般来说,社会保障法是指调整一个国家或地区的社会保障关系的法律规范的总和,它包括国家立法机关制定的社会保障法律和国家行政机关颁布的社会保障法规及其他规范性文件;而社会保障管理则属于有别于生产管理的社会政策管理,它作为国家上层建筑的组成部分,既是社会保障法制的自然延伸,也是对社会保障法制的强化,在实践中还通常受到社会经济制度及各国现行行政架构的制约。社会保障法制化是这一制度长期稳定的保证,而社会保障管理则有助于社会保障制度正常、高效地运行,进而使社会保障主体的权利得到良好的实现。

一、社会保障法制化

现代意义的法制,是指把国家事务制度化、法律化并严格依法办事的一种原则。在法制的原则下,要求国家立法机关制定较为完备的法律,同时还要求有负责的执法与司法机制,真正做到有法可依、有法必依、违法必究。

社会保障法制化具有重要的意义和价值,因为法律制度是实现社会保障理想的重要基础。社会保障法制化的价值包括两种:一是内在价值,即社会保障法所固有的价值;二是外在价值,即社会保障法所具有的相对于其他社会目标来说所具有的工具价值。

(一)内在价值

社会保障法制化的内在价值,可以作如下解析:

第一,法律的目的之一就是追求公平与正义,通过法律的规定可以使社会保障的各项制度更为公平、合理。在现代国家法治精神之下,一项法律的制定过程往往就是对某一个制度理性思考的结果,它要求对一项制度从设计到具体措施的实施,都要经过严密的考量,要顾及社会各个阶层的利益,真正使通过法律反映出来的制度能够蕴含社会所公认的准则与价值。因此,只有通过法制化,通过法律所追求的正义与公平,才能使社会保障制度更趋完善与合理。

第二,法律的稳定性和连续性可以使社会保障主体的权利义务获得一种确定性。法治国家的原则之一是要使法律获得普遍性的服从,为达此目的,法治国家的法律必须具有一种稳定性和连续性的品格,不能朝令夕改。社会保障制度的一个基本目的在于解除社会成员的后顾之忧,从而必须是确定的、能够连续实施的制度安排,通过立法,将社会保障制度以法律的形式固定下来,这些制度也就具有了可以连续实施的生命力。与此同时,透过这些稳定的、不会轻易被变更和取消的社会保障法律制度,社会保障主体对于自己的权利义务才会有明确的预期,这种明确的预期会有效地减少社会保障各项制度在实施过程中的纠纷和摩擦,使社会保障制度的运转更加顺畅、自如。例如,劳动者是社会保险缴费的义务主体,当劳动者对缴费后可享受利益有了明确的预期以后,劳动者对于自己现在的义务就会有一个正确的价值判断,建立在这个价值判断上的义务将会得到更好的履行,从而使权利与义务有机地结合起来,进而使整个社会保障制度进入良性循环、可持续发展的状态之中。

(二) 外在价值

社会保障法制化的外在价值,可以作如下解析:

第一,法律对权利义务能够起到资源配置作用,只有通过法制化,才能使社会保障主体的权利、义务和职责明晰化。没有成为国家法律之前的社会保障只能是国家的一种政策和措施,充其量是政府的一种福利和慈善。如果对社会成员的保障不是基于公民的权利,国家也就没有向社会成员给付保障待遇的义务,那么对于社会成员来说,在未得到保障之时就缺乏向国家要求的正当根据。如果社会成员缺乏对国家的这种请求,社会保障对社会成员就不能起到真正的保障作用。而将社会保障以法律的形式确定下来后,就等于以法律上权利的形式赋予了社会成员以社会保障权,以法律上义务的形式规定国家和社会对于社会成员保障的职责和义务,社会成员就享有了在国家不作为或不适当作为时对国家的一种请求权,这种请求权的根据来源于社会保障法的规定。只有在社会保障法制化的条件下,社会保障才成为社会成员的法定权利而不再是政府的施舍或慈善;也只有当社会保障成为社会成员的法定权利后,社会保障才能起到真正的保障作用。因此,通过法律的形式赋予社会成员社会保障权,可以防止国家权力的滥用,防止国家权力对社会成员权利的任意变更和侵害。

第二,只有通过法制化,才能确保社会保障制度规范、有序地运行。法律最基本的特征就是强制性与规范性,法律制定后,通过国家的强制力来保证其有效地实施。当社会保障制度被确定下来后,就需要借助法律的强制性来保证其有效且良性运行。社会保障的运行是一个巨大的社会工程,包括缴费、给付和基金运作等。对于依法负有缴费义务的主体,必须严格依照法律规定缴纳,各项社会保险费不得拒缴或欠缴;

与此相对应,社会保障经办机构也必须按法定标准及时地将各项社会保障待遇发放到受益者手里,不得延误或任意地减少。对社会保险基金的运作,主要是要求对社会保险基金在安全的前提下进行投资和管理,任何单位和个人不得挪用,这一要求必须通过法律规定严格的法律责任并强化监管来实现。可见,只有在法制化的环境下,社会保障制度才能有效地运行[1]。

二、社会保障管理

社会保障管理的意义在于,它能够将社会保障法律制度细化并促使其得到贯彻落实,能够通过社会保障计划或方案的制订来主导社会保障制度的持续发展,能够监控和纠察社会保障的具体实践以保证其健康有序地运行。可见,社会保障管理对社会保障制度而言,较之法制系统、实施系统等更具形象代表色彩,同时也是社会保障责任主体履行自己责任的象征。因此,现代社会保障制度不仅要求建立起相应的社会保障管理机制,而且要求建立健全高效率的社会保障管理机制。

值得指出的是,尽管绝大多数国家均是由政府机构行使对社会保障事务的管理权。但在一些西方国家亦存在着区别。这种区别在于,"凡是由政府总岁入向所有家庭提供家属津贴的国家里,有关业务通常由政府部门管理;凡津贴的支付对象主要是受雇人员的家庭,其基金主要来源于雇主缴纳的保险费,其管理须在公众监督下,由某个半自治性的机构负责。"[2]需要注意的是,由于各国情况的差异,上述划分并不能作为所有国家确立自己对社会保障事务的管理体制的依据。如以社会保险为例,在将社会保险费(税)及待遇支付直接纳入国家财政范畴的条件下,政府必须承担起对社会保险事务的直接管理责任;在将征缴的社会保险费列入单独账户的条件下,既有完全由政府机构直接管理的,也有交由半自治机构或自治机构(如新加坡的中央公积金局和欧洲一些国家的保险协会等)管理的,还有交由民营或私人机构(如智利的养老金、香港的强积金等)管理的。有一点可以肯定的是,绝大多数国家或地区都是由政府部门承担着最主要的社会保障管理责任[3]。

---

[1] 林嘉:"论法治国家目标与社会保障法制化",载《中国人民大学学报》,2002(2)。
[2] 〔美〕美国社会保障署编:《全球社会保障——1995》,第16页,华夏出版社,1996。
[3] 郑功成著:《社会保障学——理念、制度、实践与思辨》,第416—417页,商务印书馆,2000初版,2003、2004再版。

第二节 社会保障立法

一、社会保障法的缘起与历史演进

（一）社会保障法的缘起及其历史社会条件

社会保障法作为一种实体法，一般认为缘起于英国中世纪的济贫立法。从1531年开始一直到16世纪结束，英王颁布了一系列法令，规定国家对亟待救济的老弱贫民应予以救济。到1601年，伊丽莎白女王下令将以前各项济贫法令编纂补充成为法典颁布，这就是历史上有名的英国《济贫法》（Poor Law）或称为《伊丽莎白济贫法》。该法规定，教区对没有亲属供养的区内贫民负责，并将贫民分为三类：（1）健壮贫民，必须做工自给；（2）无工作能力的老病残疾者，分别以院内收容与院外救助两种方式救助之；（3）失依儿童，分别以孤儿院收养、家庭辅助、家庭寄养三种方式予以抚养。救济经费以济贫税、志愿捐款和罚金三者为来源。《济贫法》的颁布，使社会保障首次有了法制化的外衣，从而可以看成是一种历史性的进步。

不过，英国济贫立法与现代意义上的社会保障法之间却存在着根本区别，因为济贫立法的目的并非是为了保障贫民的基本生存权，而是为了防止贫民沦为流民危及王权的稳固，在济贫法实践中，贫民被强制性要求以受奴役为代价换取救济。因此，济贫法不仅不具有现代社会保障立法的公平与正义色彩，而且直接充当着强化英国统治秩序的一个工具。

实际上，作为现代意义上的社会保障法只有在承认和尊重国民基本生存权的时代才可能出现。一般认为，现代意义上的社会保障法缘起于19世纪末德国所颁布的一系列社会保险法律。当时，德国由著名的铁血宰相俾斯麦主政，刚刚历经三次王朝战争而形成统一的民族国家，但国内工人运动风起云涌，政局处于动荡之中。俾斯麦在使用"鞭子"政策进行镇压失效之后，转而求助于"糖果"政策，采用了当时德国社会政策学者的某些主张，进行了一系列的社会立法，诸如1871年普法战争后所颁布的《陆海军人养老金及遗属救济法》、1883年颁布的《劳工疾病保险法》、1884年颁布的《工伤社会保险法》、1889年颁布的《老年及残疾社会保险法》等，而且在1885年至1890年间，德国的被保险对象还一再被扩大。这些立法被称为"俾斯麦先生的社会主义"，虽然带有"怀柔"因素，但也确立了国家在保障国民生存权益方面的责任，促使社会共同责任机制的形成并得到确立；并且以维护人的尊严为前提，在保障项目上确立了以人为中心的基本生活需求为重点，其立法内容主要集中在社会保险领域，重在解除劳动者的后顾之忧,从而使社会成员的生存保障上升为合法权益。因此,社会保险立法的出现,才真正意味着现代社会保障立法的产生。

现代意义上的社会保障法之所以在19世纪末才得以产生,是由于当时的历史社会条件发生了重大变化:

第一,工业革命的完成。虽然英国的工业革命在18世纪60年代就开始了,但是法、德、美等国直到19世纪中叶才真正相继完成工业革命。工业革命的完成促成了机器化大规模生产的出现,社会财富得以大量增加,但同时也带来了诸多的社会问题。一方面,在经济竞争机制中,越来越多的个体生产者失去生产资料,农民则失去土地,沦为雇佣劳动者;另一方面,在机器生产的环境下,劳动强度增加,工伤事故不断,失业威胁增多,疾病治疗和老年生计等问题使雇佣劳动者忧心忡忡。这一系列严重社会问题危及各国政权的稳固,迫使统治者必须采取相应的对策与措施,社会保障法的诞生就是这些措施的主要载体。

第二,自由资本主义逐渐向垄断资本主义过渡。按照马克思的分析,垄断资本主义的产生,导致了社会两极分化的加剧,寡头统治与赤贫阶级同在,产生于19世纪上半叶的共产主义运动也愈演愈烈,从直接破坏机器到进行集体政治行动,这些斗争迫使资产阶级思考对策,因此,社会保障法的出现也可以说是直接导源于无产者的斗争。1881年11月17日,德皇威廉一世发表《黄金诏书》宣称:"社会弊病的医治,一定不能仅仅靠对社会民主党进行过火行为的镇压,而且同时要积极促进工人阶级的福利。"并说:"一个期待养老金的人是最守本分的,也是最容易统治的,……社会保险是一种消灭革命的投资。"①

第三,在历史法学派及其后续潘德克顿法学派的影响下,德国出现了法典化倾向。历史法学派出现于18世纪末19世纪初,其时德国尚四分五裂,落后于其他先行工业化国家,因而该学派是作为"反现代化"的面目出现的,主张法是一个国家民族精神的体现,民族习惯法高于制定法,因而不主张法典化,但该学派的细致的法学研究却为后来的法典化打下了深厚的学术根基,培养了大批卓越的法学家。到19世纪下半叶,德国出现了统一趋势,为完成民族国家的建构,历史法学派中出现了潘德克顿法学派,主张统一立法,注重对概念的分析和法律结构体系的构造,形成法典。因而,社会保险法在德国首先出现,是有其深厚的法学资源作为背景的,与当时德国法学的领先地位有着密不可分的联系。

第四,生存权思想和社会改良思潮的兴起。生存权思想可以追溯至17、18世纪的欧洲启蒙思想家诸如霍布斯、洛克、卢梭等的天赋人权思想;生存权作为一种权利形态由德国法哲学家费希特(1762—1814)提出,他认为,人能够活,生存才有保障,

---

① 转引自史探径主编:《社会保障法研究》,第12页,法律出版社,2000。

这是国民应有的权利,不能生存时,他对国家有提出要求生活保障的生存权。而生存权作为法律权利,最早由奥地利空想社会主义法学家门格尔(1841—1906)在其1886年出版的《全部劳动史论》一书中提出的,他认为劳动权、劳动受益权、生存权是造成新一代人权群——经济基本权的基础,社会财富的分配应确立一个使所有人都获得与其生存条件相适应的基本份额的客观标准,社会成员根据这一客观标准具有向国家提出比其他具有超越生存欲望的人优先的、为维持自己生存而必须获得的物和劳动的要求的权利。同时,德国19世纪70年代还开始兴起名为"讲坛社会主义"的改良主义思潮,桑巴特、布伦坦诺等一批名教授在讲坛上极力鼓吹改良,认为国家是超阶级的组织,可以在不触动资本家利益的前提下逐步实行社会主义,这些教授并于1872年创立了"德国社会政策学会",明确主张劳资协调,国家干预经济生活,实施社会政策,保护劳动者正当权益,举办社会保险、缩短劳动日、改良劳动条件等。他们支持当时的德国首相俾斯麦推行社会政策,直接促成了1883年起几个社会保险法律的制定和实施①。

(二) 世界社会保障法的历史演进

根据社会保障立法理念的嬗变和各国社会保障立法的具体实践,可以将社会保障法的历史演变大致划分为四个阶段②:

(1) 济贫法阶段。它以1601年英国颁布的《济贫法》(称旧济贫法)为起始标志,直到19世纪80年代社会保险法律产生为止。如前所述,英国早在16世纪上半叶就进行了济贫立法,1601年的《济贫法》是将已有的济贫法令编纂成法典,后于1834年英国上下两院又通过了《济贫法修正案》(即新济贫法)。受英国的影响,荷兰于1854年颁布了《济贫法》,瑞典于1871年颁布了《济贫法》,还有一些国家也制定了自己的济贫法律制度。在这一阶段,立法理念在于救济与矫治贫民,立法的内容局限于救济事务,通过的立法虽然被冠以《济贫法》名称,但提供救济者仍然处于恩赐者地位,接受救济者却必须以牺牲尊严并接受奴役为代价。因此,这一阶段的立法基本上是一种对旧式慈善事业的规定,从而根本不能与现代社会保障立法相提并论。

(2) 现代社会保障立法产生阶段。它以19世纪80年代德国颁布世界上第一批社会保险法律为起始标志,直到20世纪40年代第二次世界大战结束时为止。进入18世纪中叶以后,一些国家工业化进程加快,工人的个人生存风险加大,由社会来承担风险的思想逐渐被接受,德国率先在19世纪80年代进行了一系列社会保险立法。

---

① 史探径主编:《社会保障法研究》,第8—10页,法律出版社,2000。
② 郑功成著:《社会保障学——理念、制度、实践与思辨》,第391—403页,商务印书馆,2000初版,2003、2004再版。

随后,德国的社会保险立法成为他国纷纷效仿的榜样,其影响逐渐波及整个欧洲、北美、拉美及大洋洲等地区。在欧洲大陆,波兰、挪威、意大利等先后建立了各自的社会保险法律体系,英国于1908、1911年先后建立了老年社会保险与疾病社会保险制度。美国则于1935年颁布了综合性的社会保障法,这是世界上首部规范多项社会保障事务的法规,具有综合性特点,在社会保障立法史上具有重要意义。大洋洲国家和拉美国家在20世纪初期也纷纷进入社会保障立法的第一个高峰期,如澳大利亚、新西兰及阿根廷、巴西等拉美国家,在这一时期就纷纷通过立法建立了老年、工伤、疾病等社会保险制度,智利还于1924年率先颁布了除工伤以外几乎包括了所有社会保险项目的综合性社会保险法,这部立法较美国的综合性立法还要早11年。与上述情况相反,亚洲、非洲地区的国家在社会保障立法方面却要滞后得多,这种现象与亚洲、非洲地区工业化进程的缓慢及市场体制发育不足有着密切的关系。

(3) 现代社会保障立法成熟阶段。第二次世界大战以后,随着社会经济的进一步发展和立法理念的变化,社会保障立法进入了定型和成熟阶段。基本的标志有:一是立法的理念不再是单纯的社会稳定观念,而是引进了社会公平观念与普遍性原则;二是从20世纪40年代后期到70年代,不仅工业化国家进入了社会保障立法的又一个高峰期,亚洲、非洲地区的一些发展中国家和地区也纷纷制定社会保障法律,构建实施范围有限的社会保障制度;三是立法的内容超越了社会保险而向其他社会保障领域扩展,除有关社会保险方面的立法继续得到了重视外,社会福利、国民保健及其他社会保障领域的立法均得到了重视,从而促使社会保障法律体系成长为一个有着丰富内容的独立法律部门,据此建立的社会保障制度亦能够为社会成员的生存与发展提供全面的保障;四是一些国际组织开始出面推动全球社会保障制度的建设与发展;五是一些工业化国家根据发展的需要进一步修订、充实了以往颁布的社会保险法律,使之走向定型,而一些发展中国家亦能在借鉴发达国家立法经验的基础上,制定较为成熟的社会保障法律,进而促使社会保障立法在多数国家进入成熟期。因此,这一阶段的社会保障法制建设,是以整体形式(包括社会保险法、社会福利法、社会救助法等各种社会保障法律在许多国家得以制定)和独立法律部门的面孔出现的,国民享受社会保障不仅成为一项基本的法定权益,而且扩大到享受现代文明进步的成果(即不再局限于基本生活保障)。

(4) 现代社会保障立法的完善与发展阶段。进入20世纪70年代以后,工业化国家在社会保障立法已经定型的基础上,针对社会保障制度发展进程中出现的问题,纷纷开始探索社会保障制度的改革途径,以求进一步完善本国的社会保障制度,这就必然需要对以往的社会保障法律制度进行必要的修订和完善;发展中国家则一方面需要制定新的社会保障法律以便建立起更加全面的社会保障制度,另一方面同样需要根据社会经济发展与国民对社会保障的需求的变化,进一步修订、完善以往制定的社会保障法律。总而言之,这一阶段还在继续发展中,但已经体现出的特色却会长期指导着社会保障立法的发展。如在立法观念上,追求协调发展与可持续发展逐渐成为基调;在国家责任与个人责任的关系上,主张个人及家庭尽到自我保障责任的思想在一些立法中得到体现,这可以视为社会保障立法在某种程度上的回归,它能够促使政府、社会、企业与个人合理分担社会经济发展构成压力的重要条件。因此,20 世纪 70 年代以来,大多数国家或地区的社会保障立法均进入了自我完善并与整个社会经济协调发展的时代①。

二、社会保障法的本质与特征

现代社会保障制度的建立,是以解决国民生存保障问题并促使社会经济协调发展为基本出发点与归属点的,因此,现代社会保障立法实质上既是社会成员生存权利保护法和社会安全法,同时也是社会稳定法和社会和谐法。一般来说,社会保障法是指调整一个国家或地区的社会保障关系的法律规范的总和,它包括国家立法机关制定的社会保障法律和国家行政机关颁布的社会保障法规、规章和其他规范性文件。

作为现代法律体系的一个重要组成部分,社会保障法具有法的一般特征。同时,作为一个独立的法律部门,它还具有自己的明显特征:

(1)安全性。社会保障法以立法的形式,通过对社会保障的对象、范围、措施等的规定,使符合条件的生存发生困难的社会成员的基本生活得以保证。由于社会成员包括劳动者在社会生活以及劳动过程中,难免会遇到各种风险和事故,通过社会保障制度,能够使社会成员和劳动者在受到意外和风险时不至于生活无着,从而使社会每一个成员都能得到必要的安全保障。社会保障法的安全性特征,不仅反映了国家在社会保障问题上的态度和所应承担的责任,同时也为社会成员提供了一种"安全感",使人们保持一种社会心理上的平衡,从而为整个社会的安定创造良好的条件。

(2)强制性。社会保障由国家通过立法强制实施,就社会保险而言,凡依照法律规定必须投保的劳动者和用人单位都必须参加保险,当事人没有任意选择的权利,也不能任意退出保险,保险的险种和保险费的缴纳也必须按照法律规定执行,不能由当事人自由协商。因此,社会保险是由政府采用危险集中管理的方式,对发生损失的被保险人提供现金和医疗服务,属于政策性保险。社会保障以社会利益为本位,为社会大众谋求利益与安全,尽管因缴纳社会保险税或费会减少某一部分人的所得,但基于社会整体利益,仍需采取强制性的手段,以维持社会保障制度的正常运作。社会保障

---

① 郑功成著:《社会保障学——理念、制度、实践与思辨》,第 389—395 页,商务印书馆,2000 初版,2003、2004 再版。

的强制性是国家对社会经济生活实行国家干预的表现,也是社会保障制度得以存在和实施的保证。

(3)普遍性。在我国,尽管不同所有制的社会成员以及其他一些保障对象在保障方式上仍存在一定差异,然而,就社会保障本身而言,不论是农村还是城市、不论全民所有制企业还是集体所有制企业,不论有工作还是无工作,所有的社会成员都普遍地、无例外地给予基本生活的物质保障。社会成员之间,只存在着保障基金的筹集方式、保障范围、项目、标准以及采取的形式等方面的不同,而不存在社会保障有无的差别。

(4)平等性。在我国,社会成员在社会保障上享有平等的权利。凡是生存发生困难的社会成员,都有权平等地获得社会保障。既不能任意取消社会成员的这种权利,也不允许一部分人超越法律享有特权。

(5)鼓励性。鼓励性是社会保障法的又一个显著特征。社会保障法中规定的一些保障内容,如对暂时或永久丧失劳动能力的劳动者的物质保障,直接与劳动的贡献有关,劳动时间长、贡献大的,获得的物质保障待遇就高些,相反就低。这种差别规定,有助于鼓励劳动者在职时积极劳动,为社会多创财富、多做贡献。

三、社会保障法的原则、形式及内容

(一)社会保障法的原则

现代社会保障制度的建立,是以解决国民生存保障问题并促使社会经济协调发展为基本出发点与归属点的,因此,现代社会保障立法实质上即是社会成员生存权利保护法和国民安全法,同时也是社会稳定法和社会调节法。为此,在立法中需要遵循下列一些基本原则[①]:

(1)人权保障原则。中国2004年修改宪法,将"国家尊重和保障人权"首次写入了宪法。人权意味着一个人所固有的权利,现代人权中最为重要的内容就是生存权,而宪政国家对于生存权的立法保障就主要是通过社会保障法律体系来实现的。国家不应该仅仅从维护社会稳定的角度出发来确定社会保障法的价值,这种价值充其量只是一种工具价值和外在价值,而应该将保障公民生存权作为社会保障法的内在价值,将公民的生存权作为社会保障法的起点和终点。因此,人权保障原则是社会保障法的首要原则。

(2)公平原则。社会保障追求的目标是社会公平,失去了公平的特性就不再是

---

① 郑功成著:《社会保障学——理念、制度、实践与思辨》,第382—385页,商务印书馆,2000初版,2003、2004再版。

社会保障,如个人储蓄积累可以用于防老等方面,但绝对不是社会保障,完全的个人账户制也是同样道理。因此,立法的过程可以遵循公平与效率相结合的规则,而通过立法所确立的社会保障制度却需要重点考虑社会公平问题,这是现代社会保障制度之所以成为社会长期稳定、和谐发展机制和经济长期发展的维系、润滑、保障机制的根本要求。

(3)权利与义务相结合原则。权利与义务是现代社会保障法律制度中的一对基本范畴。作为国家根本大法的《中华人民共和国宪法》规定:"任何公民在享有宪法和法律规定权利的同时,必须履行宪法和法律规定的义务。"因此,社会保障立法也应遵循宪法的原则性规定,摒弃以往那种单纯强调被保障者的权利而忽略其义务的做法,代之以权利与义务相结合。如在社会保险法制中强调劳动者承担相应的供款义务,在社会福利法制中强调社会成员履行一定的缴费义务或其他义务,在社会救助法中要求受益者配合社会救助机构的家计调查等等。

(4)与社会经济发展水平相适应原则。按照马克思主义的观点,法律制度作为上层建筑是社会经济发展的产物。因此,在社会保障立法实践中,既要充分考虑社会经济发展对社会保障的客观要求,又要客观估量所处时代的经济承受能力,以维护社会保障制度的正常运行为根本目标,结合短期利益与长期利益,体现出社会保障与生产力发展水平相适应,与经济、社会相互协调、相互促进的原则。2004年3月第十届全国人民代表大会第二次会议通过的《中华人民共和国宪法修正案》,就明确写上了国家建立同经济发展水平相适应的社会保障制度。

(5)普遍性与特殊性相结合原则。任何法律都应当是一种普遍的规范,社会保障立法也应考虑全体社会成员的利益与需要,并能够适用于全体社会成员,使一切社会成员均能够享受到相应的社会保障权益;同时又必须承认社会成员之间不仅存在着阶层差异,而且存在着个体差异,他们对社会保障的需求并非是一致的,从而需要差别对待,即针对不同类型的社会成员制定内容有别的社会保障法律,这就是特殊性原则。而且,在不同地区尤其是像中国这样幅员辽阔、人口众多、地区发展不平衡、阶层结构日益复杂化的国家,不能在社会保障方面实行"一刀切",应坚持全国范围的统一社会保障法律制度的同时,适当照顾不同地区的特殊情况,因地制宜。

(二) 社会保障法的形式

所谓社会保障法的形式,是指社会保障法律规范的表现形式,即有关社会保障的规范性法律文件。中国社会保障法制的形式,包括以下几个层次或部分:

(1)宪法。宪法是国家的根本大法,因而也是国家制定社会保障法律、法规和实行社会保障制度的基本依据。2004年3月十届全国人大二次会议通过的《中华人民共和国宪法修正案》首次将"国家建立健全同经济发展水平相适应的社会保障制度"

载入宪法,在这次宪法修正案中被载入宪法的还有"国家尊重和保护人权"等内容,这表明了国家建立社会保障制度的目标已经明确。同时,现行宪法第44条规定"国家依照法律规定实行企事业组织的职工和国家机关工作人员的退休制度。退休人员的生活受到国家和社会的保障。"第45条还规定了"中华人民共和国公民在年老、疾病或者丧失劳动能力的情况下,有从国家和社会获得物质帮助的权利。国家发展为公民享受这些权利所需要的社会保险、社会救济和医疗卫生事业。""国家和社会保障残废军人的生活,抚恤烈士家属,优待军人家属。""国家和社会帮助安排盲、聋、哑和其他有残疾的公民的劳动、生活和教育。"宪法的这些规定,构成了中国社会保障法制的基本渊源。

(2) 法律。这里的法律并非泛指,而是专指由国家最高权力机关及其常设机关,即全国人民代表大会和全国人大常委会颁布的规范性文件。法律又分为基本法律和基本法律以外的其他法律。前者由全国人民代表大会制定和修改,比较全面地规定和调整国家及社会生活某一方面的基本社会关系;后者由全国人大常委会制定和修改,通常规定和调整基本法律调整的问题以外的比较具体的社会关系。目前,中国尚无一部真正由全国人民代表大会及其常委会通过的专门社会保障法律;而由全国人大常委会制定的《中华人民共和国残疾人保障法》(1990年12月28日)亦只有部分内容是规范残疾人保障与福利的。另外,与社会保障有关的法律还有一些,如《中华人民共和国劳动法》(1994年7月5日)中有"社会保险和福利"一章;《中华人民共和国老年人权益保障法》(1996年8月29日)中有"社会保障"一章等等。这一现象只能说明一个问题,那就是目前中国社会保障诸项制度还未能上升到法律规范的层次,社会保障立法任重而道远。

(3) 行政法规。根据中国的立法法规定,行政法规是国家最高行政机关即国务院制定的规范性法律文件。这只是学理上的术语,实践中并没有一个单行的行政法规采用"行政法规"作为具体名称。按照国务院2001年11月16日公布的《行政法规制定程序条例》的规定,行政法规的名称为"条例"、"规定"及"办法"三种,国务院根据全国人民代表大会及其常委会的授权决定制定的暂时性行政法规,称为"暂行条例"或者"暂行规定"。关于社会保障方面的行政法规已有多部,例如,1999年颁布的《失业保险条例》、《社会保险费征缴暂行条例》和《城市居民最低生活保障条例》,2003年颁布的《工伤保险条例》,2004年颁布的《劳动保障监察条例》等等。此外,还有一些由国务院发布的"决定"、"命令"以及"通知"等文件,亦带有较强的政策性,如1998年12月14日颁布的《国务院关于建立城镇职工基本医疗保险制度的决定》,1997年7月16日颁布的《国务院关于建立统一的企业职工基本养老保险制度的决定》等等。在国务院颁布的行政法规中,关于社会保险的较多,而关于社会福利等方面的较少。

（4）地方性法规、自治条例和单行条例。地方性法规是由省、自治区、直辖市的人大及其常委会所制定的规范性法律文件。"地方性法规"这一名称也属学理上的术语，并不为立法实践所采纳，一般称为"条例"、"规定"、"办法"、"实施细则"等。而根据宪法规定，民族自治地方的人民代表大会及其常委会有权依照当地民族的政治、经济、文化的特点，制定自治条例和单行条例。如西藏自治区1997年11月12日颁布的《西藏自治区劳动安全卫生条例（修正）》，1998年1月9日颁布的《西藏自治区实施〈中华人民共和国残疾人保障法〉办法》等等。但总体而论，由于目前社会保障立法在省一级由政府实行的较多，人大的相关立法很少，这也在一定程度上反映了中国社会保障立法工作的严重滞后。

（5）行政规章和地方规章。这两种规章可统称为行政规章。部门规章是指国务院各部、委和某些其他工作部门发布的规范性法律文件。地方规章是指省、自治区、直辖市人民政府，省、自治区人民政府所在地的市和国务院批准的较大的市以及经济特区市的人民政府制定的规章。目前，有关社会保障的立法主要就是以行政规章的形式体现出来的，之所以如此，是因为中国社会保障制度正处于转型期，行政规章的制定既便于制定，又便于修改或废除，非常灵活。但这种现象急需改变，因为立法层次过低会影响社会保障制度的可靠性与权威性，从而影响到社会保障制度的实施与完善。在现阶段立法机关社会保障立法严重滞后的情形下，有关社会保障的行政规章却不胜枚举，如2002年11月5日颁布的《北京市社会抚养费征收管理办法》，2002年12月24日颁布的《关于对间断缴纳基本养老保险费等有关问题的处理办法》等等。

（6）法律解释。在中国，作为社会保障法律体系内容之一的法律解释，一般是指国家机关的规范性解释。这种规范性解释包括最高国家权力机关（全国人民代表大会及其常委会，下同）的解释、国家司法机关（最高人民法院、最高人民检察院）的解释、中央国家行政机关（国务院）的解释、地方国家权力机关和行政机关的解释。但在中国的法律解释实践中，最高人民法院的司法解释占有特殊重要的地位，这主要是因为中国最高国家权力机关很少进行法律解释。有关社会保障方面的司法解释较少，如1996年11月12日颁布的最高人民法院《关于实行社会保险的企业破产后各种社会保险统筹费用应缴纳至何时的批复》等等。

（7）条约与协定。中国参加的国际组织（如国际劳工组织、联合国等）所通过的国际条约与协定，经国家最高权力机关批准后即在中国生效。例如，1984年5月30日经第六届全国人民代表大会常委会承认的旧中国政府批准的14个国际劳工公约中包括的第7届国际劳工大会通过的第19号公约《本国工人与外国工人事故赔偿同等待遇公约》，1987年9月5日经第六届全国人民代表大会常委会批准的第69届国际劳工大会通过的第159号公约《残疾人职业康复和就业公约》，这两个公约都是关于社会保障的公约。又如,1997年10月27日中国签署的《经济、社会、文化权利国际公约》规定:"缔约各国承认人人有权享受社会保障,包括社会保险";"缔约各国承认给予母亲和儿童以保护和协助,承认人人有权为自己和家庭获得相当的生活水准并不断改进生活条件,承认人人有免于饥饿的权利。"以上已经立法机关批准或签署的公约,将作为中国国内社会保障法的形式而存在,保证得到实施。

(三) 社会保障法的内容[①]

社会保障法的基本内容包括社会保障法的调整对象、主体与客体等。

社会保障法的调整对象,是指社会保障法所规范的各种特定的社会保障关系,主要是国家或政府、企业或集体和社会成员在社会保障中所发生的各种社会经济关系。具体来说,社会保障法的调整对象主要包括如下一些:

(1) 国家与国民之间的关系,即中央政府与地方各级政府与全体社会成员之间的关系,需要明确政府在社会保障中的职责和社会成员享受社会保障的权益等;

(2) 社会保障实施机构与政府之间的关系,包括管理与被管理的关系、财政关系等;

(3) 社会保障实施机构与社会成员之间的关系,它们之间既是资金筹集者与供应者的关系,又是社会保障待遇提供者与享受者的关系,从而是实施社会保障项目最主要的实践范畴,应当明确规范其权利与义务等;

(4) 社会保障机构与企业、社会团体单位之间的关系,它们之间是征集社会保障资金和提供社会保障资金的关系;

(5) 企业、社会团体及官方机构与劳动者个人之间的社会保障关系,其实质内容是保证劳动者的社会保障权益,规范企业或用人单位履行对劳动者的社会保障责任等;

(6) 社会保障运行过程中的管理体制,即社会保障管理机构的设置及其与其他部门的关系;

(7) 社会保障运行过程中的监督机制,包括监督机制的建立以及各种监督机构的职责、权限划分及其协调性等;

(8) 其他社会保障关系,如社会保障子系统之间、项目之间的关系,社会保障基金(主要是社会保险基金)与国家财政资金的关系、资本市场的关系等,亦需要由相关的社会保障法制进行规范。

社会保障法律制度的主体,是指在社会保障活动中,依法享受权利与承担义务的

---

① 郑功成著:《社会保障学——理念、制度、实践与思辨》,第386—388页,商务印书馆,2000初版,2003、2004再版。

当事人,主体资格是由法律规定的,也是社会保障运行过程中客观存在的。从社会保障的运行过程来看,其主体应当包括:一是国家或政府(主要通过政府职能部门来体现)。国家不仅直接参与社会保障活动,而且是最重要的责任主体,它对社会保险、社会福利、社会救助、军人保障等各项社会保障制度的实施给予财政支持,从而是社会保障法制系统中的特殊主体。依此类推,在分税制和财政分级负责制的条件下,地方各级政府也成为了社会保障法律关系的特殊主体。二是社会保障实施机构。实施机构直接承担着实施各种社会保障事务的责任,既依法享有向企业、社会团体、劳动者个人等征收社会保险费等权利,又承担着具体组织实施社会保障项目的义务,从而是社会保障法律关系中的当然主体。三是企业、社会团体及官方机构。它们不仅承担着向社会保障机构供款的责任,而且要直接承担诸如职业福利的责任,从而对社会保障有着直接的义务与权益,亦是社会保障法制关系中的当然主体。四是城乡居民及其家庭(尤其是劳动者)。社会保障都是面向城乡居民与劳动者的福利性保障制度,城乡居民是社会保障制度的直接受益对象,也需要承担一定的缴纳费用的责任,从而也是社会保障法制关系中的当然主体。上述有关各方共同构成了社会保障法制关系中的主体,但社会保障机构与社会成员具有完全主体资格,其他则具有特殊主体资格,这种主体构成,正是社会保障事业的公益性、福利性和社会性的具体体现。

社会保障法律制度的客体,是指各关系主体的权利义务共同指向的目标。从社会保障制度的实践内容来看,它的客体是指社会保障规定项目和范围内的各种物质利益和自然人。一方面,社会保障所保障的都是客观存在的财产物资和自然人的身体与生命,灾害救助等是以属于社会成员所有的财产物资(包括有生命的种植业、养殖业生产和无生命的家庭财产)上的利益为具体的保障对象,而其他社会保障项目则多是以保障自然人的生活与身体为目标;另一方面,社会保障的目的主要是为社会成员的基本生活提供物质保障,国民保障权益的实现又是通过支付货币或提供劳务等方式来进行。因此,人是社会保障法律制度中最重要的客体,而物则是部分社会保障法律制度中的特殊客体①。

四、社会保障法律体系

社会保障法律体系的具体构成,一方面取决于法律体系理论;另一方面,也取决于社会保障制度本身的内容和结构。就法律体系理论而言,法律体系是指一国的全部现行法律规范按照一定的标准和原则,划分为不同的法律部门而形成的内部和谐

---

① 郑功成著:《社会保障学——理念、制度、实践与思辨》,第386—387页,商务印书馆,2000初版,2003、2004再版。

一致、有机联系的整体。同时,就某一法律部门来讲也有其体系结构,亦即某一法律部门的所有现行法律规范也可以分类组合成为不同的、低一层次的法律部门,从而形成内部一致、有机联系的统一整体。因此,从法律体系理论上来讲,社会保障法首先是一个独立的法律部门,是整个国家法律体系的一个组成部分;同时,它又有其自身的体系结构,由若干低一层次的法律部门所构成。

现代法治国家的法律体系极为庞杂,由低位阶至高位阶形成一个金字塔型结构,而这一巨大的金字塔又可视为若干个小金字塔即子法律体系,社会保障法律体系就是这些小金字塔之一。社会保障法律体系包括社会保障专业法律体系和社会保障相关法律体系。社会保障专业法律体系是指专门规范社会保障事务的法律,它们是社会保障制度得以确立并健康运行的主要依据,如《社会保险法》、《社会救助法》、《社会福利法》等等。社会保障相关法律体系是指一些国家制定的包含有与社会保障内容相关的法律所构成的体系,如《劳动法》、《公务员法》等等。

中国社会保障法律体系以《宪法》所确定的公民权益和国家提供社会保障的规范为根本的立法依据;通过社会保险法、社会救助法、社会福利法、国民保健法、军人保障法及其他专门社会保障法律与相关立法(如《老年人权益保障法》等)等共同组成了社会保障专业法律体系;而每一项专业法律又统辖着若干个子法或法规或实施细则,从而形成完备的法律体系[①]。

五、中国社会保障法律制度的历史、现状及发展趋势

(一) 中国社会保障法律制度的建设历程

在新中国成立以前,国民党政府、共产党领导的苏区和解放区等均制订过一些社会保险方面的法规或草案。1929年,国民政府广东建设厅劳动法起草委员会就起草过《劳动保险草案》,包括"伤害保险"和"疾病保险"等内容。1944年国民党政府社会部拟定过《社会保险方案草案》。在共产党领导的地区,1930年5月由当时的全国苏维埃区域代表大会通过的《劳动保护法》第七章对社会保险作了规范,接着是1931年制定的《中华苏维埃共和国宪法大纲》和《中华苏维埃共和国劳动法》(1933年修改),以及稍后颁布的《中国工农红军优待条例》、《红军抚恤条例》、《优待红军家属条例》等,对有关社会保障工作进行了规定。在抗日战争后期,边区政府制定了针对抗战军人及家属的保障和劳工保护问题的政策法规。

东北行政委员会在1948年颁布了《东北公营企业暂行劳动保险条例》,1949年

---

① 郑功成著:《社会保障学——理念、制度、实践与思辨》,第409—413页,商务印书馆,2000初版,2003、2004再版。

又颁布了这一条例的实施细则和劳动保险基金试行细则、劳动保险会计办理试行细则等,其他地区也颁布过一些社会保障方面的法规。

新中国成立后,与社会保障制度的建立和发展一样,社会保障法规的制定、修订和完善也经过了曲折的过程。这一过程大致可以分为以下几个阶段:

第一阶段,1950—1965年间社会保障法规的初建阶段。此时期,以新中国成立前夕制定的临时宪法《中国人民政治协商会议共同纲领》中有关社会保障问题的规定为依据,政务院集中颁布了多部有关社会保障的全国性行政法规。从而使20世纪50年代成为新中国社会保障法制建设的第一个高峰时期,这一时期颁布的主要的社会保障法规包括《中华人民共和国劳动保险条例》和一组优待抚恤条例,这些法规和条例构成了当时社会保障法规的基本框架,并为今后社会保障法律体系的形成奠定了基础。

第二阶段,1966—1977年间社会保障制度遭受破坏,法制建设停滞不前阶段。此时期,文化大革命运动使中国的社会经济制度和正常的经济秩序遭到破坏。同样,社会保障项目的实施受到严重影响,一部分社会保障制度被改变。1969年2月由财政部发布的《关于国营企业财务工作中几项制度的改革意见(草案)》,轻易地否定了《中华人民共和国劳动保险条例》中的有关规定,由此,社会化劳动保险演化为企业保险。它造成的社会保障制度不合理和无效率等等问题,在以后的实践中积重难返,成为现阶段社会保障改革异常艰难的重要原因。

第三阶段,1978—1989年间重建社会保障制度,修改补充原有社会保障法规体系阶段。在这段时期,中国的社会经济开始走上改革和发展道路,法制建设受到全社会的重视。在重建社会保障制度的同时,国家对社会保障法规也进行了重新审议、修改和补充。但并没有作根本性的制度变革。在1970—1980年,立法机构和主管社会保障事务的政府部门颁布了大量全国性的法规和政策,这些法规政策主要集中在重建统一的城镇劳动者的退休养老制度和对军人抚恤优待制度,同时在失业保险制度的建设方面作了尝试。

第四阶段,20世纪90年代初至今的现代社会保障制度的建立和社会保障法规体系的建设阶段。20世纪90年代以来,中国加大了改革开放的力度,并开始建立社会主义市场经济体制。与此相适应,社会保障制度亦开始朝社会化和法制化的方向发展,国家开始注重适应社会主义市场经济体制的社会保障法律制度的建设。近10多年间国家行政机关颁布了大量社会保障法规和政策,如《农村五保供养条例》、《失业保险条例》、《城市居民最低生活保障条例》、《工伤保险条例》等等。

尤其值得指出的是,2004年3月国家立法机关修改《中华人民共和国宪法》时,将国家建立健全同经济发展水平相适应的社会保障制度正式载入宪法,是一个重大的进步,它对社会保障法制建设将起到直接的推动作用。

(二) 中国社会保障立法的现状

尽管新中国的社会保障法制建设走过了半个多世纪的历程,并制订过多部社会保障方面的法规和部分相关法律,它们对于维系以往社会保障制度的运行起到了不可或缺的作用,并为以后的社会保障法制建设奠定了一定的基础,但从总体上看,中国的社会保障立法又确实十分滞后,基本上处于一种非正常状态,从而对整个社会保障制度的最终确立与健康运行是一种先天的不足。

中国社会保障法制建设的滞后局面,主要表现在以下几个方面[①]:

(1) 社会保障立法还缺乏合理的理念。即是以维护社会稳定与社会公正为立法理念,还是吸收发达国家长期协调发展的战略观,在中国社会保障立法中还未能真正清晰地体现出来。

(2) 立法缺乏统筹规划,体系结构残缺。如已颁布的七部法律是社会保障内容与非社会保障内容混合在一起,但又不能作为实施有关社会保障制度的直接法律依据,而以社会保险法、社会福利法、社会救助法等为骨架的社会保障法律体系还未得到确立。

(3) 法制建设的层次低。即国家立法机关制定的社会保障法律少,国家行政机关制定的法规和地方性法规多,这种局面表明社会保障法制建设的低层次性和不稳定性。

(4) 立法主体混乱,立法层级无序。一些需要国家立法机关制定的法律却只能用行政法规代替,而有的可以由国务院颁行的法规却变成了由全国人民代表大会通过的法律,这种局面为后续立法工作的顺利发展增加了障碍。即使以现有社会保障各领域的法规建设,亦存在着不平衡的现象。

(5) 欠缺与WTO的社会保险规则相适应的法律规范。中国现在已是WTO的成员国。尽管在WTO这个框架内目前还未有相应的社会政策或社会保障条款,对成员的社会保障水平也没有明确限定,但是国际劳工组织已经制定了100多个有关劳工权益保障方面的公约,提供了最低程度的保障标准。而且作为世界性的经济组织WTO要求成熟的市场经济体系,而成熟的市场经济体系不仅包含着健全的保障体系,且需要以健全的社会保障体系为基本条件。现行的有关社会保障的法律法规与国际劳工组织的社会保险规则还存在相当大的差距,有的甚至直接同国际劳工组织的社会保险规则相冲突,这在一定程度上必然会影响中国同国际社会的交流与合作,最终将影响到中国完善的社会主义市场经济法律体系的建立。

---

① 郑功成著:《社会保障学——理念、制度、实践与思辨》,第 407—408 页,商务印书馆,2000 初版,2003、2004 再版。

(三) 中国社会保障立法的发展趋势①

完善的社会保障法应当有量和质两个方面的评价标准,就量的规定而言,首先,在社会保障法律体系应该有直接的宪法依据;其次,在社会保障法律体系中应当有适用于社会保险、社会福利、社会救助、军人保障等方面的专门法律;再次,在社会保障法律体系中还不可缺少与上述法律、法规相配套的若干条例、规章等。就质的规定而言,首先,要求社会保障法律体系中起主干作用的法律与起配套作用的法规、规章等之间具有有机的联系,形成符合逻辑的多层次的法律结构;其次,它们在内容上应当达到和谐一致、互不矛盾、互不抵触,符合法制统一原则和统筹兼顾、互相协调的原则。依据这个标准,中国社会保障法的完善应当从以下几个方面进行:

(1) 由地方立法向中央立法发展。目前,中国社会保障立法大量表现为地方立法。各省、自治区和直辖市都颁布了大量的地方性法规、地方规章来规范当地的社会保障相关项目,这种状况是社会保障制度改革在部分地区综合试点或部分单位分散试点的需要和表现。但是,进入社会保障制度总体设计与整体推进阶段时,必须高度重视并有计划地制定全国性的社会保障法律和法规。就社会保障进行立法,是在全国范围内使社会保障制度走向统一的基本保证。因此,在改革试点地区立法先行的基础上,应努力为中央立法创造条件,尽快实现以中央立法来指导地方立法。

(2) 由分散立法向相对集中立法发展。由于社会保障制度的改革与重建尚处于探索阶段,社会保障立法表现出过度的分散性。如没有综合性的社会保险法律或法规,却有养老保险、工伤保险、医疗保险、失业保险、生育保险等单项法规;在社会福利、社会救助领域,更是表现出一种"头痛医头、脚痛医脚"的倾向。国务院或其职能部门发布的大多是解决实践中的某一个具体问题的指示、意见等,致使与社会保障有关的法律、法规、政策数以百计。这种过分分散的立法局面,不仅不利于社会保障的整体发展和全面发展,而且不利于社会保障项目的均衡发展和协调发展。因此,现阶段是到了考虑向相对集中立法发展的时候了。如制定集中性的《社会保险法》、《社会救助法》、《社会福利法》等,以其统率其他法规、制度,将能够使整个社会保障法得到全面、系统的发展,并维系社会保障制度在整体上的正常运行。需要指出的是,社会保障立法也不能走向过度集中化,有关人士主张制定一部综合性的《社会保障法》显然不具有现实性。

(3) 由行政立法向人大立法发展。社会保障是全体社会成员的共同意愿。兴办社会保障事业也是现代社会的国家意志,它应当通过国家立法机关进行立法并以其

---

① 郑功成著:《论中国特色的社会保障道路》,第494—496页,武汉大学出版社,1997。参见郑功成:"关于社会保障立法的几个问题",载《中国社会保险》,1995(12)。

统率行政法规来具体体现。而缺少人大立法和过多行政立法的局面,是无法满足社会保障制度正常运行需要的,特别是难以避免部门利益分割而给统一社会保障制度设置障碍。我们已经经历较长时期的行政立法阶段,许多行政法规事实上为人大立法打下了较好的基础,因此应该适时进入全国人大立法的阶段。从国家立法机关的角度出发,不仅应当关注社会保障方面的法制建设,更应当将主要的注意力集中到基本的社会保障法律的制定上,如迫切需要《社会保险法》、《社会救助法》、《社会福利法》、《军人保障法》等法律早日出台。人大立法是整个社会保障法制系统建设的最高保证。

（4）强化社会保障法律制度的实施机制。社会保障制度功能和效应的发挥与释放需要强有力的制度和措施作后盾。一方面,应加强法律规范本身的强制性,尽快建立起相关的社会保障法律责任制度,对拒不缴纳法定的社会保障费、拒不履行支付社会保障金义务、不正当使用保险基金、贪污、挪用、侵占保障基金的行为人,应当依法追究其行政责任、民事责任和刑事责任;另一方面,借鉴国外普遍实行的专门法院审判方式,建立我国专门的劳动和社会保障法庭(院),专门从事审理劳动和社会保障的争议案件,使当事人在社会保障权益受到不法侵害时获得有力的司法保护,并对社会保障领域里发生的违法、犯罪案件,依法及时审理。

第三节 社会保障管理

一、社会保障管理模式

社会保障管理体制是指国家为实施社会保障事业而规定的从中央到地方的各种社会保障管理机构、管理原则和管理机制的总和。世界各国社会保障管理体制因其政治、经济、文化、历史背景和民族传统不同而有很大差异。如根据政府介入的程度,可以概括为政府管理、自治管理与民间管理等模式;按照集权程度,则可以分为集中管理、分散管理、集散结合管理等模式。

(一) 集中管理模式

集中管理模式,是把养老保险、失业保险、医疗保险、工伤保险以及其他社会保障项目全部统一在一个管理体系内,建立统一的社会保障管理机构,集中对社会保障各项目基金的筹集、待遇给付以及运营监督等实施统一的管理。在实行集中统一管理模式的国家里,一般从中央到地方都设立专门的社会保障行政管理机构和业务机构,配备专职的工作人员。其显著特征有:一是社会保障决策权统一集中在中央;二是社会保障预算权统一,即编制和执行全国范围内的社会保障预算;三是政府间的社会保障联系是一种直接的双重联系,即地方各级政府不仅要在横向上对同级政府负责,还要在纵向上服从中央政府的指令;同时,地方社会保障收支规模与基本结构要由中央政府决定。

集中管理模式具有以下几方面的优点:一是有利于社会保障的统一规划,统一实施,统一监督,避免了政出多门、多头管理所产生的诸多利益冲突,使社会保障功能更有效地发挥;二是有利于社会保障各项目之间、社会保障运行机制各环节之间的协调和社会保障基金的集中管理,并在一定范围内调剂使用,真正发挥社会保障的互济功能;三是有利于降低社会保障管理成本,控制管理费用;四是对社会保障业务和基金的集中管理,还有利于增强透明度,便于加强社会监督。

集中管理模式的局限性,主要体现在:一是某些社会保障项目的管理与政府业务主管部门往往难以协调,进而影响管理效果。如失业保险、工伤保险与劳动就业部门的就业促进、工伤预防等工作往往很难协调配合;二是这种模式往往以国家行政管理为主,受行政干预较多。

英国、新加坡即实行这种模式。

(二) 分散管理模式

分散管理模式,是不同的社会保障项目由不同的政府部门或机构管理,并各自建立一套社会保障执行机构、资金营运机构及监督机构,各保障项目之间相互独立,资金不能相互融通使用。其基本特征有:一是各级政府及社会保障部门事权独立;二是各级政府社会保障部门预算独立;三是政府间的社会保障联系是间接的,政府将社会保障事务委托给社会保障经办机构管理,只对社会保障进行监督,并根据各类保险项目的财务状况进行必要的平衡。

分散管理模式具有以下几方面的优点:一是各管理机构具有较大的自主性,能根据自己所管理社会保障项目特点制定详细、周全的管理法规,较灵活地适应社会保障发展的需要;二是管理的独立性强,能根据客观实际,及时调整保障项目和内容,较灵活地适应社会生活的需要。

分散管理模式的局限性体现在:一是管理机构多,管理成本高,如德国养老保险的管理费用占所缴养老保险金的3%,而同期日本、美国的养老保险管理费用只占1%;二是因机构庞杂和相互独立可能导致一些工作的重复,给被保险人和保险机构管理增添了难题。

德国是实行分散管理模式的典型。

(三) 集散结合管理模式

集散结合管理模式,是指将社会保障中共性较强的项目集中起来,实行统一管理,而将特殊性较强的项目单列出来由相关部门分散管理。集散结合管理的显著特征,是根据社会保障项目的不同,把集中统一管理和分散自主管理有机地结合起来。

集散结合管理模式的优势主要体现在:一是它既能体现社会保障社会化、一体化的要求,又能兼顾个别项目的特殊要求;二是有利于调动各方面的积极性,提高工作效率,降低管理成本,更好地促进社会经济发展。可以认为,集散结合管理模式兼具了集中管理模式和分散管理模式的优点,而又在一定程度上避免了两者的缺点。当然,这种模式的顺利实施需要有较为有利的内外部条件和管理环境。

美国、日本等国采用集散结合管理模式。

二、社会保障管理的基本原则[①]

社会保障管理在运行中需要遵循管理的一般原则,同时还应当考虑社会保障制度的特殊性而遵循某些特定的规则。它主要包括公开、公正与效率原则,依法管理原则,属地管理原则,以及与相关系统协调一致的原则等,这些原则是建立社会保障合理的管理体制的基本依据,也是管理系统正常、有效地运行的准则与保证。

(一) 公开、公正与效率原则

现代社会保障是公共事务,它关系到全体社会成员的切身利益,而支撑社会保障制度运行的财政基础(无论是财政拨款形成的基金还是通过向企业和劳动者征缴社会保险费而形成的基金)亦是社会公共基金,它实质上属于全体社会成员共有。因此,社会保障制度的运行应当是透明的,社会保障管理亦必然要遵循公开、公正与效率的原则。

在公开、公正与效率原则下,首先是社会保障管理机构及其职责应当通过社会成员熟知的途径与方式加以公开化,以便让大众接受必要的社会保障政策信息,明了自己的社会保障权益以及可以申请与上诉的路径及处所;其次,管理机构在社会保障运行中既是责任者,更是社会保障制度公正性的维护者,它应当严格依法保护社会成员的社会保障权益,并对社会保障纠纷采取不偏不倚的态度;再次,效率是管理系统运行最重要的追求目标之一,管理机构是否职责分明、政令是否畅通无阻、管理成本是否低廉、管理资源是否得到最优配置,均是衡量管理效率的基本标志。

应当看到,由于一些官方社会保障管理机构办事效率低的原因,由私营系统来取代公营系统管理或运行社会保障事务的趋向,已得到了相当多的公众的理解与拥护。

---

① 郑功成著:《论中国特色的社会保障道路》,第十四章,武汉大学出版社,1997。参见郑功成著:《社会保障学——理念、制度、实践与思辨》,第七章,商务印书馆,2000 初版,2003、2004 再版。

(二) 依法管理原则

社会保障法制化及其所具有的强制性,决定了社会保障制度在各个环节均须严格按照现行法律、法规与政策的"肯定的、明确的、普遍的"规范运行,并接受社会公开监督。因此,依法管理成为管理机构履行职责的内在要求。

社会保障管理作为整个社会保障运行机制中的一个重要环节,实行依法管理包括两个方面:一是管理机构及管理岗位的设置需要有相应的法律、法规作为依据,有关法律、法规对此应当有明确而具体的规范;二是管理系统必须依法运行,即管理机构只能在既定的职责范围内行使权力,既不能不作为,也不能越权行事。

依法管理作为对社会保障管理的一项基本要求,既是为了避免因管理职责紊乱致使社会保障制度在运行中出现非正常状态,也是为了确保社会保障管理的权威性。因此,为社会保障管理立法应当先于社会保障管理体制的建立,社会保障管理的基本任务就是保证现行社会保障法律、法规、政策的贯彻落实,是执行法治并确保法治的关键性工具。

(三) 属地管理原则

社会保障制度追求的社会目标是社会公平与社会和谐,它在运行中是一个开放的社会化系统,并需要通过在区域内设置相应的实施机构来完成项目实施任务,实现的也主要是一定区域范围内社会成员之间的共济或互济互助。因此,除新加坡等少数城市国家或小国家外,各国的社会保障事务通常都是在国家法律、法规的统一规范下,由各地区组织实施并由各地区的社会保障管理机构负责管理与监督的。

有鉴于此,社会保障管理应当奉行属地管理原则,即同一地区的社会保障事务适宜由该地区的管理机构统一管理,这是维护社会保障制度的公平性、互济性和社会性的内在要求。

(四) 与相关系统协调一致原则

虽然社会保障是一个独立运行的系统,但它与其他社会系统和经济系统却存在着不可分割的联系,从而在运行中需要与其他系统保持协调一致。例如,社会保障管理系统与国家财政系统就需要在社会保障基金管理等方面协调一致;如果社会保障基金进行商业运营,管理系统还应当与金融证券系统等保持协调一致等等。

即使在社会保障管理系统内部,不同的管理机构亦需要在明确职责、分工负责的基础上保持某种程度的合作。此外,管理系统还需要与社会保障法制系统、实施系统及监督系统保持协调一致。强调管理系统与其他系统的协调及管理系统内部的协调,目的在于减少摩擦、提高效率并促使管理目标的顺利实现。因此,社会保障管理工作在一定程度上即是协调性工作。

三、社会保障管理的内容

社会保障管理的内容可以从以下三个方面进行概括。

(一) 社会保障行政管理

社会保障行政管理,是指行政部门依法行使对社会保障事务的管理与监督权力,它是确保社会保障制度良性运行的保证。

政府要管理监督社会保障事务,必须依法设置相应的社会保障管理部门,如中国的劳动和社会保障部、民政部等,在地方各级政府中亦需要设置同样的管理部门,由这些部门专司社会保障管理职责。

社会保障行政管理的内容包括依法制定更为具体的社会保障政策及运行规范,对社会保障制度的运行进行日常的监督。社会保障行政管理的任务,是确保社会保障制度的规范运行,并对失范现象进行纠正。

(二) 社会保障财务管理

社会保障财务管理包括两个层次:一是政府财政、审计部门对社会保障财务收支及运行状况进行管理与监督;二是社会保障主管部门对社会保障经办机构的财务收支及运行状况进行管理与监督。一般而言,财政部门不仅为社会保障财务活动提供着规范性的依据,而且对重要的社会保障财务运行进行监督;审计部门则通过抽查等方式来实行对社会保障机构的财务的监督。

社会保障主管部门亦对其负责管理的社会保障经办机构的财务活动进行监督管理。如劳动和社会保障行政部门对社会保险经办机构财务活动的监督管理,民政部门对有关社会福利机构财务活动的监督管理。

社会保障财务管理的环节包括:一是对社会保障基金筹集的管理,检查各责任主体(如国家、单位、个人)是否按法定标准供款,私人和社会团体的捐助是否符合法律的规定等;二是社会保障待遇给付的管理,即对享受者支付养老保险金、医疗补助、工伤保险金、失业补助、最低生活保障金等是否符合法律规范,有无违规现象,有无漏洞等,发现失范时应当及时纠正并处理;三是对社会保障基金运营的管理与监督,确保社会保障基金安全并尽可能地使其保值增值。

需要指出的是,由于社会保障基金是支撑社会保障制度的基础,在基金制条件下,社会保障基金与资本市场的结合日益紧密,对社会保障基金及其运营的管理与监督也就成为社会保障财务管理的重点。它一般由专门的社会保障管理机构进行管理,并接受社会监督,在许多国家是由政府、雇主与劳动者代表三方组成的机构对基金进行监督管理。理由在于:(1)社会保障基金一般由国家、单位或雇主、享受者承担供款责任,作为基金所有权的自然延伸,三方均拥有当然的管理权;(2)社会保障作为现代文明国家的一项社会政策,各国政府具有不可推卸的管理责任和义务;而单位或雇主作为义务主体,其积极性要调动起来也应参与管理,因为这样才有利于细致地甄别享受者的条件、控制社会保障基金的发放;享受者不仅拥有享受社会保障的权利,而且有缴纳社会保障基金的义务和管理基金的责任,社会保障基金距离享受者越近,越有利于建立公民的社会保障意识,越有利于社会保障基金的管理。因此,社会保障基金管理组织,应区别于政府行政机构和以营利为目的的企业或商业组织,成为一个由三方代表共同组成的事业性的公共机构。

(三)其他社会保障管理

除行政管理与财务管理外,社会保障领域还有社会保障服务管理、人力资源管理等。如对社会保障服务机构(如经办单位)的服务质量进行监督,对社会保障经办单位人员资格的审查等等,都是维护社会保障制度良性运行的保证。

四、中国社会保障管理体制

中国现行社会保障管理体制,是1998年在中央政府机构改革中确立的,它主要表现为政府对社会保障事务的管理与监督。在中央政府机构序列中,管理社会保障事务的职能部门主要有劳动和社会保障部、民政部、卫生部和财政部,其他有关部门亦不同程度地承担着社会保障管理与监督责任。

(一)劳动和社会保障部

劳动和社会保障部是全国劳动和社会保险事务的主管部门,包括养老保险、失业保险、医疗保险、工伤保险、生育保险以及社会保险基金等均是其管理职责范围内的事务。劳动和社会保障部内设的社会保险事务管理机构有:

(1) 政策法规司。负责起草包括社会保险在内的劳动和社会保险法规政策。
(2) 养老保险司。负责基本养老保险事务的管理。
(3) 失业保险司。负责失业保险及相关事务的管理。
(4) 医疗保险司。负责医疗保险、生育保险等事务的管理。
(5) 工伤保险司。负责工伤保险事务的管理。
(6) 社会保险基金监督司。综合管理各项社会保险基金监督工作。
(7) 农村社会保险司。负责乡村社会保险事务的管理。

(8) 直接事业单位。例如：社会保险事业管理中心，负责全国社会保险经办机构的指导与管理；社会保险研究所，负责社会保险理论与政策的研究工作。它们虽然不在行政序列之中，但又直接为社会保险事业服务。

地方各级政府中的劳动和社会保障行政部门，一般照此设置相应地内设机构。

（二）民政部

民政部是中央政府中又一个十分重要的社会保障主管部门，它负责管理全国的社会救助、社会福利、优抚事业等。民政部内设的相关机构主要有：

（1）救灾救济司。负责管理灾害救助、贫困救助与特殊救助事务。

（2）最低生活保障司。负责管理面向低收入阶层的最低生活保障事务，组织和指导扶贫济困等社会互助活动，审批全国性社会福利募捐义演；指导地方社会救济工作。

（3）社会福利与社会事务司。负责管理全国的社会福利事务（包括老年人、孤儿、五保户等特殊困难群体的福利）、福利彩票及城市生活无着落的流浪乞讨人员的救助管理。

（4）优抚安置局。负责管理军人及其家属的优待、抚恤及补助事务，以及国家机关工作人员伤亡抚恤等事务。此外，还有转业军人的安置工作等。

此外，民政部还设有事业编制的政策研究中心，负责研究社会救助、社会福利等各项民政工作的政策。

地方各级政府中的民政部门亦通常照此设置自己的内设机构，专门负责有关社会保障事务的管理。

（三）其他部门

除上述主管部门外，在中央政府中，还有一些部门承担着相应的管理与监督职责。如卫生部不仅负责着全国医疗卫生事业，而且承担着农村合作医疗、全民卫生保健等事务的管理职责；财政部设置有专门的社会保障财务司，负责管理中央财政社会保障支出及财务制度等；审计署设有专门的社会保障审计司，负责对社会保障事务进行审计监督；国家发展和改革委员会亦设有社会发展司等机构，负责制定社会保障发展的中长期规划等。

国务院还于2000年设置了全国社会保障基金理事会，它虽然不是政府机构而是一个事业单位，但它肩负着管理主要源于财政拨款、国有股减持等形成的中央社会保障储备基金的责任，并负责这笔基金的投资营运。

此外，一些半官方性质的组织与社会团体，亦不同程度地参与着社会保障事务的管理。如中华全国总工会、全国妇联、中国残疾人联合会等机构就不同程度地参与着社会保障事务的管理。

【案例讨论1】

多龙不治水的社会保险管理格局

在1998年以前,中国的社会保险管理体制是多个部门分割管理,它源于计划经济体制下国家机关不同职能部门的设置。当时的情形是,劳动部门管理和经办国有企业和部分集体企业职工的社会保险,民政部门管理和经办农村的养老保险,人事部门管理和经办国家机关事业单位的养老保险等,中国人民保险公司亦管理和经办着部分城镇集体单位职工的养老保险,卫生部门管理着国家机关事业单位的医疗保险,劳动服务公司管理和经办着部分单位职工的失业保险。此外,就养老保险而言,国务院还先后批准电力部门、铁路部门、邮电部门、水利部门、建设部门(中建总公司)、金融部门、石油天然气部门、民航部门、煤炭部门、有色金属部门、交通部门等11个部门单独管理和经办着本行业职工的养老保险。这样,社会保险实际上分别由4个部门、11个行业再加上中国人民保险公司、劳动服务公司等企业分割管理和经办。这种多头管理和多头经办的格局,被称为多龙治水。而根据中国的传统说法,龙多是不治水的。

在这种管理格局下,应当统一的社会保险制度被多头分割,不仅管理机构与经办机构重复设置,管理与运行成本成倍增加,而且这种各自为政的局面造成了应当统一的社会保险制度无法统一,国家失去了对社会保险制度的宏观调控和综合平衡能力,地方因多头管理与经办,还激化了不同单位职工之间的矛盾。各项社会保险制度改革在相互扯皮中根本无法获得推进,各级政府的大量精力被迫放在处理各管理部门与经办机构的关系上,社会保险制度改革更加艰难。

1998年,九届全国人大第一次会议批准国务院机构改革,才结束了社会保险多头管理与经办的混乱不堪的局面,全国社会保险事务的管理职责被统一到劳动和社会保障部,从而为社会保险制度的统一与健康运行创造了条件。然而,现阶段社会保险尤其是养老保险改革深化中的问题实际上还与当年多头管理有关,其后遗症相当严重。

多头管理造成的不良后果,表明了社会保险应当采取集中管理,这是确保制度统一、管理高效的前提条件。

【案例讨论2】

企业因不参加社会保险而败诉

于某等6人系某私营企业1998年5月招用的农民工,经过几年的培训和锻炼,他们很快成了厂里的技术骨干。2001年6月,双方签订了5年期劳动合同,自2000年6月1日起至2006年5月31日止。自2004年5月开始,于某等人多次与老板协商参加养老保险、工伤保险、医疗保险事宜。老板总是以制造厂是私营企业,他们又都是农民工,以及劳动合同上没有要参加社会保险的约定为由,拒绝他们提出的要求。2005年2月28日,于某等6人在经再次与雇主协商未果后,以企业拒绝参加社会保险为由,向雇主递交了书面辞职报告,并于次日离厂,到另一家同行业工厂工作。

于某等6名技术骨干辞职离厂后,该厂几乎处于瘫痪状态,雇主非常着急,亲自去找于某等人,要求他们回厂上班,但由于社会保险问题不能达成一致协议,于某等人均表示决不回厂。为此,该雇主向当地劳动争议仲裁委申请仲裁,要求于某等人回厂继续履行劳动合同,否则,每人需向厂方交纳违约金5000元,赔偿经济损失1万元。

劳动争议仲裁委立案后,依法开庭仲裁。庭审时,申诉人陈述了自己申诉的事实与理由,并特别强调,于某等人在劳动合同期限内,未经企业批准,擅自离职,属违约行为,应当向厂方交纳违约金。同时,由于他们擅自离职,致使合同不能按期完成,也影响了整个企业的生产,直接造成10多万元的经济损失,于某等人应当承担赔偿责任。于某等人辩称,我们年轻时能出力挣钱吃饭,老了以后谁来养活我们?这当然要靠社会保险;况且,国家政策规定,企业应当参加社会保险,为此,我们多次与企业协商,老板都拒绝了我们的合理要求,为了解决后顾之忧,将来老有所养,我们只能辞职另谋职业,到参加社会保险的用人单位工作。同时,于某等人还提出反诉,要求申诉人为他们补缴社会保险费。

劳动争议仲裁委认为:根据劳动法律、法规规定,中国境内的所有企业、个体经济组织、民办非企业单位、企业化管理的事业单位及其职工均应依法参加社会保险。申诉人不参加社会保险,是造成被诉人辞职的直接原因,是一种侵害被诉人合法权益的违法行为。在用人单位拒绝依法为劳动者参与社会保险并缴纳社会保险费的情况下,劳动者随时可以与用人单位解除劳动合同。劳动合同未涉及的事项应按照国家有关法律、法规执行。因此,于某等人的辞职行为不属违约行为。依照

《中华人民共和国劳动法》第72条等的规定,劳动争议仲裁委裁决如下:

1. 驳回申诉人的申诉请求;
2. 申诉人依法为被诉人补缴社会保险费。

通过本案,表明用人单位不参加社会保险、不承担为劳动者依法缴纳社会保险费的责任,劳动者不仅可以随时与用人单位解除劳动合同,而且还可以依法申请劳动争议仲裁,要求用人单位为自己缴纳社会保险费。

思 考 题

1. 为什么要突出强调社会保障管理法制化?
2. 如何理解社会保障立法理念的嬗变?
3. 社会保障法有哪些主要形式?
4. 社会保障管理应当遵循哪些原则?
5. 中国的社会保障管理部门有哪些?各承担哪些管理职责?

第五章 养老保险

【本章学习要点】

通过本章的学习,应当了解养老保险的特征、原则及影响因素,掌握养老保险的责任承担模式、筹资模式、基金运行模式、缴费与给付模式,以及养老保险制度的基本内容,对中国的养老保险制度改革及其发展有较深刻的把握与理解。

第一节 概 述

年老是人生不可回避的自然规律,尤其是进入现代社会后,随着社会经济的发展和生活水平的提高,人均预期寿命不断延长,越来越多的国家跨入了老年型社会,人口老龄化及其不断加快的发展趋势,对各个国家与社会均构成了日益严重的挑战。伴随着老年风险的普遍性和日益社会化,养老也就成为当代社会各国面临的主要社会问题之一。与此相适应,养老保险因在保障社会成员老年生活方面发挥着重要作用而成为各国社会保障制度的重要内容。本章主要介绍作为社会保险制度的养老保险。

一、养老保险的产生和发展

养老保险作为一项社会制度安排,并不是自古就有的,在传统农业社会中,家庭就是家庭成员养老保障的提供者。只有进入工业社会后,由于生产方式与生活方式的社会化,原来纯粹属于个人或家庭问题的养老问题才日益演变成社会问题,社会化的养老保险则成为解决这一社会问题的当然选择;随着人口老龄化进程的加快和家庭保障功能的持续弱化,养老保险更是成为必需的社会制度安排,并迅速在各国社会保障体系中占据着极为重要的地位。一个国家或地区的社会保障制度的成败,事实上在很大程度上取决于养老保险制度的成功与否。

(一) 养老保险的产生

早在1669年,法国就在制定的《年金法典》中,明确规定对于不能继续从事海上工作的老年海员发放养老金,这应当算是开有关养老保险立法之先河。奥地利和比利时则分别于1854年和1868年实施了矿山劳动者养老金制度[①]。但由于受当时历史条件的限制,这些制度根本不可能在较大的范围内实施,它只是针对一些特定行业而制定的,同时也并不具有现代社会保障的基本特征。因此,法国、奥地利、比利时等国在早期实施过的养老金办法,并不能算是现代社会养老保险产生的标志。理论学术界较为公认的具有现代意义上的养老保险制度,是以德国1889年颁布的《老年、残疾和遗属保险法》为标志的,这一立法正式确立了社会保险模式的养老保险制度,并打上了深厚的俾斯麦时代的烙印。

---

① 邹根宝编著:《社会保障制度——欧盟国家的经验与改革》,第84页,上海财经大学出版社,2001。

社会养老保险制度产生于德国,有其深刻的社会、经济和政治背景。

(1) 社会背景——工业社会。在18世纪以前的传统农业社会里,家庭担负着赡养老人的任务,东、西方国家皆是如此。而经过18世纪的产业革命后,工厂机器大生产逐渐代替了家庭、作坊手工业,生产方式走向社会化,工业化带来了城市化进程的加剧,人口相对向城市聚集,生产的社会化又在加深劳动者之间的社会联系的同时,造成劳动者对家庭的依赖程度逐渐减弱,进而对社会的依赖程度逐渐增强。在这样的时代背景下,家庭的生产功能和分配功能必然发生重要变化,家庭规模的缩小和联系的分散亦使家庭养老功能持续弱化,这种变化使家庭代际反哺式的养老保障面临着日益严重的挑战[①]。而与此相伴的是医疗技术的进步与生活水平的提高,使人均预期寿命不断延长,养老负担日益加重。因此,工业社会是促使养老问题社会化并催生养老保险制度的社会背景。在19世纪70—80年代的德国,社会问题异常突出,大量工人失业,包括疾病医疗、职业伤害、养老等均成为当时社会难题,而风起云涌的工人运动更是对国家提供相应的社会保障提出迫切的要求。因此,德国在颁布有关疾病医疗保险、职业伤害保险方面的立法后,即制定了世界上第一部真正有现代意义的社会养老保险法。可见,工业社会生产与生活方式的改变、家庭保障功能的弱化和人均预期寿命的延长,构成了社会养老保险产生的基本原因和强大推动力。

(2) 经济背景——社会化大生产与物质财富增长。养老作为一项普遍存在的需求自始就伴随着人类自身的发展,但社会养老保险的产生却需要一定的经济条件,因为需要这一制度解决的是老年人的经济来源,采取的也是发放养老金的方式,如果没有相应的经济基础,这一制度便不可能生存下去。只有进入工业社会后,社会化大生产才真正大幅度地提高了社会生产力,社会财富亦大量增加,从而使得当时的社会有可能考虑用社会养老保险的方式来解决劳动者普遍存在的养老问题。因此,社会财富的增加是推动社会养老保险制度产生的重大因素,它构成了社会养老保险制度的物质基础。

(3) 政治背景——社会矛盾激化与工人阶级的斗争。19世纪后半期,资本主义的自由竞争开始向垄断阶段发展。德国在19世纪70—80年代,社会问题异常突出,其原因就是由于垄断竞争中普遍存在的排挤和吞并现象,造成大量中小企业倒闭,这使得工人阶级对养老、失业等保障的需求日益迫切,养老、失业等问题也日益尖锐。工人阶级为了维护自身利益和基本生存权利,为争取社会保障而进行了不懈的斗争,社会民主运动此起彼伏,工人运动空前高涨。在这种政治背景下,为了维护自身的统治地位,资产阶级曾采取过多种镇压手段,但在"铁血宰相"俾斯麦在镇压工人运动失败后,为了缓和阶级矛盾,巩固自己的统治地位,不得不做出一些让步,提出用"胡

---

① 张彦、陈红霞编著:《社会保障概论》,第148页,南京大学出版社,1999。

萝卜加大棒"的办法来对付工人运动,采取软化政策以缓解社会矛盾,一个重要的措施就是将社会保险作为"消除革命的投资",依此来维护社会的稳定,这就是养老保险在德国产生的政治根源。

可见,养老保险作为一项极其重要、影响深远的社会保障制度安排,其产生的过程就是适应社会的变化、适应生产力发展的过程,是在特定的社会背景、经济背景与政治背景下产生的,它的产生标志着人类文明和社会进步。

(二)养老保险的发展

自养老保险制度在德国产生后,工业化国家以及其他国家纷纷仿效德国建立自己的养老保险制度。例如,丹麦于1891年、新西兰于1898年、瑞典于1903年、奥地利于1906年、澳大利亚于1908年、英国于1909年、法国于1910年、荷兰于1913年、意大利于1919年、俄罗斯于1922年、智利于1924年、加拿大于1927年、南非于1928年、美国于1935年相继建立了社会养老保险制度。另外一些发展中国家,如新加坡、马来西亚、印度、缅甸、泰国、菲律宾、墨西哥、阿根廷、巴西、沙特、科威特、埃及、中国等也在第二次世界大战后先后建立了自己的养老保险制度。截至20世纪末,世界上已有166个国家建立了养老保险制度,这表明了养老保险不仅是人类社会发展的普遍需要,而且也是政府着力推进的重大社会政策。

需要指出的是,从19世纪80年代俾斯麦执政时期建立的国家、雇主和雇员共同供款的社会养老保险制度,到20世纪40年代末英国建立世界上第一个个人不用缴费的普遍养老金制度,再到20世纪50年代新加坡建立中央公积金制度以及20世纪80年代初智利实行养老金私有化改革,社会养老保险制度的模式在不断丰富和发展。养老保险制度模式的多样化发展,表明随着人们对养老保险的认识愈来愈清晰,各国政府对养老保险的驾驭能力也越来越强,各国都在理性地分析各种养老保险模式的优缺点,然后在尊重本国国情的基础上选择相应的制度模式甚至创建新的制度模式。因此,国际间存在的养老保险类型的差异性和制度模式的多样性,实质上是社会养老保险理性发展、长足发展的有力佐证。

二、养老保险的特征

由于各国养老保险政策及其实践的内容不同,对养老保险的定义也不尽一致。客观上,养老保险是指国家和社会通过相应的制度安排,为劳动者解除养老后顾之忧的一种社会保险,它的目的是增强劳动者抵御老年风险的能力,同时弥补家庭养老的不足,手段则是在劳动者退出劳动岗位后为其提供相应的收入保障。在此,养老保险作为社会保险制度的主要项目,显然具有社会保险的性质和一般特征,它是从整体上化解正在日益社会化、普遍化的老年风险的现实的有效和必要的措施,各国养老保险制度的实践,也都表明了养老保险在保障老年人晚年生活所发挥出来的重要作用。对于仍处于劳动岗位的劳动者而言,养老保险能让他们消除对未来老年生活的担忧;对已经退休的劳动者而言,养老保险则是其老年生活的基本保障。

与劳动者面临的失业、疾病、工伤及其他社会风险相比,老年风险的特征显著,因此,作为化解老年风险为己任的制度安排,养老保险的特征也十分明显,它可以概括为普遍需求、地位特殊、长期积累、管理复杂等。

(一)普遍需求

由于年老是人生不可避免的自然规律使然,这就决定了任何人如果要想安享晚年,都需要有相应的养老保险,人们对养老保险的普遍需求,正是根源其化解的老年风险的普遍性。相对于失业、疾病、伤残等不确定事件而言,老年是一个十分确定的、可以清晰预见的、人人都会遇到的事件,虽然由于不同的人的能力、经历和家庭条件不同,对老年收入锐减、身体衰弱等的承受能力也不同,但随着家庭规模的缩小、保障功能的弱化以及市场竞争带来各种风险的集中化和多重化,任何人都不能保证自己的老年没有风险。因此,在养老风险日益成为最普遍的社会风险的同时,养老保险亦成为社会成员最普遍的需求。

即使从参加保险后的待遇享受来看,疾病医疗保险待遇只有生病者在生病期间才能享受,失业保险待遇只有失业者在失业期间才能享受,工伤保险待遇只有遭遇职业伤害的劳动者在受伤害期间才能享受,生育保险待遇只有生育期间的女职工才能享受,这些社会保险项目从风险发生的视角具有普遍性需求,但从保障待遇实现的视角却并非是普遍需求,只有养老保险不仅对化解老年风险具有普遍需求,而且在享受权益方面也能够满足普遍需求。

(二)地位特殊

一方面,老年风险的普遍性决定了这种风险的影响面和波及层的广度和深度,而"安度晚年"一直都是中国传统文化和道德规范下公认的理想的晚年生活方式,这就决定了老年风险是应得到最多重视的一种风险,在人均预期寿命不断延长的条件下更是如此;另一方面,养老保险因待遇较高(需要保障老年人的基本生活)、领取养老金的时间长(自退休起到死亡,甚至受保者死亡后还继续惠及其家属),基金收支的规模庞大,这就决定了养老保险是最重要的社会保险项目,并在各国社会保障体系中占有着举足轻重的地位。

各国养老保险制度的实践,充分证明了这一制度在现代社会保障体系中占有的特殊地位。例如,1979—1983 年间,美国、德国、澳大利亚、前苏联、巴西等国的养老保险金支出就均占其整个社会保险支出的50%以上,英国、法国、意大利等国的同一指标均在40%以上,而上述国家的社会保险支出均占整个社会保障支出中的60%以上,有的国家或地区的社会保险支出占其社会保障总支出的比重甚至达90%以上①。在中国更是如此,以2000年为例,全国离休退休、退职费用支出总额达2 733.3亿元,其中离休养老金201.1亿元、退休养老金2 305.7亿元,是同年失业保险基金、医疗保险基金支出的20多倍,是同年工伤保险基金支出的200多倍、生育保险基金的300多倍,而且这还是在没将国家财政口径支出的福利救济与抚恤费和企事业单位支付的医疗卫生费中用于离退休人员养老支出部分计算在内②。养老保险的重要性及特殊地位由此可见一斑。

(三) 长期积累

养老保险通常都是劳动者在年轻时参加,达到退休年龄办理退休手续后再领取,直到退休者死亡时终止,有的养老保险还惠及劳动者需要抚养的家属,其领取的时间更长。这样,养老保险就具有了如下两个固有的特征:一是缴费时间长达数十年,二是领取养老金的时间也长达十多年到数十年不等。

例如,中国的法律规定的退休年龄是男性职工60周岁、女职工50周岁,如果劳动者20岁参加工作,则男、女职工的缴费年限将分别达40年和30年,即使中间可能因失业等原因导致缴费时间中断,但缴费时间长是毋庸置疑的;同时,2000年时全国人均预期寿命为72岁,其中城市居民的人均预期寿命更长一些,如果按时退休,则男性退休者领取养老金的时间平均为12年,女性退休者领取养老金的时间平均达22年,部分退休者领取养老金的时间甚至可能长达40年。

可见,养老保险无论采取何种制度模式建立,均伴随着劳动者自走上劳动岗位后到死亡,这种长期积累性是养老保险固有的特性。这一点与其他社会保险项目显然是不同的,因为工伤保险、生育保险、医疗保险均是不确定的偶发事件,它们均追求即期平衡,而失业保险虽然要考虑到经济周期及失业率的高低,但也只要在一个经济周期内实现周期平衡即可。

(四) 管理复杂

养老保险管理的复杂性,不仅在于长期积累性带来了制度设计与管理的难度,而且由于基金规模庞大,基金保值增值的负担也十分繁重,需要有专门的机构和人员来进行基金运营工作,而其他社会保险项目则没有如此大的压力。

---

① 郑功成著:《论中国特色的社会保障道路》,第182页,武汉大学出版社,1997。
② 郑功成等著:《中国社会保障制度变迁与评估》,第77页,中国人民大学出版社,2002。

此外,各国养老保险制度大多都采取多层次体系,与其他社会保险项目单一层次保障明显不同。考察各国的养老保险制定实践,完整的养老保险制度不仅包括了旨在保障个人基本生活的基本养老保险层次,也包括进一步提高个人老年生活保障水平的补充养老保险层次,还有一些满足个人个性需求的个性保险。

三、影响养老保险的因素

从总体上考察社会保障的发展史,可以发现影响其进程及状态的因素包括经济因素、道德因素、政治因素、社会因素乃至历史文化因素等①。养老保险制度亦不例外,它在产生与发展进程中同样要受到多种因素的影响。

(一) 文化传统、家庭结构和功能影响着养老保险的价值取向

一项制度的价值取向决定着这项制度的目标设定、路径选择甚至具体的实现方式和方法。如养老保险的覆盖对象包括哪些人、养老保险基金由谁供给、养老保险金水平如何确定、申领资格以及国家在养老保险中承担的责任和扮演的角色等,在很大程度上都源于这项制度的价值取向。

在价值取向明确的基础上,各种规定都是围绕这个中心和根基展开的。养老保险制度的运行涉及众多社会成员的老年生活,而养老保险制度希望达到运行目的和效果就在很大程度上决定了多少人能从制度中受益以及受多少益,养老保险的目标又决定于养老保险的价值取向。

与此同时,养老本是完全由家庭承担的一项职责,随着家庭结构的变化和保障功能的降低,养老保险制度作为弥补家庭保障不足的一种补充机制出现,养老保险应该发挥多大的作用,还取决于家庭养老保障与完整的养老保障之间的差距有多大,所以家庭结构和功能的变化也是影响养老保险价值观选择的一个重要因素。

此外,还有一个重要因素就是文化传统和传统观念,作为一项社会政策,不可避免要在一定程度上遵循时代传承的文化观念,如"老吾老以及人之老、幼吾幼以及人之幼"、"尊老爱幼"、"老有所养"以及传统的孝文化等,它们同样会影响到养老保险的价值取向。

(二) 人口类型和人口政策影响着养老保险的模式选择

1956年,联合国就人口类型做了规定:年龄中位数在20岁以下,65岁及以上年龄人口比重在4%以下的人口为年轻型人口;年龄中位数在20—30岁之间,65岁及

---

① 郑功成著:《社会保障学——理念、制度、实践与思辨》,第113页,商务印书馆,2000。

以上年龄人口的比重在 4%—7% 之间的人口为成年型人口;年龄中位数在 30 岁以上,65 岁及以上年龄人口的比重在 7% 以上或 60 岁及以上年龄人口的比重在 10% 以上的为老年型人口[①]。人口类型直接反映出整个社会的养老负担,也从一个方面反映出现行养老制度面临的压力,并直接影响着制度模式的选择,如应该选择现收现付式还是完全积累模式或是两者相结合的方式等。自 20 世纪下半叶以来,世界范围内的老龄化趋势加剧,它使现收现付式的养老保险模式受到前所未有的挑战,而部分积累模式在许多国家受到推崇,完全积累模式的养老金制度成为少数国家的现实选择。

此外,人口政策也是影响养老保险模式选择的重要因素,因为人口政策影响未来的人口结构类型,对这项制度的长远发展有深远影响。如何在满足现有需求解决目前负担和压力的基础上,预测未来一些重要相关因素的变迁兼顾到制度未来的持续发展,这也是出于代际公平的考虑。因此,养老保险制度模式选择不能不考虑到人口政策及其带来的中长期效应。

(三) 劳动就业制度和人均预期寿命影响着养老保险的具体规定

劳动就业制度中对劳动者的退休年龄、工作最低年限等规定,直接影响着养老保险对申领人领取资格的确定;人均预期寿命又决定了对"老年"年龄界限的确定,随着人均预期寿命的增长,对"老年"的界定也已发生了变化,进而引起退休年龄的调整,如新加坡的退休年龄从 1993 年的 55 岁提高到现在的 65 岁,还计划进一步提高到 67 岁[②]。

如果将劳动就业制度和人均预期寿命相结合,就直接决定了养老保险对一个受保障者的负担年限,在需要劳动者供款的制度中,还决定了养老保险的收入数量和规模,进而影响着养老保险对保险金待遇水平的设定。

可见,劳动就业制度和人均预期寿命直接影响养老保险的具体规定。

(四) 管理体制和组织模式影响着养老保险的实施效果

相对于其他社会保险而言,管理和组织模式对养老保险的影响最大。因为养老保险基金规模数量大,保值增值的问题十分突出,而失业、工伤、医疗保险基金均不存在这种问题或者这一问题并不突出。因此,在确定养老保险制度的管理体制和组织模式时,既要考虑养老保险要达到的目标、覆盖面、水平设定、负担和压力、筹资渠道等情况,又要考虑国家整个的公共管理机制,包括公共管理组织和公共管理理念及政府的公共职能等。

---

① 苏振芳著:《社会保障概论》,第 163 页,中国审计出版社、中国社会出版社,2001。
② 任正臣著:《社会保险学》,第 121 页,社会科学文献出版社,2001。

第二节　养老保险模式

养老风险的普遍性、养老保险的复杂性、多因素影响性以及各国国情的差异性都决定了养老保险模式的多样性。但这并不妨碍我们在总结多国养老保险制度实践的基础上,按照一定的标准将养老保险做一个归类。

一、养老保险责任承担模式

根据养老保险的责任承担机制,可将养老保险划分为政府负责型、责任分担型、个人承担型、混合责任型等模式。

(一) 政府负责型

政府负责型是指由政府直接负责的养老保险制度,它通常以国民年金的形式存在。在这种模式下,企业与个人承担社会保障的纳税义务,政府通过预算来为国民提供养老金,政府对养老保险事务实行直接管理并严格监督。这种模式的最大特征,就是强调政府责任,实现养老保险金待遇的普遍性,发放对象包括所有老年人,普遍性中充分地体现出了公平性,但不足之处是可能因人口老龄化而给财政带来负担,最终反过来损害这种制度的健康发展。

一般而言,福利国家因其实行国民年金保险制度,客观上属于政府负责型制度安排,在这些国家享受养老保险待遇通常与是否参与社会劳动和是否缴付养老保险费脱钩,它通常只强调是否属于本国公民和是否达到法定退休年龄。也有部分国家实行双层或多层次养老保险制度,其中处于基础层次的养老保险亦采取政府负责的国民年金形式。

需要指出的是,曾经风行社会主义国家的国家保险型制度,也包括了养老保险在内。它以生产资料公有制为基础,对包括养老保险等在内的社会保障制度实行国家级统筹,国家财政充当着后盾和经济基础;同时,国家通过法律来确立公民"老有所养"的基本权利,退休金支出亦全部由政府和企业(也以财政为后盾)承担,个人不用缴纳保险费,从而也可以纳入政府负责型养老保险模式。

(二) 责任分担型

由政府、单位或雇主、个人等多方分担养老保险责任,是社会养老保险制度发展的主流趋势。这种模式是基于责任分担或责任共担的原则确立的,其特点是将劳动者的养老保险责任由多方共担，它有利于风险分散和财务稳定；同时，由于强制性责任共担，这种模式也就无法覆盖到全体国民，它只能适用劳动者甚至主要是工薪劳动者，从而属于选择性制度安排。

在实践中，责任分担型养老保险制度既有政府、单位或雇主、个人三方分担型，也有单位或雇主与个人双方分担型。不过，即使是单位或雇主与个人双方分担型，政府也负有相应的责任。

责任分担型养老保险制度体现了劳动者的权利与义务相统一和养老保险基金来源多元化的特色，同时又具有较强的社会互济性，从而更有利于调控养老保险的财务风险，更有利于养老保险制度的可持续发展。因此，责任分担型养老保险是大多数国家选择的制度模式。

（三）个人负责型

除了缺乏社会保险只能由个人或家庭自我负责养老保障外，在制度化的保障机制中，亦有极个别国家的养老金完全由个人负责。这种模式的典型是智利自20世纪80年代后推行的养老金私有化改革，由此确立了养老保障的个人负责模式。在这种模式下，国家通过立法规定劳动者参与养老保障制度，但政府与雇主均不承担缴费义务，而是完全由劳动者个人缴费，所缴保险费完全记入个人账户，并通过市场机制实现有偿运营，所赚收益再充实到个人账户中去，到劳动者退休后可以领取自己账户中的养老金用于养老。

这种责任模式强调个人自我负责，即将养老责任完全由个人承担，政府责任很小，缺乏互助共济性和风险分散功能，亦无缩小不公平和维护公平的功能，它在实践中除了为个人进入老年后积累一笔养老资金外，主要是起到提高储蓄率刺激经济发展的作用，它对个人有一定的激励作用，但能否真正解决劳动者的养老问题亦有待检验。

（四）混合责任型

实际上，一些国家在构建自己的养老保险制度时，在肯定责任分担机制的前提下，也注意到既需要增进国民的老年福利，也应当让个人责任适当回归，从而出现了既有政府负责的层次，又有二方或三方分责的层次，还有个人负责的层次，这种多层次结构的养老保险体系作为责任分担的演变，为养老保险制度的发展提供了更新和更有效的方案。

例如，日本既有政府负责的水平较低的国民年金保险，又有责任分担型的职业年金保险；在中国，公务人员采取的仍然是政府负责的养老保险制度，而企业职工则选择了责任分担机制。

二、养老保险财务模式

养老保险是社会保障体系中公认的最大开支项目,社会保险乃至整个社会保障制度的财政状况是否良好,在很大程度上取决于养老保险制度的财政状况是否良好。因此,各国均对养老保险的筹资模式给予高度重视。

概括起来,世界各国的养老保险筹资模式主要有现收现付式、完全积累式、部分积累式等三种①。

(一)现收现付式

现收现付式,亦称为非基金式或纳税式或统筹分摊方式。该模式不考虑资金储备,只从当年或近二三年的社会保险收支平衡角度出发,确定一个适当的费率标准向企业与个人征收社会保险费(税),其特点是以支定收,实行初期因支出规模小而费(税)率较低,以后则会随着支出规模的不断扩大而提高,实质上体现着养老保险负担的代际转移。

现收现付式的优点是收支关系简单清楚,管理方便,无资金贬值的风险与资金保值增值的压力;其缺点是因各期支付额不同而造成费(税)率波动大,给企业的成本核算带来负面影响,养老金的完全代际转移不仅使劳动者社会保险的权利义务关系难以得到准确体现,而且容易造成劳动者代际之间的矛盾激化。

(二)完全积累式

完全积累式,也可称为基金式或总平均保险费式或预提分摊方式。该模式是在对有关社会经济发展指标如退休率、伤残率、通货膨胀率等进行宏观上的长期测算后,从追求养老保险收支的长期平衡角度出发,确定适当的费率标准,将养老保险较长时期的支出总和按比例分摊到整个期间并向企业与个人征收,同时对已筹集的养老保险基金进行有效运营与管理。其特点是强调长期平衡,费率较为稳定,能够积累起养老保险基金。

完全积累式的优点在于能够预防人口老龄化的冲击,使资金的收取能与企业的经济条件相联系,劳动者的权利与义务关系紧密;缺点则是固定的费率标准难以适应经济的发展变化,通货膨胀导致基金贬值风险的客观存在又使资金的保值增值压力倍增,同时因对每个企业与每个劳动者分别立账且需历经多年而使管理工作难度倍增。对无积累的国家而言,采用这种模式筹集养老保险资金,还意味着要让企业与劳

---

① 郑功成著:《社会保障学——理念、制度、实践与思辨》,第343—345页,商务印书馆,2000。

动者既承担对自己未来养老金的供款之责,又要承担着对已退休或即将退休的劳动者的供款之责,偿还旧债与预筹新款的双重压力,将使国家与企业均难以承受。

(三) 部分积累式

部分积累式,亦称为部分基金式或混合式、阶梯式。尽管现收现付式与完全积累式均有着自己的特点与长处,但分别采用又都存在着难以逾越的困难。因此,越来越多的国家采取兼具上述两种筹资模式特点的混合筹资模式。该模式根据分阶段以收定支、略有节余的原则确定征收费率,目标是保持养老保险基金在一定时期内的收支平衡,其特点是费率具有弹性,可以根据养老金支出的需求分阶段地调整费率。

部分积累式的优点在于:既能满足一定时期内的养老保险基金支出,又能有一定的资金积累;既不会超过企业与劳动者个人的经济承受能力,又因阶梯时间不太长而易预测,面临的保值增值压力亦不会太大。

三、养老保险基金运行模式

养老保险基金运行模式,是指养老保险基金筹集后的管理方式,它主要有社会统筹模式、个人账户模式,以及社会统筹与个人账户相结合模式等。

(一) 社会统筹模式

社会统筹模式,是通过养老保险筹资渠道筹集到的养老保险基金全部进入社会统筹,由相关部门根据当年或一个周期内的社会需要统筹规划,考虑养老保险基金的使用问题。该模式的最大特点就是高度社会化,最大限度地发挥了社会保险互助共济和风险共担的功能,将"大数法则"利用到极致。但该模式通常只考虑短期内基金的平衡,一般没有或只要很少的节余,因此,采用该模式的养老保险制度要在人口结构稳定的情况下才得以维持,当人口结构发生变化,如出现人口老龄化危机时,就难以为继。在具体制度安排中,这种模式总是和现收现付的财务模式联系在一起的。

(二) 个人账户模式

与社会统筹模式相对应,个人账户模式是指征缴的养老保险费全部进入个人账户,当劳动者步入老年、失去劳动能力、离开劳动力市场以后,再按照个人账户积累的金额(本金+运营收入),领取属于自己的养老金。

这种模式对于劳动者具有一定的激励作用,但没有体现"大数法则",没有互助共济和风险分担功能,而且基金保值增值压力大。在具体制度安排中,这种模式总是和完全积累的财务模式联系在一起。

(三) 社会统筹与个人账户相结合

社会统筹与个人账户相结合,是中国首创的一种新型养老保险基金运行模式。社会统筹部分现收现付与个人账户部分完全积累同时并存。该模式实行的是国家、企业和个人三方承担供款责任但分别记账,其中:个人所缴部分全部进入个人账户,其余的实现社会互济,计发时实现结构性组合。

不过,社会统筹与个人账户相结合的模式由于在中国实践时间不长,其效果到底如何还有待实践进一步检验,尤其是社会统筹账户与个人账户的关系,以及它们各自的运行规则与监管机制等,还有待完善。

四、养老保险缴费与给付模式

(一) 养老保险金的缴费模式

养老保险缴费模式包括给付既定模式和缴费既定模式。

所谓给付既定模式(Defined Benefit),是先设定养老保险金为保障一定的生活水平需要达到的替代率,以此确定养老保险金的给付标准,再结合相关影响因素进行测算,来确定养老保险费的征缴比例。因此,这种模式实质上是"以支定收"模式。给付既定模式维持的是短期内的横向平衡,一般没有节余。这种模式总是和现收现付模式联系在一起的。

所谓缴费既定模式(Defined Contribution),是结合未来的养老负担、基金的保值增值、通货膨胀率、企业的合理负担、现行劳动力市场和工资水平等因素,经过预测,确定一个相当长时期内比较稳定的缴费比例或标准,再根据这个缴费标准来筹集养老保险基金,并完全或部分地存入劳动者的个人账户,在劳动者失去劳动能力后,以其个人账户中的金额作为养老保险金或养老保险金的一部分。这种模式实质上是"以收定支"。缴费既定模式维持的是长期内的纵向平衡。这种模式总是和完全积累或部分积累模式联系在一起的。

(二) 养老保险金的给付水平确定模式

按养老保险金的给付标准是否与享有者工作期间的收入水平有关,可将养老保险划分为普遍生活保障模式和收入关联模式。

普遍生活保险模式(Flat-rate Universal Pension)强调对所有老年居民都提供养老保险,养老保险金的标准是统一均等的,水平高低与消费水平有关,与老年人是否是工薪阶层劳动者、退休前工资收入高或低、职业是否稳定等没有关系,一般是保障基本生活水平。普遍生活保障模式的养老保险制度生存下去的基石是政府财政的有力支持。

收入关联模式(Flat-rate Universal Pension)强调社会保险费一般由雇主、雇员和国家三方共同负担,社会保险的缴费额度和养老保险金的给付标准,都与劳动者退休前的工资收入有关联。由于这是一种与收入水平有关联的制度模式,也就自然而然地将非工薪阶层,如农民排除在这种模式安排的养老保险制度之外。与普遍生活保障模式相比,收入关联模式更强调权利与义务的平衡[①]。

第三节 养老保险的基本内容

养老保险制度通常要包含以下内容:制度的适用对象即覆盖范围;养老保险基金的筹集、运营、管理和使用;养老保险金的享受条件和待遇标准;养老保险的管理和监督机制等。

一、覆盖范围

养老保险的覆盖范围,是指法定的适用对象和适用人群。各国因经济社会发展水平不一和制度规定的差异,其覆盖范围也宽窄有别。虽然社会保险是针对劳动者的一项社会制度,但在有的国家中,养老保险制度却覆盖了全体国民,像西欧、北欧福利国家,如瑞典就是普遍保障模式;有些国家的养老保险只包括劳动者,是选择性保障模式,如德国、美国和中国等。一般而言,社会养老保障覆盖面的大小取决各国的具体国情,而在考虑其具体国情时,至少有以下几点是直接影响养老保险面的确定的:经济发展水平,人口类型,人口政策,职业结构,历史文化传统等。下面简要介绍几个国家的养老保险覆盖范围。

英国的养老保险制度覆盖范围是本国所有居民,其中周收入低于最低水平的雇工、年收入低于工资最低标准的独立劳动者以及非受雇人员也可以自愿参加保险。

德国的养老保险覆盖范围主要是工薪劳动者和独立劳动者。其中:脑力劳动者和独立劳动者的收入在全国平均水平的1.8倍以下者,强制其参加保险;高于该标准的,可自愿参加。体力劳动者,无论其收入水平高低,都必须参加保险。政府工作人员(警察、教师等,不包括政府机关的普通雇员)不参保,退休时由国家发给养老金,且支付水平高于一般养老金领取者(为其原工资的80%以上)。不工作的家庭妇女、

[①] 董克用、王燕主编:《养老保险》,第37页,中国人民大学出版社,2000。

侨居国外的本国公民及长期侨居德国的外侨均可选择自愿参加保险。

美国的老年、残疾、遗属保险的覆盖范围是从事有收益工作的人,包括独立劳动者。但农业和家庭雇佣的临时工、少数收入低于规定标准的独立劳动者无需参加。铁路员工、联邦雇员及洲和地方政府雇员另有专门制度[①]。

二、基金来源与筹资方式

基金来源也就是养老金的费用负担问题,这是养老保险制度生存和发展的基础。基金来源不仅与国家和企业的财政状况、经济状况相关,也体现了制度的政策取向,关系到受保障者的切身利益。

现代社会保障制度的发展愈来愈强调责任分担,其实责任分担的核心和重要内容就是各方责任主体如何公平、合理地分担社会保障费用的问题。具体到养老保险制度,就是养老保险费的负担问题。

从各国的养老保险制度实践来看,养老保险费用的分摊不外乎如下四种方式:

(1) 由雇主、雇员和国家三方共同负担的方式,如英国、德国和意大利等国家,这种方式最为普遍。

(2) 由雇主和雇员双方分担,如法国、荷兰、葡萄牙、新加坡等。

(3) 由雇主和国家分担费用,如瑞典2000年以前就是采取这一方式的。

(4) 完全由雇员个人负担,如智利。

总的来说,第一种方式属于多方分担,其资金来源渠道多,保险系数较大,因此得到多数国家的青睐。值得一提的是,就是在采用同一方式的国家,费用的分摊比例也会有相当的差异,这也是各国国情不同决定的。

在现收现付、完全积累和部分积累三种筹资模式中,各国选择的模式通常与本国的养老保险制度直接相关。从欧洲各国的养老保险实践来看,一般都是起始于积累方式,但随着时代的变迁,积累方式逐渐向现收现付式演变,于后又因人口老龄化与养老保险基金支付的压力,开始考虑部分积累制。1937年瑞典进行财政方式改革,开始同时使用积累方式和现收现付方式,实际上相当于部分积累制。而从诞生之日起就采用积累方式的德国养老保险制度则于1967年转向了现收现付式。目前,很多国家采用现收现付式的筹资模式,但为了适应人口老龄化的需要,积累制在部分国家开始"回归",这也是因为部分积累制在应付经济变化和搞好宏观调控方面有较多优势[②]。

[①] 张彦、陈红霞编著:《社会保障概论》,第63—91页,南京大学出版社,1999。
[②] 邹根宝编著:《社会保障制度——欧盟国家的经验与改革》,第95页,上海财经大学出版社,2001。

三、享受资格

每个建立养老保险制度的国家都会对养老保险金的申领资格做出明确的规定,而且绝大多数国家规定的给付条件都是复合型的,即要享受养老保险金必须满足两个或两个以上的资格条件。

(1)年龄条件。在各国的给付条件中,达到规定的支付年龄往往是核心条件之一。在各国的养老保险制度中,享受领取养老金权益的年龄条件通常是法定的退休年龄,不过,由于人均预期寿命的差异等,各国的退休年龄并不相同,发达国家的退休年龄多为65岁甚至更高,而且男女之间退休年龄相同;发展中国家的退休年龄显然要低,且存在着男女退休年龄不一致的现象,如中国就规定男性职工退休年龄为60岁,女性职工退休年龄为50岁。需要指出的是,在处理退休年龄与领取养老金的政策规定方面,亦还存在着两种现象:一方面,一些国家为了更好地适应和保障尚未达到法定支付年龄的高龄者的需要和利益,先后建立了养老金提前支取制度,这些制度的相似之处是提前支取的年龄一般为60岁以上,如德国规定劳动者63岁(或60岁时,身体状况已不适合工作)并已参加保险35年时可以提前退休;葡萄牙规定60岁后的失业人员可以提前退休,从事重体力劳动或有害于身体健康的行业的劳动者55岁后可以提前退休;西班牙则规定对于那些从事艰苦的、有害(毒)的、危险的、不利于健康的工作的劳动者也可以在65岁的法定退休年龄前退休。另一方面,为了减轻养老保障支出日益增加的压力,以及照顾那些虽年老但仍然精力充沛且业务经验丰富的高龄者,一些国家(如西班牙、法国等国家)则制定了推迟退休的制度。这些国家中有的规定了退休年龄上限,如卢森堡最高至68岁,瑞典为70岁,英国男性70岁、女性65岁;有的则没有规定退休年龄上限,如德国、西班牙、奥地利、芬兰等国[①]。各国退休年龄的确定和各国的人口平均预期寿命、劳动适龄人口的就业状况以及经济活动人口的老龄化程度等因素有关系,随着人口平均寿命延长,提高退休年龄已成为许多国家在劳动就业和社会保障方面的重要调整举措。如美国在1983年就通过了一项法案,内容是从2000年开始,逐步提高退休年龄,到2027年,将可领取全额年金的退休年龄,由现在的65岁逐步提高到67岁。

(2)缴费条件,即参加养老保险的年限和缴纳养老保险费的年限。如德国规定享受养老金的条件是年满63岁且投保35年,或年满65岁且投保15年;法国规定享受条件为年满60岁且投保37.5年,如果未达到37.5年,则减发养老金。意大利则

---

① 邹根宝编著:《社会保障制度——欧盟国家的经验与改革》,第96页,上海财经大学出版社,2001。

规定,被保险人若已缴纳保险费满35年,则无论退休与否,均可开始领取养老金①。

(3) 其他条件,如工龄条件、居留条件等。在工龄条件方面,前苏联、东欧国家和改革前的中国就有相关规定,如前苏联规定的享受条件为男满60岁且工龄满25岁,女年满55岁且工龄满20年;瑞典的附加养老金也要求工龄满30年才有资格领取。在居留条件方面,即规定申领者满足一定的居住期限,如丹麦的国家养老金规定领取者必须在25—67岁之间至少在丹麦居住了3年,瑞典规定在瑞典居住不满40年的人,其养老金计算方法是每居住1年可得1/40的基础养老金,但至少要在瑞典居住3年才能拿到最低的基础养老金,即全部基础养老金的3/40②。

四、待遇水平

不同国家的养老保险金水平是不同的,它受一国或地区的社会经济发展水平、通货膨胀等宏观因素的限制,也取决于最低生活费用和工作年限等具体因素。要看各国养老保险金的水平高低,首先要了解养老保险待遇确定是以什么为基础和标准的。

在世界范围内,确定养老保险金待遇水平的方式可归纳为两大类:一是收入所得基准,强调收入的作用,强调工龄或服务期限的长短、缴费工资的多少,实际上即是被保险人对社会的贡献,养老保险金所得以过去的工资水平为基础,养老金实际上是退休者在职时工资的延长;二是生活费用基准,也称"替代率",它是衡量养老金水准的主要标志。

总体而言,各国之间的养老金水准存在差异,但相差不是很大。各国的基本养老保险均是保障劳动者老年期间的基本生活水准。以英国为例,英国养老金的待遇标准分基本养老金和附加养老金两块,凡是达到法定退休年龄的公民都可得到基本养老金,而附加养老金必须是按照有关规定交纳保险金的投保人才能领取,在这两部分中,基本养老金为一个绝对固定额,同时退休者的配偶及未成年子女也可领取一定数额的补助,养老金每年随物价指数和平均工资变动而变动。延期退休的人员发给延期养老金增额,每周增发养老金0.147%,延期退休者本人不再缴纳保险金,而由雇主代其缴纳。对80岁以上的高龄公民每周另外补贴0.25英镑。未缴足社会保险费而不能领取附加养老金者,每周领取21.5英镑。如果丈夫已经退休,而依赖其收入生活的妻子还未达到退休年龄,丈夫可领取较多的养老金。60岁以上的文职退休人员,按年限发给退休金和一笔一次性的退休补贴,服务年限以10年为一级,每多一级

---

① 任正臣著:《社会保险学》,第124页,社会科学出版社,2001。
② 邹根宝编著:《社会保障制度——欧盟国家的经验与改革》,第97页,上海财经大学出版社,2001。

增发原薪金的 1/6 的退休金①。

五、基金运营

由于人口老龄化的冲击,现收现付的养老保险制度面临着严峻的挑战,从而掀起了全球范围内的养老保险制度改革,改革的大方向就是建立事先积累的养老保障基金。在基金制的条件下,规模庞大的养老保险基金的保值增值负担异常沉重,因此,养老保险基金的安全与有效运营就日益成为保证养老保险制度健康发展的必要条件。

关于养老保险基金的管理,世界各国并不统一。一些国家是由各种独立性机构或基金会负责,管理机构通常由受保人、雇主和政府三方面组成的理事会领导;也有一些国家,养老保险业务由政府的一个部门直接管理。例如,法国的管理机构为全国养老金保险基金会,它接受法国卫生和社会保障部全面监督;德国的管理机构为联邦薪金雇员保险局,它由德国联邦劳动和社会事务部全面监督;意大利由全国社会保险协会管理,受劳工与社会福利部及财政部监督②。

养老保险基金的投资模式往往和基金的筹资方式紧密联系在一起,如强制性完全积累型养老保障制度的投资运作主要有四种模式:一是对于缴费确定型个人账户,由投资管理公司分散管理,智利即是如此,在这种模式中,政府的责任是从保护雇员利益出发进行审慎监管,在必要时对受益人提供最低养老金担保;二是通过个人缴费建立基金,由公共机构集中管理和投资,比较成功的案例有新加坡和马来西亚,其主要特征是由政府实施管理和投资运营;三是强制性职业养老金,通常要求建立缴费确定型个人账户进行积累,典型例子如澳大利亚和瑞士;四是社会保障信托基金,基本上是服务于待遇确定的现收现付型养老保障制度,很多国家都用社会保障信托来填平由于养老保险收支不平衡带来的尖锐债务问题③。

养老保险基金保值增值问题虽然在许多国家备受关注,但要取得良好效果却绝非易事。许多国家的经验表明,养老保险基金的投资需要谨慎对待。由于养老保险基金的债务期较长,因此,在养老保险基金的投资组合中,可以降低流动性资产的比例;在实物资本方面,养老保险基金一般集中在房地产;在金融领域,养老保险基金的主要投资方向是债券、股票及贷款④。为了提高用于养老保险基金整体上的安全性,许多国家还通过立法或法规对养老保险基金中用于各项投资的比例作出上限规定。

---

① 张彦、陈红霞编著:《社会保障概论》,第 64 页,南京大学出版社,1999。
② 邹根宝编著:《社会保障制度——欧盟国家的经验与改革》,第 100 页,上海财经大学出版社,2001。
③ 科林.吉列恩等编:《全球养老保障——改革与发展》,第 139 页,中国劳动社会保障出版社,2002。
④ 邹根宝编著:《社会保障制度——欧盟国家的经验与改革》,第 101 页,上海财经大学出版社,2001。

六、管理体制

管理体制的选择对于养老保险制度的运行起着非常重要的作用。管理体制的确定和一个国家的公共管理机制、政府行政构架、市场健全与否和公共组织的发展状况等多种因素有关,但不论哪一模式,政府都应对养老保险的运行进行监督和控制。

从世界各国的实践来看,养老保险共有三种管理模式,即:直接由政府部门管理;由自治公共机构管理;由私营基金公司管理。

第一,由政府部门直接管理。养老保险事务由政府直接管理的一些典型国家,有中国、日本、加拿大、美国和瑞士等。政府直接管理养老保险事务,又可细分为两种:一是中央集权式的管理方式。如英国、日本等,相对来说更为强调中央集权化,统一化程度较高;二是分权式的管理方式。如加拿大、美国和瑞士,地方机构在养老保险的管理中均扮演着重要的角色。

第二,政府监督下的自治机构管理。采用这种管理模式的代表性国家有新加坡、德国、瑞典等国,政府承担的主要是监督责任,这三国分别由中央公积金局、各保险协会、就业委员会等机构管理养老保险。

第三,由私营基金公司进行管理。采用这种管理体制的代表性国家有智利、法国等。在智利,就是由个人年金基金管理公司管理个人资本化账户。不过,即使是这种管理模式,政府也无一例外地要承担起相应的监管责任。

第四节 中国的基本养老保险

中国实行养老保险制度改革以前,养老金也称退休金、退休费,是城镇劳动者一种最主要的养老待遇。实行养老保险制度改革后,养老保险是指由政府主导的社会统筹与个人账户相结合的基本养老保险制度,这是中国首创的一种新型的基本养老保险制度。这一制度在基本养老保险基金的筹集上采用传统型的基本养老保险费用筹集模式,在基本养老金的计发上则采用板块结构式的计发办法。

一、中国养老保险改革历程

我国养老保险制度的改革过程,可以划分为两个阶段,即改革探索阶段与改革深化阶段。

(一) 第一阶段:改革探索

第一阶段应从 1984 年开始算起。当时是为了与企业劳动制度改革相配套,在国有企业中进行退休费用统筹和建立固定工养老保险基金的试点。到 1985 年底,广东省的 73 个县、市,江苏省的无锡市、苏州市,四川省自贡市,辽宁省的鞍山、锦州、兴城、锦西、义县等市、县实行了退休费统筹;福建省工交企业实行了全省退休费统筹。

1986 年,国务院颁布《国营企业实行劳动合同制暂行规定》,为适应劳动制度改革的需要,又建立了劳动合同制工人的养老保险制度。按照这一暂行规定,企业、个人、国家三方共同缴纳养老保险费,企业按工人工资总额 15% 缴费,于所得税前列支;工人按不超过本人标准工资 3% 缴费。

1991 年,国务院颁布《关于企业职工养老保险制度改革的决定》,它对企业职工养老保险制度改革作出了较为原则性的规定,明确了建立多层次养老保险体系的目标,在建立基本养老保险制度的同时,国家提倡、鼓励企业实行补充养老保险和职工参加个人储蓄性养老保险,并在政策上给予指导。

1992 年 5 月,劳动部针对原有基本养老金计发办法的不足提出了改革办法,具体内容是:基本养老金由社会性养老金和缴费性养老金两部分组成,社会性养老金按全省职工平均工资的 25% 计发,缴费性养老金以指数化月平均缴费工资为基数,每缴费 1 年,按 1% 计发。此后,各地在养老保险制度改革上继续进行探索,尤以上海市于 1993 年 2 月 5 日颁发的《上海市城镇职工养老保险制度改革实施方案》(方案 1)最为典型。1993 年,中共十四届三中全会决定,中国要建立社会主义市场经济体制。十四届三中全会通过的《中共中央关于建立社会主义市场经济体制若干问题的决定》中提出,"城镇职工养老和医疗保险金由单位和个人共同负担,实行社会统筹和个人账户相结合",明确了养老保险基金实行"社会统筹与个人账户相结合"的原则,为养老保险制度的进一步改革指明了方向。

(二) 第二阶段:改革深化

1995 年,国务院发布了《关于深化企业职工养老保险制度改革的通知》,就企业职工养老保险体制改革问题作了一系列新规定,这是深化养老保险制度改革并构建新的养老保险制度框架的标志,由此提出了社会统筹与个人账户相结合的基本养老保险制度模式。国务院当年同时批准两种养老保险方案,尽管都强调社会统筹与个人账户相结合,但由国家体改委提出的方案更强调建立个人账户;而由劳动部提出的方案更突出建立社会统筹,国务院允许各地、市有权自行选择,以至全国在短短两年内冒出了上百个不同的养老保险改革方案。

1997 年 7 月,国务院在充分听取各方面的意见并吸取两种实施方案优点的基础上,发布了《关于建立统一的企业职工基本养老保险制度的决定》。这个文件的发布,标志着社会统筹与个人账户相结合的职工养老保险模式初步确立,从而是中国养老保险制度改革进程中的重要事件。该《决定》的基本内容主要有:明确确立社会统筹和个人账户相结合的养老保险模式;统一企业和职工个人的缴费比例;统一个人账户的规模;统一基本养老金的计发办法。《决定》还提出进一步扩大养老保险的覆盖范围,基本养老保险金的管理内容,以及统筹层次和行业统筹的归属管理问题。至此,社会统筹与个人账户相结合模式正式成为有中国特色的职工基本养老保险制度模式。

1998年3月,国务院实行机构改革,在劳动部的基础上新组建了劳动和社会保障部,人事部、民政部等部门负责社会保险事务的职能与机构统一被划拨到劳动和社会保障部,原来由多部门分割管理的社会保险管理体制由此迈向统一集中管理。社会保险管理体制的统一,使养老保险制度改革步伐进一步加快,其中最为重要的事件是国务院发布了《关于实行企业职工基本养老保险省级统筹和行业统筹移交地方管理有关问题的通知》,将原来由11个行业分割统筹的基本养老保险业务统一到政府的社会保险经办机构集中管理;其次是国务院颁布《社会保险费征缴暂行条例》,对包括养老保险费在内的社会保险征缴进行了规范。

2000年12月25日,国务院发布并实施《完善城镇社会保障体系改革试点方案》,同时选择辽宁作为试点省。在这一改革方案中,基本养老保险制度改革的一个重要变化就是实行社会统筹账户与个人账户由过去的通道式管理转变到板块式的分账管理,职工所缴养老保险费全部记入其个人账户和真正做实个人账户成为基本养老保险制度的现实政策。

2004年,国务院又确定将完善城镇社会保障体系改革试点方案的试点扩展到黑龙江与吉林两省,该方案确定的基本政策成为中国基本养老保险制度发展的基本取向。

二、中国现行的基本养老保险制度

根据中国现行有关基本养老保险的政策规范,该制度主要包括如下内容:
(1)覆盖范围。根据1999年1月22日国务院发布的《社会保险费征缴暂行条例》,中国现行养老保险制度的覆盖范围是:国有企业、城镇集体企业、外商投资企业、城镇私营企业和其他城镇企业及其职工,实现企业化管理的事业单位及其职工。同时,省、自治区、直辖市人民政府可以根据当地实际情况,将自由职业人员、城镇个体工商户纳入基本养老保险范围。
(2)基金来源。根据现行政策规定,基本养老保险基金来源于企业缴费与劳动者个人缴费。其中：企业缴纳基本养老保险费（以下简称企业缴费）的比例，一般不得超过企业工资总额的20%（包括划入个人账户的部分），具体比例由省、自治区、直辖市人民政府确定。少数省、自治区、直辖市因离退休人数较多、养老保险负担过重，确需超过企业工资总额20%的，需要报劳动和社会保障部、财政部审批。个人缴纳基本养老保险费（以下简称个人缴费）的标准是最终达到工资的8%。辽宁试点已经实现了这一目标。不过，就企业缴费而言，由于养老保险并未实现全国统筹，各统筹地区的缴费率差别甚大，一些老工业基地的缴费远远超过工资总额20%的规定，而一些新兴城市的缴费却要低于工资总额的10%，这种各地区缴费率高低相差悬殊的现象正在导致着多方面的负面效应。同时，尽管现行制度安排是明确由企业与个人缴费，但由于部分地区（主要是老工业基地）的养老保险基金收不抵支，中央财政不得不每年拨出专款给以补贴。

（3）筹资方式。根据现行政策，基本养老保险采取征费制。其中：企业缴费全部记入社会统筹基金，个人缴费全部记入个人账户，前者充当社会统筹基金的来源，后者则属于职工个人所有，当职工或退休人员死亡，个人账户中的个人缴费部分可以继承。不过，包括基本养老保险费在内的征缴机构并未统一，一些省市自治区由社会保险经办机构负责征收，一些省市自治区则由地方税务机构代为征收。

（4）基金运营。中国的养老保险基金包括社会统筹基金与个人账户基金，这两部分基金均可以开展相应的投资营运，但还缺乏完整的政策规范。另一块与养老保险直接相关的基金是全国社会保障基金理事会管理的全国社会保障基金，它性质近似中央社会保障储备金，这一部分基金已经开展实质性的投资运营试验。2001年12月13日，财政部与劳动和社会保障部联合颁布的《全国社会保障基金投资管理暂行办法》规定，社保基金的投资方向包括四个方面：银行存款、国债买卖、投资企业债券和金融债券、进入证券市场。《办法》中还原则规定了全国社保基金的投资比例：银行存款和国债投资的比例不得低于50%，其中银行存款的比例不得低于10%；企业债、金融债投资的比例不得高于10%；证券投资基金、股票投资的比例不得高于40%。办法还规定：在基金建立的初始阶段，减持国有股所获资金以外的中央预算拨款仅限投资于银行存款和国债，条件成熟时可报国务院批准后改按上述规定比例进行投资。根据金融市场的变化和基金投资运作的情况，经国务院批准，可对基金投资的比例适时进行调整。

（5）享受资格。根据现行政策，享受基本养老保险金需要具备的条件：一是达到了国家法定退休年龄；二是在基本养老保险覆盖范围并且参加保险缴费期限满15年。根据国务院于1978年颁布的《关于安置老弱病残干部的暂行办法》和《关于工人退休、退职的暂行办法》，中国对退休年龄的规定是男性职工年满60周岁，女性职工年满50周岁，女干部年满55周岁；从事井下、高空、高温、特别繁重体力劳动或其他有害身体健康工作达到一定年限的,退休年龄为男性年满55周岁、女性年满45周岁;因病或非因工致残,由医院证明并经劳动鉴定委员会确认完全丧失劳动能力的,退休年龄为男年性满50周岁、女性年满45周岁。另外,在国有企业改革过程中,一些人员安置任务比较重的企业中符合条件的职工,可以依据1994年国务院发布的《关于在若干城市试行国有企业破产有关问题的通知》和1997年发布的《关于在若干城市试行国有企业兼并破产和职工再就业有关问题的补充通知》办理退休手续。同时,考虑到纺织行业的特殊性,对纺织行业职工的退休办法亦另行规定,其依据是劳动部1998年发布的《关于做好纺织行业压锭减员分流安置工作的通知》与劳动和社会保障部1998年发布的《关于切实做好纺织行业压锭减员分流安置工作的补充通知》,这两个通知规定:有压锭任务的纺织行业,具备下面4个条件的下岗职工可以提前退休:纺纱、织布两个工种中的挡车工;工龄满20年,在挡车工岗位上连续工作10年且办理提前退休时仍在挡车工岗位上;距国家规定的退休年龄不足10年;技能单一,再就业有困难。符合这四项条件的基础上,在总人数上还要有个调控,必须控制在一定的指标范围内。

(6)待遇水平。根据现行政策规定,职工达到法定退休年龄且个人缴费满15年的,退休时的基础养老金月标准为省、自治区、直辖市或地(市)上年度职工月平均工资的20%,以后缴费每满一年增加一定比例的基础养老金,总体水平控制在30%左右;个人账户养老金月标准为本人账户储存额除以120。个人缴费年限累计不满15年的,退休后不享受基础养老金待遇,其个人账户储存额一次支付给本人。不过,按照国家对基本养老保险制度的总体思路,未来基本养老保险目标替代率确定为58.5%。由此可以看出,基础养老金的比例还会提高。

(7)管理与监督。养老保险的管理和监督职责主要是劳动和社会保障行政部门,但财政部门、审计部门等亦从自己的职责出发,对养老保险基金进行监督。

三、中国基本养老保险面临的问题

尽管中国的养老保险制度改革取得了相当成就,但这一制度亦面临着许多困难与问题,从而还需要进一步深化改革来促使其不断走向完善。要找到养老保险制度未来的发展方向和路径,需深刻分析中国的养老保险现行制度存在的问题,以及受哪些因素的影响。

(1)人口老龄化。人口老龄化是一种世界性趋势,中国虽然还是一个发展中国家,但以60岁及以上人口占总人口比重达到10%的标准计算,已于2000年进入老年型国家行列。不仅如此,老龄化趋势的发展速度还非常之快。以65岁及以上人口占总人口的比重指标为例,1982年为4.9%,1990年为5.6%,1995年为6.2%,2000年达到 6.96%;而据人口学家预测,2020 年我国 65 岁及以上人口占总人口比重将达到 11.3%,2050 年这一指标将达到 21.2%。在人口老龄化加剧的条件下,养老保险制度的运营与发展将不再是老年人的事情,而是必然进一步转化成整个社会的事情,这一因素必然影响养老保险制度的未来发展[①]。

(2) 家庭保障功能减弱。随着社会的发展尤其是计划生育政策的推行,中国家庭的人口结构模式已经发生了巨大的变化,小家庭或核心家庭已经取代传统的大家庭格局,家庭的老年生活保障功能也在持续弱化。一方面是子女数量的减少使下一代人赡养上一代人的经济承受能力迅速下降,如果没有相应的社会机制来维护老年人的收入保障,老年人将因退出劳动岗位而陷入贫困境地;另一方面,家庭规模的小型化,亦必然使相互服务尤其是为老年人服务的功能迅速遭到削弱,而人口老龄化甚至高龄化的趋势又使老年人的生活服务需求持续增长,如果没有相应的经济支撑或社会福利供给,晚年生活的担忧便会愈加沉重[②]。因此,养老保险制度的未来发展必然要适应家庭保障功能不断弱化的趋势,以充分弥补家庭保障的不足。

(3) 经济发展水平低与地区差距大。尽管改革开放 20 年来中国的经济发展速度较快,但经济发展水平依然较低,而且各地区之间发展差距很大。如 2002 年全国 GDP 首次突破 10 万亿元,2003 年又超过 11 万亿元,2004 年再超过 12 万亿元,人均 GDP 亦在 2003 年首次突破 1 000 美元,这些指标均反映了中国经济发展所取得的巨大成就,但仍低于世界平均水平(4 880 美元),离发达国家平均 24 930 美元的标准更相差甚远,从而仍处于低收入国家行列。不仅如此,中国各个地区经济发展水平严重失衡。统计资料显示,上海 2003 年人均 GDP 是 46 718 元,北京是 31 613 元,浙江是 19 730 元,宁夏为 6 685 元,广西为 5 964 元,甘肃为 4 984 元,贵州为 3 601 元,地区发展差距由此可窥一斑,地区间发展的极不平衡,在一定程度上阻碍了养老保险制度改革目标的实现。

(4) 养老金保值增值难。按企业工资总额征收 20% 的养老保险费和按职工个人工资额征收 8% 的养老保险费,每年的养老保险基金收入达到 2 000 多亿元,这一数字随着覆盖面的持续扩大还会增加,可见,管理养老保险基金并确保其保值增值的任务十分繁重。如果养老保险基金不能有效地增值,就很难适应未来人口老龄化高峰期的需要,也会降低个人账户对劳动者的吸引力;而如果没有安全可靠的保值增值机制,人们就会宁愿将钱存入银行以获取更加安全的回报。在这种情况下,养老保险制度就难以获得长足发展。由于基本养老保险统筹层次低,基金投资机制未真正得到确立,资本市场亦未真正发育成熟,养老保险基金的保值增值非常困难,一些地区

[①] 郑功成等著:《中国社会保障制度的变迁与评估》,第 106 页,中国人民大学出版社,2002。
[②] 同上。

的养老保险基金实际上处于不断贬值的状态。随着养老保险基金规模的持续扩大,投资问题正在成为影响这一制度健康发展的重大问题。

四、中国基本保险的未来发展

(一) 目标设定[①]

作为旨在提高劳动者抵御老年风险能力的制度安排,养老保险制度的未来发展也应是通过完善自身的组织机构、实施管理和获得尽可能充足的资源,以更好地实现对劳动者老年生活的保障,提高养老保险制度的保障能力。就养老保险制度的未来安排上,要注意以下几点:

(1) 合理定位基本养老保险制度的架构。在普惠式国民养老保险的基础上,配合以差别性职业养老保险应成为未来养老保险的发展方向,这既是增强对劳动者保障能力的需要,也是中国构建和谐社会、增进国民福利的需要,同时还能够适应中国的国情,从而是一种合理的政策取向。因此,这两项养老保险可以组合成中国未来的基本养老保险制度。当然,由现在的统账结合模式向这一目标发展,还需要采取相应的措施来逐步推进。

(2) 合理确定基本养老保险制度的保障目标。能够达成共识的观点是基本养老保险只解决老年人自己的基本经济保障问题。所谓基本经济保障,应当综合考虑当时的平均工资水平、人均可支配收入、人均消费性支出及恩格尔系数等指标,尤其是人均消费性支出与恩格尔系数作为衡量居民基本生活水准的重要指标,更是具有重要的参照意义。

(3) 合理选择基本养老保险的财务机制。依据中国的现实,不可能选择现收现付或完全积累这两种基本财务模式中的任何一个。因为在中国,现收现付无法应付即将到来的人口老龄化危机,完全积累则必然导致一代人无法同时承受双重负担,而且有缺乏互济功能的内在缺陷,因此,必须从部分积累制中寻找出路。

(二) 政策建议[②]

实现上述目标,还需要相关措施的实施和配合:

(1) 进一步理顺管理体制。理顺管理体制是进一步发展养老保险、促进养老保险制度的统一性的要求。理顺管理体制的关键在于:一是要明确管理机构的上下层级关系及职责分工;二是在部门之间也要进行明确的分工,并赋予其实际内容;三是

[①] 郑功成等著:《中国社会保障制度的变迁与评估》,第109—110页,中国人民大学出版社,2002。
[②] 同上书,第110—114页。

确立主管部门的权威性。理顺管理体制的目标,就是使养老保险的主管部门能切实承担起养老保险制度改革成败的责任,具有驾驭养老保险改革、清晰判断养老保险发展形势、明智决策改革过程中各种新问题的能力。这是促进养老保险制度健康、持续发展的组织保证。

（2）提高现行制度的有效性。在养老保险制度改革过程中,出现如此多的临时性的以《通知》、《建议》、《意见》等形式的文件,是在任何一个国家都不可能遇见的。这种政策出台的随意性大大降低了制度的有效性,因为整个制度在结构上不是一种系统化的安排,在内容上相互交叉和矛盾同时存在,在项目上依然存在着很多漏洞,在实施时间上也因不连贯致使政策衔接非常困难,所有这些,必然会影响养老保险制度的实施效果。因此,未来养老保险制度改革目标的实现,需要提高制度的有效性。有效性的提高有赖于两方面的加强:一是强化稳定性,制度的出台应当是一个理性选择、慎重考虑的选择过程,并应当上升到法制规范的层次;二是强化统筹性与预见性,即应该充分预见养老保险制度在改革、发展中可能遇到的各种问题,统筹考虑相应的政策措施,而不是日后"头痛医头、脚痛医脚";三是应当尽量提高制度的规范层次,保证制度富有权威性。

（3）划清历史责任与现实责任。历史责任与现实责任划分不清,是限制、牵绊养老保险制度改革深化的一个重要阻力。对此,一方面国家应当通过对中老年职工养老金历史欠账的精算,尽快查清需要补偿多少钱才能真正完成制度的转型,于后再确定补偿对象、补偿政策及补偿标准。另一方面,根据国家、企业和个人分担的原则,采取按责分账的办法来解决养老金的历史欠账。

（4）探索基金管理、运营的有效途径。由于养老保险是积累性保障项目,基金的管理是否有效,能否实现保值增值关系到养老保险制度发展的可持续性问题。根据养老保险基金的性质、特点、用途、规模等情况,需要对养老保险基金采取既审慎又积极、既封闭又开放的管理政策。一方面,应对养老保险基金实行单独管理,确定独立的、专门的管理机构;另一方面,通过投资运营来实现养老保险金的保值增值,这需要健全的基金运营管理机制和监督机制来保证。在养老保险基金保值增值能力不强和管理不规范的现状下,应该积极探索一条既能加强基金的有效管理以提高基金的安全性,又能促进基金的保值增值和提高基金效率的路径。

【案例讨论1】

连续工作 38 年无处领取养老金

陈中 1942 年出生，1964 年参加工作。在南京一家国有企业工作达 31 年并担任总工程师。1995 年，他调离原单位，到深圳工作，并在深圳参加了基本养老保险。2002 年时陈中在深圳办理了退休手续。然而，退休后他却无处领取养老金。因为深圳方面认为，根据中国现行基本养老保险政策，要领取基础养老金须缴费满 15 年，而陈中缴费只有 7 年，从而不具备领取基础养老金的条件；当陈中到南京原单位要求领取养老金时，南京方面告诉他无法办理，因为他并未参加南京的基本养老保险。这样，陈中在为国有企业工作 38 年后，因工作调动和养老保险制度改革，变成了无处领取养老金的退休老人。

这一发生在现实中的个案，反映了中国基本养老保险制度的缺失。一方面，深圳与南京两地都拒绝发放养老金，是因为中国的基本养老保险制度还处于地区统筹层次，不是全国统筹的制度，各个地方很自然地要考虑到本地的利益，而不可能将在外地工作的经历计算在内，这是基本养老保险制度未达到全国统筹层次必然出现的问题，如果是一个全国统一的养老保险制度，陈中退休后就不可能领不到养老金；另一方面，现行制度只考虑了同一个统筹区域不同单位工作的情况，而没有考虑到类似于陈中这样在不同统筹区域因工作调动而丧失领取养老金资格的现象，这是制度的缺漏，如果能够在现行区域统筹的条件下考虑退休人员可以分段计算养老金权益，也可以使问题得到解决，即南京与深圳根据其工作年限分别计算其应得的养老金并给付，两地的利益都未受损，而陈中的权益却得到了维护。

综上，要解决类似于陈中的问题，有两个解决途径：一是将基本养老保险统筹上升到全国范围内统筹，劳动者就可以在全国范围内自由流动，其养老保险权益不会因工作地点变动而受到损害；二是如果不能将基本养老保险制度上升到全国统筹，则应当确定可以分段计算劳动者养老金权益的政策办法，以确保劳动者在为当地做出劳动贡献的同时也积累相应的养老金权益，并能够在退休后分别计算和领取。这两种办法都可以维护陈中及类似的退休人员的利益。这一案例表明，中国的基本养老保险制度还需要完善。

【案例讨论2】

提前退休与养老金"黑洞"

企业职工违规提前退休,不仅增加了养老保险基金的支出,而且减少了养老保险基金的收入,使得养老保险社会统筹雪上加霜。然而,在全国各地,企业职工提前退休现象非常普遍,已成为侵蚀养老保险金的一个"黑洞"。所谓提前退休,就是职工未达到法定退休年龄就退出工作岗位、办理退休手续、领取养老金的行为。

对于职工提前退休问题,国家曾经制定了相关政策,它包含了两部分内容:一是国家在计划经济体制下为照顾一些企业从事特殊工种和部分因病、残完全丧失劳动能力的职工,允许其在法定退休年龄前可以办理退休,这一政策仍然有效;二是国家在20世纪90年代初针对产业结构、行业结构进行大规模调整的现实,对国有工业破产企业、有压锭任务的国有纺织企业、资源性枯竭企业职工,允许在规定范围内办理提前退休,这是一项过渡时期出台的一项特殊政策。在这样一种政策背景下,一些企业为减轻自身负担而纷纷为职工办理提前退休手续;一些效益不好的企业,在大量职工下岗的情况下,也想尽办法钻退休审批程序的空子,违反规定给职工办理提前退休手续。

不可否认,对于一些接近法定退休年龄、健康状况欠佳、缺乏转岗就业能力的职工,在本人自愿的前提下让其提前退休,是企业在经济转轨特定历史时期的一种特殊举措,也是企业面对压力的一种缓冲。国务院在《关于在若干城市试行国有企业破产有关问题的通知》中规定:距退休年龄不足5年的职工,经本人申请,可以提前退休。但有些企业却将这一规定放宽到"距退休年龄不足10年的男性职工",这种随意降低退休年龄和条件、扩大适用范围的做法,无疑为那些想方设法违规提前退休的人开了方便之门。出现这样的现象,主要是一些企业在面临困难苦无良策的条件下,把职工提前退休当成其减员增效的手段,因为企业在职工提前退休后不仅可以不再负担职工的工资,而且还可以逃避缴纳养老保险费等义务,一名职工如果提前一年退休,单位可以因此少缴养老、医疗等社会保险费和少付工资数千元,腾出的位置还可以安排新工,这对于企业来说是件好事。从职工的角度来说,企业效益不好,即使有活干,收入也很难有保障,而按现行养老保险政策规定,退休后不仅每月可从社会保险机构领到足额的养老金,而且养老金每年还能随社会平均工资的增长而"水涨船高",在一些职工的心目中,养老保险无异于安全可靠的"方舟",登上这艘"方舟",下半辈子的生活便有了保障。由于企业与职工结成了利益共同体,许多不符合政策规定的提前退休虽然违规,却屡禁不止。按规定,在职职工都要缴养老保险费,不该提前退休的人提前退休了,对于养老保险基金来说,他就由缴费者变成了养老金领取者,养老基金因此遭受损失,以全国平均水平计算,一个人提前退休一年就少缴养老保险金约3 000元,同时他还要从社会保险机构领取养老金7 000多元,这意味着养老保险基金减收增支1万多元;如果一个人提前退休五年,实际上就使养老基金多支出5万多元。因此,提前退休构成了侵蚀养老保险基金的一个不容忽视的因素。

要解决这一问题,首先应当及时调整相关政策,进一步严格可以提前退休的资格条件;其次,政府管理部门应当严格监督管理,如以职工的原始档案为准,按照国家公布的"特殊工种"目录加以审核,同时也可以采取措施加大透明度,将所有按"特殊工种"提前退休的职工在领取待遇之前先在本单位实行公示,由群众进行监督;再次,应当进行政策宣传,在促使每个单位与职工都明了提前退休政策的规范下,确立严格的处罚机制,对违规者进行行政、经济等方面的处罚。

思 考 题

1. 养老保险是如何产生的?
2. 养老保险有哪些特征?
3. 比较养老保险的责任承担模式。
4. 比较养老保险的财务模式。
5. 养老保险制度的基本内容有哪些?
6. 中国现行养老保险制度存在哪些问题?

第六章

医疗保险

【本章学习要点】

通过本章的学习,应了解医疗保险的基本特征、基本原则、社会功能及基本模式,掌握医疗保险涉及的主体关系及与其他医疗保障的关系,熟悉医疗保险的筹资方式、费用支付方式,同时对中国医疗保险的发展有较为全面的认识。

第一节 概 述

疾病是人类面临的重要风险,是一种致因复杂、危害严重并且直接关系到人类基本生存利益的特殊风险,因为疾病不仅直接损害着人的身体与精神健康,而且容易导致贫困以及其他不利后果,但人类又无法避免各种疾病的发生,新的疾病种类甚至随着人类社会的发展还在不断增加。正是由于疾病危害的广泛性、普遍性和不可避免性,医疗保险及其他社会化的医疗保障制度才逐渐成为许多国家社会保障体系中的重要组成部分。回顾现代社会保障制度的发展进程,可以发现医疗保险作为社会化大生产和人类文明的产物,是世界上立法最早(德国)的社会保险项目。一百多年来的历史表明,医疗保险对于解除社会成员的疾病医疗后顾之忧,维护家庭与个人的正常、健康发展,进而促使整个社会经济的正常、健康发展,起着不可替代的重要作用。特别是20世纪50年代以来,越来越多的国家开始深刻认识到健全医疗保险制度、发展卫生事业、保证公民基本卫生服务不仅可以解决或缓解某些社会矛盾,而且作为一种开发人力资源不可缺少的投资,医疗具有了同教育相类似的性质,医疗保险在许多国家也走向全民化,并在整个社会保障体系中占有着与养老保险同等的重要地位。

一、医疗保险的概念

尽管疾病风险是任何人都无法避免的,但在疾病影响的人群中,劳动者因为承担着创造社会财富和支撑家庭经济的责任,对疾病风险要更加担忧。疾病不仅使劳动者在患病期间收入中断、减少或丧失,而且在医疗方面又必须支出费用,这就使劳动者一旦患病便在经济上处于内外交困的窘境,在社会化大生产的条件下,劳动者的疾病甚至还会影响组织的正常运行。因此,无论从社会发展、经济发展,还是从人类自身的发展出发,国家与社会也应当承担起对劳动者提供疾病风险保障的责任,因此,医疗保险作为最早得到确立的以劳动者为保险对象的社会保险制度,经过100多年的发展,已经成为当今世界各国普遍推行的社会保险项目。

不过,由于疾病医疗保险在各国间的运作模式、内涵与外延均有不同,名称也就不尽相同,有的称为疾病保险,有的称为医疗保险,还有的称为健康保险,因此,国内外学术界对此尚无统一的概念和定义。本章所称医疗保险是将其作为社会保险制度中的一个项目来定位的,专指社会医疗保险,它是由国家立法规范并运用强制手段,向法定范围的劳动者及其他社会成员提供必要的疾病医疗服务和经济补偿的一种社会化保险机制。

这一概念的界定，包括如下五层含义：

第一，医疗保险是由国家立法强制实施的。1883年5月31日，世界上第一部社会保险法律《疾病社会保险法》在德国诞生。从19世纪末到20世纪末，全世界有110多个国家通过立法先后建立了自己的社会医疗保险制度[1]，立法规范和强制实施构成了各国社会医疗保险的共同特点，法律不仅规范了主体各方的权利义务，而且会对保险对象范围、医疗保障待遇以及强制实施的程序等亦做出明确规范，从而体现了社会医疗保险与以自愿参与的商业医疗保险的区别。

第二，医疗保险的对象通常是劳动者尤其是工薪劳动者。这一点与其他社会保险相似，均是从保护劳动力和解除劳动者的后顾之忧出发的。不过，在一些国家的社会医疗保险制度中，亦会放宽到劳动者的家属。

第三，医疗保险强制权利义务相结合和互助共济。对于每一个人来说，其生病和受伤害的概率是不可预测的，而对于一个群体来说，则通过大数法则可以预测。因此，社会医疗保险通过保险精算，确定被保险人的缴费（税）义务和获取医疗服务或补偿医疗费用的权利，履行缴费义务构成社会成员获得医疗保障权利的前提条件。同时，由于每个参与者是否患病或者何时患病都具有不确定性，真正享受社会医疗保险待遇的人及受益多少也是不确定的，正是在这种不确定中，大数法则与互助共济功能才在社会医疗保险中得到了充分体现。

第四，医疗保险保障的内容主要是疾病。劳动者面临的风险很多，与身体直接相关的事件既有疾病，也有职业伤害、生育等，但社会医疗保险保障的主要是各种疾病，而职业伤害风险由工伤保险制度来承担，生育事件由生育保险制度来承担。不过，在一些国家亦将女职工的生育行为纳入医疗保险范围，或者另由普惠性质的生育津贴来保障。

第五，医疗保险必须社会化。与其他保障制度相比，医疗保险服务更强调社会化，因为医疗保险服务必须由第三方即医疗机构来提供，这就使得这一保障制度不可能由社会保险机构直接实施，而是只能由众多的医疗机构来承担组织实施任务，而非供给者与受益方的直接对应行为。

需要指出的是，在把握医疗保险（本章专指社会医疗保险）概念并将其与商业医疗保险或者健康保险加以区别的同时，还应当区分医疗保险与医疗保障两个概念。尽管在某些国家或地区以及一些文献中，医疗保险与医疗保障被混用，但一般而言，医疗保障的范围要大得多，医疗保险只是医疗保障的一种方式。以中国为例，医疗保险仅指社会保险制度中的基本医疗保险，而以保障国民疾病医疗的制度或政策还有农村合作医疗、补充医疗保险、社会医疗救助以及妇幼保健、儿童免疫、地方病防治、

---

[1] 郑功成等著：《中国社会保障制度变迁与评估》，第531页，中国人民大学出版社，2002。

传染病防治等,这些制度安排与医疗保险共同构成了中国的医疗保障体系。

二、医疗保险的基本特征

与其他社会保险相比,医疗保险具有社会保险制度所具有的共同特征,它们一起对劳动者的生老病死及意外事故承担保障责任,但由于疾病风险和医疗服务需求的特殊性,又使医疗保险在实践中表现出自身固有的一些特征。

(1)待遇支付形式为非定额的费用补偿。建立医疗保险的作用之一,是避免参加保险的人员因疾病而无法获得基本医治,同时尽快恢复患者的身体健康和劳动能力。众所周知,养老保险是发放现金,工伤保险既发放现金也提供医疗服务,失业保险既发放现金还提供诸如培训等服务,三者基本上是一种收入保障机制;而医疗保险则是一种医疗费用补偿机制,它通过为参加保险的人员提供相应的医疗服务来达到恢复患者健康的目的。在实践中,这种并非现金的医疗费用补偿待遇并不直接支付给个人,而是通过医疗保险机构与医疗服务机构直接进行结算来兑现;同时,这种费用补偿待遇亦非定额补偿,它与缴费多寡无关而与医疗费用直接相关,即患者获得的费用补偿不是取决于其缴过多少医疗保险费,而是取决于病情、疾病发生的频率以及实际需要。因此,医疗保险的待遇不同于养老、失业保险那样实行标准的定额支付,而是依据每个患者疾病的实际情况确定补偿。

(2)补偿期短但受益时间长。由于疾病的发生具有随机和不可预测性,医疗保险提供的补偿也具有不确定性,一次疾病的时间通常不会太长,从而每次的补偿期也较短;不过,由于人的一生中不可避免地要生病,医疗保险也就会伴随参加保险人员的一生,这一点显然与其他社会保险有很大区别,如养老保险是劳动者退休后才能享受,失业保险只在失业期间享受,工伤保险只在工伤事件发生后才能享受,生育保险更是一次性保险,从这个意义上讲,医疗保险不仅会惠及所有参加保险的人员,而且自其参加保险之日起将伴随一生,可以说是受益时间最长的社会保障项目。

(3)涉及关系非常复杂。医疗保险涉及政府、用人单位、医疗机构、社会保险机构、医药机构和患者个人等多方之间复杂的权利义务关系,要处理好这样复杂的关系,必然需要兼顾主体各方的权益并对各利益主体形成一种制衡机制。因此,医疗保险制度的有效性不仅取决于其本身的科学、合理性,同时还与公共卫生资源的合理配置、医疗卫生体制(重点是医疗机构)、医药流通体制等紧密相关,如果医疗卫生体制、医药流通体制不能同步改革,医疗保险便不可能独自成功。医疗保险制度的复杂性还表现在医疗方与患者之间的信息不对称,再加上由社会保险机构(第三方)付费,这就存在着先天的约束不足。医疗保险的复杂性决定了制度实践的难度很大。

(4)医疗服务消费具有不确定性和被动性。医疗保险的费用控制是一个世界性的难题,同养老、失业等其他社会保险相比,正如上文所述,医疗保险关系十分复杂。患病时每个人的实际医疗费用无法事先确定,支出多少也不仅取决于疾病的实际情况,还有医疗处置手段、医药服务提供者的行为甚至可能的道德风险等对医疗费用产生的影响。在医疗服务消费中,医疗服务提供者始终处于主动地位,其服务供给也处于相对的垄断地位,而患者的医疗消费却是被动性的,患者很难真正通过市场手段来选择医疗服务的内容和数量,也没有足够的动机去主动控制医疗费用的支出。因此,医疗保险的管理也就有别于养老、失业等其他社会保险,它不仅需要对医疗保险基金的收支进行管理,而且需要对医疗服务提供者以及医药服务的项目、内容等进行管理。

医疗保险的上述特征,是它作为一个独立的社会保险项目的本源特性,也是它区别于其他社会保险项目的基本标志。

三、医疗保险的产生和发展

以法律的形式确立医疗保险,是从1883年德国颁布《疾病社会保险法》开始的,至今已有100多年历史了。在此之前,人们要获得疾病医疗的保障主要是以一个行业或地区组成的各种基金会、互助组织等民间保险形式,通过职工个人共同集资来偿付医疗费用,国家既无立法规范,政府亦不参与其中。1883年,德国颁布的《疾病社会保险法》规定某些行业中工资少于规定限额的工人应强制加入疾病保险基金会,基金会强制性征收工人和雇主应缴纳的医疗保险基金并用于工人的疾病医疗,这标志着医疗保险作为一种强制性社会保障制度得到确立。随后,这项政策逐渐在20世纪上半叶的整个欧洲以各种形式推广,进而向其他地区迅速扩展。

在欧洲,奥地利于1887年、挪威于1902年、英国于1910年相继建立了自己的医疗保险制度;法国于1921年通过疾病医疗保险方面的立法,1930年正式实施。到20世纪30年代早期,大多数欧洲工业化国家均建立了这种保险制度,当时以生育和疾病社会保险的名义实行。二战以后,西欧、北欧等国家宣布建立福利国家,面向工薪劳动者的疾病医疗保险被普遍性的高水平的国民保健制度替代,其他欧洲国家的医疗保险范围进一步扩展,医疗保险水平不断提升,已经成为这些国家最重要的社会保障项目。

在亚洲,日本于1922年颁布《健康保险法》,1938年颁布《国民健康保险法》,将工薪阶层和非工薪阶层的医疗保险区分为健康保险和国民健康保险。医疗保险的覆盖范围从部分大企业的雇员逐步扩展至产业工人、海员、政府工作人员、职员和农民等,按日计酬的短工和投保人的家属也被包括在内。由于人口迅速老龄化,老年人口医疗开支增加,1972年,日本为70岁以上以及65—70岁间生活不能自理的老年人,建立了老年医疗保健制度。日本现行的医疗保险基本覆盖了全体国民。亚洲其他一些国家在二战后也开始探索自己的医疗保险制度,中国的公费医疗、劳保医疗与乡村合作医疗制度的建立与发展,更是使亿万人民直接受益。

在美洲,加拿大是福利国家,也较早建立了惠及全民的医疗保障制度。而作为世界第一大经济强国的美国,则是在20世纪50至60年代后才开始确立自己的医疗保险制度。此前,美国于1929年建立了一种名为"合作卫生协会"的私人健康维护组织,以及由医生主办的医疗保险计划;1930年,由医生、议员协会分别发起组织了非营利性的蓝盾和蓝十字医疗保险计划;1935年,美国颁布社会保障法案,但仅包括伤残等5项收入补偿计划。二战结束后,美国政治经济不断发展,20世纪50—60年代美国政府加强了对社会保障的干预,也迎来了社会保障制度发展的黄金时代,联邦和州政府在这一时期建立了医疗救济制度和老年医疗保险制度。1973年,美国国会通过《健康维护组织法》,健康维护组织通过举办医院和雇佣开业医生,为参保人员提供医疗和预防服务。需要指出的是,除政府主导的医疗救济与老年医疗保险外,美国还有发达的非营利性医疗保障与商业性医疗保险。

进入20世纪80年代以来,各国开始针对提高医疗卫生资源的利用效率进行医疗保险制度的改革。主要的改革措施概括起来包括以下几方面:其一,采用费用分担机制,让个人负担部分医疗费用或提高个人的付费比例,进而提高个人的费用意识;其二,改革医疗卫生体制和保险机构对医疗机构的付费方式,形成相应的监督机制和提高医疗机构的成本控制意识;其三,积极发展预防服务和基层服务,鼓励病人利用基层医疗卫生服务;其四,调整卫生资源结构,减少医疗服务成本;其五,引入市场机制,鼓励医疗保险机构之间的竞争,降低医疗保险的管理成本。

四、医疗保险中需要注意的几个问题

在医疗保险制度设计及实践中,还应当注意如下几个问题:

第一,突出强调解除人们疾病医疗后顾之忧、保障劳动者健康和努力提高国民身体素质的宗旨。这是建立这一制度的出发点,也是检验这一制度成效的核心指标。因此,在医疗保险制度及其实践中,不能完全相信市场与竞争机制,而是需要有力的国家干预,包括医药流通、医疗服务、医疗机构布局等均离不开国家强有力的计划乃至价格调控。

第二,理性看待医疗费用的增长。由于医疗费用增长迅速和医疗保险基金筹集能力下降的矛盾,一些国家或地区推进医疗保险制度改革时大多将目标定位为控制医疗费用,然而,医疗费用的上涨在一定情形下是不可避免的。如环境污染会带来更多的新疾病,工业生产场所较农业生产场所更易使人生病,人均预期寿命延长必然

导致医疗代价高昂,而人对身体与健康要求标准的提高也会导致医疗费用的上涨,还有医疗技术进步在某种程度上也会推动医疗费用的上涨,这些因素并非患者个人的责任。如果只是一味地控制医疗费用,则在同等代价的前提下,医疗保险带来参保人员的保障可能持续下降,而这又必然损害这一制度的功能。因此,医疗费用的适度上涨是不可避免的,也是合理的,医疗保险制度的发展应当充分考虑到这些因素。在医疗保险费用控制方面,重点应是构建合理的费用分担机制,严格堵塞医疗保险体系的漏洞,杜绝医疗过程中的浪费现象,但任何改革都不应当使医疗保险制度的宗旨受到损害。

第三,合理确定医疗保险缴费标准。医疗保险费是参保单位与参保个人为获得医疗保险待遇而付出的成本,在确定费率标准时,需要综合考虑如下影响因素:一是医疗费用的历史支出情况;二是医疗费用的上涨速度;三是医疗保险未来发展的需求;四是应急基金。当医疗保险待遇标准确定后,就应当以收定支,当收不抵支时,再调整缴费标准或者调整待遇标准。值得注意的是,医疗保险不同于养老保险因长期积累而要考虑人口老龄化与通货膨胀等因素,它一般以年度收支平衡为原则,并不是基金积累越多越好。

第四,充分利用现代技术。一方面是利用医疗技术的进步,更好地为参保人员提供医疗服务,另一方面还应当充分利用现代信息技术等,使医疗保险制度在高效的管理下提高透明度。

总之,医疗保险是非常重要的社会保险项目,也是现代社会保障体系中的重要制度安排,它除具备社会保险的共性功能之外,还有着保障劳动者身心健康、及时"修复"劳动能力、减轻劳动者及其家庭的经济负担、提高全民身体素质、促进卫生事业健康发展等特殊功能,重视社会保障制度建设与发展必须高度重视医疗保险制度的建设完善。

第二节　医疗保险的基本内容

一、医疗保险的当事人及其关系

医疗保险的当事人,包括政府(国家的行政机关)、医疗保险机构(买单人)、医院(医疗服务的供给者)、被保险人或患者(医疗服务的需求者)和雇主(投保人)。

1. 政府。自国家产生以后,人们对政府就持有不同的理论和观点。主要有无政府主义、国家主义、自由主义和马克思主义政府理论等四种。尽管人们对政府的态度和观点不尽一致,但能够形成共识的却是任何社会都离不开政府的管理和调控。在医疗保险中,政府负有的责任包括:①推动医疗保险立法,并依据法律制订相应的政策,为医疗保险的运行提供依据;②规划和构建医疗保险体系,包括改善公共卫生资源配置、推进医疗卫生与医药体制改革、确定医疗保险规划,以及从宏观层面上统筹公共卫生、医药流通及各种医疗保障制度的发展;③监督医疗保险的运行,纠察医疗保险中的失范行为,确保医疗保险在规范的轨道上健康发展;④提供社会医疗救助,发展公共卫生事业,为医疗保险制度提供良好的基础与配套;⑤必要时对医疗保险给予相应的财政支持,以及对医疗服务与医药产品进行计划调节。因此,政府虽然不再包办医疗保险,但在大多数国家确实承担着医疗保险的主导责任,并运用公共权力与公共资源不同程度地干预着医疗保险。当然,各国政府对医疗保险的干预程度随医疗保险制度模式不同而存在着差异:一种是全面干预医疗保险和服务市场,如在英国,政府、医疗保险机构和医疗服务供给方实际上是合为一体,由政府具体处置各方的关系。一种是干预医疗保险但不全面干预医疗服务市场,医疗机构由各种所有制组成,如加拿大由地方政府设立社会保险机构具体负责筹资和付费,政府和保险机构合为一体,但医疗服务机构由公营和非营利机构共同组成。还有一种形式是国家统一筹资,实行社会医疗保险,但是委托非政府机构、民营或私营保险机构管理和运作医疗保险基金,如德国的疾病基金、韩国的医疗保险,以及美国的医疗照顾计划等,均是如此。

（2）医疗保险机构。医疗保险机构是具体经办医疗保险事务并管理医疗保险基金的机构,它作为各国社会保险机构的一个组成部分,通常依法代表国家专门负责医疗保险费（税）的预算、征缴、分配、管理和监督检查。在大多数国家,医疗保险机构均是公营机构,但也有由雇主与劳动者代表组成自治管理机构的,如德国等。医疗保险机构区别于其他社会保险机构的一个显著特点是,它必须借助于医疗机构才能为参保人员提供医疗服务。医疗保险机构具有一定的独立自主的经营权,在性质上属于非营利性（非商业性）机构,它的基本任务就是按照国家的相关法律、法规有效地开展医疗保险业务,保证医疗保险制度的正常运转。在实践中,医疗保险机构要接受政府行政主管部门的管理与监督,其承担的职责主要是管理具体的医疗保险事务,包括参与有关医疗保险的法律、法规和政策的制定,征缴医疗保险费,确立医疗服务机构与服务方式,确定合适的医疗费用支付方式并实施医疗保险费用的结算,对医疗服务的供给方和需求方实行有效的监督,管理和运营医疗保险基金。

（3）医疗服务供给者。医疗服务供给者包括医院、医生和药店。医院通过资源配置和合同方式与患者建立医疗服务关系,与医疗保险机构建立付费关系。在中国,并非所有医院均是医疗保险服务的供给者,而是只有医疗保险机构确认的医院（通常称为定点医院）才是医疗保险服务的供给者。医生则具有掌握患者病情的信息优势,从而是决定医治手段、费用支出的关键因素。而定点药店也是通过医疗保险服务合同方式与患者建立药品购销关系。定点医院、医生和定点药店承担着为医疗保险对象提供医疗服务的义务,同时拥有对医疗保险机构依法律或合同所发生的接受付费的权利。可见,在医疗保险中,医疗服务供给方、医疗服务需求方与医疗保险付费方分别构成了三对权利义务关系,服务提供与费用支付存在着脱节,这种特殊现象是医疗保险各主体之间关系复杂化的基本原因。

(4)医疗服务需求者。亦可称为被保险人,即由投保人指定的为其缴费的、享有医疗保险待遇的自然人。在医疗保险中,被保险人既是享受医疗服务的权利主体,也是承担缴纳医疗保险费的义务主体(除非法律规定全部医疗保险费均由单位或雇主缴纳,否则,个人需要分担缴费义务)。但也有一些特殊情况,如在实行雇主医疗保险责任制或者具有最低工资限制的国家,就由雇主承担全部缴费义务,这样,受益者就是单纯的权利主体;在德国,领取医疗津贴、生育津贴或子女抚育津贴或享受子女抚育假之前,曾经取得过负有缴费义务的收入但现在没有取得其他任何应负有缴费义务的收入的人员,以及为参加就业或属灵活雇佣性质的人员,因为其配偶或父母有法定医疗保险的投保人身份可以家庭成员连带保险的,可以享受免费的医疗保障。

(5)雇主。雇主是医疗保险缴费方之一,在医疗保险关系中是单纯的义务主体。在不同国家,雇主、劳动者个人双方分担医疗保险的供款责任是一般的做法,而政府则视情形加入其中。

医疗保险当事人之间的关系,可用图6-1表示。

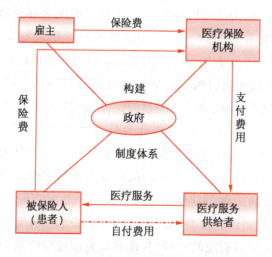

图6-1 医疗保险当事人关系示意图

二、医疗保险对象

医疗保险的对象,是指医疗保险制度中依法必须参与医疗保险并享受医疗保险待遇的自然人。医疗保险覆盖范围的大小,通常是衡量一个国家或地区社会保障水平与社会发展程度的重要指标。

从各国的情况来看,北欧、西欧各国,以及日本、加拿大等国的法定医疗保险范围最为广泛。法定医疗保险覆盖率一般与经济发展水平有关,覆盖率高的国家和地区通常有较高的经济发展水平作为支撑,但也与一个国家或地区国民的价值取向与政策选择直接相关,如美国是世界第一大经济强国,但迄今仍然有数千万人缺乏医疗保障,在克林顿任总统期间,曾经提出过完善美国医疗保障体系的法案但未获得国会通过,很显然,美国医疗保障制度的缺漏并非是经济因素影响的结果。

为了防止出现逆向选择的风险,保证不同收入和不同健康状况的人员能够在同等条件下参加保险,各国的社会医疗保险制度都是通过法律强制实施的,而并非个人的自由选择。根据大数法则,参加医疗保险的人越多,医疗保险基金也越是具有足够的抵抗风险和互济的能力,因此,医疗保险发展的理想状态其实是覆盖全民的医疗保险。然而,由于各国政治、经济发展不平衡,文化各异,"全民皆保险"只在有限的国家中得以实现。

从各国医疗保险的政策实践来看,参保人群的范围大致可以分为以下几种:

(1) 医疗保险适用于全国居民,如英国、瑞典、新加坡等;

(2) 是医疗保险仅覆盖符合一定条件的从业人员;

(3) 一定条件的从业人员及其直系亲属(连带保险)。

在立法规范参保人员范围时,一般还需要专门考虑如下人员的特殊性:一是自我雇佣人员和高收入人群;二是无收入或低收入的贫困人群;三是政府雇员和其他特殊职业人群,如军人、医院及私人诊所从业人员等。这些人群是纳入统一的医疗保险制度还是另立专门制度,是需要慎重考虑并做出政策选择的。

英国是世界上第一个实行全民医疗保险的国家,英国的法律规定,凡居住在英国的人,不需要取得保险资格一律可以享受各种医疗保健服务,其目的在于"让每一个社会成员以免费或低价享受医疗卫生"。在瑞典,有关法律亦规定,健康保险向全体公民及外籍居民提供医疗服务(个体从业者需要缴纳健康保险费),病人到医院就诊只需支付数额很少的门诊费和住院期间的生活费用(具体标准由各省自行决定),不必支付医疗费用和药费,并可享受与缴费水平相关的标准不同的疾病补贴、康复补助等待遇,无业或低收入者可以在社保办公室办理"自愿疾病补贴保险"后可享受相应的疾病补贴。新加坡的医疗保险模式(在下节介绍)也覆盖了全体国民,其保健储蓄计划从1984年开始实行,每一个有工作的人包括个体户都按法律要求,必须参加保健储蓄,用于本人及家庭成员的医疗费用。

在许多发达国家和发展中国家,医疗保险一般适用于一定规模或一定地区的工商企业的职工。至于其发展情况,国与国之间的差异较大。收入低于一定水平的大多数工人是法律规定强制参加保险的,而独立劳动者、自我雇佣劳动者通常允许自愿参加。农村居民、农业劳动者一般是最后纳入医疗保险体系。

三、医疗保险基金的筹集

医疗保险基金是医疗保险制度的物质基础,它是医疗保险机构依法通过对法定范围内的单位和人群征收医疗保险费(税)来筹集的。在筹集的过程中,体现出强制性、费用共担及收支平衡的原则。但各国在具体的筹资方式上,仍然有所差异。

(1)筹资渠道。医疗保险基金的筹集渠道,主要有政府专门税收、雇主与雇员缴费、公共财政补贴,以及如利息、滞纳金等其他方面的收入(较少)。不过,多数国家采取由雇主与雇员分担缴费责任或者政府、雇主与雇员三方分担缴费责任的做法。

(2)筹资模式。与养老保险的筹资模式类似,医疗保险的筹资模式也可以分为现收现付制、积累制和混合制三种情况。不过,大多数国家均选择现收现付制。其中:现收现付制以"横向平衡"原则为依据,按照年度收支平衡、略有结余的原则筹集资金,该模式调整灵活、易于操作,只需考虑短期风险,但当人口结构和劳动力年龄结构发生变化时将会增加现有人口和劳动力的负担。积累制以"纵向平衡"原则为依据,将被保险人在享受保险待遇期间的费用分摊在整个保险期内,并由此决定缴费率,这就需要对有关人口健康指标和社会经济指标(如患病率、工资率、平均医疗费用、通货膨胀率等)进行长期的宏观预测和测算,并需要对基金进行投资运营以实现保值增值,这种模式可以用长期积累的基金对付可预见的和未能预见的风险,但同时必须承担基金保值增值的压力。此外,还有一种混合制,如中国现行的社会统筹和个人账户相结合的医疗保险筹资模式就是混合制的代表,需要指出的是,这种筹资模式不可能片面地综合了以上两种模式的优点,它亦有着自己的先天不足并需要继续考量。

(3)缴费方式。世界各国医疗保险费的缴纳方式,归纳起来有以下几种:一是固定保险费金额,即确定一个固定的额度向承担缴费义务者征集医疗保险费;二是与工资或收入挂钩,即按照被保险人的工资或收入的一定比率征集医疗保险费;此外,还有按区域或职业缴费的做法。不过,较为通常的做法是采取与工资或收入挂钩的缴费方式。

至于具体的费率结构,有的国家较为简单,有的国家却较为复杂。如在德国,法定医疗保险就规定了7种不同的费率,包括一般费率、提升费率、减免费率、适用于服兵役或民役服务人员的减免费率、适用于大学生和实习生的费率、适用于养老金人员的费率以及适用于其他收入的费率。在日本,在由政府经营的针对中小企业的雇员医疗保险中,雇员和雇主各按工资的4.2%缴费;在社会经营的针对大企业的雇员医疗保险中,雇员按工资3.6%缴费,雇主缴费的标准却为4.6%;而对参加国民健康保险的人员,费率按照每个人的收入以及富裕程度来决定,比例要高于雇员医疗保险。在中国,基本医疗保险的费率较为简单,只是因统筹层次不高而存在着地区差异,但在同一地区适用统一费率。

四、医疗保险费的支付

医疗保险的支付,主要反映在被保险人的法定待遇和对医疗服务机构的补偿方式上。

最初的社会医疗保险所保障的范围是补偿被保险人因病造成的收入损失,后来逐步扩展到承担因治疗疾病所发生的医疗费用。随着医疗费用的增加和医疗保险基金不足之间的矛盾日益突出,各国为保障医疗待遇水平,减少医疗费用浪费,一直在探索更加经济有效的医疗保险机制。在一些福利国家中,逐渐将预防、免疫、疾病的早期诊断、保健、老年护理和康复等项目也纳入社会医疗保险的范围。但在不同的国家,由于经济社会发展水平和医疗保险的筹资水平不同,医疗保险的医疗服务范围及其支付标准差别很大。如在福利国家,个人承担的费用几乎可以忽略不计;而在日本,个人自付医疗费用的比例一般在20%—30%,韩国则更高,个人承担的医疗费用达到50%—60%。

在医疗保险制度起源地——德国,医疗保险法规定法定的医疗保险采用实物待遇的原则,一般情况下,投保人以实物或服务的形式获得他们必需的医疗保险待遇,这些待遇由医疗保险所提供并承担费用;另外,德国《社会法典》也规定,投保人也可放弃享受直接以实物或服务形式提供的医疗保险待遇,而选择享受经允许的或经授权的医疗服务方提供的医疗服务并事后报销的做法。但所享受的医疗保险待遇必须在法定项目以内,包括:一是保健和预防疾病的项目;二是疾病的早期诊断项目;三是门诊和住院期间的医生治疗、牙医治疗(包括镶牙)、提供药品、急救用品及辅助等医疗服务项目;四是疾病津贴;五是生育津贴及其医疗服务。

医疗社会保险机构作为医疗保险服务付费人,对医疗服务机构的补偿方式是整个医疗保险制度运行中的重要环节。不同的支付方式对医疗行为、资源流向都会产生不同的影响和经济后果。

概括起来,医疗保险费的支付方式可以分为后付制(Fee for Service)和预付制(Budget Control)。前者指按服务项目付费;后者有总额预算包干、按人头付费、按病种付费、工资制等方式。

(1)按服务项目付费。这是医疗保险最传统、应用最广泛的支付方式。指医疗保险机构根据医疗机构上报的医疗服务项目和服务量向医疗机构支付费用,它属于事后付费。在具体操作上，它可以先由医疗单位付费后再与医疗保险机构结算，也可以先由患者垫付再从医疗保险机构报销部分或全部。这种付费方式具有实际操作方便、适用范围广泛等优点，但由于医疗机构的收入同所提供的医疗服务项目、数量直接相关，医疗机构因此具有提供过度服务甚至虚报的动机。同时，第三方付费的事实亦使医、患双方缺乏费用控制机制，从而容易造成医疗浪费等结果。

（2）按人头付费。指医疗保险机构按合同规定的时间（如一年），根据接受医疗服务的被保险人人数和规定的收费标准，预先支付医疗服务费用的支付方式。在此期间（一年），医疗机构负责提供合同规定范围内的一切医疗服务，不再另行收费。按人头付费实际上就是一定时期、一定人数的医疗费用包干制。由于医疗机构的收入与被保险者的人数成正比，与提供的服务成反比，节余归自己，超支自付，这就产生了内在的成本制约机制，从而有利于医疗费用控制和卫生资源的合理利用；不过，这种付费方式也可能产生鼓励医疗机构以较低的医疗费用而减少服务提供或降低服务质量的现象。为了保证医疗质量，防止医疗服务质量降低，一些国家甚至规定了每个医生最多照管病人的数量。在丹麦、荷兰、英国最早实行按人头付费的办法后，意大利、美国等国家也广泛采用这种方式来支付医疗费用。

（3）总额预算制。指医疗保险机构通过对服务地区的人口密度、人口死亡率、医院的规模、服务数量和质量、设备设施情况等因素进行综合考察和测算后，按照与医院协商确定的年度预算总额支付医疗费用的方式。这种付费方式的特点是，医疗机构必须为前来就诊的被保险人提供合同规定的服务，自负盈亏，所以也称为总额预算包干制。英国、加拿大、澳大利亚等国采用这种付费方式。

（4）按病种付费，亦称按疾病诊断分类定额支付。它最初是由美国耶鲁大学卫生研究中心米尔（Mill）等人经过10年的研究提出来的一种付费方式。这种方式是根据国际疾病分类法，将住院病人的疾病分为若干组，每组又根据疾病的轻重程度及有无合并症、并发症分成若干级，同时将住院病人的疾病按诊断、年龄、性别等分为若干组，对每一组的不同级别分别制定价格标准，按照这种价格对该组某级疾病治疗的全过程进行一次性支付。简单地讲，就是按诊断的住院病人的病种进行定额支付。该方式的优点是可以激励医院为获得利润而主动降低成本，缩短平均住院日，一定程度上减缓和控制医疗费用上升的趋势；缺点是难以在水平不同的医院、服务项目、质量以及病例的组合中建立准确、恰当的分类系统，尤其是当诊断界限不明时，容易诱使医生令诊断升级，以获得较多的费用支付，而且标准复杂，调整频繁，管理成本较高。

（5）工资制。指社会保险机构根据合同医疗服务机构医务人员所提供的服务，向他们发工资，以补偿医疗机构人力资源消耗。这种方式的优点是医疗保险机构能够较好地控制医院的总成本和人员开支，医务人员的收入也有保障。缺点是由于医疗保险机构支付给医务人员的费用是固定的,与医务人员提供服务的数量和质量无关,所以不能形成对他们的激励机制,有可能会导致医疗服务质量的下降。这种方式广泛应用于芬兰、瑞典、前苏联、西班牙、葡萄牙、希腊、土耳其、印度、印度尼西亚、以色列以及拉美国家。英国、加拿大等国对医院里的医生也实行这种方式。

事实上,医疗保险费用的支付方式远不仅以上几种,还有如平均费用支付、以资源为基础的相对价值标准制(RBRVs)[①]等。但有一点可以肯定的是,几乎每一种付费方式都各有利弊。各国在确定医疗费用支付方式时,需要考虑整体医疗费用支付水平及其上涨率、医疗部门收入规模、医疗服务质量、医疗保险管理组织的工作效率等因素进行权益均衡后,慎重选择最适合本国实际情况的单一或组合支付方式。

表6-1　不同支付方式的比较[②]

支付方式	费用控制	服务质量	管理
按服务项目付费	很差	很好	非常难管理
按人头付费	非常好	良	非常容易管理
总额预算制	非常好	良	容易管理
按病种付费	好	良	容易管理
工资制	良	差	容易管理

第三节　医疗保障模式

除前面已经介绍的医疗保险(或社会医疗保险)外,世界上还存在着国家医疗保险模式、强制储蓄医疗保障模式、合作医疗保障模式和私营医疗保障模式,每一种模式均有着自己鲜明的特点。不过,各种医疗保障模式也并非总是一成不变,各国医疗保障制度改革进程亦表明了各种模式之间相互吸取对方的经验和教训,已经成为时尚,混合型模式或许会成为一种世界潮流。

一、国家医疗保险模式

国家医疗保险模式,亦称为全民医疗保险或全民健康保险,是指政府直接举办医疗保险事业,向全体国民提供免费或低收费医疗服务的模式。国家医疗保险资金主

[①] 这是一种新的医疗费用制度方式,最近被应用于美国的老年医疗保险计划。
[②] 孙光德、董克用主编:《社会保障制度概论》,北京,中国人民大学出版社,2000。

要通过政府税收的形式筹措,然后通过预算拨款给有关部门或直接拨给公立医疗机构,国民在看病时享受免费或低收费的医疗服务。实行国家医疗保险的国家,均由公立医疗机构提供各种医疗服务,医疗服务活动具有国家垄断性。在公立医疗机构里工作的医务人员的工资由国家财政承担。在世界上,英国、瑞典、爱尔兰、丹麦、芬兰、加拿大等福利国家均由实行覆盖全民的国家医疗保险制度。这种模式的突出特点是全民性与公平性,能够全面保障全体国民的身体健康,满足全体国民多方面的医疗保障需求;不过,这种模式在实践中也存在着医疗机构微观运行缺乏活力、卫生资源配置效率低下、政府财政负担过重等问题。

英国是世界上第一个宣布建立"福利国家"的国家。早在1944年,英国政府就提出了"国家卫生服务"的口号,同时明确了医疗保险服务的三项基本原则:国家要对每个英国国民提供广泛的医疗服务;卫生服务经费全部或大部分从国家税收中支付;卫生服务由初级服务、地段服务和医院服务三部分组成。1948年,英国通过了《国民医疗保健服务法》,实行了对所有医疗机构的国有化,医疗机构的医护人员成为国家公职人员。1964年英国又颁布了《国家卫生服务法》,全面实施全民医疗保险制度,对所有公民提供免费医疗,这一制度又称国民卫生保健制度(NHS)。

瑞典的卫生保健制度始建于1955年,其健康保险向全体公民及外籍居民提供医疗服务。公民生病均按规定的医疗单位就医,一家人只要有收入的成员将收入的2.8%交医疗保险税,全家即可享受以下公费医疗待遇:(1)医疗保健费用,包括医生治疗费、住院费、药费、往返医院的路费等,这些费用先由投保人支付,然后到保险机构按规定的标准报销。(2)疾病津贴。投保人生病期间的收入损失,从病后的第四天起可以享受疾病津贴,这种疾病津贴一般无时间限制,但在3个月后,需要进行检查,以确定能否改做其他工作,如确定可以改做其他工作则要求接受再就业的职业培训,如确定失去劳动能力则由残病年金来代替疾病津贴。(3)产妇津贴。产妇除享受一般医疗保健待遇外,还可领取一份产妇津贴,根据1974年的立法,产妇津贴称为父母津贴,按1982—1983年的规定,父母津贴在180天内每天发37克朗,如父母为雇佣人员,这期间可获得一份相当于每天劳动收入的90%的现金津贴。瑞典的医疗事业主要由地方政府举办,私人开业医生只占全国医生人数的5%[①]。

加拿大也是实行全民医疗保险制度的国家。1966年,加拿大联邦政府制定了《全民疾病保险法案》,1972年全面实施全民健康保险制度。加拿大联邦政府对医疗卫生服务实行统一计划和管理,在卫生服务提供的过程中表现出许多国家垄断的特征。在费用筹集上,各省都有各自的缴纳方法和比例,但医疗保险基金主要来自联邦所得税和省所得税。在加拿大的全民医疗保险计划下,所有公民不论其经济状况如

---

① 资料来源:http://www.he.lss.gov.cn/2003/cylm/listcontent.asp?id=533。

何,都自动成为医疗保险计划的投保人和保险待遇享受者。个人只需支付很少的医疗费用,便能够享有基本的住院医疗服务和门诊服务,且不会因为医疗费用的支出而降低人们的生活水平。贫困人口和丧失经济能力的人和家庭可以申请部分或全部减免保险,所有65岁以上的老人均可自动成为免费医疗保险的享受者,终身享受医疗保健服务。

二、强制储蓄医疗保障模式

强制储蓄医疗保险制度,是通过立法强制劳资双方或劳动者建立医疗保健储蓄账户(即个人账户)并用以支付个人及家庭成员的医疗费用的一种医疗保障制度。这种模式下的医疗保障,所筹集的医疗基金既不是强制性纳税,也不是强制性缴纳保险费,而是以家庭为单位"纵向"筹资,是基于自我负责精神建立的一种制度。由于强制储蓄医疗保障不能体现社会保险互助共济的基本特征,不能在不同身体状况的人之间(从健康者转向患病者)进行交换,所以它实质上属于"非保险型筹资制度"。

在强制储蓄医疗保障模式中,政府的责任主要是组织建立个人储蓄医疗保障制度,保证个人医疗储蓄基金的保值增值,并对医疗机构给予适当补贴。这种模式以新加坡为代表,马来西亚、印度尼西亚等发展中国家也采用了这种制度,属于公积金制度的一个部分。

新加坡的医疗保障制度,主要由三个层次构成,即在全国范围推行的、强制性的、以帮助个人储蓄和支付医疗保险费用的保健储蓄计划,非强制性的、对大病进行保险的健保双全计划,以及政府为帮助那些不能支付医疗费用的贫困人口而拨款建立的保健基金计划。此外,还有增值健保双全计划、老年护理计划、老年护理保险计划等辅助性医疗保险计划。它们共同筑成新加坡人的医疗保险体系,保证了每个国民都能获得基本医疗服务。

(1)保健储蓄计划。1955年,新加坡实行强制储蓄的个人账户养老保险制度,1984年在原有公积金制度的基础上,制定了"保健储蓄计划"。这是一项全国性、强制性的储蓄计划,它要求每一个雇员(包括自我雇佣人员)都要按法律规定参加保健储蓄计划。2002年,55岁以下职工的总公积金缴费率为工资总额的36%,雇主和雇员分别缴纳16%和20%。每个公积金账户分为普通账户(用于购房、投资、教育等支出)、保健储蓄账户(6%—8%,用于支付住院医疗费用和重病医疗费用)和特别账户(只用于养老和特殊情况下的紧急支付,一般在退休前不能动用)。保健储蓄金可以免缴所得税,也可以作为遗产继承,并免征遗产税。为了避免储蓄余额过多"沉淀",新加坡还规定了每月缴纳保健储蓄金的最高限额和最高余额(超出部分自动转入普通账户)。在个人55岁时,保健储蓄账户中积累的基金可以提取,但必须保存一个

"最低限额",确保投保人在退休后患病时有足够的储蓄金支付住院费。

(2) 健保双全计划。保健储蓄计划对于那些发生一般医疗费用的投保人来说能够足以支付,但对于那些患重病、慢性病的人仍然可能出现支付危机。为了弥补保健储蓄计划的不足,1990 年,新加坡又制定并实施了健保双全计划。健保双全计划是一种非强制性的大病保险计划,它以保健储蓄计划为基础,在强调个人责任的同时,发挥了社会互济、风险共担的作用,是保健储蓄计划的有力补充。根据现行规定,新加坡将国民按年龄组划分,投保费从 12 新加坡元到 240 新加坡元不等,可以从保健储蓄账户中扣缴部分现金付费,最高投保年龄为 75 岁。凡参与该计划的人员,发生重病住院医疗费用时,先按保健储蓄计划规定支付一定数额后,剩余部分从健保双全计划统筹基金中支付 80%,自付 20%。在健保双全计划的基础上,新加坡还建立了增值健保双全计划,这是为那些希望得到比健保双全计划更多保障的存户设计的,它可用来承担 A 或 B 级病房的一大部分住院费,保险费介于 36 新加坡元至 1200 新加坡元之间,可用保健储蓄支付。

(3) 保健基金计划。新加坡的保健基金计划始建于 1993 年,是由政府拨款设立基金,为无力支付医疗费用的贫困人口提供帮助的医疗安全网。根据该计划,凡无力支付医疗费用的人,均可以向保健基金委员会申请帮助,由委员会依据一定的程序审批并发放基金。这一计划在一定程度上解决了那些低收入或无收入居民因个人账户资金储蓄不足而没钱治病的问题。

三、合作医疗保障模式

合作医疗保障模式又称社区合作医疗保险或基层医疗保险和集资医疗保障制度,作另一典型范例特别介绍。它是立足社区或基层,按照"风险分担,互助共济"的原则多方筹集资金,用以支付参保人及其家庭成员的医疗、预防、保健等服务费用的一项综合性医疗保健措施。

中国农村的合作医疗是合作医疗保障模式的典型代表。尽管 1955 年建立起来的农村合作医疗制度随着农村土地承包责任制的推行而崩溃,但合作医疗作为一种独特的医疗保障模式仍然有其生命力,因此,自 2002 年起,中国政府又在广大农村推行新型合作医疗制度。尽管中国农村新型合作医疗制度仍然处于探索阶段,但它既保留了计划经济时代合作医疗保障农民、多方筹资和提供基本医疗服务的特点,又有所创新,一些地区现行的合作医疗着眼于大病、重病及住院治疗。合作医疗模式的局限性,主要是所筹资金有限,覆盖人口较少,抵抗风险能力较差,从而并不符合大数法则,但在乡村地区或者缺乏正式制度化的医疗保障的社会成员中,仍然是一种减轻乃至解除其疾病医疗后顾之忧的制度安排。因此,合作医疗制度对解决发展中国家尤其是发展中国家农村地区居民的疾病医疗服务,仍然具有重要的现实意义。

除中国农村的合作医疗属于合作医疗保障模式外,泰国的健康保险卡制度亦属于这一模式。

四、私营医疗保障模式

私营医疗保障(商业医疗保险),是按照市场法则由私营机构自由经营的医疗保障模式。在这种模式下,医疗保险被视为一种特殊的商品,在市场上自由买卖,买方可以是企业、团体、政府或个人,卖方则是营利(不享受税收优惠)或非营利(享受税收优惠)的私人医疗保险公司或民间医疗保险机构。私营医疗保险的资金主要来源于投保人及其雇主所缴纳的保险费,政府财政不负责补贴,缴费水平通常取决于参保时年龄、性别以及个人的健康状况,是在假定未来保费收入现值与医疗费用支出现值相等的基础上计算出来的,缴费一般较高。因此,私营医疗保险一般不适用于低收入阶层、老年人及体弱多病者,但能较好地满足中、高收入者高层次的医疗服务需求,其社会公平性差。

在世界上,美国是实施商业医疗保险模式的典型代表,但这种模式并不是美国医疗保险制度安排的唯一。因为美国形成的是以一个多元化医疗保障体系,其中既有由政府举办的社会医疗保障(包括医疗照顾制度、医疗救助制度和少数民族免费医疗制度),也有营利及非营利的商业医疗保险,商业医疗保险的卫生服务机构通常以私立医疗机构为主。据统计,美国的卫生费用位居全球之首——占国内生产总值的15%以上,但到2003年时全美无医疗保险的人数仍然有4 000多万人,约占美国总人口的15%左右。

全美有80%以上的国家公务员和70%以上的私营企业雇员,依靠参加营利与非营利性的商业医疗保险。其中蓝盾(Blue Shield)和蓝十字(Blue Cross)是美国最大的两家非营利性民间医疗保险机构,分别由医生和医院联合会发起,承保门诊和住院医疗服务,覆盖的对象约1.7亿人。由于美国商业保险市场成熟,商业医疗保险也多种多样,有为学生设置的学生医疗保险,也有为富人设置的无限制实报实销的私人保险。

由于种种原因,私人保险公司自身并不可能胜任规模如此庞大、涉及面如此广的医疗保险,而商业医疗保险本身所固有的保险对象与疾病风险限制性,亦不可能真正满足全体社会成员的医疗保险需求。因此,美国政府除了专门为65岁以上老年人和残疾人提供"医疗照顾",以及为低收入家庭提供"医疗救助"外,还通过联邦所得税税制对私人医疗保险给以隐含补贴。因此,商业医疗保险虽然算现代医疗保障体系的一个组成部分,但在解决社会成员的疾病医疗问题方面所起的作用,并不如社会医疗保险。

第四节　中国的医疗保障

一、传统医疗保障制度概述

中国传统的医疗保障制度始建于20世纪50年代，它基于中国城乡长期二元分割状态，由面向城镇居民的公费医疗、劳保医疗和面向农村居民的合作医疗三种制度共同构成。其中：公费医疗和劳保医疗是新中国成立后为了适应高度集中的指令性计划为特征的产品经济模式，以工资收入者为主要对象并惠及其家属的制度安排；农村合作医疗则是建立在农村集体经济基础之上的农村居民互助保障制度。

（1）公费医疗制度。它是根据1952年中央政府（当时称政务院）发布的《关于全国各级人民政府、党派、团体及所属事业单位的国家工作人员实行公费医疗预防的指示》确立的，覆盖范围与保险对象包括各级政府、党派、人民团体及文化、教育、科研、卫生等事业单位的工作人员和离退休人员，二等以上革命残废军人、高等院校在校学生等。国家机关及全额预算管理单位的公费医疗经费来源于各级财政拨款，差额预算管理及自收自支预算管理的事业单位从提取的医疗基金中开支。享受公费医疗的人员在指定的医疗机构就诊、住院，除挂号费、营养滋补药品以及整容、矫形等少数项目由个人自付费用外，其他医药费的全部或大部分按服务项目由公费医疗经费开支。

（2）劳保医疗制度。它是根据1951年2月由中央政府（当时称政务院）颁布的《中华人民共和国劳动保险条例》以及1953年1月劳动部公布试行的《劳动保险条例实施细则修正草案》建立和发展起来的。覆盖范围和保险对象包括全民所有制企业和城镇集体所有制企业的职工及其供养的直系亲属，离退休人员等。劳保医疗由企业根据国家制定的劳保医疗政策自行组织实施，其经费按照企业职工工资总额和国家规定的比例在生产成本项目中列支，职工患病时可以在本企业自办的医疗机构或指定的社会医疗机构就医，可享受近乎免费的医疗待遇，其供养的直系亲属可享受半费医疗待遇。

（3）农村合作医疗。它是一种集资医疗制度，医疗费用由集体和个人共同负担，在看病时享有部分免费医疗服务。1956年以后，集体经济逐步介入农村疾病医疗，开始出现以集体经济为基础，集体和个人相结合，互助互济的集体保健医疗站、合作医疗站或统筹医疗站。1959年，农村合作医疗制度得到中央正式肯定，尤其是1965年中共中央批转卫生部党委《关于把卫生工作的重点放到农村的报告》以后，合作医疗在农村地区进一步走向发展和普及。到1976年,全国已有90%以上的农民参加了合作医疗,其疾病医疗问题得到基本解决。遗憾的是,随着20世纪80年代初期农村承包责任制的推行,这种被世界卫生组织誉为发展中国家成功模式的制度,因丧失了依托的集体经济基础而走向崩溃。直到2002年后,农村合作医疗才又引起政府的高度重视。根据国家确定的计划,到2010年时,新型合作医疗制度将覆盖全体农村居民。

由公费医疗、劳保医疗、合作医疗构成的中国医疗保障体系,对解除城乡居民疾病医疗后顾之忧和提高国民的身体健康与素质曾经发挥过重大的作用,全国人均预期寿命从新中国成立时的37岁提高到2000年的72岁,人口死亡率从当时的20‰下降到6‰左右,均包含了传统医疗保障制度的巨大贡献。但随着中国经济体制改革的推进,传统医疗保障体制因丧失了相应的经济基础与组织依托,再加上自身存在一些内在的缺陷,亦不得进入改革时代。

二、医疗保障制度改革探索

由于公费、劳保医疗制度存在着难以自我克服的缺陷,20世纪80年代初一些地方的个别单位便开始尝试一些改进的办法,如让职工分担医疗费用,或者在工资中直接发放有限数额的医疗补贴后不再报销职工的医疗费用,这些自发式的改良引起了职工的不满。因此,1983年,国家劳动人事部召开部分省市医疗制度改革座谈会,研究各地医疗制度改革状况。1984年4月,卫生部和财政部联合发出通知,提出了加强公费医疗管理的意见,要求积极慎重地改革公费医疗制度。不过,这一时期的改革并不是要变革公费、劳保医疗制度,而是为了单纯控制医疗费用的增长,从而主要针对医疗服务的需求方通过个人支付少量医疗费用的方式来树立他们的费用意识,即实行费用分担措施。1985年以后,开始将费用控制的重点由需求方转向了供给方,政府加强了对医疗机构的管理与约束,如改革费用支付方式,用费用包干制来激励医院主动控制成本和费用开支,同时制定公费医疗用药报销目录以控制药品费用的过多支出。不过,由于政府对医疗机构拨款不足,医院也像其他机关事业单位一样,走上了创收发展的道路,这种费用控制办法并未取得明显的效果。全国职工医疗费用在1977年到1997年的20年间增长了28倍,从27亿元增长到了774亿元,年递增19%。

随着改革的深化,原有的医疗保障制度在实践中已经无路可出,各种改进办法依然无法改变传统医疗保障不能适应经济社会发展的局面,因此,建立社会医疗保险制度便成了中国改革医疗保障体系的选择。1992年,广东省深圳市率先开展了职工医疗保险制度改革,从此拉开了中国城镇劳保医疗制度向社会医疗保险迈进的改革序幕。随后,党的十四届三中全会通过的《关于经济体制改革若干问题的决定》亦明确提出,要建立社会统筹和个人账户相结合的社会医疗保险制度。

1994年,由国务院直接出面,选择江苏省镇江市和江西省九江市两个中等城市进行医疗保险试点(简称"两江"试点),国家体改委、财政部、劳动部、卫生部等四部委联合发布的《关于职工医疗制度改革的试点意见》和国务院发布的《关于江苏省镇江市、江西省九江市职工医疗保障制度改革试点方案批复的通知》,为"两江"试点提供了政策依据;1996年初,国务院在总结"两江"试点经验的基础上进一步扩大试点范围,决定在每个省、自治区选择两个大中城市进行医疗保障制度改革试点,加快了医疗保险改革的步伐。

1998年,国务院在继续总结"两江"医改试点经验的基础上,发布《关于建立城镇职工基本医疗保险制度的决定》,不仅要求在全国范围内建立覆盖全体城镇职工的基本医疗保险制度,而且明确了改革目标与政策框架,从而标志着中国城镇职工医疗保险制度改革进入了一个全面发展的新阶段。1999年,劳动和社会保障部等主管部委又联合发布了《城镇职工基本医疗保险定点医疗机构管理暂行办法》、《城镇职工基本医疗保险用药范围管理暂行办法》、《城镇职工基本医疗保险定点零售药店管理暂行办法》、《关于城镇职工基本医疗保险诊疗项目管理的意见》、《关于加强城镇职工基本医疗保险费用结算管理的意见》等规章,从多个方面规范了职工的医疗保险。然而,由于医疗机构与药品流通体制改革严重滞后,医疗保险改革并未取得预期效果。

2000年2月,国务院办公厅转发国务院体制改革办公室等部门《关于城镇医药卫生体制改革的指导意见》,卫生部等部门就城镇医疗机构分类管理、卫生事业补助政策、医院药品收支两条线管理、医疗卫生机构有关税收政策、医疗机构药品集中采购试点、药品招标代理机构资格认定及监督管理办法、实行病人选择医生办法等发布了一系列配套政策。同年7月,国务院在上海召开全国城镇职工医疗保险制度和医药卫生体制改革会议,明确提出了坚持"一个目标、二个核心、同步推进三项改革"的方针,一个目标就是用比较低廉的费用提供比较优质的医疗服务,努力满足广大人民群众基本医疗服务的需要;二个核心是指医药卫生改革的核心是引入竞争机制,医院之间、医生之间、医院药房和社会药店之间展开竞争,通过竞争来改善医疗服务质量并降低医疗成本,而医疗保险改革的核心是建立费用分担机制尤其是强制个人要承担责任;同步推进三项改革是指医疗保险改革、医疗机构改革与药品流通体制改革要同步推进。

此后,国家还批准实施公务员医疗补助办法,并在全国范围内推进农村新型合作医疗制度,劳动和社会保障部亦发布了企业建立补充医疗保险的政策性文件。

三、城镇职工基本医疗保险制度的主要内容

中国现行的城镇职工基本医疗保险制度,是在总结以往各地医疗保险改革试点

经验的基础上,根据1998年12月国务院发布的《关于建立城镇职工基本医疗保险制度的决定》建立起来的。这一法规性文件明确了城镇职工医疗保险制度改革的目标任务(建立城镇职工基本医疗保险制,即适应社会主义市场经济体制,根据财政、企业和个人的承受能力,保障职工基本医疗需求的社会医疗保险制度)、基本原则(低水平、广覆盖、用人单位和职工共同负担、社会统筹和个人账户相结合)和政策框架,提出了对改革工作组织领导者的具体要求等等。

中国城镇职工基本医疗保险制度的主要内容包括:

(1) 明确强制性参保的人员范围。即城镇所有的用人单位及其职工和退休人员都必须参加基本医疗保险。

(2) 确立新的医疗保险筹资机制,明确医疗保险费由用人单位(或雇主)和职工共同负担。其中:用人单位(或雇主)缴费水平按照当地工资总额的6%左右确定,个人缴费从本人工资的2%起步。各统筹地区的具体缴费标准由当地政府确定,同时允许筹资标准随经济发展作适当调整。

(3) 确立社会统筹与个人账户相结合的模式,明确划分统筹基金和个人账户的支付范围、支付办法。其中:用人单位(或雇主)缴纳的基本医疗保险费分为两个部分,一部分用于建立医疗保险统筹基金,另一部分即单位缴费的30%左右直接划入个人账户,具体划入比例由统筹地区根据个人账户的支付范围和职工年龄等因素确定。个人缴纳的基本医疗保险费全部计入个人账户。个人账户主要支付小额和门诊医疗费用;统筹基金主要支付大额和住院治疗费用,由医疗保险经办机构统筹调剂使用,按医疗费的一定比例支付。各地根据实际情况和基金的承受能力确定起付标准(原则上为当地职工年平均工资的10%左右)和最高限额(当地职工年平均工资的4倍左右)。起付标准以下部分由个人账户支付;起付标准以上、最高支付限额以下的医疗费用,主要从统筹基金支付,但个人也要负担一定比例。超过最高限额以上的部分,不再由统筹基金支付,而是通过大额医疗费用补助、公务员医疗补助、企业补充医疗保险、商业医疗保险等途径解决。

(4) 基本医疗保险管理和服务实现社会化。各地建立独立于企、事业单位之外的政府主管的医疗保险经办机构,负责基本医疗保险基金的收缴、管理和支付。医疗保险统筹管理层次原则上以地级以上行政区为统筹单位,也可以以县(市)为统筹单位,北京、上海、天津、重庆等四个直辖市实行全市统筹。为了保证职工基本医疗保险基金的安全、完整,对医疗保险统筹基金纳入单独的社会保障基金财政账户专款专用,并实行收支两条线管理。同时,还建立健全的基金预决算制度、财政会计制度和社会保险经办机构内审制度。

(5) 推进医疗机构改革,提高医疗服务的质量和水平。主要政策有:通过制定基本医疗保险药品目录、诊疗项目和医疗服务设施标准以及相应的管理办法,确定了基本医疗服务的范围和标准;实行医、药分开核算,分别管理,对提供基本医疗服务的医疗机构和药店实行定点管理;对医疗机构进行调整、改革,规范医疗行为,减员增效,提高卫生资源的利用效率;积极发展社区卫生服务项目,其中基本医疗服务项目可以纳入基本医疗保险支付范围。

(6) 特殊政策规定。为保证特殊人员的医疗待遇与基本医疗保险制度的衔接,《决定》规定离休人员、老红军、二等乙级以上革命伤残军人的医疗待遇不变,医疗费用由原渠道解决;退休人员个人不缴费,其账户资金全部从单位缴费中划入,划入比例或资金总量要高于在职职工;国家公务员参加基本医疗保险的同时,享受医疗补助待遇;允许符合条件的企业建立职工补充医疗保险。

在改革深化进程中,城镇职工基本医疗保险制度的内容还会有所调整。

四、多层次医疗保障体系的建立

在医疗保险制度改革进程中,由于这一制度的覆盖范围、保险水平等的限制,一些人被漏在网外,一些人因收入太低甚至无收入而依然承担不起医疗费用,一些则不能满足于基本医疗保险的保障,因此,建立多层次的医疗保障体系就成为必要。

在多层次医疗保险体系下,公共卫生构成了社会医疗保险的重要基础,医疗救助弥补着其他医疗保险制度的不足;而由机构或雇主提供的补充医疗保险和市场供给的商业医疗保险,则往往构成对社会医疗保险的补充。社会成员可能同时获得多个医疗保险制度的保障。

(1) 公共卫生。公共卫生是指与公众健康直接相关或有着密切联系的一切卫生问题,它涉及人们的生活、生产、工作、学习及休闲娱乐等有关环境的质量及疾病的预防[①]。公共卫生也可看作是通过有组织的社会力量来了解、保护和促进人群健康的结构和过程,个人的卫生习惯、环境卫生、室内卫生、传染病的监控与控制等均可以纳入公共卫生范畴,一个完整的公共卫生体系包括公共卫生服务体系、医疗保障体系和卫生的执法监督体系等,其经费来源主要为中央政府,具有典型的公共品和外部性特征。世界卫生组织把公共卫生定义为:指通过有组织的社区力量,高效率预防疾病、延长寿命、促进心理和身体健康的科学和艺术。在实践中,公共卫生和社会医疗保险往往相互促进,一方面,预防保健和健康教育等各项公共卫生工作做得好,人们的健康状况会不断提高,疾病的发生频率也会降低,从而有利于减少医疗保险基金支出。另一方面,扩大医疗保险覆盖面和提高医疗保险基金的支付能力,又能够减轻国家在医疗费用上的负担,从而把更多的资金投入到公共卫生领域,解决公共卫生投入不足

---

① 引自北京大学公卫学院卫生政策与管理系黄成礼编写的《公共卫生管理》讲义。

问题,促进公共卫生的发展。公共卫生事业和医疗保障制度的有机结合和共同发展,在许多国家已经成为提高国民身体素质和健康水平的长期战略。中国也在努力探索着自己的公共卫生发展道路,政府对公共卫生的投入在增长,公共卫生资源的分配也在向城市社区及乡村倾斜。

(2) 补充医疗保险。与社会医疗保险不同的是,补充医疗保险是在政府的鼓励下,由各单位自愿建立并以帮助减轻本单位员工疾病医疗后顾之忧为目的的一种保险措施,它由各单位依法独立承办,举办者自负经营风险,但可以享受国家财税优惠政策。在具体实践中,补充医疗保险实际上是企业人力资源管理的一种手段,是职业或机构福利的一个组成部分。补充医疗保险的经营方式、管理方式通常具有商业医疗保险的一般特征,并且大多数补充医疗保险会按照商业医疗保险的模式经营或直接交由保险公司负责承办。根据现行政策规定,企业为职工缴纳补充医疗保险费时,在工资总额4%以内的部分可以从职工福利费中列支,计入成本,超出部分由企业税后利润负担,企业补充医疗保险基金主要用于解决企业职工基本医疗保险待遇以外的医疗费用负担,具体地说,就是低于起付标准和高于最高限额应当由职工个人承担的医疗费用部分。补充医疗保险机制的建立,可以在更大程度上满足被保险人对健康保障的不同需求,并在一定程度上有助于完善医疗保障体系和职业福利机制。

(3) 社会医疗救助。社会医疗救助既是医疗保障体系的一个组成部分,也是社会救助体系的一个组成部分,它由政府主导,旨在帮助特殊困难群体解决无力支付疾病医疗费用的问题。与社会医疗保险、补充医疗保险、商业医疗保险等不同的是,社会医疗救助不强调权利和义务的对等,无需个人缴费,其资金来源于政府财政拨款和社会捐助,享受条件不是基于求助者是否参与或者缴纳过相关费用,而是贫困程度及疾病医疗的需要。从一些地区建立起来的医疗救助制度来看,救助的对象是无固定收入、无生活依靠、无基本医疗保险的老年人、失业者、残疾人以及生活在最低生活保障线以下的贫困者。社会医疗救助机构可以通过以下三种形式给救助对象以经济补偿:一是提供社会医疗救济金;二是给医疗服务机构一定的经济补偿,使其直接减免救助对象的医疗费用;三是举办专门医疗机构为救助对象免费提供服务。

(4) 商业医疗保险。商业医疗保险是建立在保险合同基础上的一种以疾病医疗费用为保险标的的商业保险业务,它由商业保险公司经办,团体或职工自愿参加,完全按照市场规则经营。商业医疗保险可以是以企业或组织为投保单位的团体保险,也可以是个人保险。它与社会医疗保险无论在性质、实施方式、经营主体和目的以及保障水平和医疗服务范围都存在着较大的区别,但作为社会医疗保险的有益补充,亦对完善国民医疗保障体系和更好地满足社会成员疾病医疗保障的需求起着重要作用。随着世界各国对社会医疗保险制度的改革,个人医疗费用负担比例的提高,商业医疗保险也拥有了更大的发展空间。中国平安保险公司等商业保险公司开展了相应的商业医疗保险或健康保险业务,专门经营医疗保险或健康保险业务的保险公司亦始出现。可以预见,商业医疗保险将会随着中国商业保险业的发展而不断发展。

【案例讨论1】

泰国的医疗卡计划

泰国的医疗卡计划是1984年创立的,它是为帮助弱势群体(特别是农村地区人口)获得医疗服务而设计的。到1995年,泰国有600多万人(占总人口11%)加入了这一计划。起初,这一计划是要求自我筹资的,并以社区为依托。每个省自己决定医疗卡的价格和医疗待遇,医疗卡按成本价格进行销售。但是,这一计划后来由公共卫生部运作,并由政府提供补贴。医疗卡可以在1年中的任何时间购买,购买一个可以最多保障5人的家庭医疗卡大约花费500泰铢(相当于20美元,按1996年的汇率)。起初,为了防止计划出现大的风险,加入限制为每年1次,并且要求一个村庄至少应有35%的家庭加入这一计划,而且一个医疗卡最多享有6次免费医疗,每次医疗最多只能花费2 000泰铢。但是,到1993年时,报销已不再受任何限制,如同社会保险计划那样(社会保险计划则还需要雇主缴费)。到1996年,政府缴费达6.17亿泰铢,而家庭医疗卡销售获得的收入是6.22亿泰铢。

这一计划覆盖绝大多数医疗服务项目,只有很少的项目被排除在外,如配眼镜。持卡人必须在公立医疗机构就诊,遵守严格的转诊程序。医院的诊疗是按服务项目来报销费用的,但报销不覆盖服务提供机构的全部费用,服务提供机构必须补贴大约60%的费用。患者付费是主要的收入来源,并且要求医疗卡的持有者(贫困者除外)缴纳一定的费用。

医疗卡计划对那些慢性病患者特别有吸引力。疾病风险较小的人不太可能对购买医疗卡感兴趣。这是因为,如果他们需要医疗服务,他们总能得到。许多健康状况良好的人一般为公务员保险计划、社会保障计划或者私营保险计划所覆盖。

从1995年开始,贫困者可以获得免费医疗卡。1997年获得免费医疗卡的月收入上限是2 000泰铢(针对单身者)和2 800泰铢(针对一个家庭)。1991年,免费医疗卡的覆盖面扩大到年龄在60岁以上和12岁以下的非贫困人口。1994年,卫生志愿者和社区领导者也被纳入获得免费医疗卡的范围。1995年,发放的免费医疗卡的数量为75 0614张(每张免费医疗卡平均覆盖4.25人)。

泰国医疗卡计划体现了以个人责任为主、政府补贴为辅的原则，尊重了居民自由选择的意愿，它作为一种新型的疾病医疗保障措施，在泰国的实践是成功的，它弥补了泰国社会医疗保险的不足，保障了数以百万计的泰国国民的健康，从而是发展中国家自己创造的疾病医疗制度。

【案例讨论2】

坦桑尼亚非正规部门医疗保险互助会制度

坦桑尼亚非正规部门医疗互助保险制度，是按照互助共济和风险共担原则，针对未被现行制度覆盖（或未被充分覆盖）的非正规部门就业的群体组织建立的补充保障项目。

在达累斯萨拉姆（坦桑尼亚的首都），对于非正规部门来说，互助性医疗保险是个新事物。1995年，有国际劳工局开展的一个项目帮助非正规部门的各个协会建立了一个医疗方面的保护组织。这个组织就叫非正规部门医疗保险互助会（UMASIDA）。现在，非正规部门医疗保险互助会已经有了一个成文的章程，它由一个执行委员会来领导，委员会的组成人员是从各成员协会中选出的，委员会由1名主席、1名秘书和1名财务人员组成。1999年初，非正规部门医疗保险互助会拥有1 800名缴费的会员，分别来自大约10个不同的协会。大多数协会从事商业和制造业。有一些新的职业群体正在等待加入这一制度。

非正规部门医疗互助会的会员每月要缴纳1 000—1 200先令（低于2美元），会员缴纳的费用统一集中到非正规部门医疗保险互助会的账户中。不同职业群体的实际缴费额是不同的，具体的缴费额取决于能够享受医疗待遇的会员的被供养人（会员的配偶、子女、父母）的多少以及医疗待遇的范围。一般来说，非正规部门医疗保险互助会只承担初级医疗保健、化验和诊治费用。在临时地方顾问的协助下，每个群体与附近的某个医疗服务提供机构签订一项合同，该机构按议定的价格提供所需的医疗服务。

非正规部门医疗保险互助会的受益人必须向医疗服务提供机构出示特别身份证和疾病单（疾病单需要有职业群体的领导签字）才能获得治疗。这样的诊治程序可以保证只有非正规部门医疗保险互助会的会员(工人及其家属)才能得到医疗服务。每个群体的医疗费用账单由非正规部门医疗保险互助会中央办公室,在一个月内向医疗服务提供机构直接支付;然后中央办公室将这些费用从每个职业群体的全部缴费中扣除。在地方顾问的协助下,非正规部门医疗保险互助会中央办公室在向服务提供机构支付费用前,要对所发生的费用以及治疗是否适当进行核查。每个季度还要对其他信息(如疾病谱的变化和费用变化趋势)进行分析,分析的结果要反馈到服务提供者和职业群体那里。非正规部门医疗保险互助会为每个职业群体建立一个账户,每个职业群体也自己建立一个影子账户,用来记录缴费和支出的情况。

1998年,有5个新的职业群体加入了非正规部门医疗保险互助会,1999年又有3个群体等待批准加入。非正规部门医疗保险互助会要求,希望加入的职业群体必须至少动员25个缴费会员,并且在获得享受服务的资格前要缴1个月的费用。获得医疗服务的整个过程需要3个月。现在,非正规部门医疗保险互助会有能力自己承担管理费用。

这个保险计划的最大优势在于,它以可承受的费用来保证一定质量的医疗服务。这一点是通过与细心筛选出的私营医疗服务提供机构,就价格和质量进行协商来实现的,协商的结果反映在合同中,在不同的职业群体中,非正规部门医疗保险互助会的干预措施也产生了促进工作中和家庭中的健康活动,例如,对工伤事故和疾病的预防。这个保险计划的缺点是,医疗机构时常开出药品清单之外的药品。一个普通性的问题时,缴费依赖于季节或经济活动,而且缴费经常是不稳定的,特别是那些更小的职业群体,它们的管理结构比较薄弱。此外,一些医疗服务提供机构不能提供所有必需的药品,受益者被迫自己掏钱购买这些药品。

(引自:国际劳工局,《2000年世界劳动报告》,第60页,中国劳动社会保障出版社,2001。)

第七章 失业保险

【本章学习要点】

通过本章的学习,应当了解失业、失业保险及相关理论,熟悉失业保险的基本内容及其在国内外的实践,理解失业保险的作用并把握其发展趋势。

第一节 概 述

市场经济条件下失业现象的存在,是失业保险产生并得到发展的根本原因。

失业保险的建立不仅要以失业现象的客观存在为前提,而且以尽量减轻失业带给劳动者的消极影响并有利于促进就业为己任。尽管建立失业保险制度的国家不像建立养老保险、医疗保险和工伤保险制度的国家多,但这并不意味着失业保险不重要,而是取决于各国的经济社会发展形势、劳动就业政策及对失业与失业保险的认识。在建立了失业保险制度的国家或地区,均是建立在失业现象客观存在并已经充分认识到失业是市场经济社会的必然产物的基础之上的。要真正理解失业保险的意义和作用,对失业保险在社会经济系统中的地位和作用进行准确定位,有必要对失业及失业的影响、失业的相关理论等问题进行系统的介绍。本章从探讨失业与失业理论入手,阐述失业与失业保险的基本理论与基本内容,同时介绍典型国家与中国的失业保险制度。

一、失业及相关概念

失业是与就业相对的概念,要界定失业,首先需要明确就业的概念。另外,还有必要了解与失业相关的充分就业、失业者等概念。

(1)就业。就业有广义就业和狭义就业之分。广义的就业是指劳动力要素和生产资料要素结合的状态,它是通过劳动过程中人和物的结合形成社会生产力,为社会创造财富。狭义的就业是指具有劳动能力并处在法定劳动年龄阶段的人,从事某一岗位的工作或合法的社会经济活动以获取劳动报酬或经营收入的一种活动,这一定义说明了判断就业需要具备三个条件:一是从事劳动的人必须处在法定劳动年龄阶段,且有劳动能力;二是从事的劳动必须是法律允许、社会承认的劳动;三是从事的劳动必须是有报酬或收入的劳动,义务劳动不能属于就业范畴。国际劳工局也是基于对就业的狭义理解来界定就业的,国际劳工组织认为,就业是指一定年龄阶段内的人们所从事的为获取报酬或为赚取利润所进行的活动。从上述定义还可以得到这样一层涵义,那就是尽管劳动力是社会生产力中最活跃、最重要的要素,但其价值只有在其与生产资料结合时才得以体现。因此,从就业形势的好坏、就业率的高低来分析一个国家的经济运行状况和发展水平是合乎逻辑的。

(2)失业。与就业相对应,失业也有广义和狭义之分。广义的失业是指劳动者和生产资料相分离的一种状态,在这种分离的状态下,劳动者的主观能动性和潜能无法发挥,不仅是社会资源的浪费,还会对经济社会发展造成负面影响,因此,最大可能地缓解失业状况、降低失业率便成为各国极力实现的宏观调控目标之一。狭义的失业,通常是指具有劳动能力的处在法定劳动年龄阶段并有就业愿望的劳动者,失去或没有得到有报酬的工作岗位的社会现象。在社会高度组织化、劳动社会化的社会经济环境中,失业同时还意味着失去了参与社会经济生活、获得社会归属感的最主要的机会,从而使自己的物质需求和精神需求得不到满足。因此,失业威胁着一个社会的安全稳定和经济的健康发展①。

(3)失业者。对失业者的定义,就是对失业个人的定义,应以失业的狭义概念为基础。根据狭义的失业定义,失业者是指处在法定劳动年龄阶段,虽有劳动能力和劳动意愿,但没有工作岗位的劳动者。换言之,失业者必须具备这样三个条件:一是必须是处于法定劳动年龄范围以内的劳动者;二是在法定劳动年龄范围内的劳动者必须有劳动能力;三是具有劳动能力的劳动者必须有就业愿望,但却没有找到工作岗位。

(4)充分就业。"充分就业"这一概念是凯恩斯在他1936年发表的《就业、利息和货币通论》中提出的。充分就业是一个相对的概念,它不是指一切有劳动能力的人全部都能够就业,而是指在某一倾向工资水平下愿意就业的人都能就业。换言之,充分就业是可以接受市场工资率并愿意就业的人均能实现就业。当充分就业实现时,便消除了"非自愿性失业"现象,但自愿失业现象仍然存在。因此,充分就业并不意味着劳动参与率为100%。国际上较为公认的观点是,如果失业率保持在4%—5%,就可以视为实现了充分就业;如果失业率超过了5%,则认为不充分就业;5%的失业率通常构成失业警戒线而成为各国政府与公众关注的焦点。

二、失业类型的划分

失业从微观层次上看,是指一些人在劳动力市场竞争中,缺乏竞争力,没有找到工作或被雇主辞退;而从宏观层次上看,是劳动力供给与需求失衡造成的。失业可能是有劳动者自身主观方面的原因造成的,如违反劳动纪律被辞退,也可能是由于一些客观原因,如企业破产。因此,失业是多种社会因素和个人因素综合作用的结果,失业的原因也复杂多样,它既体现了市场机制对劳动力资源的优化配置,也体现了劳动生产率提高对劳动力的部分替代效应,还与劳动力市场供求匹配是否有效、产业结构变化有关。

按照不同的划分标准,失业有不同的分类:

(1)按照就业意愿,可将失业分为自愿性失业和非自愿性失业。其中:自愿性失

---

① 参见杨伟民、罗桂芬主编:《失业保险》,第13页,中国人民大学出版社,2000。

业是指劳动者自动放弃就业机会,而没有找到新的工作岗位的情况;非自愿性失业是指劳动者愿意接受现有的货币工资水平却仍找不到工作的情况。

(2)按照失业的程度,可将失业分为完全失业和部分失业(不充分就业)。其中:完全失业是指失业者有劳动能力但找不到合适的工作岗位;部分失业或不充分就业是指有劳动能力的人,虽然有工作,但工作报酬达不到法定的工资标准,工作时间达不到正常工作时间的1/3。

(3)按照失业的表现形式,可将失业分为显性失业和隐性失业。其中:显性失业又称公开失业,一般以失业人员到职业介绍机构进行求职登记为准,一般用失业率来反映;隐性失业是指未表现出来,但确实存在失业或就业不充分的现象,指实际生产率低于潜在的生产率,是一种劳动力资源未被充分利用的情况。

(4)按照不同的失业原因,可将失业分为摩擦性失业、季节性失业、技术性失业、结构性失业和周期性失业、等待性失业。其中:摩擦性失业是指在劳动力流动过程中,由于信息不对称、时间滞差、信息成本和流动成本等原因引起的失业。这种失业主要是由劳动力市场自身的缺陷造成的,它反映了劳动力市场经常的动态性变化,表明劳动者经常处于流动之中;季节性失业是指由于季节变化或由于消费者季节购买的习惯等原因引起的失业,季节性失业具有规律性、行业性以及失业持续期的预知性等特点;技术性失业是由于技术进步、管理改善、生产方法改进等原因造成的失业;结构性失业是由于经济结构如产业结构、产品结构、地区结构的变动,引起了劳动力需求结构的变动,从而产生的部分劳动者成为失业者的情况,一般来说,技术性失业是结构性失业的先导,结构性失业是技术性失业的最大表现;周期性失业是指由于周期性的经济波动而引发的失业现象,经济危机周期性地发生时,失业率也会周期性达到高潮;等待性失业是指求职者因有更高的工作期望而产生的一种失业类型,失业者只有"等待"到期望的工资水平可以满足时,才愿意就业。

失业作为市场经济的必然产物,不可避免。从各国的实际情形来看,失业并非都是坏事,经济学家通常认为,适度的失业有利于提高劳动者的素质和促进经济的发展。因此,就像世界上任何事物都具有两面性一样,失业的影响既有负面的也有其积极的一面。一方面,对劳动者来说,只有通过竞争才能够参与劳动并获得越来越优越的工作机会,劳动者之间的竞争又主要是就业者素质的竞争,失业现象的存在就迫使劳动者不得不关心并努力改善和提高自身素质和技能,从而促进了整个社会劳动者素质和就业技能的提高;同时,在市场经济中,劳动力的供给和需求是通过劳动力市场来实现的,劳动力市场中存在一些失业人口,能够对劳动力市场的供求产生调节作用,进一步实现劳动力资源或人力资源的优化配置,同时亦为政府采取相应的劳动力市场政策提供依据。另一方面,从整个社会的角度看,失业现象的存在又是对劳动力资源或人力资源的最大浪费,人力资源的时效性和人身依附性决定了这种资源一旦浪费,其损失难以完全弥补;从劳动者个体角度讲,失业使其具有的人力资本或能力资源因无法运用和发挥而处于闲置状态,从而也就不可能取得任何人力资本收益,使个人的人力资本投资难以收回或完全收回,这也是资源的一种浪费。还需要指出的是,失业威胁着社会的稳定,是社会稳定的一个重大隐患,从各国对治理失业所下的巨大力度以及失业率这一指标在反映经济发展水平中所起的重要作用,都可从侧面反映出这一点。失业对劳动者及其家庭而言,最直接的影响就是收入减少、物质生活水平的降低,有时甚至是基本生活水平都难以维持。这种物质生活上的拮据和困难很可能会使失业者及其家人丧失人的基本权利和尊严。在现代社会,失去工作岗位在很大程度上意味着参与社会交往、实现个人价值的机会的丧失,由此带来许多心理变化,如失落感、困惑、迷茫等,有时甚至使部分失业者走上犯罪道路。对整个社会来说,失业会使社会分配不公问题更加突出,贫富悬殊现象日益严重,部分社会成员的心理会很难平衡。可见,在市场经济条件下,有人失业并不值得大惊小怪,但如果失业率很高(如超过5%)就应当是严重的社会问题了,因此,许多国家的政府都将就业岗位的增长与对失业率的控制,列为政府最基本的宏观调控指标之一。

三、关于失业的各种理论

自失业现象产生以来,许多学者都在探求失业是如何产生、如何治理等一系列问题,形成了多种失业理论。了解和分析这些失业理论,有助于更深刻地理解失业现象,从而有利于更有效地治理失业。

(1)马克思主义失业理论。马克思主义所谈的失业,都是针对资本主义社会而言的。马克思主义认为,失业是资本主义固有矛盾的表现,即资本的私人占有和整个社会的社会化大生产之间矛盾的突出反映。马克思主义者把资本主义条件下由于资本有机构成提高产生的相对过剩人口称为失业人口,这些人之所以相对过剩,是因为他们不可能为资本家创造更多的剩余价值。同时,相对过剩人口不仅是资本主义制度的产物,而且也是资本主义生产方式存在和发展的必要条件,因为资本家扩大再生产需要使用大量廉价劳动力。因此,马克思主义认为,劳动力的相对过剩是资本积累的前提和必然产物。

(2)古典学派的"供给创造需求"理论。法国古典学派经济学家萨伊是这一理论的主要代表人物,他认为"供给可以创造需求",强调供给的决定性意义。萨伊的失业理论可以概括为以下三点:一是在正常情况下,市场经济通过价格机制自发地调节,商品市场和市场要素市场会自动趋向供求平衡,劳动力市场也会自动均衡,经济发展会自动地实现充分就业;二是如果出现偏离,只是暂时的,也是很正常的,因此失业是暂时的;三是反对政府干预经济,主张自由、放任的市场经济。以新古典学派著称的马歇尔也持有同样的观点,他在1890年出版的《经济学原理》中,提出在自由竞争的条件下,只要劳动力市场不存在人为阻力,就可以通过劳动力价格和劳动力供求之间的自发调节,而达到充分就业。马歇尔同萨伊一样,反对政府对劳动力市场的干预行为,认为在就业方面,政府应采取自由放任的态度。

(3) 凯恩斯的"有效需求不足"理论。凯恩斯在他1936年出版的《就业、利息与货币通论》中,提出失业根源于有效需求不足,而且只要消除了非自愿性失业就实现了充分就业的新理论。凯恩斯认为有效需求不足是市场机制自发作用的必然产物,因此,也就不可能指望依靠市场机制本身来实现,政府应采取一系列干预经济的政策,用扩张政府需求的办法来弥补私人有效需求的不足,以使总供给与总需求实现均衡。凯恩斯还提出了如下政策主张来扩大需求,即赤字预算、适度水平的通货膨胀和公共福利措施等。

(4) 供给学派的"供给不足"理论。供给学派的失业理论是与凯恩斯的"有效需求不足"理论完全对立的,这一理论对凯恩斯的有效需求扩张政策进行了全面的攻击。以拉弗为代表的供给学派认为,"供给不足"才是导致失业的主要原因,因为失业人员大多是缺乏训练、技术水平低下的劳动者,运用刺激有效需求的扩张性政策,非但不能解决失业问题,还会加剧通货膨胀。因此,供给学派主张消除失业的政策建议主要有:削减福利开支,对失业救济金征税;强调企业家自由的精神,反对国家干预,主张市场自我调节;削减政府开支,主张财政平衡;实施限制性的货币政策;由政府普及教育,鼓励私人企业对工人进行技术训练和专业培训,以适应科技发展和经济结构调整的需要。

(5) 菲利普斯的失业率—通货膨胀率曲线。1958年,英国经济学家菲利普斯利用数理统计方法,提出一条以表示失业率和工资变动率之间交替关系的曲线,由于学者一般将物价上涨同货币工资变动率联系起来,物价上涨率又与通货膨胀率相联系,因此经修正后,这条曲线就用来表示通货膨胀率和失业率之间关系的曲线,这也就是著名的菲利普斯曲线。菲利普斯曲线揭示了通货膨胀率和失业率两者之间存在一种此消彼长的关系,表明了通货膨胀和失业现象可能同时并存,并且还可能并存于较高的水平上,因此,菲利普斯曲线在某种程度上是对凯恩斯失业理论的修正。

(6) 阿瑟·奥肯的失业法则。美国著名经济学家阿瑟·奥肯于1962年提出了"奥肯法则",该法则说明了失业率与实际国民生产总值增长率之间的精确关系。实际国民生产总值增长率高,则失业率就低;实际国民生产总值增长率低,则会提高失业率。他指出,失业率与实际国民生产总值变化率之间的比值是1:2.5,即失业率每增加1%,则实际国民生产总值会减少2.5%左右,反之亦然。

(7) 弗里德曼的自然失业率理论。著名自由主义经济学代表人物弗里德曼认为,在自由竞争的市场经济中,如果没有货币因素的干扰,让劳动力市场处于完全自由竞争的状态,在这种情况下,一切有工作技能并愿意工作的人迟早都会就业,而没有劳动技能且不为雇主所需要的人无论如何也无法就业。因此,在价格与工资的自发调节下,劳动市场会自然趋向于一个均衡的就业水平,即与稳定的通货膨胀所适应的就业自然水平,与此相应的失业率就是"自然失业率"。他认为自然失业率的高低是劳动力市场不完善程度、自然失业人员的多少(即没有劳动技能,无法就业的人)来决定的。弗里德曼认为,只要充分发挥市场竞争因素的积极作用,完善市场信息流通渠道,增加劳动力的流动性等就有可能把自然失业率降低,而无论采取什么措施,也不可能消除自然失业率。

上述失业理论从不同的视角揭示了失业现象的原因并提出了不同甚至相对的政策主张,都曾经对发达国家的就业政策及失业保险制度产生过影响,有的至今还在直接影响着一些国家或地区的就业政策与失业保险制度的制定与修订。

基于过高的失业率会对经济社会以及家庭、个人带来不利的影响甚至是严重的后果,各国政府均重视治理失业现象。一般来讲,各国治理失业的政策根据其侧重的目的不同,可分为如下两大类:

(1)通过增加就业量以降低失业率。这种治理措施一般着重于提高经济发展水平、完善劳动力市场、改善劳动力的供给质量等,是依据凯恩斯理论得出的。毫无疑问,经济增长能促进就业增长,但经济发展对就业的拉动作用的大小还取决于就业弹性系数这一指标。完善劳动力市场,建立供求双方及时、有效的信息沟通渠道是减少摩擦性失业的重要渠道,而且失业的出现在很大程度上是劳动力市场的调节功能没有充分发挥,通过修复劳动力市场的调节功能,使劳动力供求和劳动力价格在劳动力市场中充分发挥作用,定会减少失业。通过延长每个劳动者接受教育的年限、加强职业技能培训等措施不仅改善了劳动者的供给质量,而且同时也延缓了劳动力的供给,起到了调节劳动力供给数量的作用,从而直接缓解了失业[①]。

(2)减轻失业带给社会的负面影响。由于市场经济条件下的失业现象是无法完全避免的,而失业带给社会的影响又大都是消极的,因此,考虑如何减轻失业带给社会的负面影响,就成为治理失业的又一重要内容。相对于以降低失业率为目的的主动治理失业的政策来说,减轻失业带给社会方面的影响是治理失业所做的被动选择。建立失业救济制度或失业保险制度等,就是减轻失业带给社会的负面影响的最主要的方式。失业救济制度是以需要为前提,以家庭调查为实施依据,只有确认失业者无法维持生存时,才予以救助;而失业保险制度作为社会保险制度的一个基本项目,构成了社会劳动者的一项基本权利,是运用大数法则集中建立失业保险基金,分散失业这一劳动风险,使失业者失业期间的基本生活得到保障的制度。不过,失业保险并不

[①] 参见吕学静著:《各国失业保险与再就业》,第19页,经济管理出版社,2000。

是消极的制度安排,随着技能培训、职业介绍等一系列带有就业导向的内容出现在失业保险中,失业保险亦具有了促进就业的功能,并且这种功能越来越突出。

四、失业保险及其发展

失业保险作为一种解除劳动者后顾之忧和化解失业带来的不利影响的一种制度安排,是社会保险系统的重要组成部分。失业保险的保障对象是社会劳动者,当依法参加失业保险的社会劳动者因失业而失去收入来源时,失业保险机构即会根据规定向其提供物资帮助,以保障失业者及其家属的基本生活;失业保险的目标是提高劳动者抵御失业风险的能力,采取的手段包括向失业者提供失业保险金以保障失业期间失业者及其家属的基本生活,通过再就业培训和就业指导帮助失业者尽快实现再就业等。失业保险作为社会保险制度的一个基本项目,必然具有社会保险的强制性、互济性、社会性、福利性等特点。

除了上述共性特征外,失业保险也具有其他社会保险项目所不具有的特殊性。例如:其他社会保险化解的是丧失或暂时丧失劳动能力下收入损失的风险,而失业保险化解的失业风险,却是劳动者在仍具有劳动能力的条件下失去了劳动机会;其他社会保险项目中的社会风险,是由于自然原因或者工作中的疏忽大意或者是无法抗拒的外力所致,而失业风险大都是由于个人自身原因和社会经济方面的原因所致的;其他社会保险项目的目标与功能一般是单一的,如医疗保险就是满足劳动者的疾病医疗需求,养老保险只给劳动者的养老提供经济保障,而失业保险既是为了保障失业者的基本生活,也还肩负着促进就业的任务等;不仅如此,与经济运行呈周期性变化一样,失业保险也具有周期性的特征,失业保险基金的征缴、发放规模伴随着经济上的变化呈周期性的变动,经济运行情况良好时失业率会下降,缴纳失业保险费的人多,领取失业保险金的人少,失业保险基金处于收多支少状态,反之亦然,这一特征也可以达到调节经济的效果。此外,与养老保险、医疗保险参保人数往往是增多减少、总体人数单向增加的特征不同,失业保险因其保险金的无积累性,其参保人数会随着就业形势的变化呈现反复的现象,并不是直线升或降的单向变化。

作为工业化与市场经济的产物,失业保险才作为一项正式制度安排得到确立并逐渐发展。从工业化初期由工会支付给员工的失业津贴发展为由地方政府建立的工人自愿参加的失业保险基金会,再发展到后来由国家立法统一实施的一项社会保险制度,失业保险的产生、发展过程客观上与下面两个因素有着密切的关系:一是工业社会中不断发生的周期性经济危机、产业结构的不断变化使失业问题日益突出,引发诸多社会问题,政府不得不考虑以制度化的方式来分散和缓解失业风险;二是其他相关社会保障制度的建立,在一定程度上推动了失业保险制度的产生。在工业社会,失业是指劳动者与生产资料相分离这种现象,这只是社会成员所面临的各种社会风险中的一个,社会成员还面临着疾病、工伤、年老等,工业化进程中的诸多风险都是同时并存的,而现代社会保障制度的发展过程,不仅与各国的政治、历史传统、价值观念等因素有关,而且各项社会保障制度之间也是相互影响、相互作用的,因为如果一种风险已经以制度化的方式解决,那么也为制度化方式解决其他风险提供了解决问题的思路。

法国是世界上最早建立失业保险制度的国家,于1905年就颁布了专门的失业保险法,建立了非强制的失业保险制度。此后,挪威和丹麦也分别于1906、1907年建立了失业保险制度。1920年,国际劳工组织召开第一届大会,通过了《关于失业的建议》,这表明以制度化方式分散失业风险已在很大的范围内达成了共识。20世纪70年代以后,由于世界经济增长速度趋缓,失业现象越来越普遍,影响越来越严重,采用制度化的方式来化解失业风险,便成为许多国家的共同做法。截止到1999年,全球已有68个国家建立失业保险制度,占有任一社会保险项目国家总数的40%[①]。

第二节　失业保险的基本内容

一、失业保险的目标与功能

失业有广义和狭义之分,失业保险的目标也可从大的社会经济层面和失业者个人层面分别来看。从失业者层面来讲,失业保险的目标主要是通过对非自愿失业者提供物资帮助,使他们失业期间的基本生活得以维持,从而为他们再就业提供了缓冲期,使他们有时间寻找新的工作,同时还为失业者提供就业培训和指导,通过帮助失业者提高劳动技能促使他们尽快实现再就业。从社会经济层面来看,失业保险的目标主要是通过保障尽可能多的失业者在失业期间的基本生活,来维持社会安定、缩小劳动者之间收入差距,同时保证劳动力的合理流动,促进劳动力资源的合理配置,促进经济发展,发挥"自动稳定器"的作用。

失业保险的功能,主要有:

(1)保障基本生活功能。失业保险的保障功能一方面体现为生活保障功能,即失业保险机构通过向符合条件的失业者支付失业保险金,保障了失业者失业期间的基本生活,维持了劳动力的再生产;另一方面其就业保障功能愈来愈突出,通过加大再就业培训支出的比重、建立就业导向的机制等来促进失业者再就业,这一保障功能

---

① 张彦、陈红霞编著:《社会保障概论》,第244页,南京大学出版社,1999。

有逐渐增强的趋势。

（2）合理配置劳动力功能。这体现在两方面：一是由于失业保险的存在，失业者在寻找新的就业岗位时获得了经济保障，免除了后顾之忧，失业者也就有条件寻找尽可能与自己的兴趣、能力相符合的工作岗位，从而有利于劳动力的合理配置；二是由于失业保险的存在，用人单位减轻了向外排斥冗员的经济、社会两方面的压力，从而有利于单位制定理性的、合理的用人决策，从而也更有利于劳动力的合理配置。

（3）促进就业功能。促进就业是失业保险就业保障功能的必然效果，其体现在失业保险机构对职业培训、职业介绍的重视及就业信息的及时有效沟通、和对再就业的直接推动上面。

（4）稳定功能。稳定功能一是体现为社会稳定功能，二是体现为经济稳定功能。失业保险为失业者提供生活保障，不会使其因无法生存铤而走险或心理上严重失衡而危害社会；维持社会的稳定；失业保险金的筹集及发放具有抑制经济循环的作用，是"减震器"，减轻了经济波动的剧烈程度。

（5）调节功能。失业保险可以通过向失业者提供物资资助来调节社会上的贫富差距，通过劳动力更合理的配置、更高的劳动生产率来调节经济的运行。

二、失业保险类型的划分

根据不同的划分方法，可以对失业保险作如下分类：

（1）按照参加失业保险的意愿是否具有强制性，可分为强制性失业保险和非强制性失业保险。强制性失业保险是指由国家立法或政府制定规章来强制实施的，符合规定条件的劳动者或用人单位必须参加，双方必须依据法规规定履行各自的供款义务。非强制性失业保险一般是由工会组织实施的，用人单位和劳动者自愿参加，政府不参与管理，而是由工会建立的失业基金会进行管理、政府提供一定的资金支持。

（2）按照失业者获得失业保险金的不同依据，可将失业保险分为权利型失业保险和调查型失业保险。权利型失业保险指失业者只要符合规定的缴费年限、非自愿失业等条件，就可以领取失业金，而不用管失业者的家庭收入情况，这种情况下，领取失业保险金是其合法的权利。强制性失业保险和非强制性失业保险都属于此类。调查型失业保险也是由政府组织实施，但是建立在收入调查的基础上的，以调查结果为依据，对于那些"确认"无法生存的失业者提供资助的制度。这种类型的失业保险也被称为失业补助，并不是严格意义上的社会保险。

（3）按照失业保险制度层次上的不同安排，可将失业保险分为单层次失业保险和多层次失业保险。单层次失业保险是指仅有一个层次的失业保险制度，如只有强制性失业保险或只有非强制性失业保险，根据不同的划分标准，也可以说只有权利型失业保险或调查型失业保险。多层次失业保险一般指权利型失业保险与调查型失业保险同时并存的情况,在两层保险制度的安排上,一般是将权利型失业保险作为第一层次的失业保障措施,将调查型失业保险当作第二层次的保护屏障。

三、失业保险的覆盖范围

确定失业保险的覆盖范围就是解决向谁提供失业保障的问题。

从理论上讲,在市场经济中,每一个有可能面临失业风险、成为失业者的劳动者都应该被覆盖。但纵观失业保险的发展,可以发现失业保险的覆盖范围经历了一个从小到大、从严格到宽松的演变过程。

在失业保险建立初期,覆盖范围仅限于参加正式的社会经济活动并有稳定职业的劳动者,即"正规部门"的劳动者,而不包括季节工、临时工及"非正规部门"的劳动者,也不包括职业稳定、无失业风险的国家公务员。

随着社会经济的发展变化,各国对失业的理解和看法也发生了变化,失业保险的覆盖范围也不断拓宽。根据美国社会保障署1995年的统计,在全球建立失业保险制度的61个国家中,有16个国家覆盖了全部劳动年龄人口,占所有建立失业保险制度国家的26%[①]。失业保险的覆盖范围大小与一个国家或地区的经济发展水平、价值取向、历史传统有很大关系。因此,各国的失业保险覆盖范围也就不是完全雷同的,如荷兰、瑞士的失业保险覆盖所有雇员,英国的失业保险覆盖的是周收入在62英镑以上的雇员,葡萄牙的失业保险甚至覆盖了初次求职者等[②]。

四、失业保险基金的筹集和使用

失业保险基金是在国家法律或政府行政强制的保证下,集中建立起来的,用于化解失业风险,给予符合领取条件的失业者物资补偿的资金。失业保险制度能否持续发展并充分发挥其功能,很大程度上取决于失业保险基金的来源是否充足、稳定,失业保险基金的管理是否高效,失业保险基金的使用是否与失业保险的目标一致等。

(一)失业保险基金的筹集

筹集失业保险基金一般要对下面三方面的内容加以确定:

(1)资金来源。一般来讲,失业保险基金主要来源于用人单位或雇主缴纳的失

[①] 任正臣著:《社会保险学》,第165页,社会科学文献出版社,2001。
[②] 参见杨伟民、罗桂芬主编:《失业保险》,第70页,中国人民大学出版社,2000。

业保险费、劳动者缴纳的失业保险费,以及失业保险基金的运营收益,但有的国家政府也直接承担着财政责任。在不同国家,各方的负担比例是不同的,有的国家政府是按照一定比例来提供失业保险基金支持,如日本政府负担失业保险待遇支出的25%、就业安置支出的10%及管理费用;有的国家只是在失业保险基金入不敷出时,才通过政府财政拨款予以补贴。在世界范围内,政府在失业保险中承担责任的最常见方式是负担行政管理费和弥补失业保险基金赤字。用人单位或雇主和劳动者共同支付失业保险费是比较普遍的情况,虽然在少数国家实现的是政府和用人单位或雇主单方付费制。

(2)筹资方法。失业保险主要有三种筹资方法:一是征收失业保险税的办法,如美国全国失业保险税率平均为2.7%;二是按工资一定比例征收失业保险费,采用这种方法,一般设置收费起始标准和最高征收标准;三是按固定金额征收,即不论参保人的收入高低,一律按一固定金额征收。一般来讲,失业保险的筹集办法与社会保险的筹资办法是一致的。

(3)缴费比例。确定缴费比例,首先要根据经济的周期性变化,对失业保险的压力、负担进行测算,确定每个劳动者的负担金额,再将金额在用人单位和劳动者两者之间分配,根据社会平均工作水平,折算成一定比例。由于失业保险的周期性特征,缴费比例应随着经济周期的变化作出相应的调整,以避免失业保险基金的收支出现赤字。中国现行失业保险的缴费比例是企业按照工资总额的2%缴纳,劳动者按照个人工资的1%缴纳。其他国家关于缴费比例的规定相互之间有很大差别,如瑞士的失业保险基金均是由企业、劳动者按照1.5%缴纳,而俄罗斯是由企业单方以工资总额的2%支付等①。

(二) 失业保险基金的使用

失业保险的目的是保障失业者失业期间的基本生活,同时促进失业者再就业,因此,给付失业保险待遇和促进就业就构成了失业保险基金最主要的两个使用方向。在一些国家中,失业保险的日常行政管理费也从基金中提取,因此,失业保险的管理费用也构成失业保险基金的又一个使用方向。

失业保险待遇一般包括失业保险金、失业补助和附加补助金,如医疗补助金、丧葬抚恤金等,是维持失业者使用期间基本生活的最主要的来源,给付失业保险待遇构成失业保险基金支出的最大部分。

促进就业支出又可细分为开展职业培训方面的支出、抑制失业及开发就业岗位、职业介绍等各部分的支出。这部分的支出在失业保险基金中的比重呈逐渐上升的趋

---

① 杨伟民、罗桂芬主编:《失业保险》,第75页,中国人民大学出版社,2000。

势,因为变消极的失业生活保障为积极的促进就业,从而从根本上解决失业者的生活和工作问题,已成为绝大多数国家的共识。如德国的失业保险基金支出中,除60%用于保险给付外,余下40%中的大部分被用于职业介绍、职业培训及其补贴、补助企业雇佣等促进就业的工作上。

失业保险管理费在一些国家完全是政府财政补贴,如日本,而在一些国家则是由失业保险基金支付,或是按一定比例提取,或是按固定金额提取,这样,失业保险的管理效率导致的管理成本的高低,必然影响失业保险基金在其他两个方面即生活保障和促进就业方面的支出,从而在一定程度上影响失业保险的实施效果。中国以前的失业保险制度曾规定,失业保险管理费从失业保险基金中按一定比例提取,但现行制度已作了调整,规定失业保险机构所需经费列入政府预算,由财政拨付,以保证失业保险基金不受侵蚀。

五、失业保险待遇

失业保险待遇是失业保险基金的重点支出项目,是失业保险中一个非常重要的部分。

(1) 失业保险待遇的领取条件。领取失业保险金或各项补助金均需要满足一定的条件,并不是所有参加失业保险人均可以享受失业保险各项待遇。与其他社会保险待遇给付不同的是,失业保险待遇的领取不仅有客观标准,也有主观标准。从客观上来看,首先失业者必须处于法定劳动年龄范围以内并具有劳动能力,各国都对法定劳动年龄作了明确规定,如中国是男性16—60岁,女性是16—55岁,未达到劳动就业年龄的人不存在就业问题,因而也就谈不上失业问题,对超过法定劳动年龄却继续工作的劳动者,应享受养老保险而不应享受失业保险;其次是失业者必须在失业前就参加了失业保险并履行了相应的缴费义务(规定有最短缴费期限);再次是需要向失业保险机构登记失业并接受职业培训或职业介绍。但有些国家的失业保险覆盖初次就业者,意味着工作年限、投保年限在有些国家并不是享受失业保险待遇的必要条件。在主观方面,首先是失业者必须是没有失业的故意即不是自己自愿放弃工作岗位的,而是由于非自愿的原因造成的失业;其次是在失业后有就业的愿望并必须在失业后到职业介绍机构或失业保险机构进行求职登记、办理相关手续等,还应参加培训、不无理拒绝职业介绍所提供的合适的就业机会等。失业者只有完全达到上述两方面的要求,才有资格享受失业保险待遇。

(2) 失业保险待遇水平。为使失业保险待遇既能确保失业者及其家属在失业期间的基本生活,又不会形成"失业陷阱",各国失业保险的待遇给付一般遵循如下三个原则:一是保障失业者及其家属的基本生活的原则;二是待遇水平必须低于失业者原工资水平的原则;三是权利与义务相结合的原则。确定失业保险金给付金额的方法有:一是工资比例法,即与失业者失业前的工资水平相联系;二是均等法,对所有符合条件的失业者支付同等水平的失业保险金;三是混合法,是工资比例法与均等法的结合。目前,我国的失业保险金的支付标准是高于最低生活保障标准低于最低工资标准。

(3) 失业保险待遇的领取期限。失业的暂时性和阶段性,决定了失业保险不可能像养老、工伤保险那样进行无期限或长期限的支付,而是根据失业者的平均失业时间确定一个给付期限。失业保险金的给付期限包括等待期和最长给付期。

给付等待期就是失业后,必须等待一个时期,才能领取到失业保险金,等待期的长短,取决于各国所实行的就业政策,以及失业保险基金的规模和财政状况。西方国家规定的失业保险给付等待期都很短,多数为7天,而发展中国家由于刚刚建立失业保险,基金积累不足,往往规定较长的等待期。如在阿根廷,领取失业保险金的等待期长达120天[①]。

关于失业保险金的最长给付期,有两种确定方法:一是将最长给付期与参加失业保险时间的长短对应起来,如西班牙规定,参加失业保险6—12个月,失业保险金的最长给付期为3个月;参保期为12—18个月,保险金最长给付期为6个月等。二是将最长给付期与失业的时间长短联系起来,如德国在20世纪70年代规定,失业期长达12个月的失业者,有权领取4个月的失业保险金;失业期为18、24、30和36个月的分别可以领取6、8、10和12个月的失业保险金。中国是按照第一种方式来确定失业保险金的最长给付期的,现行制度的具体规定为:失业人员失业前所在单位和本人按照规定累计缴费时间满1年不足5年的,领取失业保险金的期限最长为12个月;累计缴费时间满5年不足10年的,领取失业保险金的期限最长为18个月;累计缴费时间10年以上的,领取失业保险金的期限最长为24个月。重新就业后,再次失业的,缴费时间重新计算。再次失业领取失业保险金的期限可以与前次失业应领取而尚未领取的失业保险金的期限合并计算,但是最长不得超过24个月。

(4) 失业保险待遇停止支付的各种情况。各国都规定了失业保险待遇停止支付的各种情况。除了因领取期限已满,失业保险金自动停止支付外,在另外一些情况下,也有可能停止支付失业保险。例如,失业者不愿接受或故意失去职业介绍机构介绍的工作,或拒绝接受就业机构提供的再就业所必需的职业培训,已经或正企图骗取失业保险金等。中国在这方面的规定是,有下列情况之一就停止领取失业保险金,其他失业保险待遇也停止支付:重新就业的;应征服兵役的;移居境外的;享受基本养老保险待遇的;被判刑收监执行或者被劳动教养的;无正当理由,拒不接受当地人民政府指定的部门或者机构介绍的工作的;有法律、行政法规规定的其他情形的。

---

① 任正臣著:《社会保险学》,第169页,社会科学文献出版社,2001。

六、失业保险的管理

纵观世界各国的失业保险管理体制,主要有以下三种形式:

(1) 由政府设立专门机构进行直接管理。美国、英国、日本等很多发达国家以及许多发展中国家都是采取这种管理模式。这种管理体制可以从宏观上对失业保险进行调控,实现保险、就业和职业培训三者的有机结合,促进劳动力的合理流动。

(2) 政府监督下的工会管理模式。工会负责管理失业保险金的收缴和发放,政府在侧面支持。这种管理体制能更准确地反映劳动者的真正愿望,政府的负担也相应减轻,但这种模式的实行必须以工会运作能力强、运作良好为基础。丹麦、瑞典、芬兰等国家实行的就是这种管理模式。

(3) 政府监督下的自治机构管理。在这种形式下,管理失业保险的自治机构是由用人单位、劳动者及政府三方代表组成的,这是一种多方协作、合作管理的模式,效率高是其最大的优势。法国、德国、意大利等国实行的都是这种管理模式。

目前,中国的失业保险实行的是第一种管理体制,即由政府设立专门的机构如劳动和社会保障部、社会保险经办机构等对社会保险事务包括失业保险进行直接管理。

第三节 国外失业保险

自1905年法国率先建立失业保险制度,截止到1999年,全球已有68个国家建立失业保险制度,尽管各国的失业保险制度有着诸多区别,但失业保险实践中的共性及共同发展趋势仍然相当显著。因此,有必要了解国外的失业保险制度安排。

一、世界范围内的失业保险

前面曾对失业保险从三个不同角度进行了划分,对各种失业保险制度类型有了大致的介绍。但鉴于权利型失业保险即失业社会保险和调查型失业保险即失业救助两者之间的显著差异,以及这两者在失业保险制度发展进程中带有的明显的阶段性,还有必要对这两种类型的失业保险进行更深入的分析。

鉴于失业社会保险与失业救助两者多方面的差异,可以将其称为保险模式和救助模式。两者在基金筹集方式、待遇领取条件、待遇水平、享受期限等方面都有很大的差异。在筹集方式方面:保险模式一般由雇主和雇员分摊,救助模式一般由公积金解决;在待遇领取条件方面:保险模式是依据失业者是否缴纳一定期限或一定额度的保险金为条件,而救助模式主要是依据失业者的家庭收入状况而定;在享受金额方面:保险模式一般是根据失业者失业前的工资水平或社会平均工资水平、最低工资标准等而定,救助模式一般依据社会最低生活标准和失业者家庭情况而定;在享受期限方面:保险模式是根据失业者失业前缴纳保险费的额度或持续的时间等因素确定,而救助模式一般是依据失业者个人情况,尤其是年龄确定。总体来讲,保险模式的制度规范性比救助模式要强,因为保险模式将失业者享受失业保护视为劳动者的一项正当权利,而且其保障水平也要比救助模式要高,正因如此,失业保障从最初的救助模式过渡到保险模式也就成为必然。在所有建立失业保障的国家中,有 4/5 的国家实行以保险模式为主的失业保障制度,由此可看出失业保险制度的优越性。

然而,失业保险这种发展趋势并不是单向的,随着失业保险面对的压力越来越大,包括德、英、法等国家在内的许多国家,正在把两种不同模式结合起来,形成了多层次的失业保险制度,以充分发挥失业保险权利与义务相结合的优点和失业救助保护时间长、有公共资金资助的优势。

总之,失业保险在经过一个世纪的发展之后,已形成了不同的制度类型,而不同模式相互结合、共同防范和化解失业风险可称得上是失业保险的新趋势。

表 7-1　世界上主要国家和地区的失业保障制度类型

国家(地区)	失业保障制度的类型
澳大利亚	失业救助
美国	强制性失业保险
比利时	强制性失业保险
加拿大	强制性失业保险
韩国	强制性失业保险
意大利	强制性失业保险
丹麦	补贴性自愿保险制度
芬兰	补贴性自愿保险制度和失业救助双重制度
法国	强制性失业保险 + 失业救助
德国	强制性失业保险 + 失业救助
英国	强制性失业保险 + 失业救助
荷兰	强制性失业保险 + 失业救助
日本	强制性失业保险 + 补贴性自愿保险制度
西班牙	强制性失业保险 + 失业救助
新西兰	失业救助制度

资料来源:美国社会保障署编:《全球社会保障(1995)》,北京,华夏出版社,1996;《失业、医疗、工伤保险》,北京,中国劳动出版社,1992。

二、部分发达国家的失业保险

发达国家的失业保险制度建设历史较长,在其社会保障体系中的作用亦更加突出,因此,有必要了解世界上主要国家的失业保险制度。

(一) 法国的失业保险

法国是世界上第一个建立失业保险的国家,于 1905 年首次立法。1958 年,法国颁布劳动保险协定,1972 年对 60 岁以上的失业者实行收入保障,1974 年对农业失业者进行保险,1979 年建立独身者失业补偿计划,1984 年建立双重保险制度,具有强制性和救助性相结合的特征[①]。

(1) 覆盖范围。法国的失业保险覆盖全体受雇人员,家务人员和季节性工人不属此列。一些行业如建筑、海运、航空等行业还有专门的失业保险制度。对一些特定人群,如离婚者、分居夫妇、有子女负担的独身妇女等,因长期失业而领取失业保险期限已到,政府可以向其发放失业津贴。

(2) 资金来源。法国的失业保险资金由个人、雇主和政府三方负担。其中:受保人缴纳收入的 1.92%,加上年收入在 104 760—419 040 法郎的 0.5%;企业缴纳工资总额的 4.08%;政府负担综合方案的所有费用。

(3) 享受条件。法国失业保险制度规定的享受条件包括:非自愿失业、未达到退休年龄,具有劳动能力并在就业协会登记注册且正在积极寻求就业的失业者;在最近 8 个月内至少工作了 4 个月;非季节性失业者。

(4) 失业保险待遇标准。失业保险的基本待遇是发放失业保险金,其计算公式是:基本津贴(每月)等于 1 200 法郎加上失业前月收入(每月不得低于 2 850 法郎)的 40%。领取失业保险金的期限与缴纳保险费的时间相对应,缴纳保险费时间越长,则领取期限越长。综合性方案中救济金的发放则要根据受保人的年龄、家庭人数、收入等情况而定。

(5) 失业保险的管理。法国的失业保险由劳资双方组成的理事会负责管理,包括管理失业保险的日常事务和支付失业保险金、失业救济金。由法国社会保障部履行监督的职能。在没有设立上述机构的地区,一般由市政当局处理失业救济金支付事宜。

---

① 参见吕学静著:《各国失业保险与再就业》,第 186 页,经济管理出版社,2000。

（二）德国的失业保险

德国是第一个建立现代社会保障制度的国家,其失业保险首次立法是1927年,现行立法是1969年的《劳动促进法》、《职业培训法》和1974年的《失业救济条件法》,德国建立的依然是失业保险加失业救助的双层次失业保障制度。

（1）覆盖范围。德国失业保险覆盖所有受雇人员,包括农业工人和家务工人、学徒和接受培训的人员,但临时工和家庭手工业者除外。

（2）资金来源。根据德国现行规定,失业保险基金由雇主缴纳工资总额的3.25%,政府根据就业促进法给予补贴,承担所有亏空,并负担失业援助的费用。劳资双方承担筹集失业保险金的主要任务,政府承担的主要是失业救济金拨款。

（3）享受条件。根据德国现行规定,享受失业保险待遇的条件包括:非自愿失业、具有劳动能力并在失业介绍所登记表示愿意接受职业介绍的失业者;1周工作少于20个小时;受保人最近3年内受雇不少于360天。

（4）失业保险待遇标准。失业保险金的待遇标准,根据失业者失业前的净工资（扣除工资税和各种保险费后的净收入）水平来计算,单身者领取净收入的60%,扶养子女者领取净收入的67%。领取时间则视受保人受雇时间的长短,从16周至78周不等。年老的失业者最长可领取失业保险金两年零八个月。对于无资格享受失业保险金的失业者或领取失业保险金期限已满仍无法就业的,政府经过收入调查后,会为其提供失业救济金,标准为原净工资的57%,单身者为53%,没有领取期限的限制。

（5）失业保险的管理。德国的失业保险由联邦政府的劳动和社会福利部统一管理,失业保险基金实行全国统收统发,联邦劳动与社会福利部对州和地方劳动局实行垂直领导。

（三）英国的失业保险

英国是世界上最早宣布建成"福利国家"的国家,健全完备的社会保障制度为英国国民提供了"从摇篮到坟墓"的保障。英国失业保险的首次立法是1911年,较法国要晚但较德国要早,现行立法于1995年开始执行。英国失业保险制度类型是由强制性失业保险和失业救助共同构成的双层次保障制度[①]。

（1）覆盖范围。英国失业保险的覆盖范围包括周收入在62英镑以上的雇员、自我雇佣者、缴纳减额养老保险费的已婚妇女和遗孀。

（2）资金来源。英国失业保险的资金来源于社会保险缴费。

---

① 参见吕学静著:《各国失业保险与再就业》,第134页,经济管理出版社,2000。

(3) 享受条件。根据现行规定,享受失业保险待遇的条件包括:非自愿失业、不是因不良行为而失业、接受失业介绍所为其介绍的工作、具有劳动能力并愿意从事全时工作;在职业介绍所登记,每两周到介绍所填一次表;年龄在 18 岁以上的失业者,或每周工作低于 16 小时的人,最近 2 个纳税年度中有 1 年足额缴纳失业保险缴费,且缴费收入基数不应低于应税周收入下限的 25 倍。对于收入调查型失业保险金即失业救助金,领取的条件是:由于达不到条件或超过领取期限,没有领取到权利型失业保险金;又没有其他收入或收入达不到某一标准。

(4) 失业保险待遇标准。权利型失业保险的待遇为:年龄在 25 岁以上的失业者,每周为 49.15 英镑(1997 年);18—24 岁的失业者为 38.90 英镑;18 岁以下的失业者为 29.60 英镑。最长支付时间为 6 个月。等待期为 3 天。收入调查型失业保险即失业救助待遇则要根据年龄、家庭收入水平和家庭结构确定,最长支付期为 6 个月,期满仍未获得工作的,可申请其他救济金。

(5) 失业保险的管理。英国采取政府设立专门部门对失业保险进行管理的管理体制,具体情况是:就业部负责失业保险金的申请和发放;卫生与社会保障部管理失业保险费缴纳和失业档案;补助津贴委员会核发收入调查津贴。

(四) 美国的失业保险

美国是经济高度发达的国家,但其社会保障水平远不及其他发达国家,而且社会保障制度的建立也相对较晚。美国失业保险的法律依据是 1935 年颁布的《社会保障法》,属于强制性失业保险[①]。

(1) 覆盖范围。美国失业保险覆盖的受雇人员包括所有工商企业的雇员、受雇于农业部门的人员、受雇于非营利机构的人员、家庭佣工、医院工作人员、受雇于高等学校的人员、海员、铁路工人等,覆盖的人口占劳动总人口的 90%。

(2) 资金来源。根据现行规定,美国失业保险基金源于雇主缴纳的失业保险税,它分成联邦税和地方税两种,其中:联邦税为工资总额的 1%,州保险税,由州自行决定。

(3) 享受条件。根据现行规定,享受失业保险待遇的条件包括:非自愿失业、具有劳动能力并在职业介绍所登记表示愿意接受职业介绍的失业者;失业前受雇满一定周数。

(4) 失业保险待遇标准。根据现行规定,美国失业保险金的水平一般为原工资的 50%。领取期限最长为 26 周,失业高峰期可延长至 39 周;如经济不景气,联邦政府还可决定延长支付期至 52 周。等待期一般为 7 天。

---

① 参见张彦、陈红霞编著:《社会保障概论》,第 91 页,南京大学出版社,1999。

(5)失业保险的管理。美国的失业保险工作由联邦和州劳工部门的就业与培训机构承担。联邦一级由直属美国的劳工部的"就业与培训署"负责,其下设联邦失业保险服务机构具体负责;州一级由州劳工局设有的就业培训局负责。

(五)日本的失业保险

日本是亚洲最发达的国家之一,其社会保障体系比较完备,失业保险制度很有特色。日本于1947年首次通过《失业保险法》,后被1974年日本国会通过的《雇用保险法》所取代,现行制度属于强制性的失业保险。

(1)覆盖范围。日本的雇用保险原则上强制适用于所有行业的所有企、事业单位。但对农林产业中职工在5人以下的个体经营的企、事业单位任意适用,任意适用的企、事业单位需满足一定条件并经批准。而且雇用保险不适用从事4个月季节性工作的劳动者、短期季节劳动者、船员保险的受保者、公务员以及65岁以上且不是受雇于同一雇主者。

(2)资金来源。根据现行规定,日本的失业保险基金来源于雇主和雇员共同负担的保险费和国库资金的拨补。保险费率原则上为工资额的1.45%(部分行业为1.65%或1.75%),其中,1.1%(部分行业为1.3%)用于支付失业保险金,劳资双方各负担0.55%(部分行业0.65%),其余的0.35%(部分行业0.45%)用于三项事业(改善事业、能力开发事业和就业福利事业),经费由雇主承担。国库资金负担的部分是:支付求职者的1/4—1/3的保险金及雇佣保险的行政管理经费。

(3)享受条件。根据现行规定,日本享受失业保险待遇的条件包括:非自愿失业、具有劳动能力并在职业安定所登记表示愿意接受职业介绍的失业者;每隔4周向职业安定所汇报一次;一般受保人在失业前1年中具有至少投保6个月的记录,短工受保人在失业前2年内至少有1年的投保记录,日工受保人在失业前2个月内至少投保28天。

(4)失业保险待遇标准。按照支付的目的和性质,日本的失业保险金可分为求职者保险金、促进就业保险金和连续就业保险金三类。支付求职者保险金的目的是确保失业者的基本生活,支付标准为失业者失业前工作水平的60%—80%,支付期限依据被保险者再就业的难度和加入保险时间的长短从90天至300天不等,并有7天的等待期;支付促进就业保险金的目的是促进失业者再就业,它包括重新就业补助、常用就业准备金、必需的搬家费、广域求职活动费;支付连续就业保险金的目的是促进老年人和妇女连续就业,不因育儿、护理家人而终止工作,其最长支付期为3个月。

(5)失业保险的管理。日本的失业保险工作由政府专门设立的部门来负责。在日本,劳动者参加雇佣保险的办理及失业者失业待遇的领取是统一由劳动厚生省职业安定局及其下设的600多个公共职业安定所负责。

三、失业保险存在的问题和改革趋势

各国的失业保险制度在实践中,亦暴露出了不少具有共性的问题,因此,一些国家也在不断地改进自己的失业保险制度,他们的做法无疑对中国完善自己的失业保险制度具有参考和借鉴价值。

(一) 失业保险发展中的问题

各国失业保险在发展过程中遇到的问题,主要有如下几个:

(1) 失业率不断升高,导致失业保险支出越来越高。自20世纪90年代以来,全球经济状况进入不景气时期,许多国家的失业率普遍上升,如欧盟1995年12月底的平均失业率已达10.9%,失业总人口超过1 800万,其中48%为长期失业者[①];德国的失业率从1970年的0.7%上升至1997年的11.4%;瑞典1997年的失业率也高达9.9%,再加上经济不景气使失业期限不断延长,而失业保险水平又有所上升,这些都导致了一些国家失业保险支出规模越来越高。

(2) 失业保险入不敷出及沉重的财政压力。失业者数量的增加一方面使保险基金支出增加,另一方面又因缴费人数减少而减少了失业保险基金的来源,因此,会造成失业保险基金入不敷出和沉重的财政压力。为了弥补失业保险基金的赤字或缓解沉重的财政压力,政府又必须不断举债并增加税收,从而加重社会、个人和企业的负担,形成阻碍经济增长的新因素,进而又会影响到就业水平,形成恶性循环。

(3) 高水平失业保险助长不良风气,影响经济健康增长。较高水平的失业保险待遇一方面会使部分社会成员贪图享受、不思进取,不愿意参加社会劳动,造成"养懒汉"现象;另一方面高水平的失业保险来自于高水平的税费,意味着企业生产成本增加,不利于提升雇佣水平,也影响企业在国际市场中的国际竞争力。

(二) 失业保险的改革趋势

随着失业率的不断攀升,失业保险已成为许多国家社会保障制度改革的重要方面。从英国、法国、德国以及其他国家对失业保险所进行的改革来看,可以发现如下改革趋势:

(1) 限制享受失业保险的权利。这一改革措施一方面可以缓解失业保险沉重的支付压力,另一方面也可以减轻部分社会成员对失业保险金的依赖,激发其劳动积极

---

① 邹根宝编著:《社会保障制度——欧盟国家的经验与改革》,第161页,上海财经大学出版社,2001。

性。限制享受失业保险的权利一般包括：降低失业保险支付水平、规范和提高享有保险的资格条件、缩短享有失业保险待遇的期限等措施。如瑞典的失业保险待遇水平曾高达失业者失业前收入的90%，在1993年和1996年分别减到80%和75%，其他国家如德国、比利时、西班牙等国在20世纪90年代都在限制享受失业保险的权利方面采取了多个措施。

（2）加强对失业保险的管理和开展基金运营。加强失业保险的收支管理和开展失业保险基金有偿运营，能够改善失业保险的运行状况，缓解其沉重的支付压力。在许多国家，失业保险因失业本身的频发性、不规则性以及涉及问题的多方面性和办理手续的复杂性，其管理是有相当难度的，因而对失业保险的管理上也更加规范。如在德国，只有失业保险项目是联邦政府直接负责，全国统一执行，其他社会保险项目则实行自治管理。与此同时，引入私人投资机制，提高失业保险基金的运营效率，亦成为壮大失业保险基金、提高失业保险基金效能的重要手段。

（3）突出就业导向。通过增加失业保险支出中的职业培训支出比重、将失业保险待遇与参加培训情况挂钩、提供各种再就业补助等方式促进失业者再就业，突出就业导向是失业保险制度最明显的改革趋势。如德国的失业保险基金支出中，除60%用于保险给付外，余下40%中的大部分被用于职业介绍、职业培训及其补贴、补助企业雇佣等促进就业的工作上。德国的失业保险部门同时成为各级政府推行劳动就业政策的责任机构之一。美国政府进入20世纪90年代后，也更加重视职业培训和失业人员再就业问题，克林顿执政时期就制定了《美国再就业法案》，主旨就是促进失业者得到他们所需的有效的、高质量的培训。可以看出，目前各国失业保险制度中促进就业的规定越来越多，失业保险越来越表现出就业保障机制的发展取向[①]。

第四节　中国失业保险制度

改革开放以后，面对新出现的失业问题，中国政府不仅顺应了将失业保险制度当作解决失业问题的重要措施和手段这一历史潮流，而且还让其承担了一定的推进国有企业改革的任务。伴随着改革的步伐，失业保险制度自1986年初步构建后，已经走过20年的历程，尽管这一制度还需要完善，但它确实已从一种只有象征意义的制度安排发展到一项真正有效的社会保险制度安排。

---

① 丁煜："国外社会保险制度改革漫谈"，《社会保障制度》，2001年第2期。

一、中国失业保险制度的演变过程

（一）失业保险制度的产生

在中国传统的计划经济体制下，劳动就业体制也实行"统包统配、安置就业"的固定工制度，企业缺少用人的自主权，劳动者缺乏自由择业权，实行的是"铁工资、铁饭碗、铁交椅"的"三铁制度"，表面上的"零失业"掩盖了"低工资、高就业"政策所带来的劳动效率低下的"隐性失业"。因此，失业保险也就没有存在的必要。

20世纪80年代中期起，中国进入全面改革阶段，建立现代企业制度是其中心环节，国有企业迫切需要改变固定工制度。为此，国务院于1986年7月颁布《国营企业实行劳动合同暂行规定》、《国营企业招用工人暂行规定》和《国营企业辞退违纪职工暂行规定》，第六届全国人大常委会第18次会议亦于同年12月2日通过《中华人民共和国企业破产法》，由此初步确立了国有企业的劳动合同制度、新的用工制度、辞退职工制度和破产制度，不仅使劳动者有了一定的流动性，国家也不再实行无条件"包下来"的政策，一些长期效益不良的国有企业走向破产，国有企业不再是长生不死。正是在这样的背景下，长期存在的隐性失业开始显性化，失业保险制度也就应运而生。

1986年7月12日，国务院颁布《国营企业职工待业保险暂行规定》（以下简称暂行规定）可以作为中国开始建立失业保险制度的标志。尽管当时称为待业保险，但这只是意识形态的表现，事实上待业就是失业，待业保险就是失业保险。该《暂行规定》初步确立了中国失业保险制度的基本框架，明确了这项制度的主要内容。尽管在覆盖范围、缴费方式等方面很不完善，而且实质上更像一种失业救济制度，但毕竟在承认失业现象、保险失业工人权益方面迈出了非常重要的第一步，它为以后失业保险制度的发展与完善打下了地基。

不过，当时失业现象并不突出，享受失业保险待遇的人数也非常有限，失业保险基金在全国大部分地区"有收无支"，因此，这一时期的失业保险更多的是一种制度象征意义而并未发挥应有的功能作用。

（二）失业保险制度的发展

随着经济体制改革的深化，特别是1992年邓小平南巡讲话后，建立社会主义市场经济体制的改革目标正式确立，国有企业转换经营机制的步伐加快。1993年4月12日，国务院重新发布《国有企业职工待业保险规定》（以下简称规定）取代了1986

年颁布的《国营企业职工待业保险暂行规定》。在已经明确建立市场经济体制的前提下,该《规定》仍然局限于国有企业并继续采用待业保险名称,从一个侧面显示改革的不彻底,注定了其作为过渡政策的必然性。不过,该《规定》在覆盖范围、资金筹集、保险水平及组织管理模式等方面作出了相应的调整。到1994年,全国就有194万人享受到了失业保险待遇,超过1986—1993年7年的总和,失业保险制度开始发挥作用。

(三) 失业保险制度的基本确立

随着改革的继续深化,原有的失业保险已经不能同时胜任国有企业失业工人保障者与维系市场导向的就业机制的双重任务,与建立统一的劳动力市场、实现劳动力资源合理配置的客观要求差距越来越远。特别是当国民经济结构调整,开始分流国有企业内大量富余人员,需要切实保障分流职工的基本生活时,这项制度更是显得力不从心,致使国家不得不一方面采取一种过渡性措施——建立下岗职工基本生活保障制度,通过再就业服务中心加以实施,为完善失业保险制度赢得一定的缓冲时间,另一方面则着手失业保险制度的完善工作。1999年1月12日,国务院正式颁布《失业保险条例》(以下简称条例),《条例》以及相关政策的出台,标志着中国失业保险制度的基本确立。

《条例》吸收了以往失业保险制度建立和发展中的实践经验,借鉴了国外的有益做法,在许多方面做了重大调整和突破,如实施范围不再限于国有企业而是扩展到机关事业单位及非国有企业,保险基金的筹集、基金的使用等均有相应的调整。与此同时,国务院还颁布了《社会保险费征缴暂行条例》,主管部委亦下发了关于建立社会保险参保登记管理、缴费申报管理、征缴监督检查、基金财务会计、失业保险金申领发放和失业保险统计制度,以及事业单位参加失业保险和调整基金支出结构等有关规章,中国的失业保险制度开始走向规范化。

自《条例》颁布实施后,参加失业保险的人数大幅度增加,失业保险基金征缴规模扩大,越来越多的失业人员的基本生活因失业保险制度而得到了基本保障。据劳动和社会保障部2004年统计摘要,截至2003年,全国参加失业保险的职工人数达到10 373万人,年末领取失业保险金的人数达415万人,全年失业保险基金收入达249亿元,支出失业保险基金200亿元,年末失业保险基金累计结存304亿元。在为失业工人提供保障的同时,失业保险基金还成为下岗职工基本生活保障资金的重要来源,如1999年就向再就业服务中心调剂资金41亿元,占下岗职工基本生活保障基金总支出的45%。可见,在失业保险制度不断完善的条件下,失业保险的功能作用也日益突显。

二、中国失业保险制度实践中的问题与挑战

从 1986 年国务院出台《国营企业职工待业保险暂行规定》到 1999 年的《失业保险条例》的颁布与实施,中国的失业保险确实实现了从制度象征到有效制度的转变,并在维护社会稳定、促进国有企业改革、保障失业工人的权益等方面发挥了重要作用。然而,失业保险制度在实践中仍然面临着不少问题与挑战。

(一) 失业保险制度实施中存在的问题

(1) 实际覆盖面仍然较窄。依照《失业保险条例》第二条规定,失业保险应该覆盖城镇所有企、事业单位,但全国城镇就业人员在 2003 年末时为 25 639 万人,可实际参加失业保险者的为 10 373 万人,可见实际参保人数与应参保人数还存在着差距。因此,采取措施扩大实际覆盖面是推进失业保险的重要任务。

(2) 失业保险基金运行情况不良。在收入方面,由于实际参保人数与应保人数相差大,实收保费低于应收保费是上一问题的必然结果;另外,企业还往往擅自降低缴费基数,也是实际收费低的一个主要原因。在管理环节,一些地方挪用失业保险基金的现象屡禁不止,或者利用部分基金结余进行投资时因失误而造成基金损失,从而大大削弱了失业保险基金的基础和对失业人员进行补偿的能力。在支出方面,冒领失业保险金的现象仍然存在,失业后隐性就业者仍然在挑战着失业保险制度,而一些符合申领失业保险金条件的人却因不了解失业保险而放弃了自己的权利。此外,失业保险基金的支出结构也不尽合理,在保险金发放与培训服务、就业促进方面的支出结构还不尽合理。

(3) 监督机制尚不健全。根据《失业保险条例》,劳动和社会保障行政部门对失业保险费的征收和失业保险待遇的支付进行监督,财政部门和审计部门对失业保险基金的收支和管理情况进行监督,但这种监督并未到位。如劳动和社会保障行政部门对企业失业保险费缴纳情况的检查与监督基本上仅仅是在每年年初进行一次,而且一些检查演变成了"走过场";财政部门和审计部门对失业保险基金的收支和管理情况进行监督亦未完全到位。

(二) 失业保险面临的挑战

基于中国的现实国情及未来发展趋势,失业保险面临的挑战主要有以下几个方面:

第一,隐性失业显性化。即大规模的下岗职工需要从下岗职工基本生活保障制度并入失业保险制度,这意味着企业分流的富余人员将依国际惯例直接表现为裁员

或失业,其保障也相应地由失业保险承担。原有的隐性失业现象也将最大限度地显性化,这对正常的失业保险制度无疑是一种冲击与挑战。

第二,失业率上升。在相当长的时期内,中国的就业形势都会相当严峻。从劳动力供给来看,新增劳动力、失业下岗人员和农村剩余劳动力形成了三大就业压力源,而就业岗位的增长速度却在放慢。在这种背景下,就业竞争会日益激烈,失业率上升将难以避免,进而对失业保险基金收支产生直接影响。因此,就业形势严峻、失业率上升是失业保险制度必须应对的挑战。

第三,失业保险的非周期性。众所周知,失业保险具有周期性,它能够通过失业保险费的提取和失业保险待遇给付的时间差,起到反周期性经济危机的作用。在经济繁荣时期,失业率通常较低,参加失业保险的劳动者必须缴费,形成基金积累,减少部分消费支出,有抑制生产扩充的作用;在经济萧条时期,则可以利用失业保险金来维持失业者丧失收入时的生活,且保持一定的购买力,有缓和生产力萎缩的效果,故失业保险被认为是一种经济发展周期的内在的自动稳定器,它追求的也是周期的自我平衡。然而,中国的失业保险却是既未做过周期性的预测,又未考虑到经济衰退时的应对措施,而是只被动发展,这种非周期性的制度安排,显然将无法应对经济发展周期的演变。

第四,就业方式多样化。在经济全球化进程中,就业竞争日益激烈,就业方式多样化已经成为市场经济的一个重要特征。采取非全日制、临时性、阶段性和弹性工作时间等多种灵活的就业形式实现就业,已经事实上成为许多劳动者的选择,新的就业方式虽然能够带来新的劳动力需求,为缓解就业压力提供了可能,但伴随着就业方式多样化产生的将是不规则的失业,这一部分劳动者随时可能因被遗漏在失业保险网外而丧失自己的失业保险权益,从而既不利于失业保险制度基金的积累,亦不利失业保险制度切实维护失业者的基本生活权益,因此,急切需要寻求新的保险方式。因此,就业方式的多样化,也构成了失业保险制度发展进程中的新的挑战。

三、就业保障:中国失业保险制度的发展方向

失业保险制度本身具有保障失业人员失业期间的基本生活和促进失业人员再就业两种功能。失业保险在保障失业人员基本生活方面,已经发挥了重要的作用,但在促进就业方面的作用仍然相对较弱。

当失业保险 1905 年在法国产生时,发挥的仅仅是救济失业工人的作用。而到 20 世纪六七十年代,失业保险从单纯的失业救济向多重保障发展,复式保障结构如"失业保险+失业救济"、"失业保险+企业补充失业津贴"、"失业保险+特殊失业补

助"等,受到了许多国家的重视。与单纯的失业救济相比,多重式的失业保障无疑是一大进步。

近十多年来,各国在失业保险制度方面一个突出的改革方向,就是变消极的生活保障为积极的就业保障。换言之,失业保险制度演变的一个重要特征就是其就业导向越来越突出。许多国家不仅将失业保险工作的重心逐步向促进就业方面转移,而且在失业保险支出的分配上,也开始注重失业保险促进就业功能的发挥。如在德国的失业保险基金支出中,除60%用于保险给付外,余下40%中的大部分被用于职业介绍、职业培训和补助企业雇佣失业工人等促进就业方面,德国的失业保险部门也成了各级政府推行各级劳动就业政策的责任机构之一。美国政府进入20世纪90年代,也更加重视职业培训和失业人员再就业问题,克林顿执政时期就制定了《美国再就业法案》,主旨就是为了促使失业者得到他们所需要的有效的、高质量的培训。可以看出,目前各国失业保险制度中促进就业的规定越来越多,失业保险越来越向就业保险靠拢。因此,就业保障是失业保险制度的发展方向,这种转变是更主动、更积极地从根本上解决失业人员的生活保障问题的制度安排,它也意味着促进失业人员再就业和保障失业人员的基本生活将是失业保险制度未来发展的两个基本目标。

中国的失业保险制度,已经从当初的制度象征变成了有效制度,但在就业形势长期严峻的条件下,也需要借鉴国外经验,通过完善失业保险的内容,促使失业保险向既能够促进失业者再就业又能够保障失业者基本生活的就业保障机制转化。

【案例讨论】

失业率的真假

自1978年以来,中国政府历年都公布失业率(见表7-2),但理论学术界及公众总认为官方公布的失业率并不真实,因为它与人们看到或者想象的失业现象存在着差距甚至是很大的差距。

表7-2　中国城镇失业人数及失业率

年份	城镇失业人数（万人）	失业率（%）	年份	城镇失业人数（万人）	失业率（%）
1978	530.0	5.3	1991	352.2	2.3
1979	567.6	5.4	1992	363.9	2.3
1980	541.5	4.9	1993	420.1	2.6
1981	439.5	3.8	1994	476.4	2.8
1982	379.4	3.2	1995	519.6	2.9
1983	271.4	2.3	1996	552.8	3.0
1984	235.7	1.9	1997	576.8	3.1
1985	238.5	1.8	1998	571.0	3.1
1986	264.4	2.0	1999	575.0	3.1
1987	276.6	2.0	2000	595.0	3.1
1988	296.2	2.0	2001	681.0	3.6
1989	377.9	2.6	2002	770.0	4.0
1990	383.2	2.5	2003	800.0	4.3

资料来源：国家统计局编，《中国统计摘要(2004)》，第43页，中国统计出版社，2004。

那么，官方公布的失业率到底可信不可信？要对此做出判断，就有必要先了解官方公布的失业率的涵义。根据中国政府对失业率的界定，它的全称应当是城镇登记失业率，是城镇登记失业人员与城镇单位就业人员（扣除使用的农村劳动力、聘用的离退休人员、港澳台及外方人员）、城镇单位中的不在岗职工、城镇私营业主、全体户主、城镇私营企业和个体就业人员、城镇登记失业人员之和的比。对经过这一公式计算出来的失业率需要做如下分析：

首先，它扣除了乡村劳动力，从而不是全国的失业率，只是城镇失业率。

其次，它强调的是登记失业率，凡失业但未登记的失业人员并不属于失业人员的统计范围，从而缩小了失业人口的规模。因为失去了工作岗位但未到失业保险登记机构进行登记的失业者是客观存在的。

再次，它在就业人口中计算了不在岗职工，即不在岗职工构成了失业率计算公式中分母的组成部分，而在分子中却扣除了实际失业工作岗位的下岗职工。换言之，下岗职工这一群体的存在不仅未增加失业人数，而且起到了降低失业率的作用。

此外，还可以考虑劳动力统计数中可能出现的误差。

上述分析非常清晰地表明了官方公布的失业率指标必然地要小于实际的失业率指标。以下岗职工为例，2002年年末国有企业（含国有联营企业、国有独资公司）下岗职工人数达410万人，2003年虽然减少了150万人，年末国有企业仍然有下岗职工260万人,这一数据如果分别加入当年的失业人数,则失业人数分别要增长69%和32.5%,如果再加上没有登记的失业人员,则失业人数规模还会上升。分子发生大的变化了,计算结果当然也会发生大的变化。因此,以往公布的失业率就其统计口径而言,可以说是真实的,但与实际失业人数和完整的失业率显然存在较大差距。

对失业保险制度而言,不仅要以现行的城镇登记失业率为依据,还应当考虑未登记的失业人口和下岗职工等群体,因为他们都对失业保险制度的运行产生直接影响,即使不领取失业保险金,也不再缴纳失业保险费,从而是失业保险制度健康、持续发展必须考虑进来的因素。

思 考 题

1. 什么是失业和失业保险?
2. 失业保险的类型?
3. 失业保险都包括哪些内容?
4. 国际上失业保险的改革趋势?
5. 如何完善中国的失业保险制度?

第八章 工伤保险

【本章学习要点】

通过本章的学习,应当了解工伤保险的概念、原则、特征等基本知识,掌握工伤保险的主要模式,熟悉工伤保险的基本内容及中国的工伤保险制度。

第一节 概 述

一、工伤与工伤保险

工伤,也称职业伤害,是指劳动者在从事职业工作或在规定的某些特殊情况下,遭受的意外伤害或职业病,是工业社会的产物。在工业社会以前,劳动者主要靠手工从事经济活动,生产节奏缓慢,发生工伤的可能性很小。进入工业社会以后,随着机器逐步代替手工,加上工作中有毒、有害因素的增多,而且工作节奏越来越快,使得劳动者从事职业工作的危险性也越来越大。

最初,工伤并不包括职业病,如 1921 年国际劳工大会上通过的有关公约,就将"工伤"界定为是由于工作直接或间接引起的意外事故。后来,随着职业病的增多,各国逐渐把职业病纳入了"工伤"的范围。职业病并非是显性的工伤事故,而是指劳动者在工作中因接触到职业性的有毒、有害因素而引起的疾病。不过,在工伤保险中所称的职业病通常是指通过国家法律、法规明文规定的法定职业病类型。因此,现在所说的"工伤",既包括因工作或与工作有关的原因所导致的意外伤害,也包括因工作原因接触到职业性有毒、有害等因素所造成的职业病。

工伤保险,又称职业伤害保险,是指劳动者在工作中或在规定的某些特殊情况下,因遭受意外伤害和患职业病,暂时或永久丧失劳动能力以及死亡时,劳动者或其遗属从国家和社会获得物质帮助的一种社会保险制度。它包含了两层含义:一是劳动者本人因工伤造成暂时或永久丧失劳动能力时,可以从国家和社会获得医疗救治、职业康复、经济补偿等物质帮助;二是劳动者本人因工伤死亡时,其遗属可以从国家和社会获得遗属抚恤、丧葬补助等物质帮助。

工伤所造成的直接后果是伤害到劳动者的健康及生命,使劳动者的健康权、生存权和劳动权受到影响、损害甚至被剥夺,并由此造成劳动者及家庭成员的精神痛苦和经济损失。因此,在大多数国家的立法实践中,都明确规定劳动者应享受工伤保险的权利。现代意义上的工伤保险最早产生于德国。1884 年 7 月 6 日,德国颁布了世界上第一部工伤保险法——《工人灾害赔偿法》。目前在世界范围内,无论发达国家还是发展中国家,无论社会背景如何,都在不同程度上实行了工伤保险制度。据国际劳工组织统计,到 20 世纪末,世界上近 180 个国家建立了工伤保险制度,约占国家总数的 80%,是所有社会保险制度中最具普及性的一种社会保险制度。

与西方先进工业化国家相比,中国的工伤保险制度建设至少晚了半个世纪,直到 20 世纪 50 年代,工伤保险制度才开始建立,其法律依据是《中华人民共和国劳动保险条例》。20世纪80年代后,国家开始对传统的工伤保险制度进行了一系列的改革探索。1995年1月1日实施的《中华人民共和国劳动法》,在第73条也明确规定:"劳动者在下列情况下,依法享受社会保险待遇:……(三)因工伤残或者患职业病",这一立法提出了劳动者遭受工伤时应享受工伤保险待遇的规定,但因缺乏具体的法律依据而并未使适应市场经济的工伤保险制度得到确立。2003年4月27日,国务院颁布《工伤保险条例》,并于2004年1月1日起正式施行,这是继1951年《劳动保险条例》后工伤保险制度建设的重大突破,它标志着中国工伤保险制度建设进入了一个崭新的发展阶段。

为劳动者提供必要的工伤保险,不仅有利于保障劳动者的身心健康和基本生活,而且有利于维护正常的生产、生活秩序,维护社会安定。因此,工伤保险不仅是现代社会保障体系中的必要项目,而且是应当优先建立并且健全的社会保障项目。

二、工伤责任认定的演进与工伤保险

工伤责任的认定,决定着工伤保险制度的产生与发展,以及劳动者遭遇工伤后的法定权益。从早期工伤事件由劳动者个人负责到现代工伤保险制度确立的无过失责任,工伤责任认定走过了一个较长的从有利于维护雇主利益到有利于维护劳动者权益的过程。根据工伤责任承担主体和方式的不同,大体上可以划分为劳动者个人责任、雇主过错责任、雇主无过失责任三个发展阶段。

(1)劳动者个人负责阶段。在资本主义早期,劳动者在工作中受到职业伤害的一切后果都由其本人承担。这就是所谓的劳动者个人责任原则。这种做法的理论依据是"危险自负说",这是18世纪英国著名经济学家亚当·斯密在"风险承担"理论提出的观点,他认为,雇主在与劳动者签订劳动合同时,其支付的工资中已经包含了对劳动者工作岗位危险性的补偿,因此,劳动者在工作过程中因发生工伤事故而蒙受的一切损失应由劳动者本人承担。这一理论风行于早期资本主义时代,成为雇主推卸工伤责任的理论依据。

(2)雇主过错责任阶段。伴随着资本主义工业化的发展进程,大机器所导致的工伤事故和职业病越来越多,给劳动者身心健康及其生活带来了严重的危害。劳动者为了获得工伤赔偿,纷纷起来抗争,要求雇主承担工伤赔偿责任,并取得了一定的胜利,即劳动者在受到职业伤害可以通过法律手段获得一定的赔偿。但这种赔偿是依据民事赔偿法律,通过法院的裁决实现的。劳动者只有证明工伤是由于雇主的过错造成的,法院才能判决雇主给予赔偿,否则后果自付,这就是所谓的"雇主过错赔偿"原则,它以雇主存在着过错为赔偿前提。与此相适应,对工伤事件的保障进入了雇主过错责任保险阶段。例如,1884年,英国通过的《雇主责任法》明确规定,劳动者只有在法庭上证明雇主有过错,才能获得赔偿。此后,许多国家也在《工厂法》有关劳动条件的条文中规定了工伤赔偿责任。与劳动者个人负责相比,雇主过错责任赔偿显然是一大进步。然而,实行雇主过错责任赔偿并不能真正解决劳动者遭受工伤后的赔偿问题,主要原因有:一是劳动者很难提供证据证明工伤是由于雇主的过错造成的;二是法律诉讼费用往往太高,劳动者难以承担;三是劳动者起诉雇主,会带来被解雇的后果。因此,劳动者往往会放弃诉讼,最终得不到合理的补偿。

(3) 雇主无过失责任阶段。到19世纪末,随着工人阶级斗争的胜利和社会文明的进步,德国、英国、法国等工业化国家普遍确认了"职业危险原则"。该原则认为:工业化给社会创造巨额财富的同时,也容易发生难以抗拒的工伤事故和职业病;凡是利用机器或雇员体力从事经济活动的雇主或机构,均有可能造成雇员受到职业方面的伤害;而劳动者发生职业伤害,无论雇主是否存在过失,只要不是劳动者的故意所为,雇主就应进行赔偿;雇主支付职业伤害赔偿金是一笔"日常开支",就像修理和维护设备的保养费和支付给工人的工资一样,是企业或雇主应负责的一部分管理费用。在这种"无过失补偿"原则指导下,保障工伤者权益的风险保障机制也开始由雇主责任保险进入到雇主无过失赔偿阶段。

尽管实行雇主无过失赔偿有利于劳动者得到及时的赔偿,但由于雇主无过失赔偿缺乏分散工伤风险的功能,而且待遇多为一次性支付,因此,对劳动者的保障性并不强。在这种情况下,一些发达的工业化国家开始寻求更好的制度来解决职业伤害保险问题。1884年,德国通过了《工人灾害赔偿法》,规定由政府主管部门组织工伤保险,统一筹集资金,通过行业雇主协会进行工伤赔偿。该法同时以法律的形式确立了无过失补偿原则。这是世界上最早建立的工伤社会保险制度。此后,工伤社会保险在世界上被越来越多的国家所采用。

从世界各国工伤保险的实践来看,工伤保险呈现出以下三个方面的发展趋势:

(1) 工伤保险的覆盖范围日趋扩大。工伤保险最初只覆盖从事危险工作的体力劳动者,而将脑力劳动者排除在外;也有些国家将农业工人、家庭保姆、家庭教师排除在外;有些国家还将小企业排除在外。随着工伤保险制度的不断发展,工伤保险的覆盖范围不但从体力劳动者扩展到脑力劳动者,而且从正规就业部门扩大到非正规就业部门,许多国家还将农业工人、家庭保姆、家庭教师等纳入了工伤保险的范围。可见,工伤保险的覆盖范围在不断扩大,最终会覆盖所有从事经济活动的劳动者。

(2) 工伤社会保险成为工伤保障的主流方式。据国际劳工专家统计,目前世界上实行工伤保障的国家或地区中有2/3选择的是工伤社会保险模式,不足1/3的国家或地区实行雇主责任制保险模式,极少数国家或地区实行兼有两种模式的混合模式。如中国内地选择工伤保险模式,香港地区则选择雇主责任保险模式。

(3) 工伤预防和康复越来越受到重视。工伤保险制度的最高理想是不发生工伤事故或尽可能少地发生工伤事故,从而不能只有单纯的工伤事故事后赔偿,而应当同时加强平时的安全生产管理与工伤预防,并增进事后的康复工作。只有做到事前预防、事故赔偿和事后康复相结合,才能真正全面保障劳动者的权益。一些国家的实践表明,工伤保险向预防工伤事故领域发展,可以减少事故发生率和降低基金支付率;向受害者提供医疗康复和职业康复,是对受害者的损失更积极、更深层的补偿,于个人、家庭、企业和社会都有利。

由于经济状况、政治制度、社会结构、风俗习惯和文化观念等的不同,各国工伤保险制度在大原则一致的情况下,结合本国国情,亦各具特色。

三、工伤保险的特点与原则

在各国的工伤保险实践中,可以发现,它除具有社会保险的一般特点以外,还具有自身的一些特点,这就是实施范围最广,保障性最强,待遇相对优厚,给付条件最宽。在世界上,凡是实行社会保险的国家,几乎都建立了工伤保险制度;在保障方面,工伤保险除了要对因工受伤的劳动者提供及时的医疗救治、医疗护理外,还要根据其伤残程度提供经济补偿,职业康复等,对因工死亡的劳动者遗属提供基本的生活保障,这样的待遇比养老、失业、疾病保险的待遇都要高。因为养老保险只能保障劳动者退休后的基本生活需要;失业保险虽然也保障劳动者失业期间的基本生活,但带有救济的性质;医疗保险只能提供基本的医疗需求。而工伤保险不但要保障劳动者的基本生活,还要根据其伤残程度提供经济补偿,其医疗待遇也比非因工负伤、患病的医疗待遇要高。此外,劳动者参加工伤保险不需要缴纳任何保险费,而且享受工伤待遇不受年龄、工龄、缴费年限、性别等条件的限制,凡是因工伤残或死亡的,都能享受到相应的待遇。工伤保险的上述特点,是其区别其他社会保险制度的重要标志。

综合考察世界上大多数国家的工伤保险制度,普遍遵循的工伤保险原则主要有如下几个:

(1)无过失补偿原则。无过失补偿原则亦称严格责任或绝对责任原则,它是指劳动者在工作过程中遭遇工伤事故或职业病,无论企业或雇主是否有过错,只要不是劳动者本人故意所为,均按照法律规定的标准支付劳动者相应的工伤保险待遇。无过失补偿原则是工伤保险应遵循的首要原则。无过失补偿原则的确立,有利于劳动者在工伤发生后能够得到及时的治疗和经济补偿。当然,实施无过失补偿原则,并不意味不追究事故责任;相反,对于事故的发生必须认真调查,分析事故原因,查明事故责任,以便吸取教训,降低事故发生率。

(2)个人不缴费原则。工伤事故属于职业性伤害,是在生产劳动过程中,劳动者为企业或雇主创造物质财富而付出的健康乃至生命的代价,因此,工伤保险待遇带有明显的"劳动力修复与再生产投入"性质,属于企业生产成本的特殊组成部分。工伤事故的这种特殊性和无过失补偿原则,决定了工伤保险的保险费只能由企业或雇主单方承担,这是工伤保险与其他社会保险项目的根本区别。

(3) 补偿直接经济损失的原则。劳动者发生工伤后,应给予经济补偿。但这种补偿只是对劳动者直接经济损失的补偿,而不包括间接的经济损失。所谓直接经济损失,是指劳动者工资收入方面的损失。这种损失会直接影响到劳动者本人及其家庭的基本生活保障,也会影响到劳动力的再生产,因此,必须给予及时的、较为优厚的补偿。而间接经济损失是指劳动者直接经济损失以外的其他经济损失,包括兼职收入、业余劳动收入等。这部分收入并非人人都有,是不固定的收入,很难准确核定,不具有普遍性,因此,这一部分收入一般不列入经济补偿的范畴。

(4) 因工伤残与非因工伤残区别对待原则。由于职业伤害与工作或职业有着直接的关系,因此,工伤保险待遇水平要明显高于因病或非因工伤亡的医疗待遇,而且享受条件也不受到年龄、性别、缴费期限等条件的限制。对因工和非因工的区分是建立工伤保险的前提和出发点。

(5) 补偿与预防、康复相结合的原则。工伤保险首要的任务是工伤补偿,因为劳动力是有价值的,劳动者因工伤残,甚至死亡时,会给劳动者及其家庭带来经济上的损失,理应得到赔偿。但这并不是工伤保险唯一的任务,工伤补偿、工伤预防与工伤康复三者是密切关联的。加强安全生产、减少事故发生和发生事故时及时进行抢救治疗,采取有力措施帮助劳动者尽快恢复健康并重新走上工作岗位,比工伤补偿更有意义。把工伤补偿与工伤预防、职业康复有机结合起来,这是目前许多国家工伤社会保险制度所具有的一项重要内容。

四、工伤保险的作用

综观各国的工伤保险,其在实践中的作用主要有:

第一,工伤保险是维护劳动者最基本权益的重要手段。生命与健康权是劳动者最基本的权益,而工伤事故或职业病作为从事职业工作时难以完全避免的劳动风险,威胁的正是广大劳动者的健康和生命,进而影响到他们的工作和生活乃至到社会稳定。尽管国家和用人单位采取各种措施和手段,预防工伤事故和职业病的发生,但工伤事故与职业病的发生却难以完全避免。因此,工伤保险对于在社会化大机器生产条件下的劳动者而言,是维护劳动者最基本的权益的必要手段。建立工伤保险制度,有利于保障劳动者在发生工伤后能够得到及时救治、医疗康复和必要的经济补偿,保障其合法的权益。

第二,工伤保险是分散行业或企业的职业伤害风险,减轻行业或企业负担的重要措施。不同的行业或企业,工伤事故和职业病发生的概率也不同。一些从事危险行业生产的企业,其工伤事故和职业病较多。如果完全依靠企业自己解决,负担很重。实行工伤社会保险后,可以通过建立工伤保险基金,分散不同行业或企业的职业伤害风险,工伤保险的互济功能避免企业一旦发生重大工伤事故而陷入困境,甚至导致破产,从而有利于企业的正常经营和生产活动。

第三,工伤保险是建立工伤事故和职业危害防范机制的重要条件。工伤保险可以通过强化用人单位工伤保险缴费责任,实行行业差别费率和单位费率浮动机制,建立工伤保险费用与工伤发生率挂钩的预防机制,能促进企业改善劳动条件,注重安全生产,有效地防止工伤事故和职业病的发生。

第二节　工伤保险的基本内容

综观各国的工伤保险制度,其主要内容一般包括:工伤范围、工伤鉴定、工伤保险待遇、工伤保险基金、工伤预防、职业康复等。

一、工伤范围

工伤范围包括工伤事故和职业病。在工伤保险建立初期,工伤的范围只包括工伤事故,后来才把由于工作原因造成的职业病也包括进来。

(1)工伤事故的范围。工伤事故的范围最初只限于因工作原因直接造成的伤害。随着职业伤害的增多,工伤事故的范围也在不断扩大。除了因工作原因直接造成的伤害算作工伤外,某些因工作原因间接造成的伤害,如上下班途中发生的事故等,也列入了工伤的范围。例如,国际劳工组织1964年第121号建议书《工伤事故津贴建议书》第五条规定:"每一会员国均应在规定的条件下将下列事故视为工伤事故:(A)不管什么原因,凡工作时间内在工作地点或工作地点附近,或在工人因工作需要而去的其他任何地方发生的事故;(B)上班前和下班后的一段合理时间内,当事人在搬运、清洗、准备、整理、维修、堆放或收拾其工具和工作服时发生的事故;(C)工人往返于工作地点和下列地方的直接途中发生的事故:(a)主要住宅或别墅;(b)通常用餐的地方;(c)通常领取工资的地方。"此外,许多国家还把参与红十字会活动或营救、消防、治安、民防等公益活动中所发生的事故也列为工伤。中国对工伤事故范围的界定,基本上涉及了上述几个方面的内容,但也不完全一致。

(2)职业病的范围。职业病是指劳动者在劳动过程中接触职业性有害因素所导致的疾病。它同劳动者所从事的特定职业密切联系,与劳动卫生相对应,属于职业性有害因素对劳动者健康的慢性伤害。因此,世界上实行工伤保险的国家通常把职业病列入工伤的范围,对因工作原因接触职业性有害因素所导致的职业病患者,提供医疗救治、经济补偿、职业康复等物质帮助,以帮助他们尽快恢复健康。1925年,国际劳工组织将铅中毒、汞中毒和炭疽病感染列为职业病。1980年国际劳工组织将职业病的范围扩大到29种。中国目前的职业病分为9类99种。随着经济的发展、科技的进步和劳动卫生工作的加强,职业病的范围也将扩展。

在国际上,对职业病的划分通常有三种形式:

第一种形式是列表办法,分为开放式列表办法和封闭式列表办法。所谓开放式列表办法是指一些国家的职业病管理机构可以随时把那些以前虽然没有被列入,但完全可以证明是职业环境所导致的疾病列入职业病范围。所谓封闭式列表办法是指只承认过去已经列入职业病范围的疾病,对于新增的职业病的审核程序极为严格。这种列表式办法为大多数国家所采用,中国对职业病的界定亦采取这种形式。

第二种形式是,一些国家只在法律中原则规定了的那些有可能导致职业病的疾病,但不列举具体的职业病名单。

第三种形式是,综合了上述两种形式的优点,把凡是因职业原因引起的疾病都确认为职业病。例如,瑞典等一些欧洲国家目前已经取消了职业病列表的办法[①]。

二、工伤鉴定

工伤鉴定是一项技术性很强的工作,也是工伤保险的一个重要环节,因为劳动者遭遇工伤事故或职业病后,需要有相应的技术鉴定,以确定是否属于工伤事件,导致伤害的严重程度,这是决定劳动者遭受伤害后能否享受工伤待遇以及享受哪一等级待遇的直接依据,因此,工伤鉴定是落实工伤保险待遇的基础和前提条件。

所谓工伤鉴定,是指劳动者因工伤事故或职业病致残后,由国家法律规定的工伤鉴定机构对其丧失劳动能力的程度进行鉴定以确定伤残等级的法定检验与评价。

在国际上,对工伤的鉴定通常有两种办法:

(1)劳动能力鉴定。这种鉴定办法是按照同年龄、同性别的健康人群的平均劳动能力作为对照标准,评价劳动者伤残后所具有的劳动能力大小。它的优点是比较客观,可比性强;缺点是评价指标多,操作复杂。国际劳工组织一般把因工伤造成的劳动能力丧失分为如下四类:一是永久完全丧失劳动能力;二是永久部分丧失劳动能力;三是暂时完全丧失劳动能力;四是暂时部分丧失劳动能力。中国一般把因工伤造成的劳动能力丧失分为如下三类:一是完全丧失劳动能力;二是大部分丧失劳动能

---

① 参见穆怀中主编:《社会保障国际比较》,第258页,中国劳动社会保障出版社,2002。

力;三是部分丧失劳动能力。

在进行丧失劳动能力鉴定时,大多数国家对因工造成的劳动能力丧失均从以下两个方面进行鉴定:一是人身能力丧失。它是指因工伤而使个人人身的适应性受到损害。人身适应性损害是参照同年龄、同性别的正常健康人群的状况来进行鉴定的。在对人身能力进行鉴定时,一般只考虑其损害的程度,而不考虑其受到损害后所带来的可能的经济或职业后果。二是工作能力丧失。它是指因工伤而使个人继续从事工作的能力所受到的损害。丧失工作能力的鉴定不是以具体的职业为依据进行衡量,而是以个人继续从事原工作或获取新的工作并赚取收入的机会为依据进行衡量,这种机会是在考虑了个人受到伤害的严重性、伤害的特征、受伤前工作的情况、年龄以及康复前景等因素后仍然可以被个人所获取的。

(2)致残程度鉴定。这种鉴定办法是按照器官损伤、功能障碍、医疗依赖三个方面将工伤、职业病伤残程度分解为相应等级。它并不直接评价劳动者劳动能力的丧失程度,而是通过致残程度的相对严重性,来间接反映劳动能力的损害程度。它的优点是不直接测试劳动者伤残后的劳动能力,操作较为简单;缺点是不能准确反映劳动者劳动能力的损失程度。

中国目前对工伤的鉴定采取的是劳动能力鉴定的方法,从劳动功能障碍程度和生活自理障碍程度两个方面,对劳动者因工致残后的劳动能力进行等级鉴定。其中,劳动功能障碍分为10个伤残等级,最重的为一级,最轻的为十级;生活自理障碍分为3个等级,即生活完全不能自理、生活大部分不能自理和生活部分不能自理。

三、工伤保险待遇

与其他社会保障项目相比,工伤保险待遇无论在给付项目、给付标准还是给付期限上,更为优厚。尽管各国的工伤保险待遇不尽相同,但归纳起来,大体上包括如下三种:

(1)医疗待遇。医疗待遇是指劳动者因工伤所发生的合理的医疗费用,主要包括挂号费、住院费、医疗费、药费、就医路费等,一般由国家或雇主负责支付,而不由劳动者本人负担。多数国家对于工伤保险的医疗待遇远远优于普通医疗保险待遇,包括康复及交通费用。例如,美国的工伤医疗待遇规定,工伤人员可以报销医疗费、住院费,获得医疗期间的收入补偿以及医疗交通补贴。也有些国家是等同于医疗保险或由医疗保险费用支付。例如,德国的工伤医疗待遇规定,劳动者因工伤而发生的全部医疗保健、职业性康复和医疗器械的费用一般由疾病基金资助;严重伤害由事故基金资助。实行工伤雇主责任保险的国家,医疗待遇由雇主支付。

（2）伤残待遇。伤残待遇是指劳动者因工伤丧失劳动能力时，由工伤保险经办机构所给予的现金津贴。伤残待遇一般包括暂时伤残待遇、永久伤残待遇两种类型。

① 暂时伤残待遇。暂时伤残待遇，又称工伤津贴，是对因工伤暂时丧失劳动能力的劳动者失去工资收入所给予的一种经济补偿。所谓暂时丧失劳动能力是指劳动者因工伤处于医疗救治期间，尚未进行丧失劳动能力的鉴定，在此期间被视为暂时丧失劳动能力。劳动者医疗救治结束后，经过工伤鉴定，丧失劳动能力的，被视为永久部分丧失劳动能力或永久完全丧失劳动能力。目前世界各国几乎都是按发生工伤事故前若干时间内本人平均工资的一定比例发放工伤津贴。一般来说，大多数国家的比例为本人平均工资的 60%、66% 和 75%。但不少国家规定有 3—15 天的等待期，在此期间由雇主付给全额工薪。暂时伤残待遇是一种短期待遇，支付期限一般为 26 至 52 周。

② 永久伤残待遇。大多数国家对于永久伤残待遇都是定期支付的，故亦称年金。对于永久伤残待遇，各国规定不一。但各国基本上将永久伤残分为完全永久伤残和部分永久伤残两类。两者通常根据本国规定的评残标准划分的，按等级不同而归为不同类别，享受不同的伤残待遇。

第一，完全永久伤残待遇。这是对经工伤鉴定为完全永久丧失劳动能力的劳动者支付的待遇，为伤残抚恤金或伤残年金，属工伤长期待遇，实行工伤社会保险制度的国家才予发给。完全永久伤残待遇一般规定了最高限额和最低限额，多数国家支付的标准为本人工资的 66%—75%，需要护理的一般都规定加发护理费。实行雇主责任制的国家，一般是给予一次性抚恤待遇，一般最高为 4 年工资。

第二，部分永久伤残待遇。这是对经过工伤鉴定为部分永久丧失劳动能力的劳动者支付的待遇。一般以永久全残支付的待遇为 100%，部分残的按比例递减。支付方式视伤残程度而定，对伤残程度达到一定界限以上的人定期支付，对轻度伤残者一般发给一次性抚恤金。大多数国家以丧失 20% 劳动能力为界限，20% 以下的一次性支付。

（3）死亡待遇。死亡待遇是指劳动者因工伤死亡后，支付给劳动者遗属的经济补偿，一般包括以下两种类型：

① 丧葬补助。所有国家对于丧葬补助都是一次性支付的，但支付的标准不仅相同。有的国家按一定的金额支付。例如，美国的一次性丧葬补助为 700—6 000 美元，加拿大的一次性丧葬补助为 900—6 000 加元。也有的国家按 1—3 个月工资标准支付。例如，德国按 1 个月的工资支付丧葬补助，埃及按 2 个月的工资支付丧葬费。还有的国家按最低工资的几倍支付。例如，智利按最低工资的 3 倍支付丧葬补助，白俄罗斯按最低工资的 5 倍支付丧葬补助。

② 遗属抚恤金。也称遗属津贴。实行工伤社会保险制度的国家遗属抚恤金包

括定期抚恤金和一次性抚恤金两部分。遗属抚恤金除了支付给死者配偶和未成年子女外，还可以向死者的父母支付，有的国家还可以支付给死者未成年的弟妹。在许多国家，因工伤死亡的遗属抚恤金要比非因工死亡的遗属抚恤金待遇高。定期抚恤金按照死者生前供养人口、年工资收入等情况给付，标准一般为死者生前工资收入的一定比例。国际劳工组织《工伤补偿公约》规定，一个标准家庭（夫妻加两个子女）遗属抚恤金最低标准为60%。实行雇主责任制的国家均支付一次性待遇，一般不少于死者生前3年工资的收入。

四、工伤保险基金

工伤保险基金是为支付工伤保障待遇，开展工伤预防和职业康复等费用而专门设立的一项社会保险基金，它是工伤保险制度顺利实施的物质保证。建立工伤保险基金，能够使劳动者因工作原因遭受意外伤害和职业病时，得到及时的医疗救助和基本的生活保障。

（1）工伤保险基金的筹集原则。实行工伤社会保险的国家，在筹集工伤保险基金时，主要遵循的原则主要有以下两个：一是企业或雇主缴费原则。即劳动者个人不需要缴纳任何工伤保险费用，而是完全由企业或雇主承担缴费的责任，这是因为工伤是工作过程中或与工作有关的原因而造成的，理应由企业或雇主承担全部保险费用。二是按风险程度征收、调整保险费原则。这是基于不同的企业、行业，作业环节和操作过程具有不同的危险程度，其发生工伤事故或职业病的概率也不完全一样，有些企业、行业工伤事故频繁、职业病严重，而有些企业、行业职业伤害风险小，因此，各个国家在征收工伤保险费时，一般根据各个行业发生工伤事故和职业病的概率分别算定危险率，按照危险率不同，划分若干危险等级，对不同危险等级的行业实行不同的缴费标准。同时，定期按各个行业、企业实际发生工伤事故和职业病的情况，重新算定危险率和确定危险等级，据此调整缴费标准。

（2）工伤保险基金的筹集方式。工伤保险基金的筹集方式主要有以下三种：一是当年平衡式，即当年筹集的费用与支付的费用平衡；二是阶段平衡式，即在满足支付即期费用的基础上，在企业可以承受的范围内，每年多筹集一部分资金作为储备；三是总体平衡式，即征集的费用与受保人在享受待遇期间所需要的费用平衡。从国外实行的情况看，工业化国家大多采用当年平衡式，因为这些国家的社会保险体制比较成熟、稳定，适用范围基本包括了所有劳动者，工伤风险总体上容易预测和掌握。发展中国家大多采用阶段平衡式，因为发展中国家一般处于工业化过程中，工伤保险的范围在逐步扩大，工伤发生率一般呈上升趋势，而且不容易预测和控制。同当年平衡式相比，阶段平衡式有一定的资金储备，能够应付一定的风险，而且费率不算太高，费率不需要经常调整,比当年平衡式稳定。很少有国家采用总体平衡式,因为这种方式的费率太高,而且基金的贬值风险较大。

(3) 工伤社会保险费率的确定。绝大多数国家的工伤保险费都是以企业上一年职工工资总额为基数,按照一定的比例缴纳。在缴费费率的确定上,主要有以下三种方式:

① 差别费率。差别费率是对某一行业或单个企业单独确定工伤保险的缴费比例。差别费率的确定,主要是根据对各行业或企业在单位时间上的工伤事故和职业病统计,以及工伤费用的需求预测而定。此种方式的目的是要在工伤保险基金的分担上,体现对不同工伤事故和职业病发生率的行业或企业实行差别性的负担。世界上大多数国家实行的是差别费率,中国采取的也是这种费率。

② 浮动费率。浮动费率是在差别费率的基础上,每年对各行业或企业的安全卫生状况和工伤保险费用支出状况进行分析评价,根据评价结果,由工伤保险管理机构决定该行业或企业的工伤保险费率上浮或下浮。一般做法是在差别费率实施3—5年后,在通过合理评价,确定调控指标的基础上,开始实行费率浮动。浮动幅度为原费率的5%—40%。

③ 统一费率。统一费率是按照法定统筹范围内的预测开支需求,与相同范围内企业的工资总额相比较,求出一个总的工伤保险费率,所有企业都按统一的比例缴费。这种方式是在最大可能的范围内分散工伤风险,不考虑行业间和企业间实际工伤风险的差别。在世界上实行工伤保险的国家,约有三分之一的国家采取这种费率确定方式。

五、工伤预防与职业康复

工伤事故和职业病不仅会给劳动者及其家庭造成经济上的损失和精神上的痛苦,而且会影响企业的正常生产,因此,现代工伤保险在给予劳动者工伤补偿的同时,通常还把工伤预防与职业康复紧密结合起来,以便更好地发挥其在维护社会稳定、保护和促进生产力发展方面的作用。一些国家的实践证明,工伤保险向工伤预防领域发展,可以减少工伤事故和职业病的发生率,降低工伤保险基金的支出;而为工伤劳动者提供职业康复,亦可以尽快恢复或提高工伤劳动者丧失或削弱的功能,使其能够重新适应社会生活。

(一) 工伤预防

工伤预防,是指事先防范工伤事故和职业病的发生,减少工伤事故和职业病的隐患,改善和创造有利于劳动者健康的、安全的生产环境和工作条件,保护劳动者在生产和工作环境中的健康与安全。

工伤保险的目的,不仅在于为工伤劳动者提供补偿与保障,更在于积极预防工伤,减少职业伤害。预防工伤事故与职业病的发生,改善劳动条件,保护劳动者在生产、工作环境中的安全与健康是有关部门和企业不可推卸的职责。工伤预防工作注重在生产工作全过程中对工伤事故、职业病的防范和降低其发生率,注重对已经发生的工伤事故、职业病加以总结和科学研究、分析。

在工伤保险实施的初期,工伤待遇仅仅作为一种补偿手段,对劳动者发生工伤后的生活给予保障。随着时间的推移,人们逐渐认识到,工伤保险制度应当对工伤事故和职业病的发生进行干预,促使企业或雇主加强劳动保护,改善劳动卫生条件。工伤预防的具体措施主要包括以下几个方面:一是通过缴费手段和费率机制将企业是否重视安全与本企业经济利益相联系;二是通过工伤保险基金中的一小部分,开展预防的研究工作;三是通过各种手段,对工伤预防进行宣传教育和培训工作。

工伤预防与工伤保险之间存在着既相区别又相联系的关系。两者的区别表现在:工伤预防侧重于对安全生产过程中工伤事故和职业病的"事先防范",而工伤保险则侧重于对工伤事故和职业病的"事后处理"。两者的联系表现在:两者是同一事物的两个方面,工伤预防工作搞得好,措施得力,可以减少或避免工伤事故和职业病的发生率,从而减少工伤保险待遇的支付和与之相关的大量善后工作。

(二) 职业康复

职业康复是指综合使用药物、器具、疗养、护理、就业咨询、职业能力测定、就业前的职业教育与训练、就业安置等多种手段,帮助因工伤残者基本恢复正常人所具备的工作、生活能力和心理状态的一项工作。

工伤保险制度建立之初的主要目的是为因工伤残的劳动者和因工死亡劳动者的遗属提供经济补偿,维护社会稳定。第二次世界大战后,西方一些发达资本主义国家加强了对社会生活和经济生活的干预和控制,残疾人的职业康复开始逐渐受到人们的重视。1952年国际劳工大会通过的《社会保障(最低标准)公约》规定,负责医疗照顾的当局应该与职业康复部门共同合作,使残疾人重新获得适当的工作;1955年通过的《残疾人职业康复建议书》明确要求为残疾人提供适当的就业设施,其中应包括免费职业介绍;1964年通过的《工伤事故和职业病津贴公约》提出,政府应当重视职业康复工作,提供充足的财政援助,以满足残疾人对职业康复的需要。从此,职业康复为世界大多数国家所接受。

职业康复作为现代工伤保险制度的重要目标之一,其目的是使因工伤残的劳动者尽可能地恢复重新就业的能力,这不仅有利于增强他们的生活适应能力,而且有利于扩大他们的就业机会。

世界上大多数国家现行的工伤保险制度都是工伤预防、工伤补偿和职业康复三位一体的结合,它揭示的是工伤保险制度不可逆转的发展方向。不过,在发展中国家,由于工伤保险制度刚刚确立,大多需要先真正解决好工伤补偿的问题,于后才能逐步向预防、工伤补偿和职业康复三位一体的制度安排迈进。

第三节 工伤保险的主要模式

在世界范围内,建立了工伤保险制度的国家大体上可以分为三种模式,即:雇主责任制保险模式、工伤社会保险模式以及混合型保险模式。其中,绝大多数国家或地区实行工伤社会保险制度,部分国家或地区实行雇主责任保险制度,极少数国家是兼具两者的混合型保险制度。

一、雇主责任制保险模式

最初,工人因工负伤是由自己负责,工伤后的生活困难,求助于慈善机构救济。社会化大生产后,工伤事故日益增多,慈善机构已难以解决这个问题,工伤便成为工业化国家日益严重的社会问题。为解决这一社会问题,一些国家的民法规定,工人在工作中受到伤害时可以向法院申诉,要求雇主赔偿损失。1884年,英国颁布的《雇主责任法》明确规定,凡劳动者能够证明工伤是由雇主或第三者造成的,雇主或第三者必须承担赔偿责任。此后,也有一些国家在《工厂法》的有关条文中规定了雇主赔偿责任。在这种背景下,雇主为了转嫁这种职业伤害风险带来的索赔,即向保险公司投保雇主责任保险。此后,一些实施雇主责任保险的国家更是通过相应的立法,明确强制雇主有义务参加雇主责任保险。

雇主责任保险,是指以雇主为投保者,通过与保险公司签订雇主责任保险合同,当劳动者遭受工伤事故或职业病后,由保险公司负责向劳动者或其遗属赔偿的一种保险。在这种模式下,国家立法对企业或雇主的赔偿责任和最低赔偿标准作出明确规定,并要求某些工伤风险较大、事故发生频率较高的行业必须向商业保险公司投保工伤保险。属于这种类型的国家或地区有马来西亚、乌拉圭、哥斯达黎加等国家以及中国香港地区等。在这种模式基础上,还有一种在征收保证基金模式,它是国家立法规定企业或雇主除投保商业保险外,还必须和承担工伤风险的商业保险公司向政府主管部门缴纳一定的保险费,作为"工伤保险准备金",以便在企业或保险公司破产时,仍能向需要工伤赔偿的劳动者及其家属支付赔偿金等工伤保险待遇,这实际上是强化了雇主的工伤赔偿责任,有利于保障劳动者的工伤保险权益,属于这种类型的国家有澳大利亚、新加坡、芬兰等。

需要指出的是,雇主责任制保险模式存在着自身难以完全克服的弊端。它主要表现在:一是劳动者获得赔偿较难,因为劳动者获得赔偿通常要诉诸法律,耗时长,难以及时得到赔偿,某些职业病有几年甚至十几年的潜伏期,工人转换几个企业工作后患病,很难追究是哪个雇主的责任,其结果是得不到应有的赔偿;二是企业抗风险的能力较弱,因为保险公司常常对工伤事故和职业病多的企业拒绝承保,或者在保险合同中依然有限制性规定,以致这类企业的劳动者并不能得到完全可靠的工伤保障;三是工伤待遇较低,且多为一次性支付,使劳动者伤残后的长期生活得不到保证,更不能解决职业康复等待遇;四是商业保险具有局限性,因为商业保险公司以盈利为目的,必然要考虑自身利益,不仅会对职业伤害风险进行一些限制,而且在支付赔偿金时亦会设法压低赔偿标准。

此外,还有性质类似但不是通过商业保险公司的雇主自保模式。在这种模式下,国家立法通常只对企业或雇主的赔偿责任、赔偿办法作出简单、原则的规定,而对具体的赔偿标准不作统一的规定,劳动者发生工伤后,由企业或雇主在有关立法原则指导下,根据自身的经济赔付能力,自行确定待遇给付标准。如果劳动者和企业或雇主之间因为工伤赔偿等发生争议,由法院做出最后裁决;属于这种类型的国家有阿根廷、巴基斯坦、斯里兰卡等。

二、工伤社会保险模式

由于雇主责任制保险对工人的保障性不强,加上工伤事故和职业病带来的社会问题日益严重。自1884年德国颁布了《工人灾害赔偿法》确立工伤社会保险模式以来,绝大多数国家或地区均采取工伤社会保险模式。1968年,国际劳工组织在东京召开了第六届亚洲地区会议,在一项亚洲社会保障发展的决议中强调:对受职业伤害的工人应由社会保险代替雇主个人责任制,普及缴纳社会保险基金,以确保工人权益。

所谓工伤社会保险模式,是指由国家通过立法强制实施,由政府成立的专门机构或社会公共机构统一管理,对工伤保险基金实行社会统筹,共同承担工伤风险,为工伤者提供法定的全面的保障,它是社会保险制度的重要组成部分。

与雇主责任制保险模式相比,工伤社会保险不仅依法强制实施,凡法律规定范围的企业及其他组织必须参加工伤社会,工伤社会保险基金实行社会统筹,企业或雇主必须依法向社会保险机构或行业雇主协会缴纳工伤保险费,工伤社会保险机构对基金实行社会统筹,最大限度地分散企业或雇主的工伤风险。同时,奉行无过失补偿原则,参加工伤社会保障的劳动者在享受工伤待遇不需要承担雇主有过错的举证责任,从而最大限度地保障了劳动者可以及时地获得医疗救治和工伤赔偿。

在各国的工伤社会保险实践中,又有不同的管理模式①:

(1) 工伤保险独立于其他社会保险制度之外,在管理和基金方面拥有自主权。属于这种类型的国家有德国、日本、加拿大、意大利等。但这些国家在管理上也有所不同。例如,德国是由工伤保险同业公会等来管理实施;日本虽然在中央政府的社会保险事务均由劳动厚生省管理,但在地方,工伤社会保险却由劳动部门负责管理,养老保险等却由厚生机构负责管理;加拿大是由各省制定劳工赔偿法,省级劳工实行监督管理,另有劳工赔偿局经办业务;意大利是由工伤保险总局实施工伤保险。

(2) 工伤保险虽独立于其他社会保险制度之外,但受同一机构的行政管理。属于这种类型的国家有法国、菲律宾、奥地利等。

(3) 工伤保险包括在整个社会保险制度之中。这种类型的有中国、英国、阿尔巴尼亚、哥伦比亚、巴拿马等。如在中国,社会保险制度包括基本养老保险、基本医疗保险、失业保险、工伤保险和生育保险五个项目,工伤保险是社会保险的一个重要组成部分。

三、混合保险型模式

混合保险型模式,是指同时兼有雇主责任制保险和工伤社会保险的模式。目前世界上实行这种模式的国家很少,只有美国、印度等极少数国家实行的是这种模式。

第四节 中国的工伤保险

中国的工伤保险制度建立于20世纪50年代初,原属于劳动保险制度的一项内容,并与劳保医疗、生育待遇混合在一起,由单位负责组织实施,是典型的单位保障模式。改革开放后,中国对这一制度进行了改革探索。2003年4月27日,国务院颁布《工伤保险条例》,标志着与市场经济相适应的新型工伤保险制度基本确立。

一、中国工伤保险制度的建立

1951年2月26日,中央人民政府(政务院)公布了《中华人民共和国劳动保险条例》,这是中国第一部包括工伤保险在内的全国性的社会保险统一法规,是社会保

---

① 参见孙树菡主编:《工伤保险》,第16—17页,中国人民大学出版社,2000。

制度开始在中国实施的起点,也标志着工伤保险制度的初步建立。1953年1月2日,政务院发布了《关于中华人民共和国劳动保险条例若干修正的决定》,同时公布了修正后的《中华人民共和国劳动保险条例》。1953年1月26日,劳动部公布了试行的《中华人民共和国劳动保险条例实施细则修正草案》。《条例》和《修正草案》对工伤保险的基本原则、实施范围、工伤范围以及工伤待遇等作了明确规定,确立了计划经济体制下工伤保险制度的主要内容。如1953年公布试行的《中华人民共和国劳动保险条例实施细则修正草案》规定,工人与职员在下列情况下负伤、残疾或者死亡,经有关部门认定为工伤的,应享受因工负伤、残疾或者死亡的相关待遇:第一,由于执行日常工作以及企业行政方面或资方临时指定或同意的工作;第二,在紧急情况下未经企业行政方面或资方指定而从事对企业有利的工作;第三,由于从事发明或技术改进的工作。同时,对工人与职员因工负伤的工伤保险待遇作出了明确规定,包括医疗待遇、工伤期间的工资待遇、伤残补助、死亡抚恤及遗属待遇等。不过,这一时期的工伤保障主要是针对显性工伤事故的保障。

1957年2月28日,卫生部制定并颁布了《职业病范围和职业病患者处理办法的规定》,首次将严重危害工人、职员身体健康,职业性比较明显的职业中毒、尘肺、职业性皮肤病等14种职业病正式列入了工伤保险的保障范畴。

1958年2月9日,国务院颁布了《关于工人、职员退休处理的暂行规定》,对工伤保险待遇作了调整,实际上是提高了工伤保险的待遇。如工人、职员因工残废,经劳动鉴定委员会确定或医生证明完全丧失劳动能力的,办理退休,退休后的待遇,在实行《劳动保险条例》的企业单位按照《劳动保险条例》的有关规定办理;在没有实行《劳动保险条例》的企业单位,饮食起居需人扶助的,按月发给其本人工资75%的退休费,饮食起居不需人扶助的,按月发给其本人工资60%的退休费,直至本人去世时为止。

1964年4月,当时的社会保险管理机关——全国总工会发布了《工伤事故问题解答》,将工伤的范围由原来《中华人民共和国劳动保险条例实施细则修正草案》规定的三项扩大到七项,其中新增加的四项分别为:在企业的工作区域内工作时,遭受非本人所能抗拒的意外灾害而造成的负伤、残废;在生产或工作中因所从事的工作性质而造成的职业性疾病;集体乘坐本单位的车辆外出参加会议、听取报告或参加企业行政方面指派的各种劳动时,因车辆发生非本人所应负责的意外事故而造成的负伤、残废;企业以临时工棚作为职工集体宿舍,因工棚质量很坏,没有及时修理而倒塌造成的负伤、残废。此外,《工伤事故问题解答》还明确了10种比照工伤的范围。例如,因工出差或者调动工作往返途中遭遇非本人所应负责的意外事故而造成负伤、残废者;因紧急任务加班加点,在工作地点睡眠,遇到意外事故负伤、致残者;在单位食堂就餐因食物中毒而致残者;参加本企业所组织的(不包括车间一级)体育比赛而负伤、致残者等。

1978年5月24日,国务院颁布了《关于安置老弱病残干部的暂行办法》和《关于工人退休、退职的暂行办法》,再次提高了工伤保险的待遇。具体规定如下:一是因工致残,由医院证明,并经劳动鉴定委员会确认,完全丧失劳动能力的,饮食起居需要人扶助的,退休费按本人标准工资的90%发给,还可以根据实际情况发给一定数额的护理费,护理费标准一般不得超过一个普通工人的工资;饮食起居不需要人扶助的,按本人标准工资的80%发给。二是患二、三期矽肺病离职休养的,如果本人自愿,也可以退休。退休费按本人标准工资的90%发给,并享受原单位矽肺病人在离职休养期间的待遇。

1987年11月5日,卫生部、劳动人事部、财政部和全国总工会又制定并颁布了新的《职业病范围和职业病患者处理办法的规定》,再次将职业病的范围扩大到9类99种。这9类职业病分别是:职业性中毒、肺尘、物理因素职业病、职业性传染病、职业性皮炎、职业性眼炎、职业性耳鼻喉病、职业性肿瘤病以及其他疾病。

综上所述,自20世纪50年代初期确立工伤保险制度后,到20世纪80年代中期,工伤保险制度经过数次调整,不仅保险范围由显性的工伤事故扩展到职业病,而且保险待遇不断提高,真正成为这一时期劳动保险制度中待遇最为优厚的项目。

二、工伤保险制度的改革

尽管20世纪50年代建立的工伤保险制度,对于保障企业职工合法权益、促进企业安全生产、维护社会稳定发挥了积极作用。但由于这一制度是在计划经济体制下建立和发展起来的,也存在着明显的制度缺陷,包括实施范围窄、封闭运行而无法在更大范围内分散风险、制度也不健全,已经不能适应社会主义市场经济发展的需要。尤其是在乡村工业化进程加快、经济结构多元化的条件下,劳动者职业伤害的风险持续加剧,其权益受损害的现象日益严重,因此,自20世纪80年代中期之后,针对传统工伤保险制度存在的弊端,国家开始在部分地区进行工伤保险制度的改革试点。

1988年,劳动部研究、制定了社会保险改革方案,当时形成了工伤保险制度改革的框架。1989年,开始在海南省海口市、辽宁省锦州市、广东省东莞市等部分地区进行工伤保险制度的改革试点,试点的主要内容为:一是扩大工伤保险的覆盖面,其覆盖范围包括全民所有制企业、集体企业、外商投资企业的固定工、合同制职工和临时工;二是适当调整工伤保险的待遇,建立了待遇增长机制;三是实行差别费率,建立工伤保险基金;四是由政府组织工伤保险事业,逐步变"企业保险"为社会保险;五是建立工伤保险与工伤预防相结合的机制。

1996年8月,在总结各地试点经验的基础上,当时的劳动部发布了《企业职工工伤保险试行办法》(以下简称《试行办法》),同年3月,国家技术监督局也颁布了《职工工伤与职业病致残程度鉴定》(国标 GB/T16180—1996),这标志着对沿用了40多年的工伤保险制度进行全面变革。《试行办法》对工伤保险的实施范围、工伤范围及其认定、劳动鉴定和工伤评残、工伤保险待遇、工伤保险基金、工伤预防与职业康复、工伤保险的管理与监督检查、工伤争议等做出了基本规定,它突破了工伤保险仅适用于国有企业和集体企业的局限,把工伤保险覆盖面扩大到各类企业及全体职工,同时要求实行社会统筹,变"企业保险"为社会保险,在全社会范围内分散工伤事故风险,并强调工伤补偿要与工伤预防、工伤康复相结合,对工伤保险缴费实行差别费率和浮动费率等等。《试行办法》实施几年以来,逐步规范了各地的改革办法,统一了企业职工工伤保险待遇标准,在一定程度上解决了伤残待遇和死亡待遇偏低的问题,推进了工伤保险制度的改革[①]。然而,《试行办法》毕竟只属于部门规章,法律效力较低,因而在实际工作中执行难度大,同时,覆盖面仍然过窄,大部分外资、港澳台资以及私营企业不愿意参加工伤保险,农民工更被排斥在这一制度之外,加之工伤保险的统筹层次过低,工伤保险基金不能调剂,抗风险能力较弱,各地区实施工伤保险的差异很大,在这样的局面下,劳动者正常的工伤保障权益难以实现,而大量恶性工伤事故不断发生,迫切需要普遍建立工伤保险制度。

为了更好保障劳动者的工伤保障权益,2003年4月27日,国务院颁布了《工伤保险条例》,并于2004年1月1日起施行,这是中国第一部专门的工伤保险行政法规,它不仅标志着中国新型工伤保险制度基本确立,而且对于解决工伤保险争议、推进工伤保险制度至关重要,因此,中国工伤保险制度建设进入新的发展时期。

三、工伤保险制度的基本内容

根据《工伤保险条例》(以下简称《条例》),以及劳动和社会保障部等部门有关工伤保险及相关政策的规定,中国工伤保险制度的基本内容可以概括为以下几个方面:

(1)工伤保险的目的。《条例》规定,建立工伤保险制度的主要目的:一是为了保障因工作遭受事故伤害或者患职业病的职工获得医疗救治和经济补偿;二是促进工伤预防和职业康复;三是分散用人单位的工伤风险。

(2)工伤保险的原则。根据《条例》及有关规定,工伤保险除了具有社会保险一般原则外,还强调了以下几个原则:第一,与社会主义初级阶段生产力发展水平相适应的原则。第二,倡导社会主义道德风尚的原则,为此,《条例》把在抢险救灾等维护

---

① 程延园:"中国工伤保险制度改革与立法发展",中国劳动网。

国家利益、公共利益活动中受到伤害的,也视同为工伤,以鼓励维护国家利益、公共利益的行为。第三,切实维护和保障职工基本权益的原则,《条例》明确了工伤待遇标准,并明确了用人单位、行政部门、经办机构、医疗机构等各行为主体的责任和多种监督形式,以切实维护和保障职工和供养亲属的权益。第四,权利与义务相对应的原则。《条例》规定用人单位只有按照规定参加了工伤保险,工伤职工的医疗费用和应享受的工伤保险待遇才由工伤保险基金支付,否则,所有费用均由用人单位支出。

(3) 工伤保险的实施范围。《条例》规定以下单位应当参加工伤保险:一是中华人民共和国境内的各类企业。无论何种所有制性质、无论规模大小,凡是已经工商登记注册的企业,都应参加工伤保险。二是有雇工的个体工商户。鉴于各地经济发展不平衡,有雇工的个体工商户参加工伤保险的具体步骤和实施办法,由各省、自治区、直辖市人民政府规定。三是事业单位、社会团体和民办非企业单位等参加工伤保险的办法另行制订。

(4) 工伤保险基金。根据《条例》规定,工伤保险基金由用人单位缴纳的工伤保险费、工伤保险基金的利息和依法纳入工伤保险基金的其他资金构成。用人单位必须按时向社会保险经办机构申报缴费基数,按时缴纳工伤保险费。用人单位缴纳工伤保险费的数额为本单位职工工资总额乘以单位缴费费率之积(其中:用人单位缴费基数低于统筹地区上年度职工平均工资60%的,按60%征缴;高于300%的,按300%征缴),职工个人不缴纳工伤保险费。国家根据不同行业的工伤风险程度确定行业的差别费率,同时建立单位缴费浮动机制,根据用人单位的工伤发生情况和工伤保险费使用情况调整用人单位的缴费费率。工伤保险基金在直辖市和设区的市实行全市统筹,其他地区的统筹层次由省、自治区人民政府确定。跨地区、生产流动性较大的行业,可以采取相对集中的方式异地参加统筹地区的工伤保险。工伤保险基金实行收支两条线管理,工伤保险基金收入存入社会保障基金财政专户,用于《条例》规定的工伤保险待遇、劳动能力鉴定以及法律、法规规定的用于工伤保险的其他费用的支付。《条例》还规定,劳动保障行政部门依法对工伤保险费的征缴和工伤保险基金的支付情况进行监督检查,财政部门和审计机关依法对工伤保险基金的收支、管理情况进行监督,以保证基金安全。此外,针对工伤事故发生具有不确定性的特点,为了应对重大工伤事故的发生,防范基金风险,《条例》还规定建立储备金,用于统筹地区重大事故的工伤保险待遇支付,储备金不足支付的,由统筹地区的人民政府垫付。

(5) 工伤的范围。根据《条例》规定,工伤的范围包括七种应当认定为工伤的情形,三种视同工伤的情形;同时还规定了三种不能认定或者视同工伤的情形,具体如下:

① 应当认定为工伤的情形。《条例》规定,职工有下列情形之一,应当认定为工伤:一是在工作时间和工作场所内,因工作原因受到事故伤害的;二是工作时间前后在工作场所内,从事与工作有关的预备性或者收尾性工作受到事故伤害的;三是在工

作时间和工作场所内,因履行工作职责受到暴力等意外伤害的;四是患职业病的;五是因工外出期间,由于工作原因受到伤害或者发生事故下落不明的;六是在上下班途中,受到机动车事故伤害的;七是法律、行政法规规定应当认定为工伤的其他情形。

② 视同工伤的情形。《条例》规定,职工有下列情形之一的,视同工伤:一是在工作时间和工作岗位,突发疾病死亡或者在48小时之内经抢救无效死亡的;二是在抢险救灾等维护国家利益、公共利益活动中受到伤害的;三是职工原在军队服役,因战、因公负伤致残,已取得革命伤残军人证,到用人单位后旧伤复发的。

③ 不能认定为工伤的情形。《条例》规定,职工有下列情形之一的,不得认定为工伤或者视同工伤:一是因犯罪或者违反治安管理伤亡的;二是醉酒导致伤亡的;三是自残或者自杀的。

(6) 工伤认定的程序。《条例》规定,职工发生工伤事故伤害或者被诊断为职业病后,用人单位应当在30日内向统筹地区劳动保障行政部门提出工伤认定申请;用人单位不按规定提出工伤认定申请的,工伤职工或者其直系亲属、工会组织可以在事故伤害发生或者诊断为职业病后1年内,提出工伤认定申请。工伤认定申请应当提交《工伤认定申请表》、与用人单位存在劳动关系的证明材料、医疗诊断证明或者职业病诊断证明。劳动保障行政部门受理工伤申请后,可以对证据进行调查核实,用人单位和职工等有关部门和个人应予以配合。劳动保障行政部门自受理工伤认定申请之日起60日内做出工伤认定决定,并书面通知申请工伤认定的职工或者其直系亲属和该职工所在单位。职工或者其直系亲属、用人单位对工伤认定决定不服的,可以依法申请行政复议;对复议决定不服的,可以依法提起行政诉讼。

(7) 劳动能力鉴定。职工发生工伤,伤情相对稳定后存在残疾、影响劳动能力的,应当进行劳动能力鉴定。劳动能力鉴定结论是工伤职工享受工伤保险待遇的依据。劳动能力鉴定的程序是:

第一,提交鉴定申请。劳动能力鉴定由用人单位、工伤职工或者其直系亲属向设区的市级劳动能力鉴定委员会提出申请,并提供工伤认定决定和职工工伤医疗的有关资料。

第二,做出鉴定结论。设区的市级劳动能力鉴定委员会收到劳动能力鉴定申请后,应当从其建立的医疗卫生专家库中随机抽取3名或者5名相关专家组成专家组,由专家组提出鉴定意见。设区的市级劳动能力鉴定委员会根据专家组的鉴定意见做出工伤职工劳动能力鉴定结论;必要时,可以委托具备资格的医疗机构协助进行有关的诊断。设区的市级劳动能力鉴定委员会应当自收到劳动能力鉴定申请之日起60日内做出劳动能力鉴定结论,必要时,做出劳动能力鉴定结论的期限可以延长30日。劳动能力鉴定结论应当及时送达申请鉴定的单位和个人。申请鉴定的单位或者个人对设区的市级劳动能力鉴定委员会做出的鉴定结论不服的,可以在收到该鉴定结论之日起15日内向省、自治区、直辖市劳动能力鉴定委员会提出再次鉴定申请。省、自治区、直辖市劳动能力鉴定委员会做出的劳动能力鉴定结论为最终结论。自劳动能力鉴定结论做出之日起1年后，工伤职工或者其直系亲属、所在单位或者经办机构认为伤残情况发生变化的，可以申请劳动能力复查鉴定。劳动能力鉴定委员会由劳动保障行政部门、人事行政部门、卫生行政部门、工会组织、经办机构代表以及用人单位代表组成。劳动能力鉴定委员会分为两级：设区的市一级和省、自治区、直辖市一级。

（8）工伤保险待遇。《条例》对工伤保险待遇作了如下规定：

① 医疗待遇。职工因工作遭受事故伤害或者患职业病进行治疗，享受以下工伤医疗待遇：一是工伤医疗费用，包括治疗工伤所需费用符合工伤保险诊疗项目目录、工伤保险药品目录、工伤保险住院服务标准的，从工伤保险基金支付。二是康复性治疗费用，即工伤职工到签订服务协议的医疗机构进行康复性治疗的费用，符合规定的，从工伤保险基金支付。三是辅助器具安装配置费用，即工伤职工因日常生活或者就业需要，经劳动能力鉴定委员会确认，可以安装假肢、矫形器、假眼、假牙和配置轮椅等辅助器具，所需费用按照国家规定的标准从工伤保险基金支付。四是住院伙食补助费。职工住院治疗工伤的，由所在单位按照本单位因公出差伙食补助标准的70%发给住院伙食补助费。五是转外地治疗的交通、食宿费。经医疗机构出具证明，报经办机构同意，工伤职工到统筹地区以外就医的，所需交通、食宿费用由所在单位按照本单位职工因公出差标准报销。工伤职工治疗非工伤引发的疾病，不享受工伤医疗待遇，按照基本医疗保险办法处理。

② 工资待遇。职工因工作遭受事故伤害或者患职业病需要暂停工作接受工伤医疗的，在停工留薪期内，原工资福利待遇不变，由所在单位按月支付。停工留薪期一般不超过12个月。伤情严重或者情况特殊，经设区的市级劳动能力鉴定委员会确认，可以适当延长，但延长不得超过12个月。工伤职工评定伤残等级后，停发原待遇，按照《条例》的有关规定享受伤残待遇。工伤职工在停工留薪期满后仍需治疗的，继续享受工伤医疗待遇。

③ 伤残待遇。伤残待遇包括以下三个部分：

第一，一次性伤残补助金。职工因工致残被鉴定为一级至十级伤残的，由工伤保险基金支付伤残职工本人6个月至24个月工资的一次性伤残补助。具体标准为：一级伤残为24个月的本人工资，二级伤残为22个月的本人工资，三级伤残为20个月的本人工资，四级伤残为18个月的本人工资，五级伤残为16个月的本人工资，六级伤残为14个月的本人工资，七级伤残为12个月的本人工资，八级伤残为10个月的本人工资，九级伤残为8个月的本人工资，十级伤残为6个月的本人工资。

第二，伤残津贴。职工因工致残被鉴定为一级至四级伤残的，从工伤保险基金按月支付伤残津贴，标准为：一级伤残为本人工资的90%，二级伤残为本人工资的

85%,三级伤残为本人工资的80%,四级伤残为本人工资的75%。伤残津贴实际金额低于当地最低工资标准的,由工伤保险基金补足差额。职工因工致残被鉴定为五级、六级伤残,保留与用人单位的劳动关系,但难以安排工作的,由用人单位按月发给伤残津贴,标准为:五级伤残为本人工资的70%,六级伤残为本人工资的60%。伤残津贴实际金额低于当地最低工资标准的,由用人单位补足差额。

第三,生活护理费。工伤职工已经评定伤残等级并经劳动能力鉴定委员会确认需要生活护理的,从工伤保险基金按月支付生活护理费。生活护理费按照生活完全不能自理、生活大部分不能自理或者生活部分不能自理3个不同等级支付,其标准分别为统筹地区上年度职工月平均工资的50%、40%或者30%。

④ 死亡待遇。职工因工死亡待遇包括丧葬补助金、供养亲属抚恤金和一次性工亡补助金三个部分,由其直系亲属按照下列规定从工伤保险基金领取:

第一,丧葬补助金。标准为:6个月的统筹地区上年度职工月平均工资。

第二,供养亲属抚恤金。按照职工本人工资的一定比例发给由因工死亡职工生前提供主要生活来源、无劳动能力的亲属,标准为:配偶每月40%,其他亲属每人每月30%,孤寡老人或者孤儿每人每月在上述标准的基础上增加10%。核定的各供养亲属的抚恤金之和不应高于因工死亡职工生前的工资。

第三,一次性工亡补助金。标准为:48个月至60个月的统筹地区上年度职工月平均工资。具体标准由统筹地区的人民政府根据当地经济、社会发展状况规定,报省、自治区、直辖市人民政府备案。

伤残职工在停工留薪期内因工伤导致死亡的,其直系亲属享受丧葬补助金待遇。一级至四级伤残职工在停工留薪期满后死亡的,其直系亲属可以享受丧葬补助金、供养亲属抚恤金待遇。

(9) 监督管理。为了保证工伤保险的正常运行,《条例》对工伤保险的监督管理作了以下具体规定:工伤保险经办机构具体承办工伤保险事务,包括:征收工伤保险费;核查用人单位的工资总额和职工人数,办理工伤保险登记,并负责保存用人单位缴费和职工享受工伤保险待遇情况的记录;进行工伤保险的调查、统计;管理工伤保险基金的支出;核定工伤保险待遇;为工伤职工或者其直系亲属免费提供咨询服务。劳动保障行政部门依法对工伤保险费的征缴和工伤保险基金的支付情况进行监督检查,并要定期听取工伤职工、医疗机构、辅助器具配置机构以及社会各界对改进工伤保险工作的意见,对有关工伤保险违法行为的举报及时进行调查,按照规定处理,并为举报人保密。此外,《条例》还规定财政部门和审计机关依法对工伤保险基金的收支、管理情况进行监督,工会组织依法维护工伤职工的合法权益,对用人单位的工伤保险工作实行监督。

(10) 法律责任。《条例》对用人单位不按规定参加工伤保险、工伤鉴定机构的违规行为、工伤保险经办机构的违规行为、劳动保障行政部门的违规行为,以及单位或个人挪用工伤保险基金、骗取工伤保险待遇的行为所应当承担的法律责任等制定了具体规定,对构成犯罪的依法追究刑事责任。

【案例讨论1】

违章操作负伤能认定为工伤吗

范某系福建省某钢管厂职工,1998年4月因在工作中违章操作,造成右手粉碎性骨折。因该厂未参与工伤保险统筹,工伤事故的赔偿由工厂直接按照法律规定赔偿。但厂方拒绝承认范某为工伤,范某不能享受相应的工伤保险待遇。于是,范某向当地劳动争议仲裁委员会提起仲裁。当地劳动争议仲裁委员会按照无过错责任原则,依法裁定范某为工伤并应当享受工伤保险待遇。某钢管厂不服,起诉到法院。法院在立案审理后,判决钢管厂负担范某的工伤保险待遇。某钢管厂服从法院判决,但按照该企业制订的《企业职工奖惩办法实施细则》第18条关于"职工违章操作造成单位经济损失的,除按照实际损失全额赔偿外,还需按照损失数额的1—5倍进行罚款"的规定,对范某进行了处罚。范某不服,认为既然是工伤,企业就不应对其进行处罚,遂于2002年6月向当地劳动争议仲裁委员会提起仲裁。一个月,当地仲裁委员会驳回了范某的请求。

本案争议的焦点主要表现在以下两个方面:

第一,职工在工作中违章操作,能否认定为工伤?违章操作不同于蓄意违章,违章操作属于过失行为,而蓄意违章是性质恶劣的故意行为。根据1996年原劳动部颁发的《企业职工工伤保险试行办法》第九条的规定,劳动者由于蓄意违章造成负伤、致残、死亡的,不应认定为工伤。而违章操作造成负伤、致残、死亡的,可以认定为工伤。现代工伤保险实行的是无过失补偿原则,即劳动者发生工伤,只要不是故意所为,无论是否有过失,都应享受工伤保险待遇。范某虽违反了单位有关安全操作的规章制度,但范某的行为不能构成蓄意违章,即范某的本意并不是想自残身体,以获得单位的赔偿。因此,范某受伤应被认定为工伤,享受工伤保险待遇。某钢管厂不能以范某违章操作为由,拒绝承担范某的工伤保险待遇。

第二,实施无过失补偿原则,是否还要追究当事人的事故责任?我国工伤保险遵循国际上普遍实行的"无过失补偿"原则,但是,这并不等于不追究有关当事人的事故责任。工伤保险实行享受工伤保险待遇与追究事故责任分开，目的是为了确保劳动者在遭受职业伤害后能够得到及时的救治和一定的经济补偿；同时要查清事故的原因和责任，以吸取教训，进一步改善安全防护措施，保障劳动者的安全和健康。本案中范某片面认为，只要被认定为工伤，就可以不承担企业给予的经济处罚是不对的。

（参见张相、史继科："怎样理解工伤职工无过错责任原则"，《中国劳动》，2002年第12期。）

【案例讨论2】

交通事故致伤能认定为工伤吗

1998年12月8日，某供电所所长派职工付某、杨某（未签订劳动合同）、吴某三人去辖区某村检修低压线路。杨某乘坐吴某驾驶的摩托车，在付某的带领下赶至某村施工。工作结束后，付某三人接受邀请在村主任家就餐饮酒。回供电所途中，杨某乘坐吴某驾驶的摩托车与一辆拖挂车相撞，致吴某死亡、杨某伤残。交警部门勘查认定，拖挂车负全部责任。事后杨某申请认定工伤，供电所有异议。当地劳动保障部门经调查核实后依法认定杨某为工伤，由此引发争议，供电所向当地法院提起诉讼，要求撤销劳动保障部门对杨某的工伤认定。

由于本案发生在2004年1月1日正式实施的《工伤保险条例》之前，因此，杨某能否被认定为工伤，应适用1996年原劳动部颁布的《企业职工工伤保险试行办法》（以下简称试行办法）。但在适用《试行办法》有关规定时，供电所和劳动保障部门产生了争议，主要表现在以下三个方面：

第一，杨某是因工外出期间还是上下班途中发生交通事故？供电所认为杨某的工作范围就是辖区各村，此次到施工村工作是其正常工作范围，是正常上下班，不属于"因工外出"。工作结束后，杨某没有在规定的上下班时间回供电所，不符合《试行办法》第八条第九款关于"职工在上下班的规定时间和必经路线上，发生无本人责任或者非本人主要责任的道路交通机动车事故的，应认定为工伤"的规定，不能认定为工伤。劳动保障部门认为，杨某受所长指派到施工村工作，是公派出差,行动路线是不固定的,而《试行办法》第八条第九款所指的"上下班必经路线"是指从住所到工作单位的必经路线,这个路线是固定的。因此,杨某是因工外出期间而非上下班途中发生交通事故,根据《试行办法》第八条第八款关于"职工因工外出期间,由于工作原因,遭受交通事故或其他意外事故造成伤害或者失踪的,应当认定为工伤"的规定,应认定杨某伤残为工伤。

第二,杨某外出期间就餐饮酒是否影响工伤的认定?供电所认为,杨某工作结束后按单位规定应立即回所,但其违反规定在施工村就餐饮酒属个人生活私事,与单位工作无关,而后回所遭遇交通事故,不是因工而是因私,不应认定为工伤。劳动保障部门认为,杨某在付某的带领下到施工村工作,这一整个外出执行任务的过程包括从所里出发至回到所里,是一个完整的连续过程,只有完成任务返回工作单位才算这次执行任务的终结。杨某在执行任务过程中违反单位有关规定接受宴请就餐饮酒,单位可按其规定进行相关处罚。但不能因杨某工作期间在施工村就餐饮酒,而将这一完整连续的工作过程人为割裂开来。杨某是在返回工作单位的必经路线上遭遇交通事故而致残的。杨某虽有一定过错责任,但并非酗酒而且是乘坐者,不能适用《试行办法》第九条第三款关于"职工因酗酒造成负伤、致残、死亡的,不应认定为工伤"的规定。按照工伤保险适用无过错责任原则,杨某违反单位内部规定,不影响对杨某的工伤认定。

第三,杨某是否具备工伤认定的主体资格?供电所认为,杨某与供电所未订立书面劳动合同,是临时雇佣人员,双方不是劳动关系而是劳务关系,因而杨某不具备工伤认定的主体资格。劳动保障部门认为,杨某系供电所招用的工人,工作时间已近三年,与供电所存在着从属关系,受其管理和支配,按月领取工资,虽未签订劳动合同,但已形成事实劳动关系。而劳务关系的当事人之间不存在从属关系,受民法调整,杨某显然不属于这种情况。《山东省高级人民法院关于审理劳动争议案件若干问题的意见》第48条规定,"劳动者与用人单位之间虽未订立劳动合同但形成事实劳动关系的,也应按照工伤赔偿的原则处理。"因此,杨某具备工伤认定的主体资格。供电所应当与杨某签订劳动合同而未签订劳动合同,违反了《中华人民共和国劳动法》及有关劳动合同管理的规定,应予以处罚。

当地法院审理后,完全支持劳动保障部门的观点,认为劳动保障部门认定杨某为工伤的具体行政行为事实清楚,程序合法,定性准确。据此,法院判决维持劳动保障部门对杨某的工伤认定。

(参见马景刚:"法院判决工伤认定合法有效",《中国劳动》,2003年第6期,第55页。)

【案例讨论3】

"生死合同"是否违法

黄某系广州某私人承包的建筑工程公司的江西籍临时工。1996年5月到该公司当建筑工人,并与包工头签订了"雇佣协议",协议中包含"雇主对民工的工伤概不负责","民工非因工负伤或患病所需的医疗费由民工自行负责"等条款。1997年2月,黄某在工作时不慎从3米高空坠落,致使左胫、腓骨粉碎性骨折,公司立即派车将其送到医院救治。事后,公司包工头承认黄某属于工伤,在送黄某入院时留下2 000元给黄某作医疗费,并告诉黄某:"我们已签订'雇佣协议'。按理我可以概不负责,但出于人道,我给你2 000元作为医疗费,以后的事情不要再找我麻烦了。"然而,由于黄某伤情较为严重,住院两个多月,共用医疗费近万元,黄某无力支付,只好又找包工头帮忙解决,但包工头多次表明一分钱也不能再给,因此,双方发生了争议。

本案争议的焦点在于:单位能否与职工签订"生死合同",剥夺工伤职工享受工伤保险待遇的权利?本案中,包工头与黄某签订的"雇佣协议"中包含的"雇主对民工的工伤概不负责"等条款实际上是一种"生死合同"(即民工生死与包工头无关之意),是不合法的,从签订之日起就无效,主要理由如下:

第一,《中华人民共和国劳动法》第七十三条明确规定:劳动者在因工伤残或患职业病时,依法享受社会保险待遇。1996年原劳动部颁布的《企业职工试行办法》也明确规定:"在生产工作的时间和区域内,由于不安全因素造成意外伤害的,应当认定为工伤"。因此,黄某的伤残应认定为工伤,应当享受工伤保险待遇。

第二,用人单位将伤、残、亡风险推给个人不符合我国宪法和社会保险的政策规定。1998年,最高人民法院在《关于雇工合同"工伤概不负责"是否有效的批复》中指出:工伤概不负责的条款既不符合宪法和有关法律的规定,也严重违反了社会主义公德,属于无效的民事行为。

依照我国现行法律法规的规定,雇主与雇工虽然签订了被确认为无效条款的协议,但在发生工伤时,其法律后果和工伤补偿等问题,应根据《民法通则》和《劳动法》等法律法规的有关规定处理,具体工伤待遇应按新颁布的《工伤保险条例》规定的标准执行。当然,为了防止类似事情发生,劳动者应了解自身的合法权益,不要同雇主签订含有不合法条款的合同或协议。用人单位或雇主也不应与劳动者签订无效的"生死合同",即使签订了,也不能剥夺工伤职工享受工伤待遇的权利。

（参见陈泰才主编：《工伤保险条例实用指南》，第293—294页，中国人事出版社，2003。）

【案例讨论4】

在工作岗位上突发疾病死亡是否算工伤

李某系广东某电子有限公司保安。2003年11月20日晚3点，李某在值班室正常值班时突发急性脑出血，经送医院抢救无效，两日后死亡。在医院出具的死亡证明中确认，李某患有先天性脑血管狭窄疾病。同时，据公司其他员工证明，李某在当班前的休息时间同朋友一起打牌，没有休息。另外，因客观原因，公司没有为李某投保工伤保险。在对李某是否为工伤及是否应由企业按工伤保险待遇进行补偿问题上，死者家属、公司及当地劳动部门都有不同意见。

第一种意见认为李某应属工伤，理由是李某系在工作时间、工作岗位、工作过程中突发疾病死亡。依据《广东省社会工伤保险条例》第七条第九项的规定，在执行单位安排的工作任务中因突发疾病而造成死亡或完全丧失劳动能力的可以享受工伤保险待遇。李某在工作岗位上值班时突发疾病死亡，完全符合上述规定，理应认定为工伤，并按规定标准给予工伤保险待遇。1996年，原劳动部颁发的《企业职工工伤保险试行办法》第八条第四项关于"在生产工作的时间和区域内，由于不安全因素造成意外伤害的，或者由于工作紧张突发疾病造成死亡或经第一次抢救治疗后完全丧失劳动能力，应当认定为工伤"的规定，虽然突出了"工作紧张"的限制性条件，但因广东省的办法突出了对处于弱势地位劳动者的保护，体现了工伤保险的立法宗旨，不能对李某是否属工伤产生影响。

第二种意见认为李某不属工伤，但可比照工伤给予李某工伤保险待遇。工伤是指因工负伤、致残或死亡。李某的死亡完全是由于自身疾病及劳累突然发作而死亡，李某属因病而非因工，所以不能属工伤。另外依原劳动部《企业职工工伤保险试行办法》第八条第四项的规定，因工作紧张突发疾病造成死亡的才算工伤。李某当班时并不存在这种情况。但其毕竟是在工作岗位上突发疾病死亡，且依据

《广东省社会工伤保险条例》第七条第九项的规定,在执行单位安排的工作任务中因突发疾病而造成死亡或完全丧失劳动能力的可以享受工伤保险待遇的规定,可比照工伤给予李某工伤保险待遇。

上述观点均显偏颇,因为李某既不属于工伤,也不应由企业按工伤保险待遇给予补偿。

第一种意见的错误在于把只要是在工作时间、工作岗位上突发疾病死亡或完全丧失劳动能力就认定为工伤。是否属工伤,要分析劳动者突发疾病死亡与工作内容、工作条件、工作环境等因素之间是否有因果关系及双方是否存在过错等来综合分析。例如,企业是否为劳动者提供了防雨、防风、防寒、防潮、防晒、防噪音或防光等必要的劳动保护条件;劳动者在工作中是否经常受到刺激、劳动时间过长、强度过大、过度紧张的影响,以及这些影响与突发疾病是否存在一定因果关系等。本案中,李某是一位保安,企业已为李某提供了符合要求的工作环境和工作条件,且是在值班室坐着值班,在没有受到外界刺激的情况下,突然发病的,其发病的原因是自身存在的先天性疾病和应休息时没有休息而过度劳累导致突发疾病,李某的突发疾病死亡与企业毫无关联,是李某自身存在的原因造成的,在这种情况下认为李某属于工伤显然是错误的。

第二种意见也是错误的。李某在工作中突发疾病死亡与工作之间没有任何关联,完全是因自身的疾病的突然发作造成的,在这种情况下让企业承担补偿责任是显失公平的。《广东省社会工伤保险条例》第七条第九项的规定与原劳动部《企业职工工伤保险试行办法》第八条第四项的规定相比是超前的,前者扩大了对职工利益的保护,旨在对处于弱势地位的员工进行保护,这样的用意是无可非议的。但在理解和适用该条规定时,应依不同情况在体现公平的前提下,实施对员工利益的保护。本案中企业已为李某提供了符合要求的工作环境和工作条件,且是在值班室坐着值班,其发病的原因是自身存在的先天性疾病和应休息时没有休息而过度劳累导致突发疾病,李某的突发疾病死亡与企业毫无关联,是李某自身存在的原因造成的,在这种情况下再让企业按工伤保险待遇补偿显然是不公平的。所以对李某不能按工伤保险待遇的标准让企业承担补偿责任,而只能按职工患病死亡的标准进行补偿。

2004年1月1日新实施的《工伤保险条例》第十五条第一项规定,职工在工作时间和工作岗位突发疾病死亡或者在48小时之内经抢救无效死亡的,视同工伤。依此规定,享受工伤保险待遇是以死亡或48小时内死亡为条件的,且取消了把丧失劳动能力作为工伤条件的规定,这样的规定比原劳动部《企业职工工伤保险试行办法》的相关规定有了进步,加大了对劳动者的保护,也兼顾了企业的利益,强调了在工作时间、工作岗位死亡和在一定的时间内死亡的内容,有了较强的操作性。

(参见法律教育网/专题研究/民商专题/劳动保障/劳动保障典型案例,第5页。)

思 考 题

1. 如何理解工伤与工伤保险的概念?
2. 为什么工伤保险在社会保险制度中应当优先考虑?
3. 简述工伤保险责任认定的发展进程。
4. 工伤保险待遇一般包括哪几个部分?
5. 工伤保险的模式主要有哪几种?主要区别是什么?
6. 如何理解预防、保险、康复三结合?

第九章 社会救助

【本章学习要点】

通过本章的学习,应当了解社会救助、贫困问题等基本理论,熟悉最低生活保障制度、农村五保制度、灾害救助制度等的目标、原则及基本内容。

第一节　概　述

现代社会救助源于历史上的慈善事业，不过，它虽然仍然以救灾济贫为己任，但已不同于历史上具有浓厚的恩赐、怜悯色彩的慈善救济活动，而是一种通过立法规范并制度化的社会政策，它与其他社会保障制度一样，都是建立在公平原则基础之上以保障国民生活权益、促进社会和谐发展为宗旨的制度安排。本章在介绍作为基本社会保障制度并在社会保障体系占有基础地位的社会救助制度的同时，还将介绍由民间推动的慈善事业，因为现代慈善事业同样被赋予了平等的理念并接受着政府的扶持，从而与政府负责的社会救助共同构成了一道最低防线。

一、社会救助的涵义

社会救助，是指国家与社会面向由贫困人口与不幸者组成的社会脆弱群体提供款物接济和扶助的一种生活保障政策，它通常被视为政府的当然责任或义务，采取的也是非供款制与无偿救助的方式，目的是帮助社会脆弱群体摆脱生存危机，进而维护社会秩序的稳定。社会救助的外延，则包括贫困救助、灾害救助及其他针对社会弱势群体的扶助措施[①]。这一含义可作如下解析：

（1）社会救助是一种政府或社会的行为。作为政府行为，它表现为政府在相应的立法规范下，通过实施社会救助政策为社会成员提供最低生活保障，政府不仅对这一政策的实施负有直接的财政责任，也负有直接的管理与实施社会救助的责任；作为一种社会行为，它又表现为民间或社会团体对救助对象的自发性救助，主要以自发性的募捐和其他慈善性活动的形式来实现，带有自发性、不确定性的特点。

（2）社会救助的对象，是容易遭遇生活困境的社会脆弱群体。所谓社会脆弱群体（也称弱势群体），是指依靠自身能力难以摆脱生活困境的社会成员，包括收入水平低于贫困线的贫困人口、就业市场竞争中的失败者、遭遇天灾人祸难以自拔者以及因身体原因、年龄原因乃至政策歧视原因等而在生活及就业中处于显著不利地位的社会成员[②]。因其不能依靠自己的力量维持基本的生活水平，而需要国家和社会的扶助。

[①] 郑功成著：《社会保障学：理念、制度、实践与思辨》，第13—14页，商务印书馆，2000初版，2003、2004再版。

[②] 参见郑功成："社会保障与弱势群体保护"，载《中国人民大学中国社会发展研究报告2002——弱势群体与社会支持》，中国人民大学出版社，2003。

（3）社会救助的目标,是满足社会成员的最低生活需要。它是为生活在最低收入标准之下的社会成员提供物质及其他方面救助的社会保障制度,目标是避免社会成员陷入生存危机,确保满足社会成员的最低生活需求,维护法律赋予公民的基本生存权利。需要说明的是,最低收入标准是以维持人的最低生存条件为依据确立的,但最低生存条件仍然是一个动态的概念,如农业社会的最低生活标准是指食物或营养方面的最低标准,但进入工业社会尤其是进入发达社会后,这一标准显然要高得多。因此,它不仅仅是指维持生命极限所需要的食物消费需求,而是相对于一定时期其他社会成员已经拥有的平均消费水准,由国家和政府根据历史、道德、社会等因素加以确定。这一标准通常低于社会平均收入水平及相应的社会平均消费水平。

值得指出的是,长期以来,中国习惯将对贫困人口、灾民等提供物质帮助的行为称为救灾救济或社会救济,社会救助是改革开放以后才出现并逐渐被广泛使用的概念。社会救助与社会救济在实际工作中并没有本质的区别,但在概念上还是略有差异,一方面,社会救助的覆盖面比社会救济更广泛,不仅包括政府的救济,也包括社会的支持和帮助;不仅包括社会保障体系中的社会救济和社会互助,还应包括其他有效的针对救助对象的扶助措施。另一方面,由于救济一词源远流长,历史上曾经包含着慈悲、怜悯等不平等的色彩在内,而救助一词则是可以看成较为中性的词,从而更加符合现代社会的理念。实际上,社会救助概念的提出,还有其特定的经济社会背景,其内涵的扩大是与人类生存需求内容的扩展相联系的,可以说是现实中贫困人口基本生存条件的变化,推动了单纯的衣食救济向综合型的社会救助转变的要求。因此,从社会救济到社会救助,概念改变的本身即反映了这一制度的发展趋势。

二、社会救助的发展进程

社会救助(社会救济)是最早产生的社会保障形式,是从慈善事业发展而来的制度安排。最初的救济活动包括宗教慈善事业、官办慈善事业及民间慈善事业(见本书第二章),正是这些慈善事业形成了现代社会救助的雏形。

从历史纵向视角来看,国家直接介入济贫事务是社会生产力发展的要求。在自然经济向商品经济转化、农业社会向工业社会迈进的过程中,逐渐摆脱人身依附关系的一部分农业劳动者开始进入城镇成为无产者,从而形成城镇的流动人口和失业人口。由于他们没有财产,又找不到工作,其生活成为严重的社会问题。在这种情况下,仅凭临时的、不确定的慈善行为根本无法保障他们最起码的生存条件,同时也就无法保障社会的稳定,这就在客观上提出了由政府向贫困者提供物质援助的要求,从而使援助贫困人口成为国家和政府的重要职责。1601年,英国颁发的《伊丽莎白济贫法》,可以称得上是西方最早以法律形式确定的社会救助措施,但它虽然在一定程度上保障了部分贫困人口的最低生存生活,却因带有"惩戒性"和损害受惠者的人格与尊严为代价而引起贫民的极大不满。

真正具有现代意义的社会救助制度产生于20世纪初,较确立社会保险制度的时间要晚。当时,人们已经认识到,贫困并非万恶之源,因为进入现代社会后,导致贫困的主要原因已经不在个人而在社会,因此,给贫困者提供物质援助亦应当成为政府与社会的责任,接受物质帮助的贫困者也不应当低人一等,社会救助应当成为国民的一项基本权益。尤其是1929—1931年欧美各国爆发了严重的经济危机,导致了大量贫困人口,社会陷入不稳定状态。在传统的济贫手段和社会保险都不足以解决问题的前提之下,各国政府不得不尝试建立社会救助制度,以弥补社会保险制度的不足。例如,英国1930年在政府应对经济危机的过程中,就提供了范围较宽的社会救助,当时称为"公共救助";1946年英国通过《国民救助法》,正式确立了社会救助制度;1966年又将国民救助改为补助待遇,弱化了原来的短期待遇,强化了长期待遇,以利于老年人。1986年的社会保障法对贫困救助作出了较大改革,将原来的贫困补助待遇改成了贫困收入支持。经过历年的补充完善,英国形成了一个健全的社会救助体系。

在美国,1935年通过了《社会保障法》,由此开始实施社会救助,并在此后的半个世纪中得到了持续的发展。由于美国社会对弱者较为重视,其社会救助制度亦相当健全。

第二次世界大战以后,越来越多的国家建立了自己的社会救助制度,享受社会救助成为社会成员的一项基本权利,而提供社会救助则构成了国家和社会的应尽职责和义务。尽管因社会保险的普及化和社会福利事业的持续发展,使社会救助在现代社会保障体系中的地位相对下降,但因社会救助仍然承担着救助贫困人口、不幸者等的功能无可替代,其在整个社会保障制度中的基础地位不可动摇。

三、社会救助的基本特征

在现代社会保障体系中,社会救助虽然只覆盖贫困人口与不幸者,保障待遇也较其他社会保障系统低,但却是最基本的和不可或缺的,即使对社会保障制度持批判态度的新自由主义经济学家,对社会救助制度也持肯定态度。正如1965年美国出版的《社会工作百科全书》所述:"社会救助是社会保险制度的补充,当个人或家庭生计断绝急需救助时,乃给予生活上的扶助,是在整个社会保障制度体系中,最富有弹性而不受拘束的一种计划。"与其他的社会保障制度相比,社会救助制度在实践中具有自己的特征,这些特征主要表现在以下几个方面[①]:

---

① 参见郑功成著:《论中国特色的社会保障道路》,第222—223页,武汉大学出版社,1997。

（1）最低保障性。从现代社会保障体系来看，社会保险、社会福利与军人社会保障等均是水平较高的社会保障制度，它们解决的不仅是社会成员的生存问题，而且也包括了保障社会成员一定的生活质量乃至个人发展问题。只有社会救助面对的是陷入生存困境并迫切需要国家或社会援助的社会成员，其救助（待遇）水平通常以维持社会成员的最低生活需要为标准，从而是整个社会保障体系中待遇最低的制度安排。这一特征使社会救助成为整个社会保障制度或社会稳定系统的第一道防线，被称为最低保障制度。

（2）按需分配。社会救助是有别于按劳分配与按资分配的国民收入再分配渠道。一方面，社会救助虽然面向全体社会成员，不像其他社会保障子系统有特定的年龄、职业或性别等身份限制，也不存在事先参加的问题，但它以确定的贫困线或救助起点为依据，只有生活陷入困境或者遇到特殊困难的社会成员才有资格申请社会救助，并通过这一途径获得国家或社会的援助。另一方面，国家或社会提供的社会救助包括现金援助、实物援助、服务援助等，一般根据不同社会救助对象的具体需要来提供，如实物援助有食物救助、衣被救助等，服务救助有医疗救助、心理咨询、教育培训等。因此，社会救助具有在确定的标准范围内向救助对象按需分配的特征，从而是对按劳分配与按资分配形式的重要补充，是典型的收入再分配手段，这种再分配就调节国民收入初次分配的格局、缩小收入分配差距并推进社会公平，显然是必不可少的。

（3）权利义务单向性。与其他社会保障子系统相比，社会救助体现了权利义务单向性特征，即享受社会救助的社会成员只要符合救助的条件就有权利申请得到救助，对受益者而言，其享受的是单纯的法定权利；而提供社会救助则成了国家与社会的职责和法定义务，当需要社会救助而不能提供或提供救助不足时，社会便会出现严重的问题，这便可以视为政府与社会的失职或未尽到应尽的义务。而社会保险等却强调权利与义务相结合，但又并非是权利与义务对等。

（4）社会救助还具有全民性特征，它虽然设定了申请者申请救助的门槛，但任何人只要达到了这一门槛均有权申请社会救助；同时，对于某些特定事件中的不幸者亦提供救助，而任何人均有可能遭遇自然灾害并成为灾害救助的对象。因此，与社会保险面向劳动者且主要是工薪劳动者、社会福利按照其不同的项目面向特定的群体、军人保障面向军人等相比较，社会救助的保障范围显然更加宽泛，这一特点决定了它并非只是贫困人口的最低保障机制，而是整个社会即全体社会成员的最低保障机制。

上述特征是社会救助系统区别于其他社会保障系统的基本标志，也是社会救助始终在社会发展进程和社会保障体系中占据特殊地位的原因。

四、社会救助的功能

从历史上的慈善活动到早期的社会救助，扮演的均是临时应急措施，功能也较单一。但现代社会救助制度,在对付贫困问题、维护社会稳定等方面具有多方面的功能。

一方面,缓解贫困问题是社会救助最基本和最直接的功能。社会救助通过及时对处于贫困线之下或者最低生活标准之下的贫困群体实施救助,帮助他们解决基本的生活问题,使他们不致因此而危及生存,直接保障了贫困群体的生存条件。这种直接功能既体现在对遭遇灾害、急难而难以维持生活的群体实施救助,以帮助他们应对突发的急难事件,也体现在改善贫困人口的生存状况上,即社会救助可以让每一个贫困人口都能维持其最低生活水准,或使他们接受医疗救助以恢复健康,或使他们有条件接受教育和学习劳动技能,或者扶助贫困群体自力更生,成为社会的建设力量。

另一方面,社会救助推动社会公平和社会文明进步。在人类社会,无论是发达国家还是发展中国家,无论是历史上还是现代社会,对弱势群体的关注与援助均是人道主义与人文关怀精神的体现,是社会文明进步的象征。现代社会救助在面对社会发展进程中的社会分化和贫富冲突时,通过运用政府的公共权力与公共资源对收入分配进行适度调整,依法对低收入阶层(贫困人口与不幸者)生存权利的维护,恰恰体现了社会公平与正义的价值追求,它能够在一定程度上消除市场经济条件下效率对公平的排斥,减轻低收入和无收入的社会成员的生活困难,从而起到协调社会关系、稳定社会和促进社会文明进步的作用。同时,社会救助还为劳动力再生产提供着相应的条件,在现代经济生活中,社会再生产呈现周期性的运行特征,这种周期性运行特征要求暂时处于失业状态的劳动者作为劳动力后备军进行正常的再生产,社会救助在劳动者在失业保险期后仍处于失业状态、没有收入的情况下,为其提供最低生活保障,为劳动力的正常再生产创造了必要的条件。

作为一种收入再分配制度,社会救助同时还是国家宏观调控的工具。作为一种收入调节制度,社会救助的水平高低会对社会需求的总量和结构产生影响,成为国家调节社会需要进而调节经济运行的重要手段。因此,在现代社会,社会救助通过保障社会成员最低生活需求的实现,同时也会部分地实现国家对生产、分配、交换与消费等的有效调节,进而对经济运行起到"自动稳定器"的作用。在这一方面的具体表现为:当社会需求不足、经济衰退时,就业岗位减少,失业人口增加,低收入阶层人口会扩大,享受社会救助的人口也会自动增加,政府的社会救助金支出亦会增加,进而使社会需求通过社会救助支出的增加而保持一定规模,缓减社会供求之间的矛盾,推动经济增长;反之,在社会需求膨胀,供给相对不足,经济发展过热的情况下,就业岗位会增加,失业人口会减少,低收入阶层人口规模会收缩,享受社会救助的人口亦会自动减少,从而客观上起到了收缩社会需求,稳定经济发展速度的作用。

第二节 社会救助的基本内容

一、社会救助体系

社会救助体系是指一个国家或地区对于低收入群体及不幸者所进行各种救助项目所形成的一整套制度框架体系。在实践中,社会救助一方面依然保留并将继续保留救灾、济贫等传统项目,另一方面也在根据社会经济发展的需要,不断增加新的救助项目,其内容在不断丰富和完善。

社会救助体系的结构,按照不同的划分标准,可以做不同的分类。

(1)依据救助的实际内容,社会救助可分为生活救助、灾害救助、失业救助、住房救助、医疗救助、教育救助、法律援助、农村扶贫开发等[①]。

① 生活救助。是指对家庭人均收入低于贫困线或当地最低生活保障标准的贫困人口,实行差额补助的一种社会救助。中国的最低生活保障制度即是一种生活救助,其最显著的特点就是解决保障对象的最低生活保障问题,而不是改善其生活。

② 灾害救助。是指当社会成员遭受自然灾害袭击而造成生活困难时,由国家和社会紧急提供援助的一种社会救助,目的在于帮助社会成员度过灾害发生带来的生活困境。如地震救助、洪水救助等等。灾害救助包括现金救助、实物救助以及以工代赈等。

③ 失业救助。是与失业保险制度相配套的制度安排,其救助对象是因失业救济金低下无法维持基本生活或失业保险期满仍未找到工作,生活陷入困境者。其特点是不受时间限制,在失业者重新找到工作之前可以长期享受。

④ 住房救助。是指政府向低收入家庭和其他需要保障的特殊家庭提供住房租金补贴或以低廉租金配租住房的一种社会救助。其实质就是由政府承担住房市场费用与居民支付能力之间的差额,解决部分居民因住房支付能力不足而居无定所的问题。

⑤ 医疗救助。是指对贫困人口中因病而无经济能力进行治疗的人,实施专项帮助和支持的一种社会救助。其特点是在政府主导下,社会广泛参与,通过医疗机构实施,旨在恢复其受助对象的健康。

⑥ 教育救助。是国家和社会为保障适龄人口获得接受教育的公平机会而对贫困地区和贫困家庭子女提供物质援助的一种社会救助。其特点是通过减免学杂费

---

① 参见时政新主编:《中国社会救助体系研究》,第4—6页,中国社会科学出版社,2002。

用、资助学杂费等方式帮助贫困人口完成相关阶段的学业,以提高其文化技能。

⑦ 法律援助。是指国家在司法制度运行中对因贫困及其他原因导致的难以通过一般意义上的法律手段保障自身基本社会权利的社会成员,通过减免收费、提供法律帮助等实现其司法权益的一项社会救助。与其他社会救助项目不同的是,法律援助是以司法救济的形式出现的,其直接目的是为了实现司法公正与正义。法律援助的主要内容包括诉讼费减免、免费提供律师、公证和法律咨询服务等。

⑧ 扶贫开发。是指国家和社会通过包括政策、资金、物资、技术、信息、劳务、就业等方面的外部投入,对贫困地区的经济运行状态进行调整、优化,在此基础上实现贫困地区经济的良性增长,进而缓解贫困地区的贫困,促使贫困人口逐渐摆脱贫困的政策体系。它虽然与其他社会救助相比,主要是面向区域而不是直接面向贫困家庭与个人,但追求的目的仍然是社会救助要达到的目标,并且同样需要运用政府的公共权力与公共资源,从而仍然可以纳入到现代社会救助体系中来。

(2)依据救助的手段来划分,社会救助可以划分为现金救助、实物救助和服务救助等。

① 现金救助。是指以发放现金的形式为救助对象提供帮助的社会救助形式,费用的减免或核销其实也是现金救助,它是现代社会救助的主要形式。现金救助的优点是受助者可以根据自己的需要来将其转换为各种物质或服务,从而更有利于据需保障。在社会救助中,现金救助采用得最为经常。

② 实物救助。是指以发放物资的形式为救助对象提供帮助的社会救助形式,它是一种传统的救助形式。实物救助的优点是所发的物资可以直接消费,救助的效果比较快捷,因此,在现代社会它主要在灾害救助中被经常采用。不过,实物救助需要讲究针对性,从而并非任何救助项目均可以采用的。

③ 服务救助。是指针对特殊的救助对象提供生活照顾和护理等服务。主要包括了对高龄老人的护理服务、对孤儿的关爱和照顾等。

④ 以工代赈。是指通过提供相应的工作或就业机会并发放劳动报酬的方式实现对救助对象的救助。在灾害救助与扶贫开发中,以工代赈就是一种被国内外较为广泛采用的救助手段。

实际上,许多救助项目在实践中并不限于使用上述一种手段,而是可能两种或多种救助同时采用。如灾害救助就几乎包括了上述四种救助手段。

(3)依据救助的时间长短,社会救助可以划分为定期救助和临时救助。

① 定期救助。是指在时间上具有连续性的社会救助,它一般表现为在相对长的一段时间里,社会救助管理机构按规定连续地、定时地为救助对象提供援助。如对孤寡老人、孤残儿童以及长期生活在贫困线或最低生活保障线之下的社会成员的救助等,均采取定期救助。

②临时救助。是指在时间上没有连续性,或者救助时间比较短的社会救助,它是为解决社会成员临时的生活困难而进行的社会救助。这种救助的条件往往是短期的或者临时的,因此,当救助条件消失之后,救助的必要性也就不复存在。临时救助主要包括各种灾害救助和失业救助等等,其特征是短期性和非连续性。

从各国的社会救助实践来看,其社会救助体系结构并不相同,发达国家的社会救助项目齐全,保障全面,水平也相对较高,已经超过了早期社会救助提供最低食物保障的阶段。而发展中国家则大多停留在食物保障阶段,但也在不断扩展。

在美国,社会救助体系健全,其救助项目包括低收入家庭能源补助、强制性儿童补助、特困人员收入补助、抚养子女补助、就业与劳动技能援助、食品券补助、医疗补助、住房补助、额外津贴等,还有失业救济,但其经费主要来源于失业保险。

在英国,从1601年颁布济贫法,到20世纪40—50年代确立新型的国民救助制度,再到1986年对贫困救助作出较大改革,经过历年的补充完善,亦形成了健全的社会救助体系,主要包括低收入家庭救助、老龄救助、儿童救助、失业救助及疾病救助等内容。

在德国,社会救助大体分为两大类:一类是特殊困难的救助,一类是一般低收入家庭的救助。特殊困难的救助包括残疾人救助、老人救助,以及病人救助、孕妇救助和产妇救助、在国外的德国人的救助等等。一般低收入家庭社会救助面向全社会,低于政府规定最低生活费标准的家庭都可申请社会救助,救助的内容包括食品费、生活费、燃料费以及杂费等日常生活费。此外,还有家属津贴,只要有一个子女的家庭都可以申请,子女越多得到的家庭津贴也越多。

在日本,公共救助和社会救济共同构成了社会救助制度。其公共救助制度包括生活保护和灾害救助,而社会救济主要由生活救济、义务教育、住宅、医疗、生育、立业和丧葬等7个救济制度组成,是为保证所有贫困国民的最低生活并促进其生活自立而设立的。此外,有的国家的社会救助制度不仅包括了生活补助、医疗补助、灾害救济等,还包括对残废军人的补助。

在中国,现行的社会救助体系主要由最低生活保障、乡村贫困救济、农村五保制度、灾害救助以及对特殊对象的救助等。此外,一些地方开始探索住房救助(如廉租房)、医疗救助等。对孤寡病残老年人与儿童的救助,一直是中华人民共和国成立后社会救助的重点。

二、社会救助的对象

在各国的社会救助制度中,对社会救助对象通常都会有明确的规定,即只对自我保障有困难而且确实需要国家与社会给予救助,才能摆脱生存危机或困境的社会成员负责。国际劳工组织认为,在工业化国家,所谓享有最低生活水平救助的对象,是指那些收入相当于制造业工人平均工资30%的家庭和个人。欧洲经济合作委员会认为,如果一个成年人本人可支配收入(交所得税和保险税后)低于平均水平的50%,则属于救助对象。各国一般是通过家庭财力(包括收入状况与资产状况)审查和就业(有劳动能力的人)审查,来确认申请人领取社会救助金的资格。

由于各国情况不同,加之社会救助体系日益发达,在救助对象上也各有不同的划分和偏重。如英国社会救助对象主要分为四类:无固定职业或就业并不充分,无力定期交纳社会保险费,因而无权享受社会保险者;有权领取社会保险津贴,但不足以维持最低生活者;领取社会保险津贴已满期限,却无其他收入者;未参加社会保险,生活又无着落的人。

而在中国,社会救助的对象主要包括三部分人员:一是"三无"人员,即无依无靠、无生活来源、无法定抚养人的社会成员,这一群体大多属于长期被救助即定期救助的对象,主要包括孤儿、孤老及无劳动收入和社会保险津贴的劳动者、长期患病者以及未参加社会保险又无子女的丧偶老人。二是灾民,即遭受灾祸严重侵袭而使生活一时陷入困境的社会成员,这类社会成员有劳动能力也有生活收入来源,只是由于突发性的灾祸使其遭受严重的财产损失或人身伤害,生活一时发生困难,需要国家和社会给予相应的援助。三是贫困人口,即生活水平低于国家规定最低标准的社会成员,这一群体尽管会有生活来源和相应的收入,但收入水平及生活水平达不到法定的最低标准,所以也属于社会救助的对象范围。此外,一些特殊的社会成员亦被列为社会救助的对象,如艾滋病人等。

在社会救助的过程中,第一、二类救助对象的数量,将会随着经济和社会的发展或者其他保障机制的确立而越来越少,如居民都参加商业性财产与人身保险后,需要国家救助的灾民人数就会减少;而第三类救助对象在很长一段时期内会依然存在,它将构成社会救助对象的主体。

三、救助标准及其确定方法

实行社会救助的目的,是保障社会成员享有最低生活水平,这种最低生活水平不能凭主观判断,而是必须科学界定,否则,社会救助的功能就不可能得到应有的发挥。同时,由于贫困救助或者低收入家庭救助是各国社会救助的主体,对救助标准的确定亦以社会成员的收入状况与生活状况即贫困状态为主要依据。

一般来说,社会成员的贫困状态有绝对贫困与相对贫困之分。所谓最低生活标准就是绝对贫困,是指不能保证维持生命所需的最低限度的饮食和居住条件的生活状态。所谓相对贫困,则是指社会成员只能享有当时、当地生活水平相对来讲属于数量最少的消费和服务,它并非是缺衣少食、受冻挨饿,而只是相对于其他居民群体拥有的消费品和服务数量少才有的"贫困"。

从社会发展阶段来看,发展中国家的贫困大多是绝对贫困,发达国家的贫困基本上属于相对贫困;农业社会的贫困属于绝对贫困,而进入工业化社会后,随着生产力的迅速发展和国家对收入分配调节力度的强化,社会成员的生活水平也会随着经济增长而日益得到普遍性的提高,昔日的绝对贫困现象越来越少,此时的"贫困"便具有相对意义了。正因为如此,现代社会举办的社会救助,其目标主要是针对相对贫困,即经过社会救助力求使属于这一群体的社会成员能够享有更加公平的生活保障。

既然社会救助的目标在于保障被救助者享有当时当地的最低生活标准,那么科学地确定最低生活标准则构成社会救助的重要环节。由于各国的经济发展水平和居民的生活水平差异极大,各国的最低生活标准也差距很大。发达国家确定最低标准多采用收入比例法,即贫困者的收入为社会平均收入的50%—60%,发展中国家的一般比例为平均收入的25%—35%。国际劳工组织专家建议,在工业国家最低生活标准大体上应相当于制造业工人平均工资的30%;欧洲经济委员会建议,最低生活标准应相当于一个成年人可支配收入的50%。同时,由于不同人群的最低生活需求是不同的,如老年人、儿童、成年人维持最低生活的消费支出就不同,在确定救助标准时还需要按照贫困人群的不同特点,适当地调整救助标准的结构,形成多层次的救助体系。总的来说,最低生活标准主要受以下四个因素的影响:一是一定时期的社会生产力水平,它决定着社会的富裕程度,也决定着一定时期政府实施社会救助计划的财政实力,它与社会救助的标准构成正比例关系;二是一定时期的社会平均收入水平,它表明该时期满足社会基本生活所要求的收入量,一般情况下,社会救助标准应该略低于社会平均收入水平,但必须以社会平均收入水平作为标准制定的重要参考因素,在平均收入水平的基础上根据实际情况向下调整一定幅度;三是消费品价格指数,它是将收入转化为实际消费能力的最重要的制约因素,在收入水平一定的情况下,消费品价格指数高,同样收入所能转化为消费的能力就弱一些,相反就强一些,因此,确定社会救助标准,必须考虑消费品价格指数因素;四是贫困人口的数量,在经济发展所能提供的济贫资金一定的情况下,贫困人口的数量制约着政府和社会对贫困人口的供养能力,进而制约着社会救助的标准,它与贫困人口的数量成反比关系。上述四个因素是各国决定自己社会救助标准时必须要加以考虑的宏观因素。

不过,从实施社会救助已久的发达国家的经验来看,决定最低生活标准的具体方法,主要有以下几种:

(1)市场菜篮子法。它是根据一个人的生存和发展需要确定必不可少的基本需求并按照市场价格来计算这种需求的标准的方法。1978年,美国人率先提出一整套划定贫困标准的具体生活消费指标,包括食品、房租、衣服、家具、交通、卫生保健、水暖电气、税收和文化娱乐,依据市场上这些生活必需品和有关服务项目的价位,计算出维持人们生存和发展所必不可少的基本需求的开支,从而得出最低生活保障线。1990年,世界银行也提出一个设想,以人们日常最起码消费支出的总费用作为划定贫困的标准,具体包括人们的食品、生活必需品和参与社会日常生活的费用。为了真实地反映贫困者所需,在确定菜篮子的内容时,需要由群众和专家共同做出决定。但这种方法有很大的不确定性,因为不同的国家和地区人们的生活水平参差不齐,生活必需品在不同的地方也有不同的界定,因而很难进行国际比较。在中国,各个地区的最低生活保障线就标准不一,同一个城市生活在市区与生活在郊区或郊县的最低生活保障标准也不一,就是因为市场价格与生活要素的差异所致。

(2)恩格尔系数法。它是根据一个家庭用于食物的支出在全部支出中所占的比例来衡量贫困程度的一种方法,源于恩格尔定律。在19世纪,德国统计学家恩格尔经过大量调查研究发现这样一个规律,即如果食物支出占家庭总支出的比例很高,意味着家庭生活水平很低,收入只能维持现有生产力水平下的最低生活;反之,如果食物支出比例很低,则意味着家庭用于满足其他生活需求的收入很多,生活状况肯定较好。这种食物支出与家庭收支逆向相关的情况,被称之为"恩格尔定律"。根据恩格尔定律,国际上较为公认的标准是,凡食物支出占到家庭支出59%以上比例的,属于绝对贫困的家庭;这一比例界于40%—59%之间的,则进入小康生活水平;这一比例下降到20%—40%时,家庭生活便上升到富裕行列;这一比例降到20%以下时,则属于极富裕阶层。在美国,只要家庭开支中有1/3用于购买食物以果腹的,便被视为贫困家庭和贫民,给予社会救助。它推出的"贫困线"便以此项食物支出的绝对额乘以3,得出最低收入标准。凡是收入等于或低于这一水平的家庭和个人,便有权享受救助。

(3)国际贫困标准法。这是由欧洲经济合作与发展组织提出的一种收入比例法,它根据一个国家或地区社会的平均收入水平来确定最低标准。欧洲经合组织认为,社会的平均收入水平在一定程度上反映了一定生产力水平下满足社会成员基本生活需要所要求的平均消费价格。这种消费价格是社会的平均水平,是基于最高和最低之间的消费水平。社会救助是以满足最低生活消费为目的的,这种最低消费水平的确定可以一定时期社会平均收入水平为依据,向下进行一定比例的调整。一般情况下,最低社会标准相当于社会平均收入的50%—60%。

(4)生活形态法,也称"剥夺指标法"。它从人们的生活方式、消费行为等"生活形态"入手,提出一系列有关贫困家庭生活形态的问题让被调查者回答,然后选择出若干"剥夺指标"并据此及被调查者的实际生活状况来确定哪些人属于贫困者,再分析他们被剥夺的需求以及消费和收入来求出最低生活标准。这种方法实际上是以当地大多数人的主观判断来确定贫困者的,并以此为基础作进一步的调查确认,于后进行救助。如20世纪80年代初,中国香港学界就有人对326位各界人士进行调查,得出的"贫困生活状态"是:无力为子女上学提供必需的学习用品,过年过节无力送礼,生大病买不起补药,子女9年义务教育后立即就业,家中无电话,过年过节开不起舞会等等①。这种方法带有较强的主观性。

　　以上四种方法各有特色,具体到某个国家或地区采用哪一种方法或是兼用几种方法要根据该国或该地区的基本情况来决定。即从实际情况出发,根据当地实际生活水平、经济发展水平、当地政府的财力状况和需要救助对象的范围等因素而定。因此,地域性是确定救助标准的一个非常重要的因素。一般来说,发达国家或地区的救助标准多采用收入比例法,保障水平相对较高,发展中国家和不发达地区多根据基本需求,采用绝对贫困标准,保障水平较低。

四、社会救助管理

　　在现代社会保障体系中,社会救助在世界各国都是政府介入程度最深,并直接以国家财政充当经济后盾的制度安排,因此,社会救助管理亦必然是政府管理。这显然与社会保险可以存在类似于德国自治管理模式、社会福利可以交由民间福利机构管理有着重要区别。

　　各国社会救助的管理体制在保持政府供款、直接管理并负责实施的共性时,也存在着一些差别,即中央政府和地方政府在社会救助方面的事权、财权划分方面并不尽一致。概括起来,各国政府对社会救助的管理模式主要有以下三种类型:

　　(1) 中央政府集中管理型。在这种管理模式下,中央政府直接承担着管理全国社会救助事务的责任,包括确定社会救助标准并负责实施,中央政府中的社会救助机构直接延伸到各个地区,其特征是高度统一。英国、澳大利亚、新西兰等国家采取这种管理模式。

　　(2) 地方政府分散管理型。在这种管理模式下,一般由中央政府制定社会救助标准,由地方政府根据本地区的具体情况来负责管理并实施社会救助。日本、瑞士、瑞典、芬兰和挪威等国家采取这种管理模式。在中国,虽然社会救助政策主要由中央政府制定,中央政府每年均有专门的预算拨款分配给各地,但社会救助的管理主要采取由地方政府分散管理的模式。

　　(3) 中央和地方政府分层管理型。这种管理模式是划分中央政府与地方政府在社会救助方面的职责,并按照分工负责的原则履行各自职责。法国、美国和卢森堡等国均实行这种管理体制。在法国,中央政府制定最低生活保障制度并统一管理部分

---

① 参见张彦、陈红霞编著:《社会保障概论》,第124页,南京大学出版社,1999。

专项救助事务,其他非现金救助由地方政府出资并负责管理。在卢森堡,由中央政府负责确定社会救助标准,地方政府负责具体实施,头3个月到1年的开支由地方财政承担,以后的开支由中央财政负担。在美国,则是分工负责,如食品救济券等是由联邦政府负责的,紧急援助金是地方政府负责的,而家庭补助金自福利改革法案在1996年通过后,则由联邦政府每年拨出一部分专款给州政府,再由州政府提供相应的拨款,按照本州的法则管理并实施。

在社会救助实施过程中,管理机构主要是根据法定的程序来实施救助。按一般规定,享受社会救助者需具备一定的条件。因此,首先必须由申请者提出申请,并由主管部门对申请者财产和收入进行调查,对合乎条件的确定救助标准,付给救助费。对申请者的调查一般称之为家庭经济情况调查,这是进行社会救助的必要前提。西方国家的家庭经济情况调查内容包括家庭收入水平、市场物价、购买力的动向、就业状况、消费构成等指标,目的是核实申请者的真实经济情况。

第三节 最低生活保障

在中国社会救助体系中,1999年国务院颁布《城镇居民最低生活保障条例》所确立的最低生活保障制度,是继农村五保制度之后又一个上升到法制化轨道的社会救助项目,其他社会救助项目多属于政策规范甚至只是各个地方的自主尝试。因此,它不仅在中国社会救助体系中占据着最重要的地位,而且随着向农村地区的扩展,也成为中国整个社会保障体系中的重要组成项目,是中国特色社会保障制度中的主体项目之一。

一、最低生活保障及其基本原则

所谓最低生活保障,是指国家和社会为生活在最低生活保障线之下的社会成员,提供满足最低生活需要的物质帮助的一种社会救助制度安排。最低生活保障的根本目标,就是运用国家财力帮助那些低于当地最低生活保障线的贫困人口摆脱生活困境,使其达到最基本的生活水平。

作为"社会最后一道安全网",最低生活保障制度的确立及其实施,必须遵循一定的原则,包括生存保障原则、普遍性原则、与当地实际生活水平相联系原则、维护受助者尊严原则等。

(1)生存保障原则。在当代社会,生存权不仅是公民在现代生活中最重要的权利,也是公民享受其他合法权益的基础,因此,保障全体国民的生存权是国家和社会的当然职责与基本义务,最低生活保障制度就是为保障国民生存权而建立的社会保障制度。尽管各国或各地区确定的保障标准不一,但是最低生活保障线能够维持受助者最低生活水准的"保底"原则却是一致的。换言之,贫困人口在获得最低生活保障救助后,能够避免挨饿受冻,并能够享受最起码的生活条件。

(2) 普遍性原则。尽管最低生活保障的对象是低于最低生活保障线的个人和家庭,但这一标准是开放的,社会成员不论其身份地位、有无职业,只要生活陷入困境,即应一视同仁地予以救助。也就是说,在最低生活保障制度下,全体社会成员一律平等。因此,它所起的"保底"作用,是全体社会成员普遍适用的标准。

(3) 与当地实际生活水平相联系原则。一般而言,在走过了共同贫穷的时代后,对贫困人口的认定,通常是与他周围的人群相比较的,在中国这样大的且地区发展极不平衡的国家,更是不可能有全国统一的标准。如北京市的贫困人口只能和北京市的市民来比较,不可能与贵州省贫困地区的居民来比较。因此,最低生活保障标准的制定,必须坚持与当地实际生活水平相联系的原则,即与当地居民的总体生活水平和各方承受能力相适应。如果保险范围过窄,保障水平过低,就不可能真正解除贫困人口的生存危机;如果保障范围过大,标准过高,则可能扭曲这一制度的社会功能,滋生懒惰,甚者会形成贫困陷阱。因此,最低生活保障制度应当避免水平过低与过高的现象。

(4) 维护受助者尊严原则。在历史上,总把对贫困者的救助视为一种恩赐、施舍与怜悯,受助者以牺牲人格尊重为代价。然而,社会救助之所以在现代社会被上升到法律规范的层面,其所体现的恰恰是国家与社会对解决贫困问题的责任与义务,而接受救助则是社会成员在遭遇生活困境时应当享受的法定权益,社会保障制度的核心价值在于平等,即救助者与受助者的地位是完全平等的。因此,在实施最低生活保障制度时,不能损害个人尊严。否则,将会产生与建立这一制度初衷相反的效果。

此外,最低生活保障制度还应当遵循法制化、规范化等原则。

二、最低生活保障制度的建立与发展

中国的最低生活保障制度,是在原有的城市定期救济与临时救济的基础上,经过1993年在上海等地开展的针对原有城市救济模式的最低生活保障试点,于1999年通过国务院颁布的《城市居民最低生活保障条例》得到确立并付诸实施的。进入21世纪以后,一些地方开始由城市向乡村扩展,部分发达的省市开始建立城乡一体化的最低生活保障制度。

(一) 城市居民最低生活保障制度的改革试验

改革开放后,市场经济改革不仅打破了城镇职工的终身制铁饭碗,而且亦使各种组织单位丧失了长生不死的生存条件,城市贫困问题日益复杂化。改革开放前,政府救济的对象基本上都是城市中的无依无靠、无生活来源、无法定抚养人的孤寡老人、孤儿及部分特殊对象,凡有单位的社会成员及其家属均不在政府救济范围之列,因而救助对象不仅数量有限,结构也不复杂;改革开放后,市场经济体制逐渐得到确立,单位不再负有救助贫困职工家庭的义务,而困难职工群体依然存在,不仅如此,失业、下岗职工及部分退休人员因收入丧失或收入锐减而成为城市新贫困群体。因此,不改革原有的救济制度,便不能适应经济改革与社会发展的需要,亦无法维护城市居民的最起码的生活权益。正是在经济体制改革、城市贫困人口结构及致因发生重大变化的社会背景下,一些地方才开始积极探索改革旧的救济制度而代之以新的救助制度。

1993年6月1日,上海市率先建立了城市居民最低生活保障制度,并以此取代以往实施了数十年的旧救济办法。它确立了一条最低生活保障线,规定凡家庭人均收入低于这一保障线的家庭均可以申请最低生活保障金,从而彻底消除了原有的救助对象的身份限制,并使这一制度有了客观的标准和规范的程序。

1994年民政部作为全国主管社会救助事务的中央政府职能部门,充分肯定了上海市的改革经验,提出了对城市社会救济对象逐步实行按照当地最低生活保障线标准进行救济的改革目标,并决定在全国范围内开展试点。

1995年5月,民政部在厦门、青岛分别召开全国城市最低生活保障线工作座谈会,进一步推动全国各地探索建立最低生活保障制度。到1996年底,建立城镇居民最低生活保障制度的城市已有116个,1997年5月底达到206个,约占全国建制市的1/3。

1997年8月,国务院发出《关于在全国建立城市居民最低生活保障制度的通知》,中央政府正式有力推动最低生活保障制度在全国的实施,这一通知明确要求在1998年底以前全国地级以上城市均要建立城市居民最低生活保障制度,1999年底以前全国县级市和县政府所在地的镇均要建立起这项制度,使非农业户口的居民得到最低生活保障。

进入1999年后,中央政府加强了对各地建立城市最低生活保障制度的督查力度。截至1999年9月底,全国有668个城市和1 638个县政府所在地的建制镇,已经全部建立起面向非农业户口居民的最低生活保障制度,全国享受最低生活保障待遇的城市居民为282万人,其中:传统的民政救济对象占21%,新增加的救助对象占79%;1999年1—10月,全国共支出最低生活保障金15亿元。在1999年10月1日中华人民共和国成立50周年前后,全国各地按照中央的统一要求,普遍将当地的最低生活保障标准提高30%,除北京、上海、山东、江苏、浙江、福建、广东等七省市外,其他省、市、自治区在建立最低生活保障制度时均得到了中央政府的财政补贴。

（二）城市居民最低生活保障制度的基本确立

1999年10月1日，国务院颁布的《城市居民最低生活保障条例》正式实施，它标志着中国城市居民最低生活保障制度开始走上法制化轨道。该条例规定，"持有非农业户口的城市居民，凡共同生活的家庭成员人均收入低于当地城市居民最低生活保障标准的，均有从当地人民政府获得基本生活物质帮助的权利。""对无生活来源、无劳动能力又无法定赡养人、扶养人或抚养人的城市居民，批准其按照当地城市居民最低生活保障标准全额享受。""对尚有一定收入的城市居民，批准其按照家庭人均收入低于当地最低生活保障标准的差额享受。"这一条例还规定了政府对建立最低生活保障制度的财政责任与管理责任，原则规定了最低生活保障制度实施程序等事项。因此，《城市居民最低生活保障条例》的颁行，是中国社会救助制度发展进程中的一个重要里程碑。

不过，由于各地政府对最低生活保障制度的财政拨款机制不健全，民政部门在一定程度上处于无米之炊的状态，虽然最低生活保障制度在法规上得到了确立，但大量符合救助标准的困难居民，因各种严格的限制而不能享受这一权益，从而事实上并未覆盖到全体城镇居民。资金不足成为制约最低生活保障制度发挥作用的关键障碍。

2001年8月，中共中央、国务院决定进一步强化城市居民最低生活保障制度建设工作，要求尽快把符合条件的所有城市贫困居民全部纳入最低生活保障范围。为解决资金不足的问题，中央财政在年初拨款8亿元的基础上又追加15亿元资金，专门用于城市居民最低生活保障。各级地方政府财政、尤其是省级财政亦加大了低保资金投入，在较短时间内将大量符合城市低保条件的贫困人员纳入了保障范围。到2001年底，全国享受最低生活保障的人数达到1 170多万人，比年初的402万人增加191%。

2002年2月4日，中共中央办公厅、国务院办公厅发出《关于进一步安排好困难群众生产和生活的通知》，民政部亦进一步加大了督察工作的力度，对各地的应保人数、资金安排和管理情况进行了一次全面的排查。低保资金由此全部纳入了包括中央财政在内的各级政府财政预算，具有了稳定的经费来源，并且有较大幅度的增长，2002年列入各级财政预算的低保资金105.2亿元，其中，中央财政拨款46亿元，省及省以下地方财政已安排预算资金59.2亿元。到2003年底，全国享受了最低生活保障待遇的城市贫困人口达到2 300万人。

（三）农村居民最低生活保障制度的探索

在城市居民最低生活保障制度改革的进程中，一些地方也开始了农村居民最低生活保障制度的探索。最早开展的是1994年山西省民政厅在阳泉市开展的建立农村社会保障制度的试点。1996年,民政部又确定山东烟台、河北平泉、四川彭周市和甘肃永昌县作为发达、中等发达和欠发达三种不同类型的农村社会保障体系建设的试点县市,最低生活保障制度也是其中的一项基本内容。1996年底,民政部在总结各地试点的基础上,正式印发了《关于加快农村社会保障体系建设的意见》和《农村社会保障体系建设指导方案》,要求各地把建立农村居民最低生活保障制度作为农村社会保障体系建设的重点来抓。自1997年开始,有条件的地区开始逐步建立农村居民最低生活保障制度。到2001年底,全国有27个省、市、自治区的2 037个县(市、区)建立了农村居民最低生活保障制度,占应建县市区总数的81%,受助人口344万人,占农业人口的0.4%,年支出最低生活保障资金9.1亿元。

根据各地的试点实践,农村居民最低生活保障制度的保障对象,主要有四类:一是家庭成员均无劳动能力或基本丧失劳动能力的无劳户;二是家庭劳动力严重残疾生活确有困难者;三是家庭劳动力因常年疾病确有困难者;四是家庭成员因病、灾死亡而子女均不到劳动年龄生活特别困难者。实施最低生活保障所需资金由各级财政分级负担,用于保障救助对象最低层次的生活需要和基本需求。实现保障的方式主要有两种:以现金和实物救助相结合,经济条件比较好的地方全部发放现金。现金一般由乡镇通过村发放,实物则由村来发放。发放时间,通常每季或每半年发一次,个别地方按每月或每年发放一次。一些地方对农村低保户还实施了优惠政策。对低保对象家庭减免提留款、统筹款及各种集资款,减免医疗费、子女学杂费等。

在浙江、广东等省,还通过户口政策的改革,取消了城市居民与农村居民的身份差别,其最低生活保障制度亦由城市居民扩展到城乡全体居民,这无疑代表着最低生活保障制度的发展方向。

三、最低生活保障制度的基本内容

(一)最低生活保障的资金来源

中国在开始建立城镇最低生活保障制度时,各省筹集经费主要有两种办法:一是由各级地方财政按一定比例分级负担,所需经费列入财政预算;另一种办法是各方出力,财政保底,也就是在原有单位保障即"谁家孩子谁抱走"的前提下,先由所在单位解决,当有些单位无力保障或仅有一部分保障时再由地方财政兜底。在此,第一种办法确立了政府的全额财政责任,从而也就消除了传统救助体制下的弊端;第二种办法则只是原有体制的简单延续。

1999年9月国务院颁布并于同年10月1日实施的《城市居民最低生活保障条例》,从法律上明确了最低生活保障资金的来源,规定"城市居民最低生活保障制度所需资金,由地方人民政府列入财政预算,纳入社会救济专项资金支出项目,专项管理,专款专用。"这一规定表明,最低生活保障制度是以地方政府为责任主体的社会救助,地方政府财政应当承担全部责任。不过,考虑到一些地方财政困难,中央财政事实上自 1999 年以来,就承担着为最低生活保障制度拨款的责任,并且保持了逐年增长的势头,从而为全国实施最低生活保障制度提供了条件。

除明确政府供款责任外,《城市居民最低生活保障条例》还同时规定"国家鼓励社会组织和个人为城市居民最低生活保障制度提供捐款、资助;所提供的捐赠资助,全部纳入当地城市居民最低生活保障资金"。因此,社会捐献构成了最低生活保障制度的补充供款渠道。

(二) 最低生活保障的保障标准

根据现行规定,最低生活保障标准由各地按照当地维持居民基本生活所需的衣、食、住费用,并适当考虑水电燃煤(燃气)费用以及未成年人的义务教育费用确定。对孤寡老人按当地低保标准实行全额救济。各市、县根据当地基本生活必需品费用和财政承受能力等因素,科学地确定和调整最低生活保障标准。因此,中国的最低生活保障标准主要是为贫困人口提供食物保障及其他生活必要条件。

需要指出的是,由于中国城乡差距大,地区发展不平衡,各地的最低生活保障标准亦差距甚大。如据 2002 年 6 月 30 日的资料,全国四个直辖市、27 个省会城市和 5 个计划单列市,每人每月低保标准最高的为深圳市(344 元),最低的是南昌市(143 元);地级市保障标准一般为 130 元左右,县和县级市保障标准在 100 元左右,最低海南省陵水县 52 元;中东部 7 省(直辖市)保障对象每月平均领取保障金 104 元,中西部 24 省(自治区、直辖市)为 68 元。不仅如此,同一城市亦可能存在着市区、郊区、郊县的不同低保标准。

由于经济发展和居民生活水平的不断提高,以及通货膨胀等因素的影响,最低生活保障的标准也会随之提高,一些地区建立了正常的调整机制,以确保最困难群体的最起码生活能够在这一制度下真正得到保障。

(三) 最低生活保障待遇的申领程序

社会成员享受最低生活保障待遇的权利,需要经过相应的程序。《城市居民最低生活保障条例》第 7 条规定:"申请享受城市居民最低生活保障待遇,由户主向户籍所在地的街道办事处或者镇人民政府提出书面申请,并出具有关证明,填写《城市居民最低生活保障待遇审批表》"。在中国,接受申请并批准救助的机构是政府的民政部门及其办事机构。

一般而言,社会成员申请救助时需要经过如下程序:

（1）申请。即社会成员根据现行法规、政策规定的最低生活保障标准，评估自己及共同生活的家庭成员的人均收入水平，如果低于法定标准并需要通过这一制度提供援助时，应当填写并向社会救助机构提交申请书，申请书应当填写清楚家庭人口、无劳动能力人口、工作人口及家庭收入和支出状况，以作为申请救助的依据。

（2）调查。社会救助机构在接到申请后，应当派出工作人员，向申请家庭及其所在地区和工作者所在单位进行详细调查。以核实申请者的家庭情况及收入情况。

（3）审核与批准。根据调查结果和核实后的情况，社会救助专门机构做出是否批准其申请报告。

（4）发放保障金。经过社会救助机构批准后，应当向申请者发放最低生活保障金。

通常，为了防止浪费国家资金，防止欺骗、冒领行为的发生，对申请人资格条件的规定和审查要求是较严格的。以英国为例，为了防止欺诈行为，生活津贴委员会每年都要出一本申请须知手册，让申请人按规定申报。内容十分庞杂，如1980年的手册就多达125页。然而这种严格的申请制度也存在不利的一面。首先，申请及审核项目非常繁琐，使不少申请人望而却步；其次，在"生活状况调查"时，如果对申请人的审查过于苛刻，往往会损害申请者的尊严，引起他们的反感。调查制度的实施，一般是由基层社会保障组织中的专业人员负责。他们到申请者的住所、所在街区的管理部门或申请者的工作单位以及其他一些部门，如银行、社区等，进行调查，以了解申请者真实的生活情况，为最后的申请评判提供可靠资料。

第四节　农村五保制度

农村五保制度，是有中国特色的一项社会救助制度，它面向乡村孤寡老人及孤儿等，是中国农村自中华人民共和国成立以来坚持至今并较为规范化的一种社会救助制度安排。

一、农村五保制度及其发展

所谓五保制度，是针对农村中缺乏或丧失劳动能力、无依无靠、没有生活来源的老、弱、孤、寡、残疾人员，由乡、村两级组织负责向其提供保吃、保穿、保住、保医、保葬和保教等五个方面的援助的一种社会救助制度。

五保制度是20世纪50年代中期开始形成的。当时，中国实行严格的城乡户籍分隔制，农村中的孤寡老人与孤儿等不可能像城市孤寡老人与孤儿一样得到国家的直接援助,他们的生活只能依靠乡村集体经济来保障。因此,自1953年全国陆续开展合作化运动后,农村走上了集体化道路。

1956年1月,经最高国务会议通过,中央以草案的形式发表了《1956年到1967年全国农业发展纲要》(也称《农业四十条》,并于1960年4月10日经第二届全国人大第二次会议通过),其中第三十条规定,"农业合作社对社内缺乏劳动能力,生活没有依靠的鳏寡孤独的社员,应当统一筹划,指定生产队或生产小组在生产上给予适当安排,使他们能够参加力能胜任的劳动;在生活上给予照顾,做到保吃、保穿、保烧(燃料)、保教(儿童和少年)、保葬,使他们生养死葬都有指靠。"这是在官方文献中首次正式提出"五保"的概念。

1956年6月30日,第一届全国人大第三次会议通过的《高级农业生产合作社示范章程》也明确规定,"农业合作社对于缺乏劳动能力或者完全丧失劳动能力、生活没有依靠的老、弱、孤、寡、残疾社员,在生产上和生活上给以适当的安排和照顾,保证他们的吃、穿和柴火的供应,保证年幼的受到教育和年老的死后安葬,使他们的生养死葬都有依靠。"这两份文件是最早提出"五保"概念并赋予其规范涵义的法规性文件,农村享受五保保障的对象被称为五保户。以此为依据,有中国特色的农村五保制度初步形成,并由此而成为中国农村中的一项长期制度。不仅如此,一些地方还为五保户兴建敬老院,对五保老人实行集中供养制。据统计,1958年全国农村享受五保的有413万户519万人,共办起敬老院15万多所,集中收养五保对象300多万人。

20世纪80年代初期,随着农村承包责任制的推行,农村五保制度曾经受到一些影响,因为农村集体经济被承包责任制所替代,土地被承包到个人,过去五保户参与集体分配,承包责任制度后因五保政策未及时调整,部分地区出现了损害五保户权益的现象。为了做好新时期的农村五保工作,中共中央先后印发了《关于进一步加强和完善农业生产责任制的几个问题的通知》、《全国农村工作会议纪要》、《关于制止向农民乱摊派、乱收费的通知》(与国务院联合发出),明确规定各地必须切实保障农村五保对象的生活。

1994年1月,国务院颁布《农村五保供养工作条例》(以下简称《五保条例》),首次以法规的形式对农村五保供养进行了规范,它标志着农村五保供养工作进入了一个新的发展阶段,它进一步明确了农村五保供养工作的性质、资金来源、集体责任等,从而对维护农村极端弱势群体的基本生活起到了良好的推动作用,并为农村五保供养工作提供了基本的法律依据。

不过,随着农村经济的改革深化与发展,建立在农村集体经济基础之上并主要由农村居民互助的农村五保制度亦面临着新的挑战,尤其是农村实行税费改革和取消农业税等后,农村中的五保对象亦需要有新的保障机制。在新的时代背景下,民政部、财政部、国家发展和改革委员会于2004年8月23日联合发出《关于进一步做好农村五保供养工作的通知》，再次明确了农村五保供养工作的相关政策，为在新的形势下继续做好农村五保供养工作提供了指导。

二、农村五保制度的基本内容

作为一项有中国特色并持续实施长达半个多世纪的乡村救助制度，农村五保制度有其特定的内容。根据1994年国务院颁布的《农村五保供养工作条例》和2004年由民政部、财政部、国家发展与改革委员会联合发出的《关于进一步做好农村五保供养工作的通知》，将现行农村五保制度的基本内容介绍如下：

（1）五保供养的含义。是指对符合规定的农村居民，在吃、穿、住、医、葬方面给予的生活照顾和物质帮助。

（2）五保供养的性质。是农村的一项集体福利事业，它由负责管理社会救助事务的民政部门主管，由农村集体经济组织负责提供所需的经费和实物，乡、民族乡、镇人民政府负责组织五保供养工作的实施。

（3）五保供养的对象。是指农村居民中无法定扶养义务人或者虽有法定扶养义务人但扶养义务人无扶养能力的、无劳动能力的、无生活来源的老年人、残疾人和未成年人。五保对象的确定由村民本人申请或者由村民小组提名，经村民委员会审核，报乡、民族乡、镇人民政府批准，发给《五保供养证书》。五保对象具有下列情形之一的，经村民委员会审核，报乡、民族乡、镇人民政府批准，停止其五保供养，收回《五保供养证书》：有了法定扶养义务人且法定扶养义务人具有扶养能力的；重新获得生活来源的；已满16周岁且具有劳动能力的。

（4）五保供养的内容。包括：一是供给粮油和燃料；二是供给服装、被褥等用品和零用钱；三是提供符合基本条件的住房；四是及时治疗疾病，对生活不能自理者安排人员照料；五是妥善办理丧葬事宜。五保对象是未成年人的，保障他们依法接受义务教育。

（5）五保供养的实际标准，不应低于当地村民的一般生活水平。具体标准由乡、民族乡、镇人民政府规定。

（6）五保供养所需经费和实物来源。从村提留或者乡统筹费中列支，不得重复列支；在有集体经营项目的地方，可以从集体经营的收入、集体企业上交的利润中列支。灾区和贫困地区的各级人民政府在安排救灾救济款物时，应当优先照顾五保对象，保障他们的生活。实行农村税费改革后，农村五保供养资金发生了变化，除保留原由集体经营收入开支的以外，从农业税附加收入中列支，村级开支确有困难的，乡镇财政给予适当补助；免征、减征农业税及其附加后，原从农业税附加中列支的五保供养资金，列入县乡财政预算。在列入县级财政预算后，集中供养经费可由县级财政部门根据县级民政部门提出的用款计划直接拨付敬老院;分散供养经费可由县级财政部门根据县级民政部门提出的用款计划,通过银行直接发放到户。

(7) 五保供养的形式。对五保对象可以根据当地的经济条件,实行集中供养或者分散供养。具备条件的乡、民族乡、镇人民政府应当兴办敬老院,集中供养五保对象,五保对象入院自愿、出院自由。实行分散供养的,应当由乡、民族乡、镇人民政府或者农村集体经济组织、受委托的扶养人和五保对象三方签订五保供养协议。

(8) 其他。国家鼓励社会各界参与农村五保供养工作,形成全社会共同关心支持五保供养工作的局面。在保证五保供养经费财政投入的基础上,继续发挥乡村集体经济组织的作用,各地民政部门还可以在开展社会捐助活动中将募集的物资优先用于解决农村五保户的生活需要。

需要指出的是,随着农村税费改革和取消农业税等政策的实施,农村五保制度又面临着新的挑战。从发达地区的实践来看,政府正在发挥着日益重要的作用,这一传统的乡村集体救助制度,正在向以国家财政为经济后盾的混合型社会保障制度发展。

第五节 灾害救助

一、灾害与灾害救助

灾害是对人类社会造成物质财富损失和人身伤亡的各种自然现象的总称,它作为人类社会发展的破坏性因素,一直伴随着人类社会的发展而发展,并迫使人类社会不得不考虑建立灾害救助机制来应付其后果。因此,各种灾害构成了灾害救助的风险基础。

所谓灾害救助,是指国家和社会对在遭遇各种自然灾害及其他特定灾害事件等袭击,并因此而陷入生活困难的社会成员给予一定的现金或实物援助,以帮助其度过特殊困难时期的一种社会救助,它是社会救助体系不可缺少的重要组成部分,也是整个社会保障体系中最具紧迫性的特殊保障制度安排。其目的是通过对遭遇灾害袭击的社会成员的救助,使其尽快恢复正常的生活秩序,同时减少遭灾地区的破坏后果并使灾区社会发展尽快恢复正常化、秩序化。

在人类社会发展进程中,自然灾害种类繁多,其中威胁人类生存与发展的最大自然灾害有水灾、旱灾、地震等,这些灾害所造成的主要社会后果是人员伤亡、社会财富损毁,成为制约社会经济持续发展的重要因素,工业社会的灾害问题较农业社会的灾害问题更加具有普遍性、全面性和严重性。中华人民共和国成立后,各种自然灾害不仅没有减少,反而因环境破坏、气候变化而更加严重。据统计,一般年份,全国遭受各种自然灾害袭击的人口达 2 亿多人次,每年因自然灾害造成的死亡人数数千人不等,需要转移安置的人口以百万乃至千万计,农作物受灾面积 4 000—4 700 万公顷,大的自然灾害还容易引发传染病疫情,后果十分严重。例如,1976 年的唐山大地震,就造成了 24 多万人死亡、16 多万人重伤、50 多万人轻伤,一座百万人的工业城市变成一片废墟的惨烈后果;1998 年的江淮大水灾,造成近千万人流离失所,各种经济损失达 2 000 多亿元。其他如虫灾、风灾、雹灾、霜灾和雪灾等也对人类生存产生了不同程度的威胁。

进入 21 世纪后,灾害问题更趋严重。一方面,灾害的种类在增长,如 2001 年发生在美国的恐怖分子利用民用飞机袭击世界贸易大厦,造成数千人死亡,直接经济损失 100 多亿美元,成为人类史上的重大灾难事件;2003 年发生在中国的非典型性肺炎也是引起全国乃至世界震惊的传染病,是当年中国发生的最重大的灾难性事件。而 2004 年 12 月 26 日上午 8 时左右,发生在印尼苏门答腊岛附近海域的强烈地震引发的海啸,更是人类史上的一场重大灾难,它波及印尼、斯里兰卡、泰国、印度、马来西亚、孟加拉国、缅甸、马尔代夫等国,造成 30 多万人失踪和死亡,其中印尼在这场地震和海啸灾害中死亡和失踪的人数达到 20 多万多人。因此,灾害问题还在恶化。

灾害的严重后果,不仅在于造成社会财富的灭失,更在于造成众多灾民的伤亡并直接影响到遭遇灾害的社会成员的生存条件,如果国家和社会缺乏有效的救助灾民的保障措施,灾民便可能难以自救,灾区社会就会失去控制,中国历史上历次农民起义与朝代更替均以大灾害的爆发为背景,表明了灾害问题的破坏作用会产生连带效应。因此,在中国历史上,统治者就实施了相应的救灾措施,如仓储后备和以工代赈等,在某些年代这些救灾措施确实发挥过很好的作用。进入现代社会后,各国政府更是积极建立灾害救助制度,利用公共资源和社会力量,通过为灾民提供衣、食、住、行、医疗等基本生活资料,帮助其脱离灾难和危险。在发达国家,政府负责的灾害救助主要是灾时紧急救助,灾后也帮助灾民实施灾后重建,但商业保险发挥着非常重要的作用;在发展中国家,各国亦建立有自己的灾害救助制度或措施。

二、灾害救助的基本特征

与其他社会保障项目相比,灾害救助因其面对的风险是各种突发性的灾难,其在实践中也具有自己明显的特征。它主要体现在以下几个方面[①]:

(1) 灾害救助的急切性。由于各种灾害的发生大都具有突发性(除旱灾外)和严重的危害性,遭遇灾害的社会成员可能迅即陷入生活困境之中,甚至倾家荡产、流

---

① 郑功成著:《中国社会保障论》,第 192—194 页,湖北人民出版社,1994。

离失所、人身伤亡,大面积的自然灾害或其他重大灾难(如美国"9·11"恐怖袭击事件)等又往往极易造成疫病流行,如果国家和社会不紧急实施救助,遭遇灾害袭击的社会成员就可能非正常死亡、外出流浪等,灾区社会会因此陷入危机并进而连带其他地区的安定。因此,灾害救助必须对灾民及时进行各种生活和医疗服务等救助,各种救灾实物或服务资源必须迅速到位,以及时解决遭灾社会成员的生存危机并将灾害造成的后果减少到最轻程度。

(2)灾害救助内容与方式的多样性。由于各种灾害造成的后果是多方面的,包括人身伤亡、财产损失、基础设施损毁以及疫病流行等,灾害救助的内容与手段也必须是多种多样的。在救助内容方面,既包括对人的救护,也包括对物资财产的转移和保护;既包括衣食等基本生活用品的救援,又包括医疗服务等特殊救助。在救助方式方面,既采用现金救灾、实物救灾、服务救灾等救助方式,在特定条件下也可以采取以工代赈等特殊方式。因此,在整个社会保障体系中,灾害救助的内容与方式是最多样化的,这主要是灾害及其损害后果的广泛性及特殊性所决定的。

(3)灾害救助的非经常性。尽管灾害救助作为一种制度是需要常备不懈的,但由于灾害的发生具有偶发性与不平衡性,即灾害的发生是不以人的主观意志为转移的,在时间与地区分布上又是不平衡的,遭遇灾害袭击的社会成员的生活困境也是暂时的。因此,与其他社会保障制度相比,灾害救助虽然在总体上也是一项经常性的社会救助制度安排,但具体实施时却是非经常性的,因为只有发生需要国家与社会救助的灾害时才需要灾害救助,如果风调雨顺、平安无事,则灾害救助就不需要。

(4)灾害救助的不确定性。由于灾害无法事先确定,灾害救助也就不同于其他社会保障制度安排,可以事先计划并按照确定的方案开展。灾害救助的不确定性,主要表现在于:一是灾害发生的不确定性,即灾害发生的时间、地点是不确定的,灾害救助也无法事先准确确定救助的时间与地区;二是灾害的损害后果是事先无法确定的,所需要救助的财力也是不确定的,虽然政府每年均有救灾的财政预算,但具体需要多少却要由具体的灾害事件来决定,这一特点决定了政府的救灾预算总是与实际需要的救灾支出不相符合的;三是救助的形式具有不确定性,它需要在灾害发生时根据不同灾民的受灾程度及需要,选择不同形式的救助。因此,灾害救助在形式上是一种预防性的社会保障制度安排,但实践中却需要临灾应变,灾害救助在实践中愈是有针对性,救灾的效果就愈好;反之,即使投入大量人力、财力,救灾的效果也可能不好。

灾害救助的上述特征,表明国家既需要将这一项目制度化并有常备不懈的应急机制,也强调要积累经验有临灾应变之策,既要有财政专款作为经济后盾,也要有救灾物资储备作物质基础等等。

三、灾害救助的方针及内容

灾害救助并不总是被动的,面对各种灾害的威胁,中国政府强调防灾、抗灾、救灾三结合,同时发动人民群众开展生产自救。其中:防灾是指对易发生灾害的地区在灾害发生前积极地采取预防措施,尽可能避免或减少灾害的发生,如建筑防洪坝和农田水利设施以防止洪水灾害,种植防沙林以防流沙袭击,加强病虫害预测预报以防治病虫害,提高建筑物的抗震标准以防止地震灾害等等,均可以减轻灾害及其危害。抗灾是指为抵御、控制和消除灾害的影响在灾情出现时,采取各种措施将损害后果降低到最低程度,包括紧急抢险、转移疏散灾区人口、抢种抢收农作物等。当灾害已经形成后,政府就应当迅速开展灾害救助,组织力量抢救人们的生命财产,安排灾民生活,尽快恢复灾后社会成员的正常生活。因此,人类社会在对付灾害袭击时,防灾、抗灾和救灾三者相辅相成。中国政府奉行的灾害救助方针是"依靠群众、依靠集体、生产自救、互助互济,辅之以国家必要的救济和扶持"。

同时,由于灾害是人类社会的共同敌人,灾害发生后往往容易引起同情,也能够得到广泛的援助。因此,各国的灾害救助往往还奉行官民结合的方针,即在灾害发生时迅速发动社会各界参与到灾害救助中来,包括捐献款物、参与义工等。大的灾难发生时,还会得到国际社会的援助。如2004年12月发生的印度洋海啸,遭灾国家获得国际社会的援助就达数十亿美元,其中中国政府官方的援助近亿美元,民间的捐献也超过了5亿元人民币。

根据灾害救助的实践,其内容主要包括如下几个方面:

(1)救助灾民生命。灾害尤其是突发性重大自然灾害的发生是以造成人员伤亡和财产损失为特征的,因此,尽最大努力最大限度地减少灾区人员伤亡是灾害救助的最直接目的和基本内容。

(2)为灾民提供基本生活保障。灾害的发生往往使灾民的衣、食、住、医等生存条件丧失,这就要求灾害救助在抢救灾民生命的同时,还必须迅速解决好灾民基本生活问题,为灾民提供基本的生活资料,包括发放食物、水、搭建帐篷,以及提供必要的药品等救灾物品。

(3)安抚灾民情绪,实施精神救灾。大灾的发生不仅严重破坏灾民的生存条件,还冲击着灾民的精神和心理,从而产生不利于恢复的消极情绪和心态。实施精神救灾,安抚灾民情绪,重构被灾害破坏了的精神世界,日益成为各国灾害救助的重要内容。

(4)帮助灾民确立自行生存的能力。灾民自行生存能力,是指灾民在大规模救灾活动停止后,依靠自己的力量,进行正常的物质和精神生活的能力。当然,这并不意味着政府在灾后不再帮助灾民,许多国家在灾后也会出面帮助重建灾区社会,但主要依靠灾民自己来恢复受创的生活与生产条件。因此,恢复或帮助灾民确立自行生存的能力,既是灾害救助的重要内容,也是灾害救助的根本目的。

【案例讨论1】

不完善的最低生活保障制度

中国城镇居民最低生活保障制度自建立以来,发挥了对城市贫困人口最起码生活提供保障的积极作用,是一项非常得民心的社会政策。然而,从各地的实践来看,亦可以发现许多欠规范的做法。例如,有的地方规定,在享受条件方面,坐出租车者、在饭店请客吃饭者、妇女身上有金银首饰者、家中养狗者等不得享受最低生活保障待遇;有的地方规定,将享受最低生活保障待遇的社会成员名单在社区张榜公告,以接受社区居民的监督;有的地方规定,享受最低生活保障者必须接受在社区从事公益劳动的安排,不接受者不得享受最低生活保障待遇等等。上述各种土政策的规定,实际上增加了困难群体申请和享受最低生活保障待遇的附加条件,而张榜公告、强迫劳动等做法亦有损受助者的人格尊严。

与此同时,还可以发现,由于最低生活保障制度只提供最起码的食物保障,事实上贫困人口或贫困家庭还需要有最低的住房保障、疾病医疗保障与子女义务教育保障等,这些保障机制通常属于另外政策规范并由另外的部门来实施,因此,同样面向贫困人口的社会救助实际上被分割成多个板块。在这种状态下,享受最低生活保障待遇的贫困家庭往往还有权享受廉租房、医疗救助与子女教育补贴等,而不能享受最低生活保障待遇的家庭却同样不能享受其他救助,它带来的结果是面向贫困人口及家庭的救助政策客观上造成了新的社会不公平。如以最低生活保障线为300元为例,一个四口之家如果人均收入为290元,其每月虽然只能获得政府民政部门发放的最低生活保障金40元,但却可以享受住房、医疗、教育救助;而另一个四口之家如果人均收入为300元及以上,生活不仅非常困难,而且住房极为紧张,他却不仅不能享受最低生活保障待遇,同时也丧失了公共房屋的申请资格。

还可以列举出一些其他现象,这些现象的存在,表明中国的最低生活保障制度作为整个社会救助体系中较为完善的制度安排,也还存在着诸多内在缺陷,从而还需要进一步完善。

【案例讨论2】

北京市最低生活保障制度实行分类救助

2004年6月29日,北京市民政局和北京市财政局联合发布《关于对城市低保对象实行分类救助的通知》,该通知经市政府批准,自2004年7月1日起,通过分类救助,提高城市低保对象救助标准。

该通知明确分类救助的原则是:按照对象的劳动能力不同及种类不同制定相应救助标准的原则,对法定劳动年龄段内、有劳动能力人员实施鼓励就业政策,提高救助水平;对"三无"人员、享受城市低保待遇的老归侨、因公致残返城知青、老人、儿童及重残人本人,实施提高救助标准政策,改善其生活状况。

该通知明确新的救助标准设定如下:

1. 对法定劳动年龄段内的人员,区分有无劳动能力,实施鼓励就业政策。具体规定如下:

(1) 家中现有相对固定工作岗位的就业人员及城市低保对象家庭成员就业后可享受就业奖励,即本市当年最低工资标准与城市低保标准的差额部分不计入家庭收入。其本人不再享受粮油帮困救助。

(2) 城市低保家庭成员就业后,扣除就业奖励,家庭月人均收入超过本市当年城市低保标准的,实行救助渐退政策,即对其家庭原享受的低保金进行逐月抵扣,在2个月内抵扣完毕(即第一个月发放100%,第二个月发放50%)。

(3) 法定劳动年龄段内且有劳动能力的城市低保对象,在未就业期间,本人只享受低保金待遇;家庭成员符合条件的,可同时享受粮油帮困等其他专项救助待遇。

2. 提高特殊群体的救助水平。下列人员按本市当年城市低保标准上浮10%享受救助:

(1) "三无"人员,享受城市低保待遇的老归侨和因公致残返城知青。

(2) 享受城市低保待遇和生活困难补助的70岁以上老人。

(3) 享受城市低保待遇的16岁以下儿童、中小学生(含16岁以上在读)。

(4) 享受城市低保待遇的重残人和家庭月人均收入低于本市当年最低工资标准、高于本市当年城市低保标准的,具有本市正式非农业户口,持有《中华人民共和国残疾人证》、生活不能自理的重残人。

该通知还要求各区县民政和财政部门要密切配合,按照文件要求并结合当地实际情况，认真研究具体落实方案。实施中发现问题及时上报有关部门，研究解决办法。同时还明确现有城市低保对象中符合分类救助条件的，按本通知重新核定，及时调整待遇；新申请家庭的收入核定，按本通知和相关规定执行。其他均执行原有的政策。

北京市采取分类救助办法，将救助对象区分为有劳动能力与无劳动能力等，对有劳动能力者鼓励就业，对无劳动能力者提高救助待遇，较原来不分类救助显然是一大进步。然而，这种分类救助办法事实上还有不足，如家庭人口数量多寡是决定救助水平的重要依据没有得到体现，对就业的救助对象的收入不是规定一个普遍适用的豁免额，而是奖励就业者最低工资标准与最低生活保障标准的差距等等，这些规定仍然影响到最低生活保障制度的实施效果。

【案例讨论3】

深圳市最低生活保障制度的实践

深圳市是改革开放后的新兴城市，尽管贫困人口的比重相对较轻，但外来流动人口多。最低生活保障制度作为深圳社会保障体系的一个日益重要的组成部分，自1997年3月开始建立以来，经过不断充实与调整，开始走向完善发展阶段。深圳的低保制度在全国具有特色性与先进性。

一、深圳市最低生活保障制度的建立与发展情况

1997年3月，深圳市发布《深圳市城乡居民最低生活保障暂行办法》，从一开始就实施城乡同步的最低生活保障制度；2000年，深圳市又发布《关于建立深圳市城镇特困人员基本医疗保障制度的通知》等一系列法规性文件，开始建立低保对象医疗保障、子女教育费减免等多项配套制度；2002年，深圳市颁行《深圳市城乡居民最低生活保障办法》，低保制度从此不断走向完善。

深圳市从建立低保制度之日起，任何一个符合条件的群众，不论其居住在城镇还是在乡村，都可以享受到低保待遇。据深圳市在2004年4月30日普查基准时点的普查资料，全市的低保对象为3 953户、11 782人，占户籍人口1％弱。在低保普查中，由于人户分离和普查误差等原因，深圳市民政局取得了可分析的低保样本

3 795户、11 516人。其中,无收入家庭682个,占18.0%,人均月收入59元;双失业家庭1 720个,占45.3%;有就业的家庭703个,占18.5%。可见,深圳市的低保制度基本覆盖了该市最困难的居民群体。

从1997年以来,深圳市先后三次提高低保待遇标准。2004年来的现行标准为:特区内为家庭人均收入344元,特区外城镇为290元,特区外农村为205元。相应地,低保资金的支出也呈直线上升趋势,从1997年的122万元增长到2003年的1 972万元。低保对象在一定程度上分享了深圳市社会和经济进步的成果。

深圳市对低保的申请条件、资金来源和发放方式等作了具体的规定。包括:一是规范低保申请,严格按实际收入计算家庭收入,避免有隐性收入和不符合条件者冒领低保待遇;二是把低保金纳入市、区两级财政预算,保证资金及时到位;三是通过银行发放低保金,减少中间环节,确保低保金及时足额发放到低保对象手中。

二、深圳市最低生活保障制度的基本框架

深圳市面向贫困家庭与贫困人口的最低生活保障制度,实际上是一个由多项目组成的保障系统,它不仅包括普遍意义上的以食物保障为主体内容的最低生活保障,还包括医疗救助、教育救助、住房救助、法律援助乃至扶贫就业等项目。

2000年,深圳市颁发了《关于建立深圳市城镇特困人员基本医疗保障制度的通知》,建立了低保对象基本医疗保障制度,对低保对象的医疗费用支出以低保标准的14%予以报销,2003年,全市共为5 000多人次报销基本医疗金,共支出230多万元。2004年这一制度进一步由城市居民扩展到农村居民,并确立了重病住院保障制度。

2000年,深圳市颁发了《关于印发深圳市资助义务教育阶段特困学生就学暂行办法的通知》,每年为义务教育阶段的低保学生免除学费和杂费100多万元,保证了每年1 200多名低保学生接受义务教育。不仅如此,2004年以后还扩展到非义务教育阶段。

2000年4月,深圳市决定由市、区、镇、村四级共同解决农村困难群众的住房难问题,并确定了经费来源、住房面积、补助标准等。多年来,共筹集资金1 520万元,建设住房28 015平方米,共为特区外1 820名低保对象提供住房。2001年12月,深圳市建立了多部门合作机制,解决特区内低保对象的住房难问题:由市住宅局提供小面积住房,市财政予以补贴租房款,市民政局予以分配管理。低保对象只需支付福利房租金的40%,就可以租住廉租房,特区内共有150户低保家庭住进廉租房。2004年以后,深圳市将原来的实物分配改变成货币补贴方式。

此外,深圳市还设立了市、区、街道三级法律援助网络,其中市法律援助中心1

个,区法律援助中心6个,法律援助工作站72个,实现了法律援助到社区。2003年为困难群众无偿受理法律援助1687宗,2004年1—8月接案1914宗。

三、深圳市最低生活保障制度走向完善

针对最低生活保障制度实践中已经出现和可能出现的问题,深圳市于2004年4月在全市范围内开展了低保普查,这次普查发现了已经存在的一些问题,从而为完善最低生活保障制度提供了依据。这次普查及此后采取的政策措施使深圳市的最低生活保障制度走向完善。

1. 主动宣传、动员,努力寻找应保未保者。为了避免低于低保线下的贫困家庭,因不熟悉低保制度而漏保的现象,深圳市在低保普查中,民政局派发了45万份宣传资料,把低保的信息发送到每一个户籍家庭,并通过社区居委会把有关低保政策的小册子和宣传单在居民生活区进行广泛发放和张贴,还在《深圳特区报》和《深圳商报》等主流媒体刊登广告,公布有关最低生活保障的政策以及低保对象所享有的权益和办理程序,动员市民提醒和动员自己熟悉的困难群众申请低保;最后,走向街头宣传。2004年深圳市民政局先后8次上街设点宣传低保政策,接受群众的咨询,力求让低保政策做到家喻户晓。通过一系列努力,查漏补缺,从2003年底至2004年8月,深圳市的低保家庭增加了501户,低保对象增加了1 781人,达到4 314户,12 804人。

2. 维护公平,统一全市的低保标准。深圳市2004年以前一直有三个低保标准,分别是特区内344元,特区外290元,特区外农村205元,相互之间有很大差距,其中,低标准不足高标准的60%。随着深圳市在宝安、龙岗加快城市化的进程,深圳也要变成一个没有农村的城市。深圳市民政局抓住这一机遇,积极向市政府建议,并获得批准,将全市的低保标准统一为344元一个标准,并于2005年开始实施。统一标准之后,大幅度增加了受惠人数,低保对象将从原来的1.2万人增加到2万人,相应地,低保金支出也将从原来的不足2 000万元增加到近4 000万元。这一政策的得益者是特区外的困难群众,一方面把更多困难群众纳入低保保障范围,另一方面使原有的低保对象可以享受到更好的福利。因此,统一低保待遇标准,是深圳市继城乡一体推进最低生活保障制度之后,又一次在制度实践中体现出来的低保制度的社会公平性。统一标准的实施,意味着所有深圳市民只要符合低保条件,均能够享受同一标准的低保待遇。

3. 强化服务,进一步完善低保制度。在原有制度的基础上,经过普查,深圳市从强化服务入手,对最低生活保障制度加以进一步完善。

一是建立信息库,即在低保普查的基础上,将全市低保对象的资料全部输入电

脑,内容包括家庭基本情况、家庭经济收入、家庭资产情况、家庭支出情况、接受救助情况、最关心和迫切要求解决的问题、家庭成员的基本情况等,建立了一个完整的低保对象信息库,进而扩展到每一社区、每一个街道乃至每一个区和全市的总体情况都非常清楚地记录在信息库,非常方便查找,同时从市、区、街道到社区形成了四级互通的网络,特别是将信息库的终端连接到每一个社区,并通过社区居委会及时了解和更新每一个低保对象的信息,从而有利于消除管理层级中的信息损耗和失真、迟滞等现象,有助于定量分析和动态管理,进而使政策与服务更有针对性。

二是建立家访制度。即通过社区居委会每年探访每个低保家庭不少于一次,从而达到给这些最困难的家庭送去人文关怀、及时掌握低保家庭收入和人口增减的情况以及对低保家庭提供个性化帮扶,对遭遇临时困难的家庭给以特殊的救助的目的。

三是建立退出机制。深圳市主要在如下两个方面打造低保退出机制:一是准确掌握低保家庭的情况,如前所述,通过建立低保信息库和家访制度,尽量及时和详细地了解低保对象的真实资料,这是建立退出机制的基础;二是严格把握标准,对收入超过标准的低保对象,无论是什么情况,都绝不能偏袒,否则,整个低保制度将会陷于崩溃。

四是推行低保对象义务劳动制度。深圳市组织低保对象从事小区治安、卫生等公益性工作。通过组织有劳动能力但尚未找到工作的低保对象参加一些力所能及的义务劳动,避免他们长期闲散在家给身心带来的负面影响。

4. 帮助解决"就业难"。普查结果表明,在3 795个低保家庭中,有人就业的家庭只有703个,占18.5%,完全无人就业的家庭是3 092个,占81.5%。可见,导致贫困的最主要原因是失业。为此,深圳市民政局推出"就业扶贫"活动,在媒体和网站上公布低保家庭的情况,提出"一人就业,全家脱贫",号召热心企业为低保对象提供就业机会。活动推出后,社会反响热烈,在6月份举行的首次"困难家庭与热心企业见面会"上,共为低保对象提供了100多个就业机会。与此同时,各区政府也在积极为低保对象解决就业问题,聘请200多名低保对象为交通协管员。

5. 调整廉租房政策,由实物分房改为货币化补贴方式。过去,深圳市完全用实物方式解决低保对象的住房问题,各级政府或者是投入巨资兴建廉租房,或者是在福利房中调整部分房子分配给低保对象。在普查中发现,实物分房的方式存在很多问题,一是政府一次性投入太大,难以为继;二是政府集中建设的廉租房,与低保对象分散居住的习惯有冲突,群众觉得不方便;三是有些群众觉得政府建的廉租房偏大,交租金和管理费的压力大;四是低保对象脱贫后搬迁难,如果低保对象收入状况好转不再属于低保对象,会给动员搬迁工作带来很大的难度,如果这些群众执意不搬的话,很难找到有力的措施,甚至可能会引起不愉快的事情发生。为此,深圳市对廉租房政策进行重大调整,不再为低保对象提供实物住房,全面改为用货币化的方式解决低保对象的住房问题。

6. 解决重病就医难的问题。据普查,低保对象中患有重病者2 026人,残疾者840人,两者合计2 866人,占总人数的23.8%,平均每个低保家庭有0.76个重病患者和残疾人,说明因病致贫是一个非常重要的因素。过去,深圳市虽然已实施了低保家庭基本医疗保障制度,但只对城镇居民中的低保对象实施保障,农村居民中的低保对象被排除在外,而且医疗费用只是以低保标准的14%予以报销,按最高一档的特区内标准,每人每月的报销额以48元为限。低保对象是一个连日常温饱都难以保证的特殊困难群体,如果家庭成员中有人患有重病,那无疑是雪上加霜。因此,2004年7月,深圳市建立了低保对象的重大疾病救助机制,每年由福利彩票公益金拨付资金,为18周岁以上的低保对象购买住院医疗保险,较为彻底地解决他们的重病就医难问题。此外,深圳市在实施"明天计划"的过程中,除了按照民政部的统一部署,为各类福利机构收养的18岁以下并具有手术适应症的残疾儿童进行手术康复治疗之外,还把手术康复治疗的对象扩展到低保家庭中的残疾儿童。

7. 解决非义务教育阶段"读书难"。如前所述,深圳市义务教育阶段的助学工作是比较到位的,相比之下,对非义务教育阶段的助学有所不足。据普查,在深圳市3 795个低保家庭中,有5 014个学生,平均每个家庭为1.32人,其中,属于非义务教育高中以上的学生为1 219人,平均每个家庭为0.32个。高中以上学生的家长都是人到中年,体力和精力都明显不足,繁重的学杂费成为这些家庭的沉重负担,有些适学儿童被迫辍学。为此,深圳市2004年采取了两个措施,一是颁发了《关于进一步做好高中阶段特困学生减免学杂费工作的通知》,减免高中阶段的低保学生的学杂费;二是针对低保学生考上大学无钱交学杂费的情况,2004年6月底开始,深圳市民政局与《深圳商报》合作推出"雏鹰展翅——爱心助学"活动,为低保学生筹集上大学学费,历时两个多月,共收到社会各界捐款70多万元,所有低保家庭的子女,只要出示大学的入学通知书和学费缴费单,都可以获得全额的学费资助,从而确保他们不会因为经济困难而放弃上大学的机会,在这个活动中,共有85名学生接受资助。

8. 为低保对象发放《法律援助受援证》。从2004年8月起,为简化手续,更好地服务低保对象,深圳市为全市低保对象发放《法律援助受援证》,低保对象凭证可到全市各法律援助机构得到无偿的法律援助。

9. 参与行动——让低保家庭参与家庭寄养和模拟家庭计划。在开展家庭寄养和模拟家庭计划时,深圳市选择在福田区开展试点,在全区 320 个低保家庭中逐一选择,由社区推荐,街道办事处评估,市福利中心审核把关。如有一户低保家庭,丈夫因工伤病退在家,妻子为无业家庭主妇,女儿上大学,该家庭综合素质比较好,有爱心、有时间、有护理经验,非常适合家庭寄养,深圳市福利中心就与该家庭签订了 1 年的协议,寄养 2 名小孩,其中一人弱智,每月小孩的生活费标准为:正常小孩 700 元,弱智小孩 800 元,教育、医疗等费用按实际报销。深圳市还选择了一些个人条件比较好但住房非常困难的低保家庭参与模拟家庭计划,这些家庭的成员与孤儿一起,住在福利中心提供的房子,组成特殊的家庭,如有一户低保家庭,女方 30 岁、高中文化、在家待业,男方 42 岁、高中文化,是下岗工人,有 1 个 7 岁的女儿,家庭月收入约 600 元,每月领取低保金 400 多元,夫妻俩对家庭寄养热情很高,曾多次要求和申请,经评估后,深圳市福利中心认为其具备开展家庭寄养的条件,选配了从 1—14 岁的 5 个小孩,其中 1 人轻度弱智,组成一个特殊的模拟家庭,每月小孩的生活费标准为:正常小孩 700 元,弱智小孩 800 元,其他教育、医疗等费用按实际报销。这种尝试不仅解决了低保家庭的收入来源,而且让孤残儿童有了更好的照顾。

10. 救急行动——建立快速救济机制。由于低保金只能解决低保对象的最基本的温饱问题,他们应付突发性灾难的能力非常小,每年深圳市的福利彩票公益金数以千万计,用于资助各种公益事业,但一年只审批一两次,对于群众临时遇到的困难常常是束手无策。为此,从 2004 年起,深圳市在福利彩票公益金中设立了"特殊救济项目",对因特殊原因临时陷入困境的群众给予及时救济,提高救济工作的时效性和对社会热点问题的反应能力。

四、深圳样本的启示

毫无疑问,深圳市的最低生活保障制度是比较健全的,尤其是 2004 年以来,这一制度在深圳市更是走向完善,在完善过程中进一步体现了公平性、综合性与先进性,从而为我们提供了有益的启示:

一是面向贫困家庭与贫困人口的最低生活保障应当是所有城乡居民都能够公平享受的制度安排,因为最起码生活的保障权是所有人均必需的,是整个人权保障的基础。深圳市从城乡居民一体化、分标准救助到全面覆盖、统一标准,具有显著的社会公平性。

二是面向贫困家庭与贫困人口的最低生活保障制度,不仅仅是食物保障的问题,事实上应当是一个综合援助系统,包括医疗卫生、住房、教育等均应统筹考虑,否则,这些因素同样会危及贫困人口的生存或者使其无法摆脱贫困陷阱。深圳市的最低生活保障制度是一个多项目、全方位的综合援助系统,这种综合性较之单一的食物保障,显然功能更大、效果更好,更有利于维护贫困家庭与贫困人口的最低生活保障权益。

三是最低生活保障制度是现代社会救助事业,它不应当有恩赐、怜悯、施舍的色彩,而应当充分尊重受助者的人格尊严,从而要求在实际工作中坚持平等理念并发挥人文关怀的精神。深圳市的家访制、个性化服务、主动为低保对象解难等等,均体现出了以人为本的理念。

四是最低生活保障虽然是救助制度,但如果能够和促进低保对象的就业结合起来,其效果可能会更积极、更有效。深圳市扶持低保对象就业,尤其是与社会福利机构合作开展家庭寄养与模拟家庭活动,更是一种相得益彰的有益尝试。

思 考 题

1. 社会救助有哪些特征?
2. 社会救助包括哪些内容?
3. 为什么说社会救助是第一道防线?
4. 最低生活保障制度有哪些基本内容?
5. 简述最低生活保障工作的程序。
6. 简述农村五保制度的基本内容及其特点。
7. 灾害救助有哪些特征?

第十章

社会福利

【本章学习要点】

通过本章的学习,应当了解社会福利的内涵、特征及结构,熟悉老年人福利、残疾人福利、妇女儿童福利等基本福利制度,掌握这些福利制度的运行规则。

社会福利是以提高和改善社会成员的生活质量为目的的社会保障制度安排,在中国,它是整个社会保障体系中的重要组成部分,从多方面满足着城乡居民的福利需求。本章主要介绍社会福利的基本概念和基本理论及包括老年人福利、残疾人福利、妇女儿童福利等在内的社会福利政策实践。

第一节 概 述

一、社会福利概念

福利,无论在历史上还是在现代,都是一个被广泛应用的词语。在历史上,福利往往包含着道德伦理的说教,福利等同于慈善、救济、施舍的观念曾经长时间地占据着统治地位。在福利领域,国家干预最初主要就是表现为政府提供的福利如何取代宗教机构的作用。进入20世纪以后,由于国家的干预,福利才开始真正向社会福利转变,从只为极少数人提供服务转变成为全体国民都能够分享的一种社会政策。因此,社会福利其实经历了慈善事业——社会事业——社会福利的发展进程。

在历史上,福利是对社会弱者和落伍者提供的一种社会服务和社会救助。而在现代,社会福利通常被理解为具体的公共援助或者社会补贴及社会服务。随着社会的发展和时代的变迁,社会福利的对象和内涵也在发生着质的变化,社会福利在概念的内涵和外延上不断深化和延伸,成为一个内涵非常丰富、外延极为广泛的名词。从社会福利的内涵来看,社会福利有很多不同的方面。按社会福利的形式,可以划分为福利收入和福利服务;按社会福利的项目,可以涉及生活的方方面面;按服务对象,可以划分为老年人、残疾人、儿童和其他有需求的社会群体的社会福利;按服务的提供方式,可以划分为机构福利服务、社区福利服务和家庭福利服务;按地域,可以划分为城市社会福利和乡村社会福利;按工作内容分,可以划分为服务项目、服务体系、管理体系和政策法规等等。而从社会福利的外延看,它涉及社会福利与社会保障的相互关系,福利制度与政治、经济和文化的关系,社会福利对社会公平、社会稳定、社会发展的作用与影响。

二、社会福利的基本特征

社会福利与社会保障体系中的社会救助、社会保险相比,具有以下特征[①]。

---

① 参见郑功成主编:《社会保障学》,第323—324页,中央广播电视大学出版社,2004。

（1）政府主导。社会福利是政府主导的一项社会性的公共事业，它不仅需要立法规范和政策引导，而且需要公共财政支撑并由政府承担监督管理责任。尽管社会福利社会化的发展趋势不可逆转，但政府在社会福利中所承担的多方面责任却不会减轻。而社会救助是政府直接承担全部责任的，社会保险主要是单位组织与劳动者个人分担责任的，因此，只有社会福利是由政府主导并由政府承担相当的直接责任，但又必须有民间或社会的力量参与。

（2）保障对象的全民性。社会福利在性质上表现为全民的普遍性福利，即在立法或政策范围内的全体社会成员均能享受到的保障，包括老年人福利、残疾人福利、妇女儿童福利以及住房福利、教育福利等。社会福利项目的多样化使之成为全民共享的社会保障制度安排。同时，社会福利也将满足社会成员的多方面保障需求为己任，从而要求社会福利面向全体社会成员而不能只是面向社会脆弱群体。

（3）社会福利的公平性。社会福利作为实现社会公平的一种必须手段和重要方面，是通过以下方式来达到其目标的：一是强调社会成员参与的机会公平。即任何社会成员只要符合法律统一规定的条件，不论其地位、职业、贫富等均被强制性地纳入社会福利范围，社会福利的社会化程度愈高，这种机会的公平性就愈表现得充分，因此，每一个社会福利项目对于其适用范围内的社会成员而言，即是一种机会公平的保障。二是通过提供基本生活保障和解除后顾之忧来维护社会成员参与社会的公平竞争，并消除发展过程中因意外灾祸、竞争失败及疾病等因素导致的社会不公平，起到维持社会成员发展起点公平与过程公平的作用。这一特征，既有别于社会保险的主要对象是就业人员，也有别于社会救济的主要对象是贫困人口。

（4）保障待遇的高层次性。社会福利的根本目的是改善和提高社会成员的生活质量，即社会成员的基本生活因为社会保险和社会救助制度而得到国家和社会的保障以外，国家通过社会福利使社会成员的生活状况得到进一步的改善，并使其生活质量得到提高。从某种意义上说，生活质量的提高往往更能体现福利的内涵。

（5）社会福利的服务性。与其他社会保障制度相比，社会福利更强调以服务来满足社会成员保障需求为目标，并受制于特有的社会规范体系。社会福利提供的主要是福利服务与福利设施，如学校、福利工厂、福利院、社区服务机构等，就是国家与社会实施相关社会福利政策的基本途径。虽然有住房公积金等现金津贴形态的福利，但并非直接发给受益者个人，且仅占整个社会福利中的很小一部分。因此，社会福利在现代社会保障体系中，是唯一主要用福利服务或福利设施而不是用现金或实物援助为实施方式的社会保障子系统。

（6）实施过程的社会化。即社会福利真正变成全社会的共同事业而不单纯是政府或社会成员个人的事业，形成政府、企业、社区、团体、私人和家庭并举的多元格局，建立起政府、企业与民间慈善机构等主体共同分担社会福利责任的机制。在社会福利体系中,政府和国家不可能也不应该事事都包起来和管起来。社会福利更重视提供服务和设施。这一点恰到好处地弥补了单纯或着重提供资金保障的其他社会保障形式的不足之处,从而能更好地满足人们对基本生活需求的企望。

(7)福利标准的不确定性。社会福利水平高低,没有硬性指标规定,不具有法律强制性。没有哪个单位或哪个部门规定社会福利必须达到什么标准或什么水平,它是根据社会经济发展水平来调整的。一般来讲,经济发展水平较高,社会福利水平也较高。一个地区如此,一个国家也是如此。

三、社会福利的功能和作用

社会福利作为现代社会保障体系的重要组成部分,其基本功能主要是从经济角度对公民的生活提供一种安全性保护,为社会成员的发展和社会的安定和谐提供保证条件。具体而言,社会福利具有以下功能:

(1)保护妇女儿童的基本权利和健康。妇女由于生理和生活方面的某些特点,需要得到全社会一定的特殊照顾和保护;儿童是国家民族的未来和希望,也应得到全社会的关注和爱护,使他们能够健康成长。因此,妇幼保护工作的好坏,妇女儿童福利的水平,是整个社会福利水平高低的重要标志。

(2)保护残疾人的基本权益,使他们享有同正常人一样的工作和生活的权利,并在社会范围内对他们的特殊需要提供帮助。

(3)保护老年人的基本权益。让老年人分享经济社会发展的成果,满足老年人的生活福利需求,不断增进老年人福利,是社会文明进步的一个重要表现。

(4)保护全体公民受教育的权利。通过发展教育事业,能够普遍提高全民族的素质。百年大计,教育为本,一个国家国民教育的程度,同这个国家的福利水平直接联系在一起的。教育事业是全民的事业,必须全社会关注和支持。因此,教育事业应成为社会福利事业的重要组成部分,社会福利事业应具有教育功能。

(5)保护并不断改善公民的居住条件。住宅问题,既是维护公民基本生活权利的内容之一,也应是社会福利的内容之一。虽然我国过去实行的低租金住房政策,把住房问题单纯作为福利看待的做法,不利于住宅建设的发展,存在许多弊端,应该改革住房制度,引进商品经济的意识和机制,实行住房商品化。但是,从我国社会主义制度的本质要求,和社会主义初级阶段的实际情况出发,住房问题,还应作为社会福利的一个方面,既考虑到市场经济、等价交换、按劳分配的因素,又要从社会福利的角度去考察、规划住房问题。

四、中国的社会福利

发展社会福利是现代社会文明、进步的标志,社会福利作为社会发展的稳定机制,可以为经济建设创造一个和谐良好的社会环境,体现一定程度的社会公平。一方面随着经济和社会的发展,人民生活水平的提高,将对社会福利提出更高的要求;另一方面,社会福利的发展又必须和生产力发展水平相适应,既不能超前,也不应落后。基于这个认识,中国发展社会福利事业的指导思想是:福利事业要从国家当前的国情国力出发,按照有利生产、保障生活的原则,有步骤地改善和发展;国家不应把社会福利事业全部包揽下来,而要坚持国家、集体、个人多渠道多层次举办社会福利事业的原则,大力推进福利事业的社会化;在新形势下,社会福利事业要逐步由救济型转向福利型。

中国自20世纪50年代开始建立的社会福利制度,是以城镇职工福利为核心的一套相互分割、封闭运行的福利制度,是政府出资为那些生活困难的老人、孤儿和残疾人等特殊困难群体提供生活保障而建立起来的一项制度,包括企事业单位提供的职工集体福利、民政部门主管的特殊福利和街道、居委会举办的社区社会福利服务[①]。

中国计划经济时代实施的传统社会福利制度,是典型的补救式福利;同时是福利与救济、工资相混合,同时国家、单位与家庭福利相混合的福利;还是城乡极不公平的社会福利,它对城镇人口的福利既全面又慷慨,几乎可与最发达的福利国家相比拟,从而被称为"低收入的福利国家",而对农村居民的福利保障则显得严重不足。传统福利制度主要是为城镇就业劳动者设计,并通过其所在企业或机关事业单位来组织实施的,所以是典型的就业关联福利制度[②]。

在中国传统的福利制度,与就业相关联的劳工福利项目也有狭义和广义之分,狭义的劳工福利项目包括国家统一规定的探亲待遇、上下班交通补贴、冬季宿舍取暖补贴和生活困难补贴四项;广义的劳工福利项目,除了以上四项以外还包括住房补贴、物价补贴、各地区各单位自行实行的水电补贴、卫生费、洗理费、书报费和各种实物福利,以及社会集团购买用于个人消费的部分福利。这些名目繁多的福利补贴又可以分为货币的和实物的两种形式,前者直接表现为货币收入,如交通补贴、卫生洗理费等;后者表现为非货币收入,只有在消费过程中才能获得,如住房补贴、物价补贴等。这些福利补贴大致占职工收入的50%—70%,极大地提高了居民的实际收入水平和

---

① 时正新、朱勇主编:《中国社会福利与社会进步报告(1998)》,第3页,社会科学文献出版社,1998。
② 参见郑功成著:《从企业保障到社会保障》,第七章,福利的异化——企业办社会,辽宁人民出版社,1996。

居民的购买力尤其是边际购买力,造成消费需求的不断扩张。

20世纪80年代以后,随着我国经济体制改革的深入,国家对原有的福利制度也进行了相应的改革。1986年民政部制定的针对民政福利事业的1986—1990五年规划中,就明确提出了社会福利事业改革发展的纲要,包括变单一的国家负担为国家、集体、个人三方共同负担,由"救济型"福利事业转变为"福利型"福利事业,由"供养型"服务方式转变为"供养与康复相结合型"服务方式,扩大城乡社会福利企业的规模以便为残疾人创造更多的就业机会,并争取非政府组织的支持等。1997年4月,民政部与国家计委联合发布《民政事业发展"九五"计划和2010年远景目标纲要》,进一步明确了福利社会化的改革目标与政策取向。残疾人就业也由过去长期通过福利企业而走向福利企业与分散安置并重。

在住房福利方面,1989年国务院在颁布《关于在全国城镇分期分批推行住房改革的实施方案》后,正式推行住房商品化、私有化进程;1994年7月,国务院发布《深化城镇住房制度改革的决定》,确定了以标准价售房的政策;到1998年底,中央政府宣布停止企、事业单位的福利分房,确立了由职工和所在单位共同负责(各自承担缴费50%的责任)的住房公积金制度。为保障特殊困难群体的生活权益,国家颁布了《中华人民共和国老年人权益保障法》、《中华人民共和国妇女权益保障法》、《中华人民共和国残疾人保障法》和《农村五保供养工作条例》等法律法规。

中华人民共和国成立50多年来,中国的社会福利制度与其说是一种独立的福利制度,不如说是社会主义制度与计划经济体制的一项必要的内容,它事实上并非一个独立的社会系统,而一直是由行政部门的各种政策来规范,变迁发展的过程也是复杂的,通常服从于当时的社会大背景,并在特定的社会背景下发挥着作用。同时,随着经济发展和社会进步,人民群众急剧增长的对社会福利服务的需求与现有的福利供给严重不足的矛盾日益加剧。据测算,我国现有的社会福利服务只能满足5%的社会需求。据统计,中国60岁以上的老年人口超过1.26亿,占总人口的10%以上,到2025年,老年人口将达到2.8亿,占总数的18%,到2050年将达到4亿多[①]。而家庭小型化与"空巢家庭"的增多,使得传统的家庭养老功能弱化,社会化的养老需求迅速增长。此外,残疾人及孤残儿童的社会福利事业也需要加快发展。

第二节 社会福利的基本内容

一般来说,社会福利是政府与社会通过各种福利服务、福利企业、福利津贴等形

---

① 资料源于《中国青年报》,2000-01-09。

式,对社会成员提供基本生活保障并使其生活状况不断得到改善的社会政策与社会保障。它面向全体国民,内容广泛,目的在于改善与提高社会成员的生活质量。

一、社会福利制度基本框架

尽管各国的社会福利体系内容不同,并且会随着社会的发展变化而不断发展变化,但综合而论,一个完善的社会福利体系大体应当包括老年人福利、残疾人福利、妇女儿童福利、青少年福利、教育福利、住房福利等诸多方面。社会福利的制度框架,可以用图10-1来展示①。

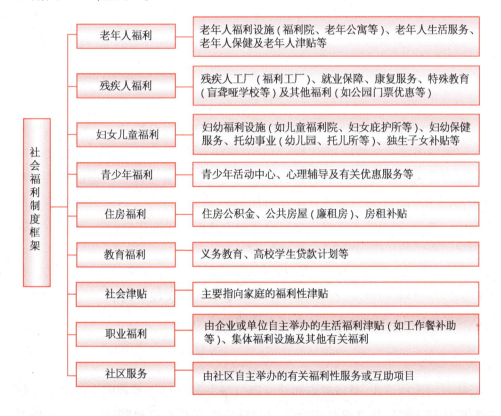

图10-1 社会福利制度基本框架图

在中国社会保障体系中,社会救助主要解决贫困或不幸社会成员的生存危机,主要面向贫穷无助者,是最低层次的社会保障;社会保险主要解决劳动者的基本生活保障,主要面向工薪劳动者及其家属,是高层次的社会保障;社会优抚与安置保障专为军人及其家属所设,是针对特殊群体的具有特殊性质的社会保障;社会福利在解决

---

① 参见郑功成著:《中国社会保障论》,第479页,湖北人民出版社,1994。

一部分社会成员生活保障的同时,更多的是满足社会成员的多方面的福利服务需要,被誉为更高层次的社会保障,其显著特点是普遍性,只要符合享受社会福利待遇条件规定者,不分性别、年龄、职业、信仰、财产状况,都可以享受社会福利的保障待遇。

值得一提的是,在西方,人们普遍将社会福利或福利理解为最宽的概念,社会保障是其中的一部分。社会保障强调的是基本需要的满足,福利则是强调再分配这种手段。在西方国家,社会保障往往是通过再分配来实现的,但再分配所带来的福利往往更宽,它有可能超出基本需要。关于社会福利与社会保障之间的关系,中国习惯于相反的理解,即将社会福利从属于社会保障,认为社会保障的外延宽,这也正是本章所采取的观点,这在中国已约定俗成。

二、社会福利的形式[①]

(一)货币形式

社会福利的货币形式,是指政府以向居民发放货币津贴的形式来实施社会福利制度。这里的货币津贴一般被称作社会津贴或者社会补贴,它是政府在实施某项可能影响居民物质利益的社会经济政策时,为了使居民能够分享政策实施推动经济发展的成果,或者使居民不致因新政策的出台使生活水平降低而为居民普遍提供的一种货币津贴。例如,因农产品提价而由政府普遍为居民提供的物价补贴,因住房制度改革而为居民提供的住房补贴等。

由于社会补贴往往会随着政策实施效果的固定化而被逐渐转化为固定工资,因此,它往往带有一种临时性和过渡性特征。在社会福利的实现形式中,货币形式是一种比较次要的形式,它在社会福利体系中发挥辅助作用。

(二)实物形式

社会福利的实物形式,是指政府和社会通过举办各种社会福利事业向社会提供社会福利设施等实物的形式来体现社会福利待遇。它是社会福利最主要的实现形式。政府通常是通过兴办各种社会文化、教育、体育、健身、休闲等公益性的社会事业,提供相关的福利设施来体现社会福利待遇的。例如,国家通过兴办教育事业,实行义务教育或者低费教育来为社会成员提供教育福利;通过兴建各种文体娱乐设施,以丰富人民群众文化体育生活的形式来为社会成员提供文体福利;通过举办疗养院、社会福利院等为社会成员提供生活和康复福利;通过兴建公园、健身场馆等来为社会

---

① 参见郑功成主编:《社会保障学》,第327页,中央广播电视大学出版社,2004。

成员提供休闲和健身的场所,提高居民的生活质量等等。

实物形式是社会福利的一种主要形式。社会福利之所以更多地采用实物形式主要有以下几点原因:

(1) 社会福利设施是一种公共产品,它是由政府兴建,为全体劳动者提供的福利产品,受益者只有设施的使用权而没有所有权,这一特点决定了福利设施较货币形式能在更大范围、更长时间内为广大社会成员服务,这也说明其是一种效率比较高的福利形式。

(2) 社会福利是以提高社会成员的生活水平为目标的社会保障制度,在这里主要是提高其社会消费水平,一定时期社会消费水平的高低又主要取决于社会消费设施的多少及层次,因此,广泛兴建福利设施就成为提高社会成员社会消费水平的重要措施和物质保证。

(3) 社会福利是一种主要以提高社会成员社会消费水平为目标的社会保障制度,这是社会福利制度与其他社会保障制度相比的一个重要特点,这一特点也决定了它的实现形式与其他社会保障形式相比所应有的特点,即它不可能主要以发放津贴等个人消费的方式来实现保障目标,而应该采取兴建社会福利设施的方式来实现保障目标。

(三) 服务形式

社会福利的服务形式,是指政府和社会为了解决社会成员的生活困难,使其生活更加方便和愉快,而由社会福利组织及其人员向社会成员提供社会服务的方式来实现的社会福利形式。在现实生活中,社会服务主要是通过社区组织和福利机构来实现的,因此,社会服务的主要形式是社区服务,它通过举办各类福利院、福利工厂、福利卫生医疗机构、福利性娱乐场所等来为社会成员提供服务,以提高他们的生活质量和水平。

社会服务是现代社会福利的一种重要形式,它在社区组织和基层福利机构的组织下,在方便人民生产和生活方面发挥着积极的作用;同时,社区服务也体现了人与人之间的互相关爱、互相帮助的协调关系,是社会文明进步的重要措施和标志。

第三节 老年人福利

一、人口老龄化与老年人福利

老年人福利是指国家和社会建立的专门面向老年人提供现金或服务的福利。从广义的角度理解,老年人福利制度的设计通常要考虑到老年人身体方面、心理方面、社会方面和精神方面的因素,不仅要保持老年人健康的身体状况,还强调老年人过好正常的生活并融入自己的家庭和社区。政策制定者面临的挑战是在考虑老年人多种需要的同时,从制定政策、培植理念和完善服务体系的视角理解老年人以及老龄化,并运用公共资源和社会资源实现人们常说的"老有所养、老有所医、老有所为、老有所乐、老有所居"等的生活境界。

狭义的老年人福利主要包括两大部分:一是现金资助,二是福利服务。为老年人或其家属提供现金补贴是一种较为直接的福利形式,但实行现金资助的国家或地区目前在世界上属少数,多数是有关日常生活和医疗方面的费用资助。各种福利服务则包括:建立养老院、老年公寓、开展老人保健咨询和康复指导、提供护理、提供日常生活照料服务等普遍性的生活服务,还有饮食的配送及促进余暇生活的服务、医疗服务、住宅服务、设施服务等。

从发达国家的实践来看,老年人福利事业是伴随着人口老龄化的到来而迅速发展起来的。在第二次世界大战前,各工业化国家的注意力通常集中在包括养老保险等社会保险制度及社会救助方面,第二次世界大战后,随着人口数量的不断增加,全球人均预期寿命也从1950年的20岁上升到20世纪末的66岁,这种发展使全球绝大多数国家的人口结构都趋于老化。根据联合国确定的评价指标,一个国家65岁以上的老年人在总人口中所占比例超过7%,或60岁以上的人口超过10%,便被称为老年型国家。所有发达国家均属于老年型国家,包括中国在内的一些发展中国家也已经进入了老年型国家。世界人口老龄化趋势的加剧,使老年人的生活问题对经济和社会发展提出极为严峻的挑战,因此,各国都把老年人福利作为福利制度乃至整个社会保障制度中的重要内容来加以考虑。

人口老龄化的加剧,不仅直接决定着老年人福利的需求,而且也决定着老年人福利的结构。一方面,老年人数的大幅度增加,其经济来源成为生活问题,寿命愈长负担愈重,而伴随着人口老龄化到来的往往还有家庭规模也日益小型化,少子高龄化成为发达国家的现实社会现象,在这种背景下,按照普遍性原则为老年人提供直接的现金津贴就构成了老年人福利的必要内容。例如,福利国家有普惠式的国民年金制度,实际上是养老保险制度的普及化;美国对所有65岁以上高龄者和残疾者中低所得者,把福利性现金资助作为一种补充性所得保障措施来推行,内容包括福利性的日常生活费资助及提供相当于现金资助的食品券;日本对70岁以上老人和65—70岁患病老人,实行特别医疗费支付制度;德国等少数国家还对在家护理老人的家属,提供护理津贴。在中国香港地区,亦有一种被香港人称为"生果金"的高龄福利津贴,它面向全港所有70岁以上的老年人,人人有份。另一方面,由于老人平均寿命的延长,而家庭保障功能的不断削弱,老人的医疗和日常生活照料服务需求也迅速增加,所以说护理服务与生活照料服务就很自然地构成了当今世界老年人福利中的重要内容,也是衡量各国老年人福利水准的一个重要标志。

二、老年人的福利需求

老年人福利是建立在老年人特殊的社会需要和生理变化上的。一般而言,人进入老年会离开劳动岗位,体力也会持续减退,经济来源丧失或者大幅度减少,这种变化不仅使老年人成为受抚养者,而且也使他们的社会地位发生重要变化。这就特别需要家庭、亲人、社区、志愿部门和政府予以特别关注和帮助,而老年人福利正是基于对老年人的关注和帮助而成为各国社会政策非常重要的内容的。简而言之,老年人福利应当力图填补由于老年人处境变化所导致的差距,并提供必要的手段来支持、帮助处于自然环境中的老年人。所以,这些服务应以社区为基础并应在老年人的一切福利方面为他们提供预防性的、补救性的和发展方面的服务。

老年人的需求,主要包括以下几个方面①:

(1) 身体方面。体力衰退、疾病(某些疾病是慢性的)和伤残可能妨碍老年人参与社会生活并逐渐降低他们的行动能力或独立生活能力,从而需要有社会化的各种服务。

(2) 社会心理方面。减少或失去实际的或潜在的收入、减少参与社会和经济领域、社会地位降低到无足轻重的地步,这一切可能导致感情空虚、孤独和感到自己是多余的,从而需要有相应的精神慰藉与精神保障。

(3) 经济方面。因退离劳动岗位而丧失收入来源,即使有养老金收入,也意味着收入锐减,而老年人的医疗代价等又会成倍提高,因此,需要有更多的经济来源保障。

(4) 住房和环境方面。由于老年人的工作情况和社会作用的改变,以及健康状况和行动能力的下降,在住房与环境方面亦会产生新的需要。

(5) 教育。由于老年人寿命延长,他们的知识和技能可能不够用了或者已经过时,这使一般公众对老年人的需要以及老龄化过程中产生的需要相对说来有所忽视,从而亦需要有相应的教育服务。

(6) 文娱和参与社会生活。老年人从工作岗位离开后,需要重新融入社会生活或社区生活,从而需要有相应的社区服务场所和参与社区活动的机会。

(7) 就业。一部分老年人离开劳动岗位后,还具有相应的劳动能力,雇用老年人可能需要对他们重新加以培训,或执行弹性工作时间或缩短工作时间。

综上可见,老年人的需求是多方面的,这是老年人福利政策的出发点,社会服务

---

① 参见《老龄问题研究》,中国对外翻译出版公司,1983。

能够满足老年人的上述需要或者大部分需要,则老年人福利制度是健全的,反之,必然损害老年人的生活质量。

三、老年人福利的主要内容

从各国尤其是发达国家的老年人福利政策来看,健全的老年人福利应当包括如下主要内容:

(1) 向老年人或照顾老年人的家庭提供支持,包括:

① 现金津贴。包括直接以现金形式向老年人发放国民年金、高龄津贴,或者通过削减所得税,特别形式的货币援助和住房补助等。

② 人员服务。提供诸如家访医生或护士和助手,能够暂时解除家庭的日常护理和照料任务。

③ 适当的教育或宣传方案和咨询服务,以帮助家庭更好地了解老年人的问题和需要。

(2) 老年人福利设施。包括:

① 养老院。兴办各种养老院,提供安老服务。

② 老年公寓。兴建老年公寓,满足有生活自理能力的老年人的需求。

③ 托老所。为老年人提供日托照顾服务。

④ 其他老年人福利设施。包括老年人活动中心、娱乐中心等。

(3) 老年人保健。包括:

① 老年人保健体检中心。提供老年人定期体检,及时发现疾病及时治疗。可以立足社区,也可以由现在的医疗保健系统或在医疗中心、医院设立老年病学部门。

② 交通安排。例如必要时对需要门诊治疗的老年人提供廉价、有补助的乘车证和护送服务。

③ 为卧病在家的老年人提供必要项目的廉价租赁服务。

④ 建立预防性医疗方案中心,给老年人以及年轻人提供充分而合适的关于老龄化的预防性护理方面的知识。

⑤ 建立优惠的老年人医疗保障制度,发展老年保健、医疗、康复事业,提高老年人的身心健康水平。

(4) 老年人的住房和环境。包括:

① 住房津贴,使有家属和无家属的老年人均能享有适当的生活水平。

② 对老年人的各种生活帮助,如家庭保姆、护送人和传送服务等。

③ 给无家亦无其他亲属可投靠的老年人提供充足的和适当的住房。

④ 按老年人需要、能力和财力提供形式比较灵活的长期和短期性质的"养老

机构"。

⑤ 利用如电话等基础设施为老年人提供咨询服务和某种程度的安全和保障。

⑥ 改善老年人的家庭环境和居住条件,鼓励老年人与家庭成员共同居住,同享天伦之乐,同时也减轻老龄化高峰期的社会压力。

(5) 老年人教育。包括:

① 建立持续终身教育系统,满足老年人学习与教育的需要。

② 对想继续工作的老年人施行有关内容的学习或进修方案。

③ 专门培训向老年人提供社会服务的社会工作人员与护理人员。

④ 进行关于老龄问题的培训和教育,使那些照顾年长者的人(家庭成员和专业人员)能了解并满足老年人的需要。

(6) 老年人娱乐和参与社会生活。包括:

① 适当的老年娱乐方案,这种方案要考虑到老年人在各个方面的能力。

② 鼓励老年人将他们多种才干和能力同其他年龄组的才干和能力汇合在一起为社会中的一切人谋福利的各种方案。

③ 推动社区服务事业向广度和深度发展,为老年人提供良好的社区环境,增进对老年人的生活照顾和文化体育服务,提高老年人的物质和精神生活质量。

(7) 老年人就业。包括:

① 为想继续工作的老年人提供咨询和进修服务。

② 为老年人准备退休的咨询服务或方案,这种服务或方案可以同教育方案密切联系起来。

③ 恰当评价和利用老年人的才干和能力,特别是那些刚进入老龄期的老年人的才干和能力。

④ 制定老年人的就业政策、规定和法规,让老年人以其积累的丰富知识和经验发挥余热,为社会经济发展做出贡献。

(8) 其他。包括面向老年人提供优惠性服务,如坐车、逛公园等,让老年人更多地享受到实惠。

上述多种多样的老年人社会福利服务,其内容可以归纳为三大类:一是对存在问题的人提供帮助(补救性社会福利服务);二是对预计会出现的社会问题采取防范措施(预防性社会福利服务);三是帮助创造有助于老年人健康生活和积极发展的条件(发展方面的社会福利服务)。其形式则包括现金福利、实物福利和社会服务、政策优惠等。

四、老年人福利保障应注意的问题

由于人口老龄化趋势的加剧,老年人福利客观上成为现代社会保障体系中日益重要的内容,完备的老年人福利不仅能够解决老年人自身的诸多问题,而且能够减轻老年人家庭的负担,从而是有利于社会发展的重要制度安排。在发展老年人福利事业时,需要注意下列问题:

第一,国家应当加大对老年人福利事业的投入,把满足老年人需求放到国计民生的高度来考虑,公共财政要成为公共福利的重要支撑,而老年人福利居于重中之重的地位。

第二,充分调动民间力量,走官民结合的社会化道路。毫无疑问,政府在可能情况下提供社会服务的不可或缺的作用,并且应当予以强调。但由于老年人群体规模越来越大,仅靠政府的力量,无论从财力还是从人力上,是不可能满足老年人的福利需求的,因此,必须充分调动社会各界或民间的积极性,重视非政府组织尤其是社会公益团体在老年人福利事业中的作用,走官民结合的道路。如扶持民间力量兴办养老院、老年公寓,发动社会捐献以促进社区福利事业的发展。在中国,尤其应当继续重视并巩固家庭的老年保障功能和社区邻里互助,用相应的政策来引导家庭成员之间、社区成员之间的互助服务。通过政府和社会、社区、家庭的有机结合和政策协调,便可扩大和提高满足老年人需要的范围和能力,官民之间的协作也将有助于扩大可供老年人及其家庭选择的社会服务的选择范围。而各种社会服务机构亦应鼓励老年人参加志愿组织,以便利用他们的知识,并增进他们的归属感,以及认为自己仍有用武之地。

第三,立足社区发展老年人福利事业。老年人一般都离不开熟悉的环境,在社区内提供老年人福利不仅能够节约成本,而且可以更好地满足老年人的需求,环境的熟悉和人与人之间的熟悉,使老年人能够更好地享受晚年生活。因此,老年人福利应当立足社区,政府的公共资源有必要向社区倾斜。社区可以根据大多数老年人都生活在固定的社区环境中这一事实来提供各项服务。

第四,统筹发展老年人福利事业。在大力发展老年人福利服务设施的同时,有必要将家庭照顾、社区照顾、机构照顾和志愿组织的照顾有机地结合起来。

第五,应当培养一支老年人福利工作队伍。为老年人提供服务需要一定的专业技能,包括心理学知识、医学知识等等,在发达国家乃至中国的香港地区,都是由专业的社会工作者承担这类工作;在日本,更是大量培养老年福利护理人才,以满足人口老龄化时代的老年人福利事业发展的需要。社会福利服务人才的培训应重点放在老年医学、老年病学及老年心理学等方面,还应对非专业护理人员如家庭成员进行培训,以使他们能更好地了解老人,并为老年人服务。

尤其值得指出的是,在老年人福利方面,最重要的是使老年人与社会结合。老年人福利政策及服务方案的设计与执行,应当做到将使老年人尽最大可能留在家庭和社区中,并将为老年人提供参与社会生活和继续为社会做出贡献的机会。不应当忽视许多老年人在接受社会服务的同时,其本身也能够参与提供社会服务并为之做出贡献。因此,应特别重视那些将使社会福利服务更易为老年人及其家庭享受的措施,尤其是在这类服务比较差或者可能完全没有的农村地区。为此,应把服务提供系统的分散和协调放在高度优先地位。政府的或志愿的组织,尤其在地方一级,可以做许多工作来加强老年人社会服务的提供,其办法是规划、协调和执行这些服务方面分担责任。

五、中国的老年人福利

毋庸讳言,中国的老年人福利事业发展是相当滞后的。长期以来,在城镇主要有专门收养孤寡老人的福利院,民办的养老事业虽然在近十年间有一定发展,但规模十分有限;在乡村,有特色的老年人福利事业是农村五保制度,这一制度因其水平有限,有多数地区只能算是一项面向孤寡老人的集体救助。

1996年8月29日,第八届全国人大常委会第二十一次会议通过了《中华人民共和国老年人权益保障法》,它标志着中国老年人福利事业有了初步的法律依据。该法在第三章以"社会保障"为标题对老年人的社会福利问题做出了原则性规定。根据该法律,国家和社会应当采取措施,健全对老年人的社会保障制度,逐步改善老年人生活、健康以及参与社会发展的条件,实现老有所养、老有所医、老有所为、老有所乐。同时亦提出,在维护老年人权益和提供福利保障方面,应坚持弘扬敬老美德,安定老人的生活,维护老人健康,增进老人福利等原则。

总体而言,中国的老年人福利尚未成形,有的福利亦不具有全民性。在福利有限的情形下,城市老年人享受的福利待遇稍好,乡村老年人除五保户外,大多数地区几无福利可言,主要依靠家庭解决老年人的经济来源与服务保障等问题。从现行政策出发,可以将中国的老年人福利概括为以下几个方面:

(1)物质生活福利。包括:一是老年人福利设施,包括福利院、敬老院、老年公寓等,收养没有生活保障的老年人,并扩大到对一般老年人的集中收养保障。据统计,到2002年底,全国有各种力量举办的福利机构3.8万家,床位数123.1万张,收养人数为91.6万人[①]。二是向困难老年人提供生活补贴。它不是一项全国性政策,但上海等发达地区已经建立了类似制度,在此基础上还开展对困难老年人的医疗费补贴并免除相应的医疗检查费用,个别地方开始建立高龄津贴。三是通过社区服务等,为老年人提供多方面的优惠服务。

(2)医疗保健。在离退休老年人继续享受原有的医疗保障待遇的同时,一些地

---

① 民政部政策研究中心编:《中国社会福利与社会进步报告(2003)》,第108页,社会科学文献出版社,2003。

方为困难老年人提供医疗补贴或医疗救助,一些地方通过社区定期组织老年人体检,大多数医院开设专门的老年病科等。

(3) 精神生活保障。国家保障老年人继续受教育的权利,并采取相应的措施如鼓励民间举办老年大学和老年人活动中心,开展适合老年人的群众性文化、教育、娱乐活动,丰富老年人的精神生活。一些城市还建有专门的老年人再就业介绍所、老年人家政服务站以及老年人婚姻介绍所等。此外,国家和社会还提供老年人参与社会发展的机会。如根据社会需要和可能,鼓励老年人在自愿和量力的情况下,从事以下活动:①对青少年进行优良传统教育;②传授文化知识和科技知识;③提供咨询服务;④依法参与科技开发和应用;⑤依法从事经营和生产活动;⑥兴办社会公益事业;⑦参与维护社会治安、协助调解民间纠纷;⑧参加其他社会活动。

(4) 其他社会优待。如当老年人在参观、游览、乘坐公共交通工具时,给予优待和照顾;当合法权益受侵犯的老年人提起诉讼时,经济有困难的可以享受免费法律援助;鼓励和支持社会志愿者为老年人服务。同时,国家鼓励、支持和促进社区服务的发展,逐步建立适应老年人需要的生活服务、文化体育活动、疾病护理与康复等服务设施和网点。如民政部在2001年5月制定并下发《社区老年福利服务星光计划实施方案》,在全国大规模地推进社区老年福利服务的发展,政府有专项经费投入,发行福利彩票所得公益金也有相当一部分用于星光计划,社区服务正在为老年人提供综合性服务和保障。

第四节 残疾人福利

一、残疾人与残疾人福利

残疾人是残疾人福利事业指向的对象。在国际上,残疾人的定义较多。例如,国际公约《残疾人职业康复和就业公约》第159号中这样定义:残疾人是指因经正式承认的身体或精神损伤在适当职业的获得、保持和提升方面的前景大受影响的个人。《残疾人权利宣言》中指出,残疾人是指任何由于先天性或非先天性的身心缺陷而不能保证自己可以取得正常的个人生活和社会生活上一切或部分必需品的人。《关于残疾人的世界行动纲领》中的残疾人定义为:残疾人并不是一个单一性质的群体,包括精神病者、智力迟钝者、视觉、听觉和言语方面受损者、行动能力受限者和"内科残疾"者等[1]。

---

[1] 转引自孙光德、董克用主编:《社会保障概论》,第269页,中国人民大学出版社,2000。

在中国,根据1990年12月28日全国人大常委会通过的《中华人民共和国残疾人保障法》第2条规定,残疾人是指在心理、生理、人体结构上,某种组织、功能丧失或者不正常,全部或者部分丧失以正常方式从事某种活动能力的人,它包括视力残疾、听力残疾、言语残疾、肢体残疾、智力残疾、精神残疾、多重残疾和其他残疾等多种类型,是一个特殊的社会群体。而中国残疾人福利基金会提出的定义是:残疾人是指由于心理状态、生理功能、解剖结构的异常或丧失,而导致其部分或全部失去以正常人的方式从事某项活动的能力,因而在社会生活中不能充分发挥正常作用的人。

残疾人福利是为了国家和社会为帮助残疾人而提供相关福利及服务措施的统称,其目的是最大限度地帮助残疾人自立,并为他们能像其他社会成员一样参加社会所有领域的活动而创造条件。应当承认,帮助残疾人自古就是慈善活动的重要内容之一,但作为一项事业或者社会福利制度安排,则应当是第二次世界大战以后。此前,中国历史上有过专门收养残疾儿童的机构;在国外,有记载的第一家为残疾人服务的机构是瑞士人奥比在1780年建立的;1820年第一个残疾人之家于德国慕尼黑成立;以后,欧洲、美国各地纷纷建立各种招收残疾儿童的学校。在经历了漫长而艰巨的发展过程后,1922年,第一个为残疾人服务的国际性组织——国际康复会(RI)成立;1887年,俾斯麦政府颁布残疾保险法。第二次世界大战后,残疾人事业开始了争取人权和回归社会主流的斗争。1948年公布的《世界人权宣言》明确规定:"残疾人有接受社会保障的权利"。1961年,美国颁布了《美国公共建筑通道及使用的国家标准》,成为现代社会开展残疾人社会康复工作的开端;1968年,美国国会通过了《建筑无障碍法》,许多国家也制定了保障残疾人权益的法律,其中包括残疾人的基本生活权利、人格尊严和平等待遇的权利等内容。联合国及有关国际会议也先后通过了一系列纲领性文件,主要有《禁止一切无视残疾人的社会条件的决议》(1969)、《弱智人权利宣言》(1970)、《残疾人权利宣言》(1975)。1981年12月,第一个世界性残疾人自助组织——残疾人国际(D.P.I)在新加坡成立,总部设在瑞典斯德哥尔摩,现有团体成员70多个。1981年,联合国将这一年定为"国际残疾人年",确定1983—1992年为联合国残疾人十年。第37届联大则通过了《关于残疾人的世界行动纲领》。

至此,新的完整的残疾人观确立,世界性残疾人工作体系形成。新的完整的残疾人观的实质在于"平等、参与、共享",它包括:残疾人是人类社会的一部分;是具有宪法赋予的公民权利的人;社会有责任给残疾人以补偿使残疾人回归社会主流,平等参与社会生活并平等享有社会物质文化成果;残疾人同样是社会物质、精神财富创造者;对待残疾人和残疾人事业的态度,是社会进步、人类文明的标志,残疾人应当奋发图强,成为社会的奉献者和建设者。

二、残疾人福利的主要内容

社会福利作为一种制度,是在人类进入工业化社会以后才出现的。由于各个国家经济发展水平、社会福利政策不同,因此社会福利的内容以及保障程度也有很大差别。就残疾人福利而言,其内容主要有以下五项①。

(一) 康复保障

康复有广义和狭义两种意义。

广义的康复正如世界卫生组织给康复下的定义:康复是指综合、协调地应用医学的、教育的、职业的、社会的和其他措施,对残疾者进行治疗、训练和辅助,尽量补偿、提高或者恢复其丧失或削弱的功能,增强其能力,促进其适应或重新适应社会生活。《关于残疾人的世界行动纲领》第11条也给康复下了广义上的定义:康复是指有既定目标并且时间有限的一段过程,这一过程旨在使有缺陷的人在心智上、身体上、参与社会生活的功能上都能达到最佳状态,这样就为其生活的改善提供了自身的条件。由此可见,广义的康复是指残疾人的全面康复,其中包括医学康复、教育康复、职业康复、社会康复诸方面。康复的目的,在于使残疾人恢复和改善由于身体和精神障碍而丧失的行使自己权利的能力和机会,使他们能和健全人有平等机会参与社会生活和家庭生活。

狭义的康复仅指医学康复,它的工作对象不是疾病而是障碍;它的目的不仅是治疗疾病和保存伤残者的生命,而主要强调功能训练,整体康复,最终重返社会。

与广义康复和狭义康复相适应,康复实践主要有两类:一类是集中式康复,它是指在康复中心、康复医院对残疾者进行的康复服务,集中式康复因设备先进,技术水平高,可为康复对象提供良好的医疗康复。第二次世界大战后,康复中心或康复医院迅速发展。如美国的高技术型康复,西欧诸国的高福利型康复,日本的高技术及高福利的混合型康复,都为残疾人提供了良好的医疗康复。另一类是分散式康复。即社区康复,社区康复1976年由世界卫生组织倡导,至今全世界已有60多个国家和地区开展。社区康复不仅为残疾人提供医疗上的康复服务,而且还为残疾人提供教育康复、职业康复和社会康复,它比容纳量小、费用高、受益面窄的集中式康复具有更多的优越性,适合全球,尤其是经济不很发达的发展中国家残疾人的需要。

残疾,是残疾人全面、平等参与社会生活的障碍。因此,进行康复,改善功能,提高能力,进而获得平等的机会参与社会生活,实现人的价值和尊严,是残疾人的迫切

---

① 参见刘翠霄编著:《各国残疾人权益保障比较研究》,中国社会科学出版社,1994。

愿望,是使残疾人把回归社会、回归家庭的愿望变成现实的动力。

(二) 教育保障

对残疾人进行教育,是指运用特殊的方法设备和措施,对盲、聋、哑、智力发展落后或残肢的儿童、青少年或成人进行教育。

残疾人与健全人一样,有着强烈的求知欲望和要求。读书求知不仅可以为残疾人掌握科学技术,为社会工作奠定基础,而且可以提高残疾人自身的素质,使他们从知识中得到充实、提高,使他们从知识中了解社会、人生,从而增强生活的勇气和信心。但是,由于残疾的影响和障碍,使他们不能像正常人那样进入各类学校。为了保障残疾人的受教育权,国家应兴办为残疾人服务的特殊学校,如聋校、盲校、弱智学校等。也可以在普通学校设置特教班;国家还要为残疾人编写专门的教学计划和教材,按照不同的残疾特点去施教;文化部门出版适合残疾人阅读的书籍;国家教育部门明确规定各类学校招收残疾学生的办法,不能让有资格就读残疾学生流在校外。对残疾学生的学费、宿费做出合理规定,使他们不致因交不起学费而辍学。

许多国家尤其是发达国家的教育家、社会学家、心理学家分析认为,让有条件的残疾学生随班就读,不仅不影响他们获取知识,而且和正常学生在一起读书,会增强和培养他们的回归意识,会消除他们的自卑和消沉,是一种对残疾人行之有效的教学方式。

(三) 劳动就业

残疾人劳动就业,是指为达到法定劳动年龄,有一定的劳动能力且要求劳动就业的残疾人安排力所能及的工作,或提供就业的机会,使他们通过自己的劳动,获得劳动报酬或经营收入,由靠社会负担的人变为社会做贡献的人。劳动就业是每个人在成年之后的强烈愿望,自然也是残疾人的强烈愿望。残疾人就业,是残疾人参与社会生活、改善生活状况、提高社会地位的基础,实现其人生价值的关键。劳动就业不仅可以使残疾人为社会创造更多的物质财富和精神财富,从而使他们获得劳动报酬,改善生活条件,提高社会地位,而且使他们实实在在地参与社会生活,回归社会主流,增强他们的生活勇气和自信心,促进社会的安定团结。

由于残疾的影响和社会的偏见,在发展中国家受经济条件的制约,使残疾人就业比较困难。为了保障残疾人劳动就业权的实现,国家需要从法律的形式规定国家机关、企事业单位录用残疾人的比例,并规定出相应的奖惩措施;国家还应大力兴办各类残疾人从业的福利工厂,可以规定某些产品由残疾人企业专产专营;在原料供应、产品销售、税收等方面,国家应对残疾人企业给予优惠政策,以保护、扶持残疾人企业的生存和发展;帮助残疾人从事个体经营。如果说康复是残疾人回归主流的主要方式或归宿,那么就业则使残疾人人生价值得到体现,因为一个人最大的权利就是劳动就业的权利、贡献的权利,因而是需要政府予以切实保障的一项权利。

(四)文化生活

残疾人的文化生活,是指残疾人在社会生活中开展的文化、体育、娱乐等活动。由于残疾人是一个特殊困难的群体,因此他们所开展的文化、体育、娱乐活动在内容与形式上与健全人有明显区别。积极组织残疾人参加文化生活,对于丰富残疾人的精神生活,提高残疾人的审美观、艺术修养、促进残疾人的身心健康,都有着非常重要的意义。积极组织残疾人参加文体活动,有利于残疾人生活和精神康复;残疾人走出个人生活的小圈子,参加文体活动,有利于形成他们的集体观念;残疾人在文体活动中表现出来的顽强拼搏精神,对健全人是一种很大的激励,可以帮助他们理解、尊重残疾人,从而在社会上形成一种良好风尚。通过各种文化媒介反映残疾人生活;组织和扶持残疾人出版物,举办残疾人文化活动;各种文化、体育、娱乐场所为残疾人提供方便和照顾,如设立无障碍设施等,满足残疾人精神文化生活的需要。

(五)残疾人福利设施

为解决残疾人的福利需求,国家和集体应该在发展经济的基础上办好福利院、精神病院、医疗站等福利机构,并逐步改善在其中生活的残疾人的状况。对那些没有条件从事劳动的残疾人,国家、集体通过多种渠道给予社会救济和困难补助,以保障他们的基本生活。

此外,国家和社会要消除种种妨碍残疾人参与社会生活的障碍。主要是:第一,在残疾人出入的公共场所,如商场、剧院、体育馆、博物馆等场所修建或改建无障碍设施,便于残疾人通行;第二,利用各种渠道进行宣传教育,使人们了解并理解残疾人,消除对残疾人的歧视和偏见,进而支持、关心、帮助残疾人。消除环境障碍,在为残疾人获得与健全人平等的参与社会生活的机会方面,发挥不可替代的作用。

三、中国的残疾人福利

对残疾人的社会关爱度,是衡量一个国家文明程度的重要标准。因为残疾人是异于正常人的一个弱势群体,是一个需要社会特别关注的群体,需要政策特别倾斜、法律特殊保障的群体。中国残疾人总数已突破6 000万人,占总人口的5%,他们构成了一个规模庞大的特殊群体,需要有相应的、专门的福利保障。根据1991年实施的《中华人民共和国残疾人保障法》,残疾人福利的基本内容是国家和社会采取扶助、救济和其他福利措施来保障和改善残疾人的生活;其他福利措施则包括对无劳动能力、无法定抚养人、无生活来源的残疾人按规定给予供养、帮助残疾人参加社会保险,举办社会福利院的其他安养机构收养残疾人,为残疾人提供优先服务与辅助性服务,对残疾人搭乘交通工具给予方便或免费,减免农村残疾人的各种社会负担。就残疾人福利项目而言,中国传统的残疾人福利项目主要包括特殊教育、残疾人收养、通过开办福利企业安排残疾人就业、相关税费的政策减免等项目。

近十多年来,在中国残疾人联合组织的推动下,残疾人社会福利各项事业发展较快。据统计,截至2003年,全国不同程度得到康复的残疾人已达880万,其中白内障复明、精神病防治和聋儿语言康复、用品用具供应服务等康复工程的效果尤为显著。盲、聋、智力残疾少年儿童义务教育入学率达到76%,职业教育进一步发展,从学前教育到高等教育的特殊教育链初步形成。改革开放以来,城镇有劳动能力的残疾人的就业率从1988年不足50%提高到2003年的83.9%。普遍进行的扶贫开发和残疾人专项扶贫,帮助近千万农村贫困残疾人解决了温饱问题。通过实施最低生活保障,采取救济、补助、供养等措施,为499万特困残疾人解决了基本生活问题①。

2004年3月召开的十届全国人大二次会议通过了《中华人民共和国宪法》修正案,首次将"人权"概念引入宪法,明确规定"国家尊重和保障人权"。这是中国人权发展史上的一个标志性事件。残疾人的福利保障是人权保障的必要组成部分。对于残疾人来说,他们在各个方面都需要得到社会力量更多的帮助。因此,树立文明社会的残疾人观,形成良好的社会氛围,发展残疾人福利事业,就显得格外必要且重要。同时,残疾人福利不仅在理论与法制上较其他福利事业的发展更具规范意义和社会意义,而且在部分领域取得了很大的进步。以"平等、参与、共享"为核心内容的现代文明社会残疾人观逐步确立,残疾人的人权保障、福利事业已经具有了较好的外部环境。

第五节 妇女儿童福利

一、妇女儿童福利与社会发展

妇女儿童福利,是妇女福利与儿童福利(或未成年人福利)的合称,是国家和社会为了满足妇女、儿童的特殊需要和维护其特殊利益而提供的照顾与福利服务,是社会福利系统中的重要组成部分。

就妇女而言,占人类社会总人口的一半,妇女解放及权益维护的程度是衡量一个国家或地区其社会文明进步程度的重要标尺。基于妇女特殊的生理、心理特点而产生

---

① "人权保障与中国的残疾人事业",《人民日报》,2004—05—09。

的妇女福利,即是涉及妇女解放和社会发展的非常重要的制度安排。虽然现代社会保障制度产生于19世纪80年代,但对妇女的福利保障却是自第二次世界大战后逐渐发展起来的,当时,西方发达国家普遍推行福利国家政策,妇女福利作福利国家社会保障制度的重要内容,很自然地得到普遍的重视和发展;前苏联、东欧社会主义国家也同样积极建立妇女福利制度。一些国际组织对妇女福利也给予相应的关注。例如,1952年,国际劳工组织通过了《生育保护公约修正案》(第103号)、《生育保护建议书》(第95号),在世界范围内提供了照顾妇女生育的保障政策框架。1953年,世界工联维也纳会议也提出了争取社会保障的完备纲领,指出真正的社会保险必须包括生育保险在内。在这样的背景下,许多国家积极推动妇女福利事业的发展,使妇女福利覆盖范围由小到大、保障项目从少到多、保障水平从低到高,形成了较为完备的体系。

儿童是国家和民族的未来,全面保护儿童的合法权益,促进其身心健康,不仅是社会文明进步的象征,更是社会发展的必然要求。因此,1959年,联合国发布《儿童权利宣言》,主张各国政府重视维护儿童权益并为儿童相应的福利保障。1999年第87届国际劳工大会通过《最有害童工形式公约》,目的旨在全世界范围内有效禁止最有害的童工形式。许多国家对儿童的保护措施也日益严密,各种儿童福利构成了社会福利的重要内容。尤其是在一些老龄化国家,随着生育率的不断下降,儿童也就成了国家与社会重点保护的对象,为此,各种儿童福利项目不断出现并迅速走向制度化。

需要指出的是,之所以将妇女福利与儿童福利放在一起论述,是因为儿童需要照顾,而照顾儿童的职责客观上主要是妇女在承担,加之一些国家的妇女儿童福利是以家庭为单位提供,因此,妇女福利与儿童福利在某种意义上具有紧密的甚至是不可分割的联系。如生育保险或生育津贴,便在保障妇女权益的同时也维护胎儿的健康。在工业化国家,妇女、儿童福利保障涉及的内容就包括:抚养未成年子女家庭援助,家庭补助计划,儿童营养补助(学校午餐、早餐、儿童食品等),儿童服务(养子、养女照顾、日托等),妇幼保健,儿童免疫,单亲家庭津贴等等。

从各国的实践来看,凡是社会发展水平高的国家,社会保障制度必定健全,妇女儿童福利事业也十分发达;凡是社会发展水平低的国家,社会保障制度往往存在着缺漏,妇女儿童福利事业也很落后。因此,妇女儿童福利事业的发展水平,在某种程度上代表着一个国家的社会发展水平。

二、妇女福利

妇女福利是对妇女经济权利和社会权利的认可和保障机制。随着社会的发展与人类文明的进步,妇女从政治上获得了解放,在法律上拥有同男性一样的权利,并享受到了越来越充分的社会福利。如在就业和收入分配上,妇女有劳动就业和同工同酬的权利,有财产所有和继承权利,有休息和获得物质帮助的权利;在文化教育上,有接受教育、从事科学文化研究的权利。除此之外,妇女在劳动保护和社会福利方面还受到特殊的保护和照顾。

在发达国家,政府不仅对孕妇、产妇提供福利保障,而且对离婚妇女和单身女性都有相应的福利政策。比如,英国的产妇津贴政策规定,产妇在分娩时,可获得产赠款,1982—1983年这项赠款为25英镑。如果一次生两个小孩以上,每个小孩活到出生12小时以后,都可领到25英镑的赠款。同时,寡妇津贴规定,妇女在其丈夫去世后的26周的时间内,1982—1983年每周可领取41.4英镑的补助,每个小孩可增加7.7英镑①。在中国香港地区,还设有专门的妇女庇护所,当妇女遭遇家庭虐待时可以到妇女庇护所寻求庇护,社会工作者会帮助解决问题。从劳动保护、生育保护、医疗保健到其他诸种特殊服务,构成了发达国家妇女福利的基本结构。

在中国,妇女福利尚未形成完整的体系,也非普遍性福利。从现行政策来看,中国的妇女福利主要有以下内容:

(1) 生育福利。妊娠和生产是妇女生活乃至家庭生活的大事。社会有责任通过政治、医疗卫生和法律体制提供良好的卫生保健服务,确保妇女生产过程的安全。在中国,妇幼保健机构是实施《母婴保健法》、依法提供妇女保健服务和保证母亲健康的主渠道。有职业的妇女则可以享受生育保险待遇。

(2) 特殊职业保障。中国现行的劳动法制规定,禁止安排女职工从事矿山、井下、国家规定的第四级体力劳动强度的劳动和其他禁忌从事的劳动。女职工在月经期间,不得安排从事高处、低温、冷水作业和国家规定的第三级体力劳动强度的劳动。女职工在怀孕期间,不得安排从事国家规定的第三级体力劳动强度的劳动和孕期禁忌从事的劳动。对怀孕7个月以上的女职工,不得安排延长工作时间和夜班劳动。同时,根据《女职工劳动保护规定》,女职工生育享受不少于90天的产假,产假期间工资照发或领取生育津贴。在哺乳未满1周岁的婴儿期间,不得安排其从事国家规定的第三级体力劳动强度的劳动和哺乳期禁忌从事的其他劳动,不得安排其延长工作时间和夜班劳动。

(3) 保护妇女的就业和工作权利。由于妇女的生理特点,在经、孕、产、乳"四期"中,需要得到特殊的保护和照顾。中国宪法、劳动法和妇女权益保障法均明确规定,妇女享有与男子平等的劳动权利、同工同酬的权利和休息的权利,获得安全和卫生保障以及特殊劳动保护的权利。凡适合妇女从事的职业,任何单位不得以性别为理由拒绝招收女性劳动力或提高对女性的录用标准;不得在女工孕期、产期、哺乳期降低其基本工资或解除劳动合同;妇女在经期应得到适当照顾,从事较轻的工作;孕期,特别是临产前

---

① 参见黄素庵:《西欧"福利国家"面面观》,世界知识出版社,1985。

的一段时间,要减轻孕妇的工作负担,调离对孕妇和胎儿不利的环境;在晋升、晋级、评定专业技术职务以及分配住房和享受福利待遇等方面不得歧视妇女。

三、儿童福利①

儿童福利是社会福利在特殊群体中的体现,它实际上是对儿童时期的生理、心理、社会性提供满足需要、促进发展的社会政策、专业科学知识以及具体行为等的总称。

(一) 广义儿童福利与狭义儿童福利

广义的儿童福利,是指一切针对全体儿童的,促进儿童生理、心理及社会潜能最佳发展的各种方式和设计都属儿童福利范畴,它强调的是社会公平,但具有普适性。正如联合国在1959年公布的《儿童权利宣言》中所指出的那样,"凡是以促进儿童身心健全发展与正常生活为目的的各种努力、事业及制度等均称之为儿童福利。"在社会工作领域,儿童福利被认为是一种服务,美国的《社会工作年鉴》定义儿童福利为"旨在谋求儿童愉快生活、健全发展、并有效地发掘其潜能,它包括了对儿童提供直接福利服务,以及促进儿童健全发展有关的家庭和社区的福利服务。"

狭义的儿童福利,是指面向特定儿童和家庭的服务,特别是在家庭或其他社会机构中未能满足其需求的儿童。这种意义上的儿童福利的对象,一般为遭遇各种不幸情境的儿童,如孤儿、残疾儿童、流浪儿、被遗弃的儿童、被虐待或被忽视的儿童、家庭破碎的儿童、行为偏差或情绪困扰的儿童等等,这些特殊困难环境中的儿童往往需要予以特别的救助、保护、矫治,以解决其面临的各种问题。因此,狭义的儿童福利强调的同样是社会公平,但重点是对弱势儿童的照顾。

在西方,广义的儿童福利包括如立法规定的日间照顾、由政府组织开办家庭托儿所、儿童谈心服务、对寄养的孩子或养子加入保育所的特殊照顾、儿童的保护和监护、双亲权的行使等;而狭义的儿童福利一般包括实物援助和现金津贴两个方面,如实行各种形式的儿童津贴、对生育妇女的一次性补助,以及单亲父母各种待遇等,都是政府对儿童福利建设的重要方面。这些项目在各国有不同形式,但其宗旨都是为提高国民素质,为儿童创造轻松、和谐、健康的成长环境。

需要指出的是,儿童福利需求是建立在儿童权利观念上的,是将儿童作为一个能动的主体,对其发展本质的认识和判断。评价一个国家的儿童福利政策和运行机构及机制的优劣,重要的标志在于是否能涵盖儿童的全面需求。一般来说,儿童的需求包括生理、心理、情感、精神和社会几个方面,如需要良好的营养和平衡的饮食、衣物、

---

① 参见陆士桢等:《儿童社会工作》,社会科学文献出版社,2003。

住所,每一个儿童都需要被看成是独特的发展中的人等等。中国台湾学者普华源曾将社会福利体制应该涵盖的青少年(儿童)需求归结成八类:(1)获得基本生活照顾:家庭与社会应提供青少年(儿童)成长过程中所需基本生活和养育需求;(2)获得健康照顾:包括适当的身心医疗照顾和预防保健服务;(3)获得良好的家庭生活:家庭应提供良好的亲子关系和适当管教的环境;(4)满足学习的需求:社会应提供青少年(儿童)充足的就学机会和良好的教育环境;(5)满足休闲和娱乐需求:家庭和社会应提供足够的休闲娱乐场所和设备,并教导其学习良好的娱乐态度及习惯;(6)拥有社会生活能力的需求:家庭与社会应培育青少年(儿童)有关社会关系和人际交往技巧、生活技能、适应能力和学习正确价值观等多种能力;(7)获得良好心理发展的需求:家庭和社会应协助青少年(儿童)建立自我认同,增进自我成长的能力;(8)免于被剥削伤害的需求:保障青少年(儿童)人身安全、个人权益及免于被伤害等权利。

上述这些需求是广义的儿童福利必须涵盖的,它以儿童的发展为取向,也被称为机制型(或制度型)儿童福利;而狭义的儿童福利,除需要满足服务对象的上述需求外,还必须针对他们生存所面临的各种问题,如寻找被遗弃儿童的父母和家庭、残疾儿童的诊断治疗和康复、行为偏差或情绪困扰儿童的矫治等等,在解决问题的基础上促进儿童的发展,这是一种以问题为取向的儿童福利,也被称为补救型(或残补型)儿童福利。

(二)中国的儿童社会福利

要使儿童福利事业得到发展,就要创办各种福利设施,采取各种福利措施,使所有的儿童在各方面都能够得到良好、全面、协调的发展和成长。

中国政府是很重视儿童福利事业的,它把发展儿童福利、促进儿童健康成长当作义不容辞的职责。国家制订了维护儿童权利的法律、法规,如《未成年人保护法》、《母婴保健法》、《收养法》等等,成立了专门的儿童工作机构,如国务院妇女儿童工作委员会、民政系统内部的社会福利与社会事务司、救灾救济司等,以及共青团中央及其各省市所属共青团委员会的少年部。它们作为儿童福利行政部门广泛开展宣传教育活动,动员各种社会组织和社会力量,保护儿童权益,发展儿童福利事业。在医疗卫生方面,国家先后建立了一些儿童保健专门机构和专职队伍,各级保健机构对儿童开展了系统的医疗保健工作,实行优生优育,如开设"儿童保健门诊",对新生儿进行定期健康检查和指导。民政部门侧重于承担孤儿、弃婴、伤残儿童的照顾工作。国家给儿童福利事业单位拨出专项经费,并配备了工作人员和生活、教育、医疗等设备,使孤儿弃婴受到保育和教育,使伤残儿童得到照顾和医治。

在制度建设方面,1977年以后,政府着手改革完善儿童福利制度。1979年10月,中共中央、国务院转发《全国托幼工作会议纪要》,要求各级党委和政府积极抓好这项工作,以解决儿童入托难问题,进一步推动托幼事业的发展,同年为配合计划生育的基本国策的推行,国家设立独生子女保健津贴;1986年4月,六届全国人大第四次全体会议通过了《中华人民共和国义务教育法》,规定国家实行九年义务教育,凡年满6周岁的儿童,不分性别、民族、种族,应当入学接受规定年限的义务教育。1991年9月4日,全国人大常委会审议通过了《中华人民共和国未成年人保护法》,中国儿童福利最终实现了有法可依的目标。

就具体内容而言,中国的儿童福利事业虽然尚未形成完整的体系,但基本框架已经确立。它主要包括:一是儿童生活服务,包括托儿所、幼儿园等社会服务事业;二是儿童教育福利,包括义务教育、特殊教育等;三是保健,包括儿童免疫、独生子女保健津贴等;四是儿童福利院,专门收养无依无靠孤儿、弃婴等;五是其他,如儿童免费或低费上公园、参观博物馆等等。

【案例讨论1】

社区老年福利服务星光计划

"社区老年福利服务星光计划"(简称星光计划)是由国家民政部直接推动,利用发行福利彩票筹集的福利金,用于资助城市社区的老年人福利服务设施、活动场所和农村乡镇敬老院建设的一项老年人福利事业。

实施"星光计划",是应对人口老龄化挑战,提高老年人生活质量,促进老年人福利事业发展的重大举措。据统计,中国现有老年人1.32亿,超过总人口的10%。今后50年,老年人口还将以年均3.2%的速度递增。老龄问题涉及经济、政治、文化和社会生活等诸多领域,关系国计民生和改革、发展、稳定的大局,既是重大的社会问题,也是重大的政治问题,党和政府高度重视。在这样的背景下,民政部于2001年开始启动实施全国"社区老年福利服务星光计划"。按照这一计划,3年内,从中央到地方,民政部门将把发行福利彩票筹集到的福利金中绝大部分用于资助城市社区老年人福利服务设施、活动场所和农村乡镇敬老院的建设。

"星光计划"的主要任务是,在城市,以社区居委会为重点,新建和改扩建一大批社区老年人福利服务设施和活动场所,逐步形成社区居委会有站点、街道有服务中心的社区老年人福利服务设施网络;在农村,以乡镇敬老院为重点,新建和改扩建一批乡镇老年人福利服务设施和活动场地,逐步形成乡镇有敬老院、县(市)有服务中心的老年人福利服务设施网络;同时,有控制地建设少量示范性、综合性的老年人社会福利机构。"星光计划"的资金主要来源于福利彩票发行所筹集的福利金中的绝大部分,也就是80%以上的福利金将用于实施"星光计划";同时还有相当的资金要靠地方政府投入和广泛发动社会力量,多渠道、多层次、多方面筹措资金。实施"星光计划"体现了福利彩票"取之于民,用之于民"的宗旨。中国福利彩票自1987年发行以来,得到了全社会的支持。截至2004年底,全国共发行福利彩票1 300多亿元,筹集福利金近400亿;其中2004年发行福利彩票226亿元,筹集福利金79.1亿元。福利彩票资助的福利项目遍及全国,特别是老、少、边、穷地区,帮助了数以亿计的老年人、残疾人、孤儿、五保户、优抚对象等特殊群体。实施"星光计划"后,在社区中建设了一大批老年服务设施,将受助对象扩大到所有老年人,同时兼顾残疾人、孤儿等。据统计,截至2004年6月,"星光计划"圆满结束。全国城乡共新建和改建社区"星光老年之家"32 490个,共投入134.85亿元。2001年,主要在省会城市的社区中建成了7 278个"星光老年之家",共投入了30.77亿元;2002年,主要在全国地级城市的社区中建成了14 943个"星光老年之家",共投资52.56亿元;2003年,主要在县城镇和农村乡镇建起了10 269个"星光老年之家",共投资51.52亿元。在资金投入方面,民政部本级福利彩票公益金投入了13.53亿元,地方福利彩票公益金投入26.33亿元,地方财政投入43.36亿元,项目单位自筹和社会力量投入51.63亿元。

上海作为中国内地最早进入老龄化的城市,目前60岁以上老龄人口占总人口的18.7%,且这一比例还将持续上升。据预测,2010年上海老龄人口将超过400万人。不断增长的老年人口对有限的老年福利设施形成了巨大压力。上海在过去3年中也投入15亿元巨资用于完善老年福利设施的"星光计划",通过新建、改建、购买、置换等方式,新增老年活动室面积35万平方米;改造185家敬老院并新增建筑面积20万平方米,使每个街道乡镇都拥有了养老机构;新建老年人日间服务机构83家。使全市250万老龄人口从中受益。与此同时,上海还采取政府购买服务的方式帮助老年人居家养老,已有14万人次获得了政府给予的服务补贴,而专为老年人设计开发的"安康通"紧急援助呼叫器,也已陆续安装到2.4万个老年人家庭,并提供服务超过8万次。作为上海近年来工程规模最大、投入资金最多、覆盖面最广、社会效益最好的一项政府实事工程,"星光计划"的实施为上海老年人安度晚年创造了良好的基础。

从"星光计划"的实施,可见政府在人口老龄化趋势日益加快的过程中,对老年人福利事业的发展也在日益高度重视,而立足社区,通过福利彩票所筹集的福利金以及由此调动的地方政府财力、社会各界资源等共同为老年人福利事业发展服务,显然是一条合理的路径。不过,在老年人占总人口比重不断攀升和政府财政实力不断增强的条件下,政府还应当有更多的投入用于老年人福利事业;中国工业化、城市化进程中,在计划生育加速导致乡村居民家庭规模持续缩小以及家庭保障功能与土地保障功能持续弱化、乡村青壮年劳动力大规模外出务工的条件下,发展老年人福利事业时还需要同样重视解决乡村老年人的福利需求问题。

【案例讨论2】

被遗弃的孩子

据报载,2001年12月24日,西方传统的平安夜即将来临之时,一个女婴被遗弃在北京同仁医院的门诊大厅。同仁医院儿科冯大夫对弃婴已经见惯不怪,她说:"弃婴经常有,这几十年都这样,孩子多数都有病,像脑发育不全、骨头有畸形等。"同仁医院2001年共捡到5个弃婴,而往年都在10个左右。同仁医院李士瑞说:"80%是有毛病的,他们觉得扔在医院有人管,儿童医院捡到的比我们多好几倍。"相对于这种一出生即被遗弃的情况而言,更多孩子是在养育了一段时间之后才被抛弃的。2002年1月5日,在北京三里河二区的一棵松树下发现一具女婴尸体,她身体冻得僵硬,手上有针孔,背部有淤血,口里淌着鲜血,年仅一岁半却被摔死街头。这起事件已超出了遗弃婴儿的范畴,公安机关全力调查,但没有结果。

把孩子扔在医院固然是一些父母的选择,但医院并不会为遗弃儿做更多的治疗。另一些父母甚至不愿意这样担惊受怕,他们选择了遗弃街头的做法。按照北京市这几年的惯例,弃婴发现后首先会被送到和平里医院儿科进行身体常规检查,开具疾病证明后才转送到儿童福利院。和平里医院儿科值班的杜护士的印象是:"最近一年半大概有300多个。30%—50%是健康的,主要是女婴。"北京市民政局福利处证实:"北京接收的弃婴每年都超过200人,多数是有残疾的。"有报道说,西安儿童福利院仅在2001年6月26日到7月15日20天就收留弃婴21名。

尽管全国范围内并没有关于弃婴的详细统计数字,但这并不妨碍评估弃婴问题的严重性。作为一个严重的社会问题与恶劣现象,国家有必要完善相关政策,通过创新发展儿童福利事业来维护弃婴的生存权与发展权,因为弃婴是活生生的生命,理所当然地享有人的权益。应当承认,中国的儿童福利事业发展滞后,观念也陈旧,除在城市设置有少数儿童福利院外,相关配套措施也不健全。因此,弃婴的命运令人忧心。

第一,大力发展儿童福利事业非常必要,但需要充分调动社会各界资源,才能真正解决好这一现实社会问题。从目前的情况来看,无论是医院还是福利院都承担着压力。医院在捡到弃婴后,必然需要为其看护甚至治疗,而医院并没有安排弃婴的资金和设施;政府办的福利院虽然有国家的投入,但规模十分有限,如设在清河的北京市第一儿童福利院,按常规可容纳40~50名孤残儿童,设在顺义的北京市第二儿童福利院,常规可容纳250名孤残儿童,两所福利院的常规收养规模才300名左右,而目前实际收养的孤儿及弃婴已经达到了1 200名;这些儿童14岁后,将转到位于小汤山的北京市第二社会福利院,那里负责收养残疾人,现有300名。这样的官办福利院的规模,相对于北京市每年出现的以200多名弃婴(还不包括孤儿)的增长速度,显然无法满足需要。当然,除儿童福利院安排外,另外还有几种消化渠道,如领养、国外收养、上学找到工作(极少)、自然消耗,但这些安排更是有限。因此,对弃婴完全采取由政府包养的传统政策并不妥当。事实上,一些地方开始出现民间人士收养孤残儿童及弃婴的做法,但因得不到政府与社会的有力支持,境况普遍不好。因此,国家在直接举办福利院的同时,有必要对民办福利院给以扶持甚至直接的财政支持,只能这样才能壮大收养弃婴的力量,使弃婴悲惨的命运得到改善。

第二,放宽收养弃婴、孤儿的政策,充分利用民间爱心力量。在城市,弃婴的新闻很容易得到人们关注,每次医院出现弃婴都会有好心人跟着想要收养,并不断有电话打过来咨询收养问题,但都被医院一一回绝。因为按照九届人大五次会议于1998年11月4日修改通过,自1999年4月1日起施行的《中华人民共和国收养法》,规定了非常严格的收养条件与收养程序,否则将视为违法。如收养法规定必须是无子女的家庭才能收养,否则,就是违法,这就限制了有子女家庭收养孤儿、弃婴的行为,事实上,中国无子女的家庭毕竟是极少数,如果对有子女家庭这样占绝大多数的家庭实行限制,则显然不利于儿童收养事业的发展,也不利于儿童福利事业的发展。例如,北京朝阳区东风乡外地来京人员陈容于1995、1996年收养了几个自己捡到的弃婴,办起了"爱婴之家",但《中华人民共和国收养法》及相关法规出台后,民政部门要求把孩子送到福利院,陈容坚决不同意,当地人评论认为"这事不能说对,也不能说不对",后来,陈容家里出了点变故,她带着5个孩子走了,现在下落不明,这5个孩子最小的1岁多,大的已经上了宏志中学,不知道以后谁来对他们负责。陈容的遭遇表明了法律的规范与民间的爱心存在着脱节,而这样的结果可能损害孩子的成长。比陈容更有名的是原来武汉市出现的胡曼莉,她收养多个弃婴,但经武汉迁福州,再转展云南,靠自己力量收养,结论却可能是非法。如果法律、法规、政策进一步完善,能够充分调动并利用民间人士的爱心与资源,则包括弃婴收养在内的儿童福利事业,一定能够获得更好的发展。

第三,有必要严格规范对弃婴行为的处罚措施。弃婴是不良的社会现象,这种行为属于违法犯罪行为,《中华人民共和国刑法》第261条就明确规定,"对年幼、年老无独立生活能力的,应承担抚养责任而不尽抚养义务情节恶劣的,处5年以下有期徒刑。"但事实上,由于寻求弃婴成本较高,实际上非常困难,即使找到了弃婴者,法院几乎没有过依法惩办遗弃人行为的案例。因此,在保护弃婴生命与健康权的前提下,应当进一步明确对弃婴行为的处罚规定,通过法律的手段约束并减少弃婴现象。

第四,用人性与爱心来重视对弃婴权益的综合维护。对弃婴的维护体现了一个社会的文明进步程度,但弃婴的权益不仅仅是生存的问题,也包括教育、情感保障等内容,因此,在加快发展福利院、完善收养政策等的同时,还应当改进福利院的管理,真正让弃婴在福利院或在收养老人家像在自己的家一样。一般而言,弃婴遭遇遗弃是一种严重的心理伤害,要想解决弃婴的心理问题,不仅意味着在安全封闭的环境里看护他们,更重要的是要让他们的身心,尤其是精神世界最大程度地恢复健康、健全。因此,从一定意义上说,最好是让他们回归家庭生活。

思 考 题

1. 如何理解社会福利的概念?
2. 简述社会福利制度的基本框架。
3. 如何理解人口老龄化与老年人福利的关系?
4. 为什么说残疾人福利事业最能体现社会文明进步的水平?
5. 比较社会福利与社会救助、社会保险制度的差异。
6. 儿童福利通常包括哪些内容?

第十一章 军人保障

【本章学习要点】

通过本章学习,应当了解军人保障概念及其制度框架,把握军人保障制度的特殊性及其在整个社会保障体系的独特地位,熟悉军人抚恤、军人保险、军人福利等军人保障制度的基本内容。

第一节 概 述

古今中外,军人都是一种肩负保家卫国责任的特殊职业,军人构成为一个有着特殊风险的社会群体,国家为军人建立的保障制度亦通常与一般国民的社会保障相区别①。

一、军人保障及其基本特征

军人保障是指由国家建立的,以军人(特定情形下惠及其家属)为保障对象的各种社会保障制度的统称,是一个由国家(中央政府)直接负责、能够涵盖军人的多种风险的综合性保障制度。在现代社会保障体系中,军人保障构成了一个既相对独立、又与其他社会保障系统相联系的子系统,它在解除军人后顾之忧、稳定军心、巩固国防等方面具有独特的意义。

作为一个独特的社会保障系统,军人保障制度具有如下一些基本特征:

(1)保障对象特殊。军人保障以军人为保障对象,并惠及其家属,因此,它的保障对象是一个有别于一般社会保障的对象的特殊群体。在实践中,通常以现役军人及其家属为享受相关保障待遇的资格条件,从而是一种有着严格的职业身份限制的保障制度安排。

(2)保障目标具有双重性。一般社会保障制度的目标,是保障社会成员的基本生活并促进社会的稳定与和谐发展,而军人保障的目标则包括着稳定军心和稳定社会的双重目标,其中稳定军心是直接目标,并且是稳定社会的基础。这是其他社会保障系统所不具备的。

(3)保障待遇具有激励性。一方面,与普通国民的社会保障相比,军人保障的待遇要优厚,如军队离、退休军人的待遇就较地方同职级的离、退休待遇标准要高,对军人的抚恤标准要高于一般劳动者的工伤抚恤等,对军烈属的照顾亦是对军人保障待遇较优的体现。另一方面,在军人保障中,又根据军人平时的贡献及遭遇事件的不同而有所区别对待。如对于立功者的抚恤较未立功者高得多,抚恤金的增发与立功大小成正比例关系;对因战伤亡的抚恤较因公伤亡的标准要高,而因公伤亡的抚恤标准又较因病伤亡的标准要高;在其他保障待遇方面,在艰苦地方服役的保障待遇标准要高于一般地区的标准等等。这种待遇的优厚性和差别性,既体现了国家与社会

---

① 本节参见郑功成著:《论中国特色的社会保障道路》第十章,武汉大学出版社,1997。

对军人保卫国家、付出牺牲的补偿性,又体现了对军人的激励性。

(4)保障内容全面。军人保障不像社会保险、社会救助、社会福利或医疗保障那样,仅承担社会保障的某一方面的任务,而是包含了保险、救助、福利等相关内容,能够肩负起对军人的全面保障责任。如伤残、死亡抚恤制度与离、退休制度及军人保险就与一般社会保险的内容基本一致,军人精神病院、康复机构、光荣院、休养所以及义务兵邮资免费等实质上与社会福利性质一致,社区对军烈属的某些援助属于社会救助的性质,军人还实行免费医疗制度等等。因此,军人保障具有明显的保障内容综合性特点,是一个以特殊群体对象为划分标志的综合保障子系统。

(5)管理体制采取军地结合、分工负责体制。根据现行体制,军人保障的组织管理实际是军地结合、分工负责制。在中国,面向军人的保险、福利、医疗保障等均由军方负责,但制度设计却需要与政府主管部门沟通、协商一致;而军人抚恤、优待等项目却主要由各级政府中的民政部门负责。因此,中国军人保障的管理体制,实际上是按照以往形成的习惯,由军队政治与后勤机关、政府民政等主管部门分工负责的原则来组织实施的。

(6)经费主要来源于中央财政。其他社会保障制度虽然也体现政府责任,但这种政府责任通常体现了中央政府与地方政府分担责任甚至主要是地方政府承担责任上,而军队是国家的军队,军人职业是保卫国家安全,军队的统一性及其肩负的特定职责,决定了军人保障的经费来源主要是依靠中央政府来保证。尽管有的军人保障项目亦需要地方政府乃至社会分担一些责任,但中央财政承担主要责任却是各国军人保障制度的共同特征。

此外,与国外军人保障制度相比,中国的军人保障制度具有自己的一些特点。例如:国外的军人养老保障统一称为退休制,而中国现行的军人养老却被分为离休制、退休制两种;国外的军人退休既有年龄限制,又有军龄限制,而中国仅有年龄限制条件等等。可见,中国的军人保障制度具有中国自己的一些特色,能够与中国具体的国情(如人口众多、户籍制度、军地关系、政治制度及给予军队老干部的特殊政治待遇等)相适应。

二、军人保障制度的建立与发展

为军人提供生活、医疗及抚恤等保障,其实是维护军队战斗力和激励军人为国效力的一种古老的保障措施。如据有关史书记载,周文王死后,姜子牙继续辅佐武王,即对前朝优抚军人的做法作了进一步的发挥,规定"凡行军吏士有伤亡者,给其丧具,使归而葬,此坚军之道也;军人被创即给医药,使谨视之,医不即治,鞭之",此后便逐步扩展到对军人养老、医疗及家属免赋等方面。因此,军人保障与救灾济贫一样,均是历史悠久的国家或社会性保障措施。

考察中国现行的军人保障制度的发展进程,基本上可以划分为传统军人保障阶段和军人保障制度改革发展两个阶段。

所谓传统的军人保障制度,是指伴随着革命军队的诞生和发展而建立起来的中国的军人保障制度(通常被称为社会优抚或优抚安置保障制度)。例如1931年时,中央在苏区即颁布过《红军优待条例》《红军抚恤条例》和《优待红军家属条例》等法规。到中华人民共和国成立后,根据当时具有临时宪法性质的《中国人民政治协商会议共同纲领》的有关规定,于1950年制定了《革命军人牺牲病故褒恤暂行条例》等一系列法规;进入20世纪80年代后,国家又针对军人离、退休及安置问题颁布了相应的法规,如1984年全国人民代表大会常务委员会通过的《中华人民共和国兵役法》、1987年国务院和中央军委颁布的《中华人民共和国义务兵安置条例》、1988年国务院和中央军委颁布的《军人抚恤优待条例》等,使传统军人保障制度得到了进一步的强化。

传统军人保障制度的结构,可用图11-1来展示。

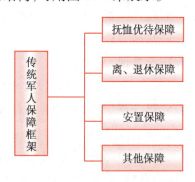

图11-1 传统军人保障系统机构图

由图11-1可见,中国传统的军人保障制度基本上由四大块构成,但理论界乃至官方文件中却普遍将传统军人保障制度称之为社会优抚或优抚安置。

传统军人保障制度的建立与发展,在实践中取得了多方面的成就。包括:一是法制建设较其他社会保障制度要健全,早在1950年,国家就制定并实施了《革命军人牺牲病故褒恤暂行条例》《革命烈士家属、革命军人家属优待暂行条例》《革命工作人员伤亡褒恤暂行条例》《民兵民工伤亡褒恤暂行条例》《革命残废军人优待抚恤暂行条例》等五个条例,建立了以优待抚恤为基本内容的军人优抚制度;1981—1982年,针对被破坏了的军人养老制度,国务院与中央军委又先后颁布了《关于军队干部退休的暂行规定》和《关于军队干部离职休养的暂行规定》,为建立正常的退休制度提供了基本依据;1984年,《中华人民共和国兵役法》颁布,亦对军人保障方面的相关内容做了规定;1987年12月颁行了《退伍义务兵安置条例》;1988年7月国务院又正式废止了 20 世纪 50 年代颁布过的五个条例,重新发布并实施统一的《军人抚恤优待条例》,从而使这一项社会保障制度在法规制度建设方面得到了发展。二是较全面地为军人及其家属提供了生活保障,如在保障内容方面,新中国成立前只有优抚待遇,可以称之为优抚阶段;新中国成立后增加了安置保障,进入了优抚安置保障阶段;20 世纪 80 年代以后,又规范了军人离、退休待遇,从而使军人保障进入了优待、抚恤、安置、离退休等项目组成的较为全面的保障阶段;在保障对象方面,传统军人保障不仅面向现役的、离退休军人,还惠及现役军人与烈士军人家属,以及一些复员军人,从而是一个从军人到军属都能够得到保障的系统。三是保障效果比较好,由于军人保障有较权威的法规依据和具体对象的群体特征,加之实施过程中强制性很强,其实践效果是比较好的,即数十年来对于保障军人权益进而稳定军心、改善军民关系发挥了很大的作用。正是因为传统军人保障制度较为成熟,加之这一群体特色鲜明和中央政府直接承担主要责任,这使得对其进行改革时所遇到的困难也将会相对小些。

当然,尽管传统军人保障制度是一种比较稳定的社会保障制度,但随着社会经济的发展尤其是社会主义市场经济体制的建立与国家社会保障制度的改革,却也使其日益暴露出一些缺陷,这些缺陷日益成为制约这项制度得到良性发展的因素。传统军人保障制度的缺陷主要有:一是保障体系尚不完善,如针对军人配偶随军期间未就业问题就无相应的保障机制来加以解决。二是保障待遇标准死板且欠规范,因为它一直采用固定金额制,缺乏自动调整机制,在实践中表现出相当的滞后性。三是财政来源混乱,即传统军人保障制度的财政基础不仅包括了中央政府的责任,也有地方各级政府的责任,还有城镇单位组织与农村集体经济的责任等等,这种过分的责任分担与军队的统一性和属于国家所有的性质是不相符的,也不利于从整体上维护军人的正当权益。四是与市场经济改革和社会保障制度改革不相适应,如市场经济使劳动力走向市场化,就业走向竞争化等,原有的退伍军人安置就再也无法继续作为政治任务强行分配了;市场经济使物价由计划控制走向市场调节,而军人保障待遇标准固定金额制显然无法适应这种变化;养老保险与医疗保险制度均由传统的制度变革为统账结合的新制度,如果不对军人保障制度进行改革,军队与地方的保障制度便无法衔接等等。可见,传统军人保障制度作为中国传统社会保障制度中比较健全的社会保障制度安排,在市场经济改革中也因社会经济的发展变化与国家社会制度改革而呈现出日益突出的问题,从而亦存在着改造和完善的必要性和迫切性。

由于传统军人保障制度存在着一些无法自我克服的内在缺陷,以及与市场经济及国家社会保险制度改革等的不相适应性,自 20 世纪 90 年代以来,国家和军队亦开展了对传统军人保障制度的改革。改革传统军人保障制度的内容主要有:

第一,建立军人保险制度。传统军人保障制度均表现为国家福利与军队的职业福利,没有社会保险性质的制度安排。改革后,为更好地解除军人的后顾之忧,同时亦保持与面向普通劳动者的社会保险制度的适应性,1995年3月,军队开始研究论证军人保险制度;1997年1月,中央军委决定建立军人保险制度;1998年7月,中央军委制定了《军人保险制度实施方案》;1998年8月,由国务院、中央军委颁发的《军人伤亡保险暂行规定》在全军开始实行;2000年1月,又建立了军人退役医疗保险制度;2004年1月,军人配偶随军未就业期间的社会保险制度正式实施。

第二,完善军人抚恤制度。针对传统的军人抚恤制度存在的优抚对象抚恤补助标准长期落后于人民群众生活水平、医疗难问题日趋突出,有的合法权益得不到有效保障等问题,1996年,民政部和总政治部开始对1988年制定的《军人抚恤优待条例》进行修订。2004年8月,国务院、中央军委颁布了新修订的《军人抚恤优待条例》,这一条例于同年10月1日起实施,对传统的抚恤制度做了重要的完善。新的条例不仅提高了抚恤金标准,而且确定了各项定期抚恤标准的参照依据,使抚恤标准弹性化;同时将义务兵和初级士官患精神病纳入评残范围,还调整了军人残疾等级的设置,把原来的"四等六级"改为"一至十级";明确了义务兵家庭享受优待金的范围和标准;对重点优抚对象的医疗待遇进行分类施保;拓展了优抚对象的社会优待范围和内容,增加了现役军人享受优待的内容。此外,还明确了优抚机构及相关当事方的法律责任。

第三,重构其他军人保障制度。如在就业安置保障方面,针对市场经济条件下的劳动力市场化与就业竞争化格局,国家对退伍军人就业的做法遇到了重大挑战,为此,开始探索自主择业、国家补贴的做法。在军属优待方面,一些地方亦探索了现金补贴、劳务服务等做法。

正是这些改革,使军人保障制度走向一个新的发展阶段。

三、军人保障制度的基本框架

根据现行军人保障的内容,可以将军人保障制度的基本框架用图11-2来展示。

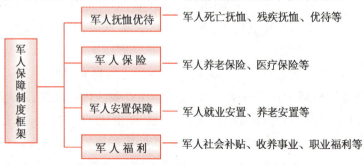

图11-2　新型军人保障子系统结构图

由图 11-2 可见,新型军人保障的基本框架是一个内容相当丰富的体系,也是能够适应社会经济发展变化、满足军人对社会性保障的新需求,并与其他社会保障子系统的改革与发展相协调的一种合理结构。

第二节 军人抚恤优待

军人抚恤优待制度是军人保障制度的重要组成部分,它自战争年代建立至今,已经走过了较长的历程;中华人民共和国成立后,也经历了 1950 年、1988 年和 2004 年三次大的立法及修订,开始走向完善。2004 年新修订颁行的《军人抚恤优待条例》共分为 6 章、52 条,其内容包括军人抚恤优待的原则、死亡抚恤、残疾抚恤、优待以及法律责任等内容。

一、军人抚恤优待概述

根据现行法规,军人抚恤优待制度面向的对象是指中国人民解放军、中国人民武装警察部队的现役军人(以下简称现役军人)、服现役或者退出现役的残疾军人以及复员军人、退伍军人、烈士遗属、因公牺牲军人遗属、病故军人遗属、现役军人家属,上述人员可以依法享受抚恤优待。本处所称的复员军人,是指在 1954 年 10 月 31 日之前入伍、后经批准从部队复员的人员;带病回乡退伍军人,是指在服现役期间患病,尚未达到评定残疾等级条件并有军队医院证明,从部队退伍的人员。

同时,现行法规还规定,因参战伤亡的民兵、民工的抚恤,因参加军事演习、军事训练和执行军事勤务伤亡的预备役人员、民兵、民工以及其他人员的抚恤,亦参照军人抚恤优待的有关规定处理。

在军人抚恤优待制度中,强调实行国家和社会相结合的方针,坚持保障军人的抚恤优待与国民经济和社会发展相适应,保障抚恤优待对象的生活不低于当地的平均生活水平的原则。国家要求全社会应当关怀、尊重抚恤优待对象,开展各种形式的拥军优属活动,同时国家鼓励社会组织和个人对军人抚恤优待事业提供捐助。

军人抚恤优待所需经费,由国务院和地方各级人民政府分级负担。中央和地方财政安排的军人抚恤优待经费,专款专用,并接受财政、审计部门的监督。

各级政府中的民政部门是军人抚恤优待工作的主管机关,其他国家机关、社会团体、企业事业单位则依法履行各自的军人抚恤优待责任和义务。

二、死亡抚恤

(一) 死亡抚恤的分类及确定标准

死亡抚恤是军人抚恤优待制度的重要内容,根据现行规定,凡现役军人死亡被批准为烈士、被确认为因公牺牲或者病故的,其遗属依法享受抚恤待遇,其中,烈士的抚恤待遇最高,因病死亡的抚恤待遇较低。

现役军人死亡可以批准为烈士的情形包括:

(1) 对敌作战死亡,或者对敌作战负伤在医疗终结前因伤死亡的;

(2) 因执行任务遭敌人或者犯罪分子杀害,或者被俘、被捕后不屈遭敌人杀害或者被折磨致死的;

(3) 为抢救和保护国家财产、人民生命财产或者参加处置突发事件死亡的;

(4) 因执行军事演习、战备航行飞行、空降和导弹发射训练、试航试飞任务以及参加武器装备科研实验死亡的;

(5) 其他死难情节特别突出,堪为后人楷模的。

现役军人在执行对敌作战、边海防执勤或者抢险救灾任务中失踪,经法定程序宣告死亡的,按照烈士对待。属于因战死亡的烈士,由军队团级以上单位政治机关批准;属于非因战死亡的,由军队军级以上单位政治机关批准;属于其他死难情节特别突出的,由中国人民解放军总政治部批准。

现役军人死亡可以确认为因公牺牲的情形包括:

(1) 在执行任务中或者在上下班途中,由于意外事件死亡的;

(2) 被认定为因战、因公致残后因旧伤复发死亡的;

(3) 因患职业病死亡的;

(4) 在执行任务中或者在工作岗位上因病猝然死亡,或者因医疗事故死亡的;

(5) 其他因公死亡的。

现役军人在执行对敌作战、边海防执勤或者抢险救灾以外的其他任务中失踪,经法定程序宣告死亡的,按照因公牺牲对待。现役军人因公牺牲,由军队团级以上单位政治机关确认;属于其他因公死亡的,由军队军级以上单位政治机关确认。

现役军人因其他疾病死亡的可以确认为病故。包括现役军人非执行任务死亡或者失踪,经法定程序宣告死亡的,按照病故对待。现役军人病故,由军队团级以上单位政治机关确认。

对烈士遗属、因公牺牲军人遗属、病故军人遗属,由县级人民政府民政部门分别发给《中华人民共和国烈士证明书》、《中华人民共和国军人因公牺牲证明书》、《中华人民共和国军人病故证明书》。

现役军人失踪经法定程序宣告死亡的,在其被批准为烈士、确认为因公牺牲或者病故后,又经法定程序撤销对其死亡宣告的,由原批准或者确认机关取消其烈士、因公牺牲军人或者病故军人资格,并由发证机关收回有关证件,终止其家属原享受的抚恤待遇。

(二) 一次性抚恤待遇

现役军人死亡,根据其死亡性质和死亡时的月工资标准,由县级人民政府民政部门发给其遗属一次性抚恤金,标准是:烈士,80个月工资;因公牺牲,40个月工资;病故,20个月工资。月工资或者津贴低于排职少尉军官工资标准的,按照排职少尉军官工资标准发给其遗属一次性抚恤金。获得荣誉称号或者立功的烈士、因公牺牲军人、病故军人,其遗属在应当享受的一次性抚恤金的基础上,由县级人民政府民政部门按照下列比例增发一次性抚恤金:

(1) 获得中央军事委员会授予荣誉称号的,增发35%;
(2) 获得军队军区级单位授予荣誉称号的,增发30%;
(3) 立一等功的,增发25%;
(4) 立二等功的,增发15%;
(5) 立三等功的,增发5%。

多次获得荣誉称号或者立功的烈士、因公牺牲军人、病故军人,其遗属由县级人民政府民政部门按照其中最高等级奖励的增发比例,增发一次性抚恤金。

对生前作出特殊贡献的烈士、因公牺牲军人、病故军人,除按照本条例规定发给其遗属一次性抚恤金外,军队可以按照有关规定发给其遗属一次性特别抚恤金。

一次性抚恤金发给烈士、因公牺牲军人、病故军人的父母(抚养人)、配偶、子女;没有父母(抚养人)、配偶、子女的,发给未满18周岁的兄弟姐妹和已满18周岁但无生活费来源且由该军人生前供养的兄弟姐妹。

(三) 定期抚恤待遇

对符合下列条件之一的烈士遗属、因公牺牲军人遗属、病故军人遗属,发给定期抚恤金:

(1) 父母(抚养人)、配偶无劳动能力、无生活费来源,或者收入水平低于当地居民平均生活水平的;
(2) 子女未满18周岁或者已满18周岁但因上学或者残疾无生活费来源的;
(3) 兄弟姐妹未满18周岁或者已满18周岁但因上学而无生活费来源且由该军人生前供养的。

对符合享受定期抚恤金条件的遗属,由县级人民政府民政部门发给《定期抚恤金领取证》。

定期抚恤金标准参照全国城乡居民家庭人均收入水平确定。定期抚恤金的标准及其调整办法,由国务院民政部门会同国务院财政部门规定。

县级以上地方人民政府对依靠定期抚恤金生活仍有困难的烈士遗属、因公牺牲军人遗属、病故军人遗属,可以增发抚恤金或者采取其他方式予以补助,保障其生活不低于当地的平均生活水平。

享受定期抚恤金的烈士遗属、因公牺牲军人遗属、病故军人遗属死亡的,增发6个月其原享受的定期抚恤金,作为丧葬补助费,同时注销其领取定期抚恤金的证件。

二、残疾抚恤

现役军人残疾被认定为因战致残、因公致残或者因病致残的,依法享受残疾抚恤待遇。残疾抚恤待遇划分为因战致残、因公致残和因病致残三类。

(一)残疾等级评定

根据现行规定,军人残疾的等级根据劳动功能障碍程度和生活自理障碍程度确定,由重到轻分为一级至十级。残疾等级的具体评定标准由国务院民政部门、劳动保障部门、卫生部门会同军队有关部门规定。

现役军人因战、因公致残,医疗终结后符合评定残疾等级条件的,应当评定残疾等级。义务兵和初级士官因病致残符合评定残疾等级条件,本人(精神病患者由其利害关系人)提出申请的,也应当评定残疾等级。因战、因公致残,残疾等级被评定为一级至十级的,享受抚恤;因病致残,残疾等级被评定为一级至六级的,享受抚恤。评定残疾等级,应当依据医疗卫生专家小组出具的残疾等级医学鉴定意见,由认定残疾性质和评定残疾等级的机关发给《中华人民共和国残疾军人证》。

因战、因公、因病致残性质的认定和残疾等级的评定权限是:

(1)义务兵和初级士官的残疾,由军队军级以上单位卫生部门认定和评定;

(2)现役军官、文职干部和中级以上士官的残疾,由军队军区级以上单位卫生部门认定和评定;

(3)退出现役的军人和移交政府安置的军队离休、退休干部需要认定残疾性质和评定残疾等级的,由省级人民政府民政部门认定和评定。

现役军人因战、因公致残,未及时评定残疾等级,退出现役后或者医疗终结满3年后,本人(精神病患者由其利害关系人)申请补办评定残疾等级,有档案记载或者有原始医疗证明的,可以评定残疾等级。现役军人被评定残疾等级后,在服现役期间或者退出现役后残疾情况发生严重恶化,原定残疾等级与残疾情况明显不符,本人(精神病患者由其利害关系人)申请调整残疾等级的,亦可以重新评定残疾等级。

(二) 残疾抚恤待遇

残疾抚恤金是国家给予残疾军人的生活保障待遇。退出现役的残疾军人,按照残疾等级享受残疾抚恤金,残疾抚恤金由县级人民政府民政部门发给。因工作需要继续服现役的残疾军人,经军队军级以上单位批准,由所在部队按照规定发给残疾抚恤金。

残疾军人的抚恤金标准,参照全国职工平均工资水平确定,并根据残疾军人的残疾等级享受残疾抚恤金。同时,县级以上地方人民政府对依靠残疾抚恤金生活仍有困难的残疾军人,可以增发残疾抚恤金或者采取其他方式予以补助,保障其生活不低于当地的平均生活水平。

对退出现役的因战、因公致残的残疾军人因旧伤复发死亡的,由县级人民政府民政部门按照因公牺牲军人的抚恤金标准发给其遗属一次性抚恤金,其遗属享受因公牺牲军人遗属抚恤待遇。退出现役的因战、因公、因病致残的残疾军人因病死亡的,对其遗属增发12个月的残疾抚恤金,作为丧葬补助费;其中,因战、因公致残的一级至四级残疾军人因病死亡的,其遗属享受病故军人遗属抚恤待遇。

退出现役的一级至四级残疾军人,由国家供养终身;其中,对需要长年医疗或者独身一人不便分散安置的,经省级人民政府民政部门批准,可以集中供养。对分散安置的一级至四级残疾军人发给护理费,护理费的标准为:

(1) 因战、因公一级和二级残疾的,为当地职工月平均工资的50%;

(2) 因战、因公三级和四级残疾的,为当地职工月平均工资的40%;

(3) 因病一级至四级残疾的,为当地职工月平均工资的30%。

退出现役的残疾军人的护理费,由县级以上地方人民政府民政部门发给;未退出现役的残疾军人的护理费,经军队军级以上单位批准,由所在部队发给。

残疾军人需要配制假肢、代步三轮车等辅助器械,正在服现役的,由军队军级以上单位负责解决;退出现役的,由省级人民政府民政部门负责解决。

三、优待

(一) 生活优待

根据现行规定,对义务兵的优待包括:

义务兵服现役期间,其家庭由当地人民政府发给优待金或者给予其他优待,优待标准不低于当地平均生活水平。

义务兵和初级士官入伍前是国家机关、社会团体、企事业单位职工(含合同制人员)的,退出现役后,允许复工复职,并享受不低于本单位同岗位(工种)、同工龄职工的各项待遇;服现役期间,其家属继续享受该单位职工家属的有关福利待遇。

义务兵和初级士官入伍前的承包地(山、林)等,应当保留;服现役期间,除依照国家有关规定和承包合同的约定缴纳有关税费外,免除其他负担。

义务兵从部队发出的平信,免费邮递。

复员军人生活困难的,按照规定的条件,由当地人民政府民政部门给予定期定量补助,逐步改善其生活条件。

(二) 医疗优待

国家对一级至六级残疾军人的医疗费用按照规定予以保障,由所在医疗保险统筹地区社会保险经办机构单独列账管理。具体办法由国务院民政部门会同国务院劳动保障部门、财政部门规定。

七级至十级残疾军人旧伤复发的医疗费用,已经参加工伤保险的,由工伤保险基金支付,未参加工伤保险,有工作的由工作单位解决,没有工作的由当地县级以上地方人民政府负责解决;七级至十级残疾军人旧伤复发以外的医疗费用,未参加医疗保险且本人支付有困难的,由当地县级以上地方人民政府酌情给予补助。

残疾军人、复员军人、带病回乡退伍军人以及烈士遗属、因公牺牲军人遗属、病故军人遗属享受医疗优惠待遇。具体办法由省、自治区、直辖市人民政府规定。中央财政对抚恤优待对象人数较多的困难地区给予适当补助,用于帮助解决抚恤优待对象的医疗费用困难问题。

在国家机关、社会团体、企业事业单位工作的残疾军人,享受与所在单位工伤人员同等的生活福利和医疗待遇。所在单位不得因其残疾将其辞退、解聘或者解除劳动关系。

(三) 交通及其他优待

现役军人凭有效证件、残疾军人凭《中华人民共和国残疾军人证》优先购票乘坐境内运行的火车、轮船、长途公共汽车以及民航班机;残疾军人享受减收正常票价50%的优待。

现役军人凭有效证件乘坐市内公共汽车、电车和轨道交通工具享受优待,具体办法由有关城市人民政府规定。残疾军人凭《中华人民共和国残疾军人证》免费乘坐市内公共汽车、电车和轨道交通工具。

现役军人、残疾军人凭有效证件参观游览公园、博物馆、名胜古迹享受优待,具体办法由公园、博物馆、名胜古迹管理单位所在地的县级以上地方人民政府规定。

此外,优抚对象还享有优先批准参军、优先录取公务员或升学、优先享受各种助学政策、优先进入各类福利机构,以及有关税费减免的优惠等。

国家还兴办优抚医院、光荣院,治疗或者集中供养孤老和生活不能自理的抚恤优待对象。

第三节 军人保险

一、军人保险制度概述

军人保险制度,主要是适应面向劳动者的社会保险制度的改革和满足军人对养老、医疗保障等需求而新建的社会保障项目。一方面,许多国家建有军人保险制度,以求与一般国民的养老、医疗保险制度保持可衔接性,并体现出这项保障措施的权利与义务关系;另一方面,除少数职业军人将在军人的岗位上坚持到退休外,多数军人均将退役并最终融入社会化的劳动力市场,由于中国的养老保险、医疗保险等社会保险项目的基本模式已经确立为社会统筹与个人账户相结合,而军人若没有相应的积累,相应的社会保险权益就必然受到损害,从而要求设置军人保险项目,以求能够保证军人在退役进入地方工作时或退休后能够立即享受相应的社会保险权益。

在建立军人保险制度前,军队建立有离、退休制度和公费医疗制度,前者的法律依据是国务院和中央军委制定的《关于军队干部退休的暂行规定》(1981)、《关于军队干部离休的暂行规定》(1982)。而公费医疗制度则建立更早,它面向全体军人。到20世纪90年代,在市场经济改革背景下,为适应国家社会保障体制改革尤其是社会保险制度改革的要求,维护军人权益,军队自1994年开始研究军人的社会保险问题;1997年1月,中央军委原则决定建立军人保险制度。1998年7月,国务院、中央军委批准印发的《军人保险制度实施方案》规定:军人保险对象为现役军人;设置军人伤亡保险、军人退役医疗保险、军人退役养老保险,并可根据国家建立多层次社会保障体系的要求和军队建设的需要,适时建立其他保险;军人保险基金主要通过国家拨款和军人个人缴费渠道筹集。1998年8月,《军人伤亡保险暂行规定》在全军实行,标志着军人保险制度开始建立。2000年1月,建立了军人退役医疗保险制度;2004年1月,又正式在全军实施军人配偶随军未就业期间的社会保险制度。在实施以上制度的同时,军队还制定了《军人保险基金管理暂行办法》、《军人保险基金会计核算办法》、《军人保险个人账户管理暂行办法》和《关于军地医疗保险个人账户转移办法》等配套制度。

建立军人保险制度的目的,主要在于与一般国民相关保障项目改革与发展保持适应性,并在军人退伍后溶入地方单位或养老时,能够与地方养老、医疗保险等制度相衔接。因此,军人保险制度的建立能够促进军人部分保障项目走向规范化,并更好地维护军人的社会保障权益。

二、军人伤亡保险

根据1998年颁行的《军人伤亡保险暂行办法》,军队设立军人伤亡保险基金,对因战、因公死亡或者致残的军人以及因病致残的义务兵给予经济补偿。它实际上是在军人抚恤制度之上,借鉴商业保险的做法建立的一种补充性军人保险制度。

该项制度的经费来源包括:中央财政拨款;个人缴费;军队调剂安排;基金运营收益等。其中,现役军官、文职干部和志愿兵,每人每月缴费不超过全军军人月平均工资收入的1%缴纳保险费,义务兵、供给制学员不缴纳保险费。

军人伤亡保险实际上包括军人死亡保险与军人伤残保险两项内容。其中:军人死亡保险的受益人为军人的配偶、子女、父母、兄弟姐妹、祖父母、外祖父母,军人可以在前述受益人中指定特定的受益人及其受益份额,未指定特定受益人的依照《继承法》的有关规定执行。军人伤残保险的受益人为军人本人。

军人伤亡保险待遇的给付,以全军干部月平均工资收入为计算单位,分死亡待遇与伤残待遇。其中:凡批准为烈士的,保险待遇为72个月工资;凡因公牺牲的,保险待遇为48个月工资。伤残保险待遇分为:因战致残的,特等为42个月工资;其他依次下降,直到12个月工资;因公致残的,保险待遇标准从6个月工资到36个月工资不等。因病致残的,从12个月工资到24个月工资不等。

现役军官、文职干部、志愿兵退出现役时,不曾领取过伤亡保险金的,退还个人实际缴纳的保险费加利息。

三、军人退役医疗保险

军人退役医疗保险,是为了保障军人退出现役后享有国家规定的医疗保险待遇,维护军人权益,激励军人安心服役而建立的一种军人保险制度。国家设立军人退役医疗保险基金,对军人退出现役后的医疗费用给予补助,军队根据国家的有关规定,为军人建立退役医疗保险个人账户。从性质上讲,军人退役医疗保险是军人公费医疗基础之上建立的一种补充医疗保险,是为了维护军人退役后能够享受与地方医疗保险对象同等待遇的一种措施。

军人退役医疗保险的对象,是师职以下现役军官、局级和专业技术四级以下的文职干部、士官、义务兵和具有军籍的学员。义务兵、供给制学员不缴纳退役医疗保险费,服役期间不建立退役医疗保险个人账户。

军人退役医疗保险基金由国家财政拨款和军人缴纳的退役医疗保险费组成。其中:师职以下的现役军官、局级和专业技术四级以下的文职干部和士官,每人每月按照本人工资收入1%的数额缴纳退役医疗保险费;国家按照军人缴纳的退役医疗保险费的同等数额,给予军人退役医疗补助。军人缴纳的退役医疗保险费和国家给予的军人退役医疗补助,由其所在单位后勤(联勤)机关财务部门逐月记入本人的退役医疗保险个人账户。军人退役医疗保险个人账户资金的利息每年计算一次,计入军人退役医疗保险个人账户。

军官、文职干部晋升为军职或者享受军职待遇的,不再缴纳退役医疗保险费,个人缴纳的退役医疗保险费连同利息一并退还本人。缴纳退役医疗保险费后致残的二等乙级以上革命伤残军人,退还个人缴纳的退役医疗保险费及利息。

当被保险对象退出现役时,其退役医疗保险个人账户的资金和利息,由本人所在单位后勤(联勤)机关财务部门结清。义务兵退出现役时,按照上一年全国城镇职工平均工资收入的1.6%乘以服役年数的计算公式直接计付军人退役医疗保险金。

军人退出现役后,按照国家规定不参加城镇职工基本医疗保险的,由军人所在单位后勤(联勤)机关财务部门将军人退役医疗保险金发给本人;按照国家规定应当参加城镇职工基本医疗保险的,由军人所在单位后勤(联勤)机关财务部门将军人退役医疗保险金转入军人安置地的社会保险经办机构,具体办法由中国人民解放军总后勤部会同劳动保障部等有关部门制定。

从地方直接招收的军官、文职干部和士官入伍时由地方社会保险经办机构将其基本医疗保险个人账户结余部分转入接收单位后勤(联勤)机关财务部门,计入本人的退役医疗保险个人账户,并逐级上交中国人民解放军总后勤部。

军人牺牲或者病故的,其退役医疗保险个人账户资金可以依法继承。

四、军人配偶随军未就业期间社会保险

军人配偶随军未就业期间社会保险,是为了解决军人配偶随军未就业期间的基本生活保障和社会保险补贴待遇及关系衔接问题而建立的一项社会保险制度,其目的在于解除军人后顾之忧,激励军人安心服役。这一制度包括军人配偶随军未就业期间的基本生活补贴和养老、医疗保险个人账户,国家给予个人账户补贴。

这一制度适用于中国人民解放军、中国人民武装警察部队现役军人随军配偶。凡军人配偶随军期间未就业者,可享受相应的基本生活补贴和养老、医疗保险个人账户补贴待遇。

（1）基本生活补贴。即根据军人服役的地区划分补贴标准,给军人配偶随军未就业期间发放基本生活补贴。如驻国家确定的一、二类艰苦边远地区和军队确定的三类岛屿,以及一般地区部队的军人,其配偶随军未就业期间基本生活补贴标准为每人每月320元。

（2）养老保险待遇。根据现行办法,军人所在单位后勤机关按照缴费基数11%的规模,为未就业随军配偶建立养老保险个人账户,所需资金由个人和国家共同负担,其中,个人按6%的比例缴费,国家按5%的比例给予个人账户补贴。缴费基数参照上年度全国城镇职工月平均工资60%的比例确定。个人缴费和国家给予个人账户补贴的比例,根据企业职工个人缴费比例的变动情况,由总后勤部会同国务院有关部门适时调整。

（3）医疗保险待遇。根据现行办法,军人所在单位后勤机关为未就业随军配偶建立医疗保险个人账户,医疗保险个人账户资金由个人和国家共同负担。未就业随军配偶按照本人基本生活补贴标准全额1%的比例缴费,国家按照其缴纳的同等数额给予个人账户补贴。未就业随军配偶在就业或者军人退出现役随迁后,按照规定应当参加接收地基本医疗保险的,由军人所在单位后勤机关将其医疗保险个人账户资金转入接收地社会保险经办机构,再由接收地社会保险经办机构并入本人基本医疗保险个人账户;按照规定不参加接收地基本医疗保险的,其医疗保险个人账户资金,由军人所在单位后勤机关一次性发给本人。

第四节　其他军人保障

作为一个独特的综合性社会保障子系统,除军人抚恤优待与军人保险外,军人保障制度事实上还包括着安置保障及其他福利保障等内容。

一、安置保障

安置保障,是以安置退出现役的军人就业或养老等为内容的一项制度安排。它主要面向军队转业干部、退伍义务兵和应由地方安置的离、退休军人,以及退役的伤残、病军人。其法律依据主要有《中国人民解放军干部服役条例》(1978)、《关于妥善安排军队退出现役干部的通知》(1978年中共中央发出)、《关于做好移交地方的军队离退休干部安置管理工作的报告》(1984年国务院、中央军委转发)和《退伍义务兵安置条例》(1987)。

安置保障的内容包括:一是对军队转业干部与城镇退伍义务兵的就业安置,这是整个安置工作的主体;二是军队离、退休干部晚年生活的安置;三是农村义务兵的退伍安置。安置保障的原则是"从哪里来,回哪里去"和"妥善安置,各得其所"。为配合实施安置保障工作,国家建立了一些转业培训基地和一批休养所等社会化设施。

相对于其他保障项目而言,安置保障又具有自己的特殊性,它主要表现在以下几个方面:

(1) 保险内容呈板块状结构。在整个传统社会保障制度板块状结构的条件下,安置保障作为军人保障大项目,亦呈现出板块状结构性。它包括四块相对独立的内容:一是非农业户口的退伍军人的就业安置;二是离、退休军人的养老安置;三是残疾军人的安置;四是农业户口的退伍军人的回乡安置。上述四个部分有着相对独立且严格的法规和政策依据,这表明安置保障不如其他保障项目单纯,在实施过程中受制因素可能更多。

(2) 保障过程和保障内容复杂。安置保障的过程,是从军人退出现役到转为一般国民的过程。在这一过程中,不仅需要做与其他保证项目一样的基金收、付工作,同时还必须做退伍或退役军人的转业培训、工作安排以及老年军人的养老安置等多项工作。其工作环节包括建立接待或养老基地,接待退休或退役军人,对需要安置就业的退伍军人的转业培训教育、对老年军人进行养老安置,安置退伍军人的工作,管理离、退休军人养老事业单位并照顾其生活等;在保障内容方面,既有生活保障,更以退伍军人的就业或工作岗位保障为主体内容。可见,安置保障并非像其他社会保障子系统或其他军人保障项目一样,只有较为单纯的基金收、管、支环节和生活保障内容,而是具有多环节性和内容复杂性等特点。

(3) 涉及面广。其他社会保障项目一般仅涉及缴费单位、受益对象和社会保障机构,但军人安置保障的实质内容是让退伍军人融入地方的工作与生活环境,包括就业安置与生活安置等,其涉及关系要复杂得多。在就业安置方面,除涉及退伍军人、军方与作为军人安置保障主管机关的各级民政部门外,还直接涉及政府中的劳动、人事(党委组织部)部门和各有关部门及接受单位;在养老安置方面,则需要有专门的养老福利机构等。可见,安置保障是一项涉及面极广且需要多部门密切配合、协调的军人保障项目。

不过,在退伍军人的就业安置方面,由于劳动力市场化和就业岗位的竞争,国家不可能再像计划经济时代那样包办退伍军人的就业,而是需要重视对退伍军人的职业技能培训,需要将就业安置与经济补偿相结合,探索新的安置之路。

二、军人福利制度的改革与完善

福利事业是当代任何社会成员都需要的,军人也不会例外,需要有相应的职业福利及社会福利。军人职业福利作为增进其生活质量与解除其后顾之忧的必要保障制度,包括享受各种政策津贴、休假待遇、集体福利设施、公房福利以及单位提供的现金或实物福利等。不过,过去那种由军队包办各种福利服务的做法其实并不利于军队的建设,因此,军队的某些福利服务亦应当与地方的相应福利事业发展结合起来。

面向军人的福利事业包括军人休养事业、疗养事业、精神病收养事业、孤老收养事业等内容。其中:休养事业面向残废军人;疗养事业面向复员军人中的慢性病人;精神病院面向复员、退伍军人中的精神病患者;孤老收养事业则面向孤老烈属、孤老退伍红军老战士、孤老残废或复员军人(未满16岁的烈士遗孤和患有残病生活不能自理、家中无人照顾的烈士子女也可接收)。上述福利事业的共同特点是面向伤、病、残、孤军人与烈属,它通过建立独立、专用的休养院、慢性病疗养院、精神病院和光荣院等福利设施予以实施。

此外,还有一些其他保障性措施。如军人的社会补贴就是一项主要通过对粮食、衣服等的价格补贴或免费等来保障军人生活的补贴制度,如军粮按议价或市场价格收购,按统销(优惠)价格供应部队,差价由中央与省级财政分担。

【案例讨论】

军人配偶随军未就业期间社会保险制度的建立

军人配偶随军未就业期间社会保险,是在原来施行的无工作随军配偶生活困难补助基础上,新创建的一项面向军人随军配偶的特殊社会保险制度,它是军人配偶在符合现行政策规定随军期间未就业(失业)的情形下,由国家给以相应社会保险待遇的新型制度安排,从而既非已有的失业保险,亦不类似于下岗位职工生活保障,而是军人保障体系的一项新制度,也是中国社会保障体系中的新内容。简要介绍这一制度的建立,有利于了解和认识军人保障制度的特殊性。

(一)制度出台的背景与过程

由于军人是特殊职业,军官更是长年服役,为照顾其生活,国家政策允许在部队服役超过一定年限的军人的配偶可以随军一起生活,国家在条件允许的情况下负责安排其工作,如果随军配偶是农村户口则负责转为城镇户口。然而,由于许多现役军人是在山区、边疆、海岛等地方服役,加之市场经济改革亦使劳动就业走向市场化,一部分军人配偶随军后实际上处于失业状态,这种状态既直接影响着军人家庭的收入与生活,亦对国防建设极为不利。根据2003年的一份专题调查材料,全军有9万多名随军配偶处于无工作状态,它涉及9万多个营、连级军官家庭,是造成其家庭生活困难的主要原因。不仅如此,随着地方社会保障制度的改革,养老保险、医疗保险等采取了社会统筹与个人账户相结合的模式,一些随军前有工作的人在随军后即丧失了相应的社会保险关系,以后再随配偶到地方工作后也无法接转社会保险关系。因此,军人配偶随军期间失业及其对军队建设的消极影响现象长期客观存在(今后也不可能避免,因为一些不可能找到工作的地方仍然是需要有驻军的,仍然会有随军配偶失业现象),以及地方社会保险制度改革的要求,有必要针对这一部分人在原来的临时困难救济基础之上,建立一种稳定的、可靠的且能够与地方社会保险制度接轨的保障制度。

为此,全军军人保险局自2001年起就开始研究这一问题,并与政府部门及专家学者广泛交换意见,探索建立一种新型制度的可能性,包括建立失业救济制度、失业保险制度或者通过军人职业福利来解决问题等方案均提出过。经过长达三年的调查论证,军队保险局经与财政部、劳动和社会保障部、人事部、国务院法制办等相关部委的多轮沟通与协商,就解决军人配偶随军未就业期间的社会保险问题取得了政府部门的原则支持。又经过一年左右的协商,对这一制度的具体内容基本达成共识。同一期间亦多次征求专家意见并召开小型座谈会,在基本取得共识的条件下,2003年10月,由总政治部、总后勤部、劳动和社会保障部、财政部、人事部五部委联合向国务院、中央军委报送《关于建立军人配偶随军未就业期间社会保险制度的请示报告》,以及由中国人民大学教授郑功成领衔签具的《关于建立军人配偶随军未就业期间社会保险制度的论证报告》,上述两个报告分别从主管机关和专家的角度反映了建立这一社会保险制度的必要性、可行性,并对建立这一独特社会保险制度的框架提出了明确意见。

2003年12月,经国务院、中央军委批准,国务院办公厅、中央军委办公厅联合颁发了《中国人民解放军军人配偶随军未就业期间社会保险暂行办法》(国办发[2003]102号文件),并自2004年1月1日正式实施,从而确立了军人配偶随军未就业期间的社会保险制度。

综上,军人配偶随军未就业期间社会保险制度的出台,是以军方为主推动、军队与政府主管部门共同协商、主管部门与专家相结合共同探索的结果。

(二)制度的基本内容

根据《中国人民解放军军人配偶随军未就业期间社会保险暂行办法》(国办发[2003]102号),可以将该项制度的基本内容概括如下:

1. 建立制度的目的。是为了解决军人配偶随军未就业期间的基本生活保障和社会保险补贴待遇及关系衔接问题,解除军人后顾之忧,激励军人安心服役。

2. 责任主体。这一制度的责任主体是国家,即国家建立军人配偶随军未就业期间基本生活补贴制度和养老、医疗保险个人账户,并给予个人账户补贴。

3. 适用范围与保险对象。该制度同时适用于中国人民解放军、中国人民武装警察部队现役军人随军配偶。凡随军配偶符合下列条件之一的(以下称未就业随军配偶),可享受基本生活补贴和养老、医疗保险个人账户补贴待遇:

(1) 随军前未就业、经批准随军随队后未就业且无收入的;

(2) 随军前已就业但未参加基本养老保险、经批准随军随队后未就业且无收入的;

(3) 经批准随军随队后未就业且无收入,已参加基本养老保险,并将基本养老保险关系和个人账户资金转入军队的。

4. 管理体制。军队政治机关和后勤机关按照职责分工负责军人配偶随军未就业期间基本生活补贴的审批与支付、建立养老和医疗保险个人账户的资格认定,以及基本生活补贴资金和个人账户资金的管理,并会同地方人民政府劳动保障部门及其社会保险经办机构,办理未就业随军配偶社会保险关系和个人账户资金的转移、接续工作。

5. 保险待遇之一:基本生活补贴。军人配偶随军未就业期间的基本生活补贴,是这一制度的重要内容,它按照下列标准,由军人所在单位后勤机关按月发放:

(1) 驻国家确定的一、二类艰苦边远地区和军队确定的三类岛屿,以及一般地区部队的军人,其配偶随军未就业期间基本生活补贴标准,为每人每月320元。

(2) 驻国家确定的三、四类艰苦边远地区和军队确定的特、一、二类岛屿部队的军人,其配偶随军未就业期间基本生活补贴标准,为每人每月410元。

国家确定的艰苦边远地区具体范围和类别按《国务院办公厅转发人事部、财政部关于调整机关事业单位工作人员工资和增加离退休人员离退休费四个实施方案的通知》(国办发[2001]14号)执行。军队确定的岛屿类别按《总后勤部关于印发〈军队地区津贴规定〉的通知》([1998]后财字第331号)执行。驻国家确定的一、二类艰苦边远地区和军队确定的三类岛屿部队的军人,其配偶随军未就业期间领取基本生活补贴标准全额的期限最长为60个月;驻一般地区部队的军人,其配偶随军未就业期间领取基本生活补贴标准全额的期限最长为36个月。未就业随军配偶领取基本生活补贴标准全额期满后,按本人基本生活补贴标准8%的比例逐年递减。递减后的基本生活补贴最低标准,由总后勤部参照省会城市失业保险金标准确定。驻国家确定的三、四类艰苦边远地区和军队确定的特、一、二类岛屿部队的军人,其配偶随军未就业期间基本生活补贴标准不实行递减。军人配偶随军未就业期间基本生活补贴标准的调整,由总政治部、总后勤部会同国务院有关部门确定。

6. 保险待遇之二:养老保险。根据现行办法,军人所在单位后勤机关按照缴费基数11%的规模,为未就业随军配偶建立养老保险个人账户,所需资金由个人和国家共同负担,其中,个人按6%的比例缴费,国家按5%的比例给予个人账户补贴。缴费基数参照上年度全国城镇职工月平均工资60%的比例确定。个人缴费和国家给予个人账户补贴的比例,根据企业职工个人缴费比例的变动情况,由总后勤部会同国务院有关部门适时调整。该制度实施以前随军随队的未就业随军配偶,1998年1月1日至该制度实施前未参加养老保险的随军随队年限,可根据自愿原则,在该制度实施当年,个人按缴费基数11%的比例一次性补缴养老保险费,并全部记入本人的养老保险个人账户。其补缴年限与该制度实施后的缴费年限合并计算。

未就业随军配偶随军随队前已经参加地方养老保险的,养老保险关系和个人账户资金转入手续,按以下规定办理:

(1) 未就业随军配偶随军随队前,已经参加地方企业职工基本养老保险或机关事业单位养老保险并建立个人账户的,按照国家关于职工跨统筹地区调动的有关规定,由地方社会保险经办机构,将其基本养老保险关系和个人账户资金转入军人所在单位后勤机关。

(2) 未就业随军配偶随军随队前,已经参加地方机关事业单位养老保险但未建立个人账户的,以及在未实行养老保险的机关事业单位工作的,按该制度建立养老保险个人账户。其中,已参加养老保险的,由地方社会保险经办机构将其养老保险关系转入军人所在单位后勤机关。

(3) 军人所在单位后勤机关应当及时为未就业随军配偶接续基本养老保险关系,并建立养老保险个人账户。

未就业随军配偶实现就业并参加养老保险的,养老保险关系和个人账户资金转出手续,按以下规定办理:

(1) 未就业随军配偶就业后,参加基本养老保险的,按照国家关于职工跨统筹地区调动的有关规定,由军人所在单位后勤机关办理养老保险关系和个人账户资金转出手续。

(2) 未就业随军配偶在机关事业单位就业,执行机关事业单位的退休养老制度。

(3) 未就业随军配偶在军队期间建立养老保险个人账户后的缴费年限,与到地方后参加养老保险的缴费年限合并计算。

(4) 地方劳动保障部门及其社会保险经办机构,应当及时按规定办理未就业随军配偶养老保险关系和个人账户接续工作。

7. 保险待遇之三:医疗保险。根据现行办法,军人所在单位后勤机关为未就业随军配偶建立医疗保险个人账户,医疗保险个人账户资金由个人和国家共同负担。未就业随军配偶按照本人基本生活补贴标准全额1%的比例缴费,国家按照其缴纳的同等数额给予个人账户补贴。未就业随军配偶在就业或者军人退出现役随迁后,按照规定应当参加接收地基本医疗保险的,由军人所在单位后勤机关将其医疗保险个人账户资金转入接收地社会保险经办机构,再由接收地社会保险经办机构并入本人基本医疗保险个人账户;按照规定不参加接收地基本医疗保险的,其医疗保险个人账户资金,由军人所在单位后勤机关一次性发给本人。

8. 实施过程,包括参保、审核、批准及停止待遇。未就业随军配偶享受规定的基本生活补贴和养老、医疗保险个人账户补贴待遇,应当向军人所在单位政治机关提出书面申请,由军人所在单位政治机关会同后勤机关在10个工作日内完成初审。对符合条件的,经军人所在单位军政主官审查同意后,按隶属关系逐级上报正师级(含)以上单位政治机关。正师级以上单位政治机关应当会同后勤机关在10个工作日内完成审核;对符合条件的,办理批准手续,并逐级报军区级单位政治机关和后勤机关备案。军人所在单位政治机关应当将经批准享受军人配偶随军未就业期间基本生活补贴和养老、医疗保险个人账户补贴待遇的人员名单,采取适当形式,每年公布一次,接受群众监督。对群众反映不符合条件的,经核实后要予以纠正。

有下列情形之一的,停止享受军人配偶随军未就业期间基本生活补贴和养老、医疗保险个人账户补贴待遇:

(1) 未就业随军配偶已就业且有收入的;

(2) 未就业随军配偶无正当理由,拒不接受当地人民政府有关部门或者机构安排工作的;

(3) 未就业随军配偶出国定居或者移居港、澳、台地区的;

(4) 未就业随军配偶与军人解除婚姻关系的;

(5) 未就业随军配偶被判刑收监执行或者被劳动教养的;

(6) 军人被取消军籍的;

(7) 军人退出现役的;

(8) 军人死亡的。

9. 经费来源:中央财政拨款。由总后勤部列入年度军费预算,中央财政每年予以拨付。养老、医疗保险个人账户资金中个人缴费部分,由军人所在单位后勤机关在发放基本生活补贴时代扣代缴。

10. 养老、医疗保险基金管理。军人配偶随军未就业期间养老、医疗保险个人账户资金存入国有商业银行,专户存储,所得利息直接记入个人账户。军队政治机关和后勤机关按照规定的职责,对军人配偶随军未就业期间的待遇审批,以及基本生活补贴资金和个人账户资金收支、管理情况,进行监督和检查。

11. 其他。包括:一是随军前或随军期间有工作且参加失业保险的未就业随军配偶,在军人退出现役随迁后没有就业的,可按规定享受失业保险待遇。享受期限按其本人实际缴费年限和国家规定计算的工龄累计确定。二是军人所在单位政治机关应当将未就业随军配偶人员名单及时送部队驻地劳动保障部门,办理失业登记。地方各级人民政府参照《中共中央、国务院关于进一步做好下岗失业人员再就业工作的通知》(中发〔2002〕12号)的有关规定,对未就业随军配偶再就业给予扶持。

(三) 评论

从军人配偶随军未就业期间社会保险制度的背景,可以看出军人保险制度的重要性、必要性及要求的特殊性。尽管这一制度只涉及一小部分人的利益,但因为涉及的这一部分人是军队的骨干与中坚且多数长期服役于艰苦地区,从而构成了军队社会保障制度的重要基础,并对国防建设起到有益的作用。

从军人配偶随军未就业期间社会保险制度的建立过程,可以发现军人保障虽然是中国社会保障体系一个相对独立的综合性保障系统,但这种独立性主要表现在管理及运行过程方面,最终仍然要与地方社会保障制度相联系和相衔接,从而在建立过程中就必须与政府主管部门保持密切联系并共同协商,这是军人保障制度得以建立的重要条件。因为军人保险的对象最终会通过转业、复员、退伍等方式由现役军人转变为普通国民,这就要求军人保险须与一般社会保险制度保持相应的衔接通道,如果军人保险制度不与一般社会保险制度相衔接,则当其退役后就无法与面向普通国民的社会保险制度接轨,最终可能损害军人及其家属的权益,并导致出现社会问题,严重的还会动摇军心;同时,军人保险制度也是用经济手段来解决军人的后顾之忧,同样需要以国家财政作为后盾,因此,国家的财力在很大程度上决定了军人保险制度。在该制度的建立过程中,重视发挥专家的作用、采纳专家的意见，并将专家意见向最高决策层一并报送，是现代社会保障制度确立的一种科学方法。因为它能够集思广益，有利于更好地保障制度建设的科学性与合理性。

从军人配偶随军未就业期间社会保险制度的基本内容，可以发现军人保障制度虽然保持了与国家普通社会保险制度的相适应性，但确实具有自己独特的内容，包括覆盖范围、管理体制、经费来源、保险内容等等，均体现了军队自身的特色，这使得它能够与其他面向军人的保障制度共同构成一个对象群体特殊的综合性保障系统。

从军人配偶随军未就业期间社会保险制度的实施来看，它解除了9万多个基层军官家庭的后顾之忧，提高了9万多个基层军官家庭的收入与生活水平，不仅对稳定军心起到了良好的作用，而且也为军人保险与一般社会保险制度的相互适应和相互衔接开辟了通道，从而是对我国社会保障制度的完善。同时，这一制度的出台也表明，我国现行社会保障体系还存在着很多残缺，保障不足仍然是我国社会保障制度建设面临的主要问题，从而需要进一步重视社会保障制度，并加大投入，真正促使人人都能够不同程度地享受到相应社会保障。

思 考 题

1. 如何理解军人保障的独特性？
2. 军人保障系统包括哪些制度安排？
3. 比较军人抚恤与工伤保险的异同。
4. 比较军人配偶随军未就业期间社会保险与失业保险的异同。
5. 比较传统军人保障与新型军人保障的异同。

第十二章 补充保障

【本章学习要点】

通过本章内容的学习,应当了解补充保障及员工福利、企业年金、互助保障、慈善事业等概念及其社会功能,理解补充保障与基本社会保障制度关系以及政府在补充保障中的职能,掌握员工福利、企业年金、互助保障、慈善事业的一般内容。

第一节 概 述

现代意义上的社会保障除了政府主导的基本社会保障制度外,通常还包括多种补充保障形式,如企业年金、互助保障与慈善事业等。虽然这些补充保障是基于不同的出发点和目标建立起来的,形式各异并自成体系,但它们共同从属于国民生活保障系统,对社会发展和增进国民福利起着不可低估的作用。因此,在学习社会保障理论与政策实践时,有必要学习基本社会保障制度之外的各种补充保障。本章阐述补充保障的一般理论及员工福利、企业年金、互助保障、慈善事业。

一、补充保障的概念和分类

补充保障是基本社会保障制度安排之外的,以非政府主导性、非强制性为特征的各种社会化保障机制的统称。这一定义包含了以下几个含义:

第一,补充保障是现代社会保障体系的一个组成部分。正如本书对社会保障的定义,社会保障是各种具有经济福利性的、社会化的国民生活保障系统的统称。社会保障体系可以划分为基本社会保障(正式制度安排)和补充社会保障(非正式制度)两个部分。基本社会保障是由政府(或官方机构)主导或承担组织实施任务,而补充保障则是由社会团体、雇主等举办,个人自愿参加,采取社会化运作和管理的保障项目。然而,补充保障的举办形式不同并不妨碍其发挥社会保障的作用,如企业年金能够弥补基本养老保险制度的不足,互助保障能够弥补基本社会保障制度的缺漏,慈善事业可以构成对社会救助制度的重要补充,它们都是社会化的生活保障机制,均不同程度地体现了社会保障的特色并发挥着社会保障的客观功能。因此,各国社会保障体系通常亦将补充保障机制纳入其中并给其以适当定位。

第二,补充保障是相对于基本社会保障制度而言的,它是一个相对的概念。由于各国社会保障制度的建制理念、制度模式以及法定社会保障项目均有所不同,所以补充保障的内涵和外延也不尽相同。同时,在同一国家的不同时期,补充保障和基本社会保障也并非是一成不变的,在一定条件下(如因各种原因使得政府对社会保障政策的转变),它们还可以相互转换。因此,补充保障有别于基本社会保障制度,定位不同、运行方式亦异,但客观功能却可以起补充作用。

第三,补充保障具有非强制性特征。相对于政府主导的、国家法律规定(具有强制性)的基本社会保障制度而言,政府在补充保障中并非当事人和责任主体,这就表明补充保障中并无公权的直接介入,从而也就没有其他社会保障制度那样的强制性,从而体现了补充保障的自愿、可选择性的特征。正是这种自愿性与选择性,才使补充保障有了存在的必要性并能够满足不同人群的需求。当然,这并不意味着政府对补充保障听之任之,或者说补充保障排斥政府,实践中,政府仍然负有疏导补充保障并给以相应的支持的责任。

从世界各国尤其是发达国家的实践来看,补充保障是一个非常复杂的系统,因为举办方式不同,参与主体不同,同一补充保障方式可以由各单位或机构组织自行举办。在此,可以对其进行简单的分类。

(1) 按照补偿方式划分,补充保障同样有经济保障(通过现金给付或实物援助的方式)、服务保障(以各种生活服务为内容)以及精神保障(文化、伦理、心理慰藉方面的保障)。

(2) 从实施主体划分,补充保障有社会补充保障(各种社会团体主导实施,如互助保险、慈善事业等)、企业补充保障(由雇主主导实施,如企业年金、补充商业保险等)、个人自我保障(家庭保障以及纯粹个人行为保障,如个人参加的商业保险、个人储蓄等)。

(3) 从与基本社会保障的相关性划分,可以分为基本保障附加型补充保障和独立补充保障。前者如建立在基本社会保险之上并以其为前提的各种补充保险,后者如互助保障与慈善事业。

(4) 从保障水平划分,有社会救助型、查漏补缺型(主要指未被覆盖人口参加的商业保险、互助保险等)和增进福利型。

(5) 从保障内容看,可以划分为补充医疗保障、补充养老保障、补充住房福利保障等等。

二、补充保障的社会功能

任何社会经济制度或政策均有其特定的社会功能,补充保障在实践中亦具有多方面的功能。

第一,补充保障具有为基本社会保障制度"查漏补缺"的功能。一方面,补充保障为尚未被基本社会保障制度覆盖的人群提供了化解风险的途径。除了经济发达国家以外,大部分国家或地区的基本社会保障制度,往往只覆盖法定范围的有限人群,那些未被基本社会保障制度覆盖或者漏在社会安全网外的人群,并不能从中获得基本的社会保护。按照马斯洛的需求理论,生理和安全需求是人类的最低层次需求。为了规避社会化大生产以及工业化给个人带来种种风险,他们只能通过各种形式补充保障来满足这种最基本的需求。在中国现阶段,基本社会保障制度的覆盖率较低,在城镇生活的灵活就业人员、农民工以及广大农民都是缺少基本保障的社会群体。

一些补充保障形式恰恰可以满足这些群体的保障需求；另外，因为享受有些基本社会保障待遇的条件比较严格，以至于某些具有特殊困难的人在制度内得不到全面的保障，也不得不寻求民间慈善救助、互助团体等补充保障渠道。另一方面，补充保障可以对基本社会保障制度之外的保障项目进行补充保障。在一些国家，补充保障事实上具有了越来越大的社会功能，许多补充保障甚至可以满足国民多数社会服务需求，从客观上对由政府主导的制度化的基本社会保障起到了一定的替代作用。比如，美国联邦政府的基本社会保障内容仅限于老年、残疾、遗属的生活保障以及对贫困者的家庭津贴，所以在职人员和其家属的社会保障问题，或由企业提供的补充保障解决，或由非营利的社会团体来帮助解决，或由个人购买商业保险，这些非政府主导的、非强制性的补充保障形式发挥了非常重要的作用。

第二，补充保障提高了保障标准，增进了特定人群的福利。补充保障可以适应不同人群对保障项目和水平的不同层次需求，提高他们的保障待遇标准和福利水平。由于政府负责的社会保障水平一般偏低，往往需要社会机构举办相应的补充保险、商业保险、互助保险等，通过补充保障的弥补，原有基本社会保障制度保障的社会成员会增加一层次的保障，原无基本社会保障制度保障的社会成员也会因补充保障而增加了一种福利保障，因此，补充保障的存在与发展，具有增进社会成员福利水平的明显功效。

第三，一些补充保障可以作为组织人力资源管理的手段之一，为实现组织目标服务。这里主要指以员工福利（或职业福利或机构福利）为表现形式的企业补充保障。员工福利在客观上属于企业或社会团体人力资源管理范畴，员工福利的评价指标则是成本核算和工作效率，并确保其为组织机构的最大利益服务。

第四，补充保障还能够满足人们施与仁爱之心的需求。无论是西方宗教还是东方文化，无论是耶稣的"爱人如己"还是中国传统道德中的"推己及人"都有"善心"、"善行"、"博爱"的意思体现。人类具有向社会脆弱成员及其他公益事业奉献爱心的内在需求，也需要有相应的外在条件，而慈善事业作为一种补充保障形式，作为一种建立在捐赠基础上的民营社会化保障事业，源于慈心，终于善行，在客观上不仅为他人提供了物质帮助，而且还可以满足人类奉献爱心的精神需求。

除此之外，由于补充保障也是社会保障体系的一个组成部分，它在社会、政治、经济等广泛领域中同样发挥的稳定功能、调节功能、促进功能和互助功能等其他功能。

三、政府在补充保障中的职能

尽管补充保障在某种意义上排斥政府的行政干预，但它的发展同样需要有政府的政策扶持甚至财政援助。事实上，发达国家的补充保障体系之所以发达并能够发挥出重要的保障作用,是与政府在这一领域适度地发挥影响力分不开的。因此,在许多国家,要发展多层次、多支柱的社会保障体系,在政府所能提供的基本保障之外建立起补充体系,也一样需要政府的适度介入。

自20世纪80年代以来,一些发达国家因面临着社会保障的财政压力,他们纷纷采取不同的措施来应付人口老龄化等带来的对基本社会保障制度的挑战,其中一个共同的做法就是提倡和鼓励各种补充保障的发展。由于各种补充保障并非政府主导,政府亦不承担直接责任,从而是可以利用民间或社会力量或市场机制来增进国民福利的,因此,政府作为宏观调控者,也就有责任根据社会保障发展的现状和目标,对补充保障进行倾向性的政策鼓励或约束;同时,政府作为维护公平的代言人,亦有责任针对体现为合同或契约关系的补充保障实施相应的监督和管理。归纳起来,政府的责任主要包括:推动立法,实行监督,宏观调控,政策引导。

推进立法的目的在于为补充保障的发展创建良好的宏观环境,保护信息资源劣势一方的合理权益,规范补充保障行为。在补充保障的当事人中间,信息资源优势方的行为总是基于自身利益出发,可能会损害劣势方的某些权益。为了确保补充保障义务方应尽义务的履行以及权力方合法权利的获得,无论是政府主导型社会保障,还是市场主导型的补充保障,政府都有责任推动有关立法工作。立法的内容通常包括机会均等、即得受益权、信息公开、基金运作等。这些法律的完善将大大降低补充保障运行的成本,保证补充保障运作的效率并促使其规范化发展。当然,由于补充保障的形式具有多样性,有关补充保障的法律也不可能使用同一部法律进行规范。各国都是结合本国的实际情况,针对不同的补充保障项目或者补充项目运作的不同环节进行立法规范。比如,既有关于企业年金、补充医疗保险、慈善事业等不同项目的立法,也需要有关于捐赠、基金运作、相关税收等环节的立法。同时,还需要有政府的适度监管,以确保补充保障能够规范运行、健康发展。

政府对补充保障的另一重要职能就是宏观调控,政策引导。对于补充保障,应充分注重运用市场"无形的手"和政府经济调控政策"有形的手"两种手段。政府可以从国民经济发展的大局出发,统一规划基本社会保障制度与补充保障,综合考虑相关政策的协调性与相互配合,使其相得益彰,共同为社会发展和增进国民福利的目标服务。政府最重要的调控手段,就是财政和货币政策,它可以起到引导(扶持或抑制)补充保障发展的作用。常见的政府引导方式有税收政策(减免税收或增加附加税)、利率(贴息贷款)、财政支持(如拨款)以及允许投资运营等手段。

中国现阶段的社会保障制度建设的重点是社会保险制度与最低生活保障制度,但多层次的社会保障体系主要体现在补充保障项目上。因此,国家应当积极促进各种补充保障事业的发展,如鼓励企业承担社会责任,引导有条件的企业建立企业年金,积极发展商业性的养老、医疗保险,大力发展慈善公益事业,真正引导社会资源投向社会福利事业,这既是完善中国社会保障体系的内在要求,也是社会发展进步的要求。

第二节 员 工 福 利

一、员工福利及其分类

员工福利(亦称职业福利、机构福利),是以企业或社会团体为责任主体,专门面向内部员工的一种福利待遇。广义的员工福利通常由以下部分组成:国家规定实施的各类基本的社会保障、企业年金(补充养老金计划)及其他商业团体保险计划、股权、期权计划、其他自主建立的福利计划等,它本质上属于职工激励机制范畴,是职工薪酬制度的重要组成部分。通常,企业常选用的几种福利类型及形式有:第一,法定的员工福利(或称公共福利),如国家依法强制参与的医疗保险、失业保险、养老保险、工伤保险、生育保险等;第二,个人福利,如补充养老金(企业年金)、住房津贴、交通费补贴、工作午餐、人寿保险等;第三,有偿假期,如脱产培训、病假、事假、公休、节日假、工作间休息、旅游等;第四,生活福利,如法律顾问、心理咨询、贷款担保、托儿所、托老所、内部优惠商品、搬迁津贴、子女教育费等。而本节的"员工福利"指的是狭义的员工福利,即为满足职工的生活和工作需要,企业自主建立的、非法定的、在工资收入之外向员工本人及其家属提供的一系列福利项目,包括货币津贴、实物和服务等形式。

作为补充保障的重要表现形式之一,狭义的员工福利确切地说就是非法定的员工福利。与法定员工福利计划相比,非法定员工福利计划更具个性化,更有激励功能,种类也更多并更加灵活。这类福利通常分为收入保障计划、健康保障计划和员工服务计划。

(1)收入保障计划。它是企业为提高员工的现期收入或未来收入水平的一种福利计划,如利润分享、员工持股计划、企业年金、团体人寿险以及住房援助计划等。其中:住房援助计划通常包括住房贷款利息给付计划和住房补贴,前者是针对购房员工而言的,指企业根据其内部薪酬级别及职务级别来确定每个人的贷款额度,在向银行贷款的规定额度和规定年限内,贷款部分的利息由企业逐月支付,员工的服务时间越长,所获利息给付越多;后者则指无论员工购房与否,企业每月均按一定标准向员工支付一定额度的现金,作为员工住房费用的补贴。

(2)健康保健计划。它是企业为员工提供的弥补社会医疗保险不足的一种补充医疗保障。在发达国家,健康保健计划已成为企业的常见的福利措施之一,它通常通过商业保险途径来提供,其主要方式有三:一是选择参加商业保险;二是选择参加健康保险组织的健康保险;三是选择参加某个专项保险,如牙科保险和视力保险。

(3)员工服务计划。它是企业为员工及其家属提供相关服务的一种福利计划,目的在于帮助员工克服生活困难和支持员工事业的发展。常见的员工服务计划如雇员援助计划、雇员咨询计划、教育援助计划、家庭援助计划、家庭生活安排计划和其他福利计划(如为员工提供交通服务、健康服务、旅游服务和餐饮服务等福利项目)等。

上述员工福利计划均属于覆盖举办单位所有员工的全员性福利计划,即所有员工都可以平等享有的福利。此外,企业通常还有特种福利计划和特困福利计划,其中:特种福利计划通常针对企业高级人才设计并面向高层经营管理人员或具有专门技能的高级专业人员等,其依据是享受对象对企业的贡献率,从而可以视为对这类高级人才特殊贡献的一种回报,常见的特种福利有高档轿车服务、出差时飞机及星级宾馆待遇以及股票优惠购买权、高级住宅津贴等;特困福利计划则是为特别困难的员工及其家庭提供的一种福利,如工伤残疾补助、重病员工生活补助等。

作为企业薪酬管理的重要内容,员工福利计划可以传递企业文化价值理念,帮助企业吸引优秀员工、降低员工流动率,起到激励员工、凝聚员工、提高劳动生产效率的作用。据统计,美国企业为员工提供的福利与员工所获得的直接薪酬(工资、奖金以及其他一些直接的货币报酬)之间的比例大约是30%—40%左右。日本的员工福利更为广泛,从终身雇员到各种福利待遇,构成了日本企业激励员工积极性的重要机制。在中国,计划经济时代的员工福利基本上是全面社会保障的代名词,改革开放以来虽然在削减,但为员工提供相应的福利作为企业人性化管理与承担社会责任的一个重要方面,仍然在员工薪酬体系占有不可替代的重要地位。

二、员工福利的发展

(一)员工福利发展中的问题[①]

员工福利的大规模发展,是在20世纪60年代以后的事情,历史并不长,人们对员工福利的认识也还并不十分清晰。从各国员工福利的发展实践来看,员工福利发展过程中的问题主要表现在如下几个方面:

(1)对员工福利的认识问题。一方面,对企业而言,现有员工福利项目是否合理?实施效果如何?哪些项目需要企业来满足,哪些应当由员工自己解决?什么样的福利计划能够真正支持企业经营目标的效率最大化?这些问题显然是需要事先搞

---

① 参见刘昕:《薪酬管理》,中国人民大学出版社,2002。

清楚的,否则,员工福利就可能背离其初衷,但事实上许多企业对此并不清楚,而只是被动地、简单地仿效别的企业或者忽略员工对福利的需求。在中国,计划经济时代是企业包办劳动者的所有福利事务,改革开放以来又出现了将员工福利作为社会包袱的片面看法,中国的现代企业对员工福利还缺乏正确的认识。另一方面,对员工来说,他们通常不清楚也无需关心企业为员工提供的福利到底需要付出多大成本,尤其是在职业变迁与就业流动日益频繁的当代社会,他们关心的只是越多越好,而很少考虑福利计划的可持续性和企业的长远发展,许多员工甚至对企业提供的福利并不在意,只有遇到生病、残疾、被解雇或者是退休的时候才引起他们的兴趣。

(2)员工福利的成本问题。员工福利是企业用经济手段来提高员工福利待遇进而激励员工提供劳动生产效率的一种手段,从而必然需要相应的经费支出,它作为现代企业薪酬体系的一个有机组成部分,同样具有薪酬制度刚性发展的某些特征,因此,员工福利成本问题就构成了企业发展中的一个必须正视的问题,但许多企业在实施员工福利之初时,通常很难预见因环境变化等因素所导致的费用增长过快问题。

(3)员工福利激励功能异化的问题。根据美国行为科学家弗雷德里克·赫茨伯格于1966年提出的激励因素—保健因素理论(又称双因素理论),能够带来积极态度、满意和激励作用的因素被称为"激励因素",而那些消除了不满意仍然不会导致积极态度的因素称为保健因素。员工福利被认为是传统的"激励因素",它在建立之初无疑属于激励因素之一,但随着员工对它的逐步接受,员工也会逐渐将享受福利看成是自己的一种既定权利或正当利益,这时,员工福利就会由激励因素转变成为保健因素,员工福利计划也不会再给公司带来预期的理想效益。如何解决员工福利激励功能异化的问题,其实是企业必须周密考虑的。

(4)缺乏灵活性和针对性。社会发展到今天,工作方式、家庭模式以及人们的观念等各个领域都发生了重大变化。人们对福利的需求再也不能被传统福利项目所满足。同时,即便是同一个时代,不同文化层次、不同收入阶层、不同价值取向的员工对于福利的需求也有巨大差别,而传统福利制度并不能适应这种多样化和个性化的发展要求,使得员工福利制度或计划虽然可能令企业投入了巨大成本,但效果却被大打折扣。员工福利与各种管理制度一样,需要适应形势发展,进行调查研究、制度评估和创新。

(二)员工福利的发展趋势

如上所述,一方面,社会尤其是企业、员工需要员工福利,也就是说员工福利具有供给和需求;另一方面,这种供给和需求又常常出现结构性矛盾,影响举办机构的目标实现。因此,进入21世纪以后,企业员工福利出现了以下两个重要的发展趋势:

(1)弹性福利计划兴起并日趋完善。20世纪70年代诞生的弹性福利计划又称

"自助餐式的福利计划",它允许员工在规定的时间和一定范围内,根据自己的需要和意愿选择相应的福利项目,从而体现了可选择性、个性化和人性化的特征。按照可选择的范围,这种福利计划一般分为全部自选、部分自选以及小范围自选三种类型。如员工可以放弃企业所提供的某项保险,而用这部分福利来抵消自己参加自我增值培训的支出。弹性福利计划的出现,从本质上改变了传统的员工福利制度,既增加了员工选择的空间,又由于固定的福利方案转变为固定的资金投入方案而使得企业不再陷入潜在的风险之中,因此,这种福利计划在发挥传统员工福利计划的所有功能的基础上,强化了组织和员工之间的沟通与信任关系,也必然提高员工对福利的满意度。当然,弹性福利计划也并非十全十美,因为福利组合的多样性要求标准要高得多,它要求的是专业化管理甚至需要聘请专业顾问公司提供服务或进行咨询,从而需要投入比传统福利更高的管理成本;同时,这种福利计划还容易导致员工"逆向选择",即理性的员工常常会根据自己最容易出问题的方面来选择最有利于自己的福利组合,而当有的员工选择不当时,亦可能造成福利资源利用效率降低以及损害员工利益的现象。不过,无论如何,弹性福利计划作为对传统福利计划的改进,已经得到了越来越多的企业和员工的认可,从而在某种意义上代表着员工福利机制的一种新的发展趋势。

(2)举办机构日益注重福利计划与其战略目标、组织文化和员工类型的匹配性。在现实中,没有一个福利计划是可以"放之四海而皆准"的。事实上,一个企业或组织的福利计划,对于另一个来讲可能就是与目标、价值观、经营战略相悖的。甚至还有这种情况,企业或组织的福利计划与其自身的目标、文化、价值观乃至经营战略都是相违背的。因此,随着企业管理水平的提高,逐步从员工福利的模糊管理中走出来,在制定员工福利计划时,有必要进行相应的市场调查和分析,尽可能地注重结合本企业的文化,考虑到本企业的员工结构以及未来变数等因素,根据企业的组织目标科学合理地进行设计和实施。换言之,员工福利虽然属于企业管理中的微观管理,但也需要统筹考虑,与其他相关因素协调发展。

三、员工福利与基本社会保障制度的关系

员工福利可以划入现代社会保障体系并事实上发挥着应有的功能,但它与国家法定的基本社会保障制度毕竟不同,因此,有必要对员工福利与国家法定的基本社会保障制度的关系给予明确。

员工福利与基本社会保障制度是既相互区别又相互联系的一对范畴,两者的区别主要体现在如下几个方面:

第一,性质不同。员工福利属于企业或社会团体人力资源管理范畴,是纯粹内部

事务;而基本社会保障则属于社会政策范畴,是政府主导的并由公共机构或社会团体举办的公共事务。

第二,受益范围不同。员工福利只面向举办机构的员工;而基本社会保障则是一个开放的、稳定的系统,面向所有有需要的社会成员。

第三,内容不同。基本社会保障制度的保障内容都是由相应的法律明确规范的,在实践中并不具有灵活性,设置的项目毕竟是有限的,大众化的;而员工福利却可以根据企业的发展战略及员工的需求,选择个性化的福利项目,从而可以在更大范围内进行制度安排,从而使福利的内容更加广泛。

第四,目标不同。企业或社会团体举办员工福利,将其视为成本投入,其最终目标无疑是确保举办者利润的最大化;而国家法定的基本社会保障的目标是出于社会公平与正义,旨在使社会成员的基本生活获得保障并不断改善、提高其生活质量。也正是基于这一点,评价两者的指标体系截然不同。评价员工福利的优劣是成本核算和工作效率;而要评估基本社会保障的好坏则主要是公众的安全感、满意度及对未来的信心。

第五,调节机制不同。员工福利的基础与实质是举办者对内部资源的调配,必须遵守市场规则,服从于市场竞争规律;而基本社会保障的实质则是国民收入再分配,涉及公共资源的分配和政府的干预,服从社会需要。

此外,无论在资金来源、实施规模、实施方式还是福利水平、功能作用等方面,员工福利与基本社会保障制度均存在很大差异,所以许多学者将员工福利和社会保障视为两个完全分割的范畴。

然而,它们在存在诸多差别的同时,却又体现着某些共性和联系。一方面,越来越多的国际性协议,如"全球协议"、"SA8000"等,开始强调企业的社会责任并得到了广泛认同,这些协议要求企业不仅是一个达到最低要求的合法企业,而且还提出了更高的要求,即企业要在保证员工的生产条件、休息场所、健康安全等方面负责,企业或社会团体承担的福利责任进一步引起重视,进而使员工福利事实上具有了越来越大的社会功能,在一个国家或地区的社会保障体系中占据更加显著的位置。另一方面,在社会保障领域,政府直接承担的责任会适度化,强调责任分担对于福利国家模式和社会主义模式的国家来说,就意味着政府责任会减轻,从而需要寻求替代者,需要企业和社会团体共同努力。在一些国家中,许多机构提供的福利甚至可以满足其员工的多数社会服务需求,从而客观上起到了替代基本社会保障的作用。同时,员工福利对政府主导的基本社会保障制度来说,起着重要的补充作用,是补充保障的重要内容。因此,员工福利应当是现代社会保障体系中的必要内容。

第三节 企业年金

在发达国家大多数企业的员工福利方案中,企业年金是较具普遍意义的一种员工福利计划,它作为员工现期工资收入的延期支付,对保障和提高员工年老退休后的收入有重要的影响作用。

一、企业年金及其特点

企业年金(又称职业年金、企业补充养老金、超级年金、私人养老金计划、雇主承办的年金计划等),是企业根据自身经济实力和发展战略需要建立的,旨在为本企业职工提供一定水平的退休收入保障的员工福利制度。

从宏观角度讲,企业年金既不同于基本养老保险,也不完全等同于商业性的人寿保险,它作为多支柱养老保障体系中的支柱之一,实质上是对法定的基本养老保险制度的一种补充,其直接目的虽然是为了激励员工的劳动积极性,但客观上会提高劳动者的退休养老金水平。从微观角度讲,企业年金一般被企业视为人力资源管理战略的有机组成部分,它作为人力资源管理系统中的薪酬管理或员工福利管理项目,是雇主为了吸引和留住雇员长期为企业服务和提高劳动生产率,向雇员提供的一笔退休金。对于企业年金的所有者——员工个人来说,企业年金属于私人经济范畴,是一种私人性质的产品。年金基金在经营中一般独立于公司本身的资金和业务,即使公司破产,员工仍然可以领到企业年金。因此,企业年金还是以民间储蓄为基础的私人养老金。

与基本养老保险相比,企业年金具有以下五个特点[①]:

第一,社会养老保险制度通常是强制实施的、统一的养老金计划,管理机构的经费纳入财政预算由政府安排,由政府机构进行管理。企业年金计划却在绝大多数国家由企业自愿决定是否建立,并利用市场机制来选择合适的管理和运作方式,弹性较大,灵活性较强。

第二,社会养老保险的养老金是公共产品,而企业年金属于私人产品。因此,政府对企业年金一般不直接承担责任,政府的作用主要表现在推动立法、税收政策和适度监管等三个方面。

第三,基本养老保险一般有三种筹资模式,即现收现付制、完全积累制和部分积

---

① 参见郑功成主编:《社会保障学》,第 356 页,中央广播电视大学出版社,2004。

累制,而企业年金几乎均采用完全积累制(法国是唯一的例外,它实行全国统筹、现收现付的强制性企业年金计划),以个人账户方式记载每个职工企业年金的企业缴费、个人缴费以及投资收益、利息等全部资产。企业年金个人账户全部资产归职工个人所有,不能调剂使用。

第四,基本养老保险基金一般由政府机构管理和运营,或者即使是交由私营机构管理运营,政府也对其有比较严格的规定,保值增值的手段通常是银行储蓄和购买国债,同时也可以投向证券市场,但确保安全性为第一原则;而企业年金主要是通过资本市场,如各种金融机构来运作的,投资手段更多样化,更加注重基金的投资收益率。

第五,基本养老保险强调的社会公平原则,而企业年金更注重效率原则,在企业内部人力资源战略中是具有激励机制的福利手段。

二、企业年金的功能和外部条件

企业年金已经经历了三个历史阶段,即雇主自我管理阶段、政府介入管理阶段和社会保障协调发展阶段。如今,企业年金在不同层面都发挥着特有的作用。归纳起来,主要发挥如下功能作用:

(1)补充基本养老保险或公共养老金保险,提高劳动者的退休待遇。对于国家来讲,企业年金有利于分散养老保障责任,适应人口老龄化的需要,因为企业年金计划的建立使降低国家基本养老金替代率具有了可能,对于个人则分散了老年收入的风险,也提高了退休保障的水平。在工业化国家,企业年金的目标替代率一般为20%—30%,与公共养老金合计可达到60%—70%的总替代率水平。在中国,按照社会保障体系建设的总体方案设计,劳动者退休后的收入保障将主要来自三个方面,一是法定的基本养老保险,二是企业年金,三是个人储蓄性保险(如商业性人寿保险或储蓄等)。因此,企业年金也是中国养老保险制度的重要补充。

(2)促进资本市场和劳动力市场的完善,有利于改善劳资关系。企业年金属于完全积累型福利机制,并采取个人账户制,每个企业的年金账户存续期均长达数十年,所以它在抑制消费基金的膨胀、提高国民储蓄率的同时,又能够形成可以用于长期投资的资本,这笔资本一旦进入资本市场必然会衍生长期投资和高收益的金融工具。另外,企业年金的本质是劳动者工资收入的延期支付,工资和企业年金的相互作用可以促进"按劳分配"和减少其不辞而别或故意违反劳动合同的现象,企业年金的实施又能在一定程度上促进工会等雇员组织的发展,从而对劳动力市场的良性发展和改善劳资关系具有促进作用。

(3)企业年金为雇主提供了一种新的可供采用的收益分配形式。在企业员工的收益分配中,工资、奖金、津贴、股权和期权均属于现期或即期分配范畴,而企业年金属于延期分配范畴。由于多数员工尤其是中老年员工,还会关心自己未来的长远利益,年龄越大越看重退休后的收入保障,因此,企业或雇主还需要有为员工长远利益着想的收益分配机制,企业年金恰好为其提供了这样一种有效工具。

(4) 企业年金是提高劳动生产率和增强企业凝聚力的重要手段。一般而言,福利越好的企业对劳动者就越具有吸引力和凝聚力。企业年金按照效率、激励原则建立,工资收入高、工作年限长的员工可以积累更多的养老金,这样就有利于树立员工长期服务的意识。同时,企业年金是企业自主创立的,通过企业年金的实施,可以将企业和员工的利益紧密联系在一起,使员工真正产生归属感,其工作热情和工作效率也会不断提高。

(5) 企业年金的运营还会给雇员带来丰厚的经济回报。企业年金基金在个人账户的积累和储蓄过程中,均要进行投资经营,以获得较高的收益。与雇员相比,雇主在金融方面更具有管理运营优势,尤其是当这种投资由专业化的投资机构进行的话,其安全性与收益性都会较高,这显然是普通员工个人很难做到的。因此,由雇主通过市场运作的方式对企业年金进行投资运营,可以使员工获得更为丰厚的收益回报。

虽然建立企业年金制度具有普遍性原则,但并不意味着所有企业都能建立这种制度。企业建立企业年金是需要有一定条件的,企业只有具备了一定的条件,才有资格和能力建立。如具有一百多年社会保险史的英国,实行企业年金的企业也只占企业总数的一半左右,德国稍高些,为60%左右。所以在实践中,企业年金计划的很好发展至少需要几个要素的支持或者外部条件:一是良好的宏观经济环境,包括经济繁荣、税收优惠政策、完善的资本市场;二是明确规范的运行规则;三是较好的民主管理基础;四是专业的经办机构;五是风险预防和担保机制。

三、企业年金的基本内容

(一) 企业年金的类型划分

企业年金不是国家法定的制度安排,而是在国家政策引导下,由各组织单位自主建立并实施的,因此,它也就不可能有统一的模式。在各国企业年金的实践中,按照不同的划分标准,可以有不同的分类。

(1) 根据创立主体的不同,可以分为由单个企业创立的企业年金和由多个企业(行业)创立的企业年金。前者在英、美等国较为盛行;后者通常由同一行业的多家企业联合建立,目的在于减少单个企业经济效益对企业年金保险待遇水平的影响,它在欧洲大陆国家中较为流行,如法国、荷兰等国家的许多企业年金就属于此类。

(2) 根据供款来源不同,可以分为个人缴费的企业年金和个人不缴费的企业年金。其共性是雇主都需要缴纳费,而个人却不一定缴费。个人缴费的企业年金通常能够让员工更加关注这一福利计划,个人不缴费则可以降低管理成本。

(3) 根据决定因素不同,有强制性企业年金、自愿性企业年金和集体谈判决定的企业年金三种。强制性企业年金是指由国家立法规范要求企业必须举办,员工个人也不能退出,虽然强制性企业年金不是主流,但仍然有不少国家采取,如法国、瑞士、荷兰、澳大利亚等国家就属于这一类型;自愿性的企业年金是大多数国家均采用的企业年金方式;而通过集体谈判确立企业年金的方式采用较少,只有瑞典等少数国家采用。

(4) 根据筹资方式不同,企业年金计划又有积累制和现收现付制企业年金。但从世界各国的实践来看,绝大多数国家选择积累制企业年金,只有少数甚至个别国家(如法国)选择现收现付制企业年金。

(5) 根据缴费和受益关系不同,企业年金又有待遇确定型(DB)、缴费确定型(DC)和混合型之分等诸多种类。从各国的实践来看,绝大多数企业年金都是缴费确定型(DC),少数情形下选择待遇确定型(DB)或混合型。在部分发达国家,国家公务员及军队军官的企业年金采取待遇确定型(DB),私营部门则采取缴费确定型(DC)。

需要说明的是,企业年金的上述分类,并不是以国别而论的,而是对所有企业年金类型的概括和归类。事实上,在一个国家或同一个地区,不同的企业或组织选择的企业年金模式可能不一样。

(二) 企业年金的覆盖范围

企业年金的覆盖范围是指企业年金的参与人员和受益对象。它通常与以下几个因素有直接或间接的关系:

(1) 政府主导的基本养老保险覆盖率和待遇水平。企业年金和基本养老保险在某种程度上存在着相互替代的关系,如果基本养老保险工资替代率偏高,企业年金的需求就会受到抑制,反之亦然。企业年金之所以能够在许多工业化国家发展起来并占有重要地位,其根本原因在于这些国家的公共养老金工资替代率往往较低。在中国,基本养老保险的工资替代率(退休金占工资的百分比)虽然制度设计为60%内,但在现实中几乎都高达80%以上,基本养老保险工资替代率偏高,必然导致对企业年金的需求不旺。

(2) 政府是否立法强制实施。在政府通过立法手段强制企业实行企业年金计划的国家,覆盖率就比较高,如法国、瑞士、丹麦等国的覆盖率都是近100%;非强制实施企业年金计划国家的覆盖率则很难达到这个程度,如英国的这一数字为50%—60%,美国为55%左右。

(3) 政府税收政策。税收政策是政府对企业年金使用的财政杠杆,通过这一杠杆传递政府是否鼓励以及支持力度的信息,优惠的税收政策是企业年金计划发展的必要条件。

(4) 企业的经济实力。一些国家,通常是大、中型企业集团有能力建立和维持企业年金计划,小型企业及萎缩中的行业则较少实施企业年金计划。如在美国,大中型私有企业中70%以上建立了企业年金,小型企业只有40%左右建立了企业年金计划[①]。在中国,建立企业年金的企业亦通常是大企业、垄断企业或集团或行业,小企业一般未考虑建立企业年金。

(三) 企业年金的缴费和给付

如上所述,企业年金可以分为待遇确定型(DB)和缴费确定型(DC)。

待遇确定型(DB)的企业年金计划一般由雇主单方缴费。但有时雇员也需向企业年金计划缴纳其工资的一定百分比,由雇主弥补剩余部分。通常是雇主向雇员允诺当雇员退休后的待遇,由精算师依据这一待遇水平计算出每年应储存(缴费)金额。企业年金的计发办法大致有三种形式:一是统一福利计划,即向每一个参加年金计划的退休雇员提供一个固定数额的退休金(如每月100美元),而与工资收入和工龄没有直接联系;二是根据雇员工作年限及退休前几年的工资水平确定,根据工作年限长短,按不同比例计发退休金;三是将参加者的工龄与年工资收入相乘,再乘以一个百分比(退休金系数,如1%)来确定退休金。实行待遇确定型企业年金的优点是收益额明确,退休后收益有保障;缺点是由于企业年金很少与物价挂钩,存在着通货膨胀及待遇刚性增长等风险。

缴费确定型(DC)是先确定缴费比例,由雇主和雇员分担或只由雇主缴费,记入雇员的个人账户。到雇员退休时,根据个人账户中的缴费累积额(包括本金、利息和投资利润等)一次性或定期支取企业年金。这种计划是完全积累式的,基金通常由寿险公司或其他投资机构运营。雇员退休时,可从以下三种办法中选择一种领取企业年金:一是一次性全部领取,但要纳税,税率较高;二是按月领取,按月纳税,税率稍低;三是转存入银行,不需纳税,但也存在着利息税等问题。

(四) 企业年金基金投资运营

与公共养老保险的管理方式有所不同的是,企业年金更加需要通过投资运营来获取收益,以实现基金的保值增值。

(1) 投资原则。在企业年金的投资中,通常要遵守三个基本原则,即安全性原则、流动性原则和收益性原则。安全性保证投资资本金能够全部收回,并能够得到预

---

① 王东岩:《劳动科学研究论文选编》,第180页,地震出版社,1997。

期收益。流动性原则强调的是投资的变现能力,目的在于保证养老金到期能够支付,同时方便投资组合,以便分散和规避投资风险。收益性原则是投资的根本目的,只有获得收益才能确保基金的保值增值,使基金能够应付利率变动、工资增长和通货膨胀等因素的负面影响。

(2) 资产管理。对于企业年金资产的管理,可以分为自我管理和委托外部专业机构管理两种形式。大多数企业年金项目的资产委托银行、保险公司或其他金融机构(如基金公司、信托公司等)进行投资。也有一些大公司自己雇用投资经理进行企业年金计划的自我管理。

(3) 投资工具和资产分布。从世界范围来看,企业年金投资几乎涉及了所有的投资工具。比较常见的有:银行存款、债券、股票、房地产、风险投资和金融衍生产品等。不同的投资工具所承担的风险和回报差异很大,而且风险的大小和回报率的高低一般呈正相关关系,所以选择投资工具实际上就是寻找合适的均衡点,并进行投资组合。比如,股票的投资收益与公司经营业绩、资本市场成熟度,特别是股票市场运作规范程度等多个因素关系密切,投资风险高,收益机会也多。在诸多投资工具中,债券以其较高的收益率和较低的风险备受青睐。需要强调的是,理性的企业年金投资是能够合理组合投资品种的投资。

(五) 政府对企业年金的监管

尽管企业年金计划多属自愿性的、由私人公司经营的项目,但政府并非完全放任自流,而是在其中发挥相应的作用。政府的介入主要体现在推动立法、监督和税收政策上。

(1) 推动立法并完善法制。立法的目的在于对雇员权利的保护。由于在企业年金体系中,雇主和雇员的信息不对称,即雇主掌握着基金积累的程度和解雇雇员的权利,而雇员却不能完全了解这一计划的有关情况。为了确保雇主的平等权利和企业年金在规范的轨道上运行,政府通常推动相关立法,以求通过法律的规范来为企业年金的建立与运行提供依据,同时,在国家立法的指导下完善具体的企业年金政策,以此来确保企业年金的健康发展和维护雇员的合法权利。企业年金立法的内容,通常包括机会均等(无论收入或职位高低,每个雇员都有权享有企业年金)、享有权期限(超过这一规定时期雇员才有权享有企业年金待遇)、信息公开、公共担保和投资方面的限定。

(2) 依法监督。对企业年金项目的监督,有的由政府部门进行,有的由雇主和工会组成的机构进行。政府监督的目的是保证有关立法的执行和基金投资的安全性。监督的内容包括:法律法规方面的监督、财务运行机制方面的监督和税收监督。以美国为例,联邦政府劳工部是私人退休金计划的监督机构,它监督的主要内容包括:基金投资是否得当、有效、安全,如发现投资有危险就令其纠正;雇主对年金基金是否有舞弊行为,如挪用基金;雇主执行企业年金法规的情况。

(3)税收政策。税收政策是企业年金发展的重要条件,它体现了国家对企业年金的支持与引导。工业化国家对企业年金计划往往给予税收优惠政策,如对企业年金的缴费减免税收,即雇主在扣除企业年金费后再计征所得税或企业税,雇员的缴费也可免缴所得税,也叫"税前列支";对缴费形成的基金、利息和投资收入也可免税或延迟纳税。以美国为例,对参加公司退休金计划的人给予自动享受长期延期赋税的优惠:①退休前本金不用纳税,仅增值部分纳税;②退休时可以选择不同的退休金给付方式,若不是一次提取而是选择终生按月支付时,可享受减税的优惠。对企业年金的税收政策是否优厚,与企业年金在国家养老保障体系中的地位有很大关系,如果国家鼓励发展企业年金,政府通常会对企业年金的税收优惠较多,反之亦然,因此,税收政策其实代表着政府鲜明的政策取向。如在英国、爱尔兰,企业年金的缴费和投资收入都是免税的,只在支付待遇时征税。相反,比利时和丹麦等国的公共养老金待遇已经比较慷慨,企业年金计划显得不太重要,故对企业年金和投资收入不予免税①。

表 12-1 部分国家对企业年金的税收政策

国　名	缴　费	待　遇	投　资
意大利	部分纳税	与就业收入一样纳税	与共同基金一样纳税
德国	免税	纳税	纳税
英国	免税	纳税	投资人免税
爱尔兰	免税	纳税	投资人免税
以色列	免税	年金的35%免税	
瑞士	免税	纳税	只征某些地方财政税
比利时	纳税	纳税	纳税
丹麦	纳税	纳税	纳税

资料来源:《国际金融报》,2000—03—22,第5版。

四、中国的企业年金

中国企业年金的出现,始于20世纪90年代初期。当时,一些行业为更好地保障退休人员的生活,率先探索和建立起企业补充养老保险制度,此为企业年金的源头。

2000年12月,国务院颁发《完善城镇社会保障体系的试点方案》,首次将企业补充养老保险更名为"企业年金",并明确企业年金缴费在税前列支的税收优惠政策,

---

① 王东岩:《劳动科学研究论文选编》,第180页,地震出版社,1997。

即企业缴费在工资总额4%以内的部分可以从成本中列支;同时,该方案还规定,企业年金基金实行市场化管理和运营。

2004年是中国企业年金发展的一个重要年份,这一年国家主管部门发布了多项有关企业年金的规章,对企业年金的建立与运行进行了相应的规范。例如,2004年1月6日,劳动和社会保障部发布《企业年金试行办法》;同年2月23日,劳动和社会保障部、中国银行业监督管理委员会、中国证券监督管理委员会、中国保险管理监督委员会联合发布《企业年金基金管理试行办法》;上述两部规章均于2004年5月1日实施,对企业年金的建立、运行及其管理进行了规范。2004年12月31日,劳动和社会保障部又发布《企业年金基金管理机构资格认定暂行办法》,于2005年3月1日施行,该规章对企业年金基金管理机构资格认定的程序、标准等进行了规范。

由于企业年金的发展不仅需要相应的立法规范和政策支持(特别是税收政策的支持),还需要有健全的资本市场,以及合格的专业管理人才和投资机构等,而公共养老保险的定型与成熟则是企业年金发展在必要条件。在基本养老保险制度未完全成熟的条件下,以及其他因素的制约下,尽管国家主管部门已经出台了相关政策,但中国的企业年金还处于初期阶段,发展速度比较缓慢,在制度设计和机制运行中亦存在着许多问题。

第四节 互 助 保 障

一、互助保障的定义

互助保障,是指社会成员之间通过一定的机制相互提供物质帮助(包括经济援助与服务援助等)的一种生活保障系统。它由非营利性的互助组织承办,具有自愿参加、互助共济、非营利、合作制等特点。这一定义至少包括如下内容[①]:

第一,互助保障的本质在于社会成员之间的相互帮助,它在实践中则体现为以互助为条件的自助与他助,即参与互助保障的社会成员能够在互助中实现自助并获得他助。

第二,互助保障是一种社会化的生活保障机制,它不是社会成员之间的个体对应帮助行为(如邻里互帮、亲友互助等),而是需要由特定的非官方机构(独立的组织须

---

① 本节参见郑功成:"关于职工互助保障制度的思考",《当代社会保障》,1998(6);郑功成:"互助保障:理论阐述与政策取向",《社会保障财务管理》,2000(2);郑功成:《构建和谐社会:郑功成教授演讲录》,541—551页,人民出版社,2005。

经过政府有关部门批准)来承担组织任务,并通过社会化手段来筹集资金,按照社会化的原则与规律运行的一种生活保障机制。

第三,互助保障机制的运行具有封闭性,即它总是在以互助为名义建立的团体内部运行,所覆盖的对象亦限制为参与互助保障的成员,且有明确的身份限制。如企业中的职工互助保障,即以具有本企业员工身份为参与的资格条件;城镇中的社区居民互助保障,覆盖的只能是本社区内的居民,而乡村中的互助保障同样只能以具有本村或本乡居民身份为必要条件。尽管随着互助保障事业的发展,这种机制的社会化程度将得到提高,如某些行业的互助保障、公务员互助保障等就超越了单位的限制,并具有系统性,但系统外部的社会成员依然不可能进入,从而只是一个扩大了范围的封闭保障机制而已。

第四,互助保障是一种综合性的生活保障机制,它保障的内容并非仅仅对社会保险项目进行补充,而是可以根据参与者的群体意愿来设置互助项目并满足多种社会性保障需求,可以补充社会保险、社会救助及公共福利服务等基本保障制度的不足,从而是一种可以包括经济保障、服务保障甚至情感保障等在内的综合性生活保障机制。

第五,互助保障是民营公益事业,不以营利为目的,它在实践中既是对举办主体(如企业、机关、社区等)的支持,同时也是对政府基本社会保障制度的支持,从而能够且应当得到政府的财政与政策支持,同时亦不排除通过互助保障基金的商业营运来壮大基金,以促进互助保障事业的进一步发展。

第六,互助保障不是国家的法定社会保障,从而在实施中具有非强制性,但它作为特定团体或社区内部的制度安排,因有相应的制度引导与政策支持,往往成为群体的自觉行动;身体限制性与封闭运行的特色又决定了互助保障不是可以自由竞争的市场业务,而是以群体或团体行为的面目出现并具有非竞争性的社会性保障事业。

综上可见,互助保障是一种在特定团体或社区内部内生的生活保障机制,它的社会化程度不如基本社会保障制度,但无疑属于现代社会保障体系的自然延伸和有益组成部分。尤其是对发展中国家而言,薄弱的经济实力往往无法支撑起一个全民化的统一社会保障体系,包括互助保障在内的各种补充保障机制便很自然地具有了生存与发展的必要性。

二、互助保障的分类

互助保障虽然层次较低、相互封闭,每个互助组织的互助范围有限,但互助保障同样是对基本社会保障制度的一种有益补充。

依据不同的标准,互助保障可以作如下分类:

（1）按照保障对象和范围，互助保障可以分有家庭互助、社区互助、职业团体互助、特殊群体互助等。其中：家庭互助即家庭保障，是家庭成员内部之间在经济、生活、情感等方面的互助，它以血缘关系和感情为纽带，只对家庭内部成员的物质、精神全方面互助互济行为，是基本社会保障制度建立前人们可以享受的主要保障形式，但这种互助保障互济范围小，随意性强，难以抵抗较大的风险，不能适应工业化、社会化发展的趋势，其功能亦随着家庭规模的缩小而逐步弱化。邻里、社区互助一般为有组织的、自发的在社区成员内部的互助活动，它主要针对那些特殊困难成员以扶贫、帮困或提供必要服务的形式进行。职业团体互助保障，一般是由行业协会、机构或企业内部组织承办的封闭式的（只针对某一职业、行业，或是企业集团内部职工自愿加入）互助活动。特殊群体互助保障，则是以某一特定群体（一般为社会脆弱群体）自发组织设立的互助行为，在需要的时候在群体内部通过保险或救助等形式获得帮助，比如残疾人互助、女性互助、单亲家庭互助等等，在日本社会保障体系中也有公务员互助年金。在德国不来梅有一个互助组织，就是规定所有参加这个组织的成员都必须尽自己的一切可能给其他成员提供帮助，该组织吸引了大批孤独者，如退休老人、单身妇女、孤儿、失业者等。

（2）按照运作形式不同，互助保障可以分为互助保险、互助救济、互助服务等。其中：互助保险是由社会团体承办或委托专业互助保险机构承办，遵循自愿和互助互济原则的会员合作制组织，以保险为运作形式的互助行为。互助保险基金主要来源于会员缴费。互助保险又可以分为互助健康保险、互助年金、互助住房保险等。法国的互助医疗健康体系共有3 600万成员，管辖2 000多个机构（包括医院、诊所、药房），该保险体系的基本原则为互助，自由加入，还可自由选择参加哪一家公司的互助保险。互助救济则是由慈善组织或非营利机构组织承办，主要针对贫病老幼残等社会弱势群体以救助形式给予基本生活帮助的一种机制。由于组织形式不同，经费来源也不尽相同，主要有私人募捐、财政拨款等，互助救济的形式多样，如扶贫帮困、医疗救助、志愿者（或义工）服务等都属于互助救济。

（3）按照互助内容不同，可以分为经济互助、志愿者服务（义工）。前者是向受助者提供资金、有使用价值的物品保障，而后者则是向受助者提供服务。在许多国家和地区，大量的志愿者（义工）从事着互助保障和公益事业活动。在美国，有60%以上的社会成员参与义工；在以色列，20%以上的人参加志愿活动，平均每个月服务16个小时。而在中国，据国家民政部统计，全国目前有志愿者约1 000万人，占全国总人口的8%，远远低于以色列和其他发达国家；在中国香港地区，参加志愿活动的市民占香港总人口的20%，大约100多万人。在一些西方发达国家，志愿者占国民的30%，有的高达60%。

（4）按照互助机构服务的范围，可以分为综合性互助保障与单项互助保障。前者是指一个互助组织能够提供多种互助保障或服务,如职工互助保障往往包括补充保险、互助救助以及互助服务等;后者则是专门为了满足参与者某种社会化保障需求而设立的,其职责较为单一,如一些国家的火灾互助保障,即是专门为分散火灾风险而设置的。

需要指出的是,与其他补充保障不同,互助保障更加直观地表现了社会保障的互助共济的精神本质,是原始形式以及传统与现代保障手段的结合。不仅如此,互助保障还可以通过适当的政策,引导家庭成员对年老一代的赡养义务、夫妇的相互扶助的义务,提倡邻里、街坊、社区成员间的互助,有助于传统保障特色的更好保持与发挥。尤其是在城市化、工业化、人口流动加速和邻里关系日益淡化的现实情况下,社区互助创造了一种新型的邻里、社区关系,增强了社区成员之间的友爱感和归属感,还开创了某些新的职业(家政服务)或生活方式(志愿服务)。

三、中国的互助保障

一句"远亲不如近邻"揭示了互助是中国的传统。虽然在计划经济时代因为人的单位化且由单位包办了一切事务,人们之间的互助有所削弱,但随着市场经济的发展,由工会组织的职工互助保险和社区组织的社区互助服务,却得到了一定程度的发展,它们构成了中国互助保障的基本支柱。

(一)职工互助保障

职工互助保障(险),是由工会组织举办、职工自愿参加的具有互助互济性质的会员合作制保障,它是各级工会为满足职工的福利需求而组织职工在不断提高自我保障意识和互助友爱精神的基础上发展起来的一种补充保障措施,也是市场经济条件下各级工会履行维护职工权益职能的新形式。

在实践中,职工互助保障面向职工,以解决职工的困难并提供相应的服务为出发点,不以盈利为目的,它充分发挥工会组织网络健全和职工人数众多的资源优势,可以在低成本下运转,从而具有生命力。在经费来源方面,一般包括工会经费补贴、企业或雇主投入、会员缴费、社会捐献等。在保障内容方面,职工互助保障涉及职工养老、医疗、灾祸救助、生活困难援助等多个方面,从而在一定程度上缓解了职工的特殊困难。

职工互助保障的特性有:第一,民主、平等的社员制,身份比重制。互助合作保障的所有权属于全体参与者,因此,参加互助合作保障的职工既是受益者,又是管理者。第二,自愿参与。凡职工均可以自愿参与,不强制,而享受保障的前提则是必须参与。第三,互助、共济。职工互助保障集工会、企业或雇主、个人的力量,形成互助保障基金,用于保障职工在遭遇特定事件时的生活,从而增强了职工抵御生活风险的能力,是个人与集体相结合,互利与互济相结合的保障行为。第四,面向中低收入职工。它主要为中低收入职工兴办相关服务保障。

职工互助保障在一些地区获得了较好的发展。但总体而论,职工互助保障的规模及所覆盖的人口仍然非常有限,在社会成员的实际生活中尚未发挥出应有的作用。

(二) 社区互助

社区互助是由社区非营利组织面向本社区居民举办的各种社会服务的统称。市场经济改革带来的一个重大的变化,就是个人从计划经济时代依附于单位转变为社会人,而社区便成为人们独立生活的场所。与此相适应,过去由单位包办的各种生活服务及相关福利,亦必然要在社区寻找到替代者。因此,在政府的支持下,大量的社区非营利组织得以产生,在解决社区存在的各种问题和满足社区居民的各种需求方面做出贡献。改革开放以来,社区互助以提供各种便民服务为主要形式,逐渐扩展为涵盖社区福利、社区救助,以及教育、医疗保健、卫生体育、环境保护、家政服务、小区管理等在内的全方位社区互助工作,成为补充保障体系中日益重要的组成部分。

从规范的社区互助保障要求来看,社区组织要把单向的帮困变为单向与双向互助帮困结合起来,形成互助的服务机制。换言之,即社区居民每人一次性或定期缴纳一定的互助金,建立综合的或某一项目(如病伤互助、灾害互助等)的互助基金,当参与者发生困难时给以帮助。

从社区互助在中国一些地区的实践来看,它主要体现出如下一些特征:第一,托底性。即社区组织对社区成员在享受了基本保障后,遭遇到新的家庭无法解决的风险,以及实现市场就业困难者给予补充性的托底保障,如面向非正规就业者等社区补充养老保险,面向特殊困难群体的社区救助,以及由社区、单位、个人共同出资举办的给患重病、大病、生活困难者提供医疗费补助的补充医疗保险,社区成员自愿参加的大病、重病互保补充医疗保险等,均具有托底性特点。第二,服务性。社区是社会成员常住生活的地方,社区成员的生活服务需求通常需要由社区提供,尤其是受保对象迫切需要社区提供无偿和低偿的服务保障时,更是其他社会化保障机制所无法满足的,如文体活动室、个人生活照料、康复医疗等公益性的服务设施以及一般的医疗保健等,通过社区互助服务和志愿者队伍提供的服务,能够起到很好的作用。第三,群众性。社区互助保障是群众性的自我保障和互助保障,是群众行为,因此,充分发动社区内的单位和居民的积极性是搞好社区互助保障的基本保证。第四,筹资多渠道。社区互助保障虽然以服务为主要手段,以志愿者参与为重要形式,但仍然有相应的资金要求,并且资金的积累规模决定着社区互助的保障水平与服务水平,因此,社区互助保障同样需要开辟多元化的筹资渠道,如争取政府财政支持、福利彩票收益援助、社会捐献,以及向有条件的接受服务者收取一定的费用。在中国的一些城市,已经出现社区型慈善组织,这些组织实际上是社区互助保障与慈善事业的混合体,它不排斥来自外部募集资源却只为本社区居民提供服务。

尽管城市社区建立社区互助机制更为便利,但乡村同样存在着对互助保障的需要。

总之,社区是社会的基础,社区互助保障亦应当成为现代社会保障体系的重要基石。

第五节 慈善事业[①]

一、慈善与慈善事业

慈善是一种美德、善行和爱心,是人类最应当具备的基础性伦理道德。也有人将慈善分而析之,即慈善分解为慈心与善行,强调慈心是动机,善行是效果。现代慈善已经不能简单地被理解为上对下的恩赐、富对穷的施舍,其本质是人类善爱之心的表现与标志。

慈善事业是建立在社会捐献基础之上的民营社会性救助事业。这一定义可以分解为以下几个层次:

第一,捐献为慈善事业的立身之本,没有捐献便没有慈善事业;没有关爱之心亦不会有无偿捐献的动机与热情。

第二,慈善事业是民营事业。慈善事业必须是民营公益机构举办的。因为在现代社会,政府是国民选举出来的政府,它掌握的是国家通过民主方式赋予的公共权力,控制的也是通过税收等强制手段汇集起来的公共资源,其根本职责就是谋取公众利益,因此,政府主导的基本社会保障是其应当承担的责任与必须履行的义务,早已被各国法律制度所规范,并得以强制推行。正因为此,各国政府举办的社会保障事业也就不可能再以慈善事业的面孔出现,只有非强制性的民营公益事业才构成现代慈善事业。

第三,慈善事业是社会性事业。单个的、个体的慈善活动或行为不能构成慈善事业,而只有社会性的慈善行为才真正构成慈善事业的主体,这就需要专门的慈善公益机构来组织并营运慈善事业,保证慈善资源的有效运用,并保持它的经常性、持续性、规范性和相对稳定性。

---

① 本节参见郑功成等著:《中华慈善事业》,广东经济出版社,1999。

第四,慈善事业是救助性事业。尽管发达国家的慈善事业早已超出了早期救灾济贫恤孤的范围,但慈善事业的根本目的仍然是救助现实社会中的贫民、灾民、孤老残幼等脆弱社会成员,他们才是慈善事业的工作对象。

在参与慈善事业方式上,也不仅有捐钱一种方式,还有捐物和劳务等方式。同时,也不能简单地把慈善事业理解为救灾济贫,因为现代慈善事业所涉足的领域已扩展到文化教育、环境保护等许多公益领域。作为一项需要社会成员广泛参与的民营公益事业,慈善事业成为人类社会互助行为在现代社会的基本载体,并具有不可替代性。从经济的意义,它被一些人称为社会的"第三次分配",可以获得官方、企业或社团、家庭或个人的财政支持;从社会的意义,现代慈善事业具有扶危济困、协调社会发展、润滑社会阶层关系的内在职能,从而具有了补充社会保障的内涵。

二、慈善事业的基本特色

作为一种源远流长的社会化保障机制,慈善事业从早期的宗教慈善活动、官办慈善活动与民间乡绅举办的慈善活动,发展到一种社会化公益事业,经过了一个漫长的过程。现代慈善事业在很大程度上已经消除了早期慈善活动的恩赐、怜悯与不平等色彩,并在实践中表现出下列特色[①]:

第一,善爱之心是慈善事业的道德基础。慈善属于道德范畴,慈善事业的非强制性和慈善行为的自愿性,决定了社会成员的善爱之心对慈善事业的发展起着道德支配作用。那么善爱之心从哪里来呢?人之初本无所谓性善或性恶的问题,而是在后天环境的客观影响下而逐渐形成的,是在人与人之间的交互作用中产生和发展起来的。一个缺乏爱心的社会必然制约着慈善事业的发展。

第二,贫富差别是慈善事业的社会基础。任何社会都必然会存在不同程度的贫富差别现象。慈善事业的工作对象是那些由于各种原因(包括历史的、现实的、自然的、社会的等等原因)而导致贫困的"脆弱群体"。一个财富占有极其均等的社会,无论是共同贫穷还是共同富裕,都不具备慈善事业发展的有力社会条件。只有存在贫富差距,才能既形成援助活动的供给和需求两方,形成"慈善市场",进而很好地发展慈善事业。

第三,社会捐助是慈善事业的经济基础。慈善事业的本源财政基础是社会各界尤其是社会成员的自愿捐献。这个经济基础不仅代表以资金为符号的经济价值,更重要的是道德价值和经济价值的混合,是传递社会中人与人之间"善性"的纽带。尽

---

① 引自郑功成:"论慈善事业的本质规律",《中国社会报》,1996-09-26;参见郑功成等著:《中华慈善事业》,第8—13页,广东经济出版社,1999。

管,慈善事业并不排斥政府财政资助,甚至一些国家或地区的慈善事业主要依靠政府的财政支持,但作为慈善事业发展的经济基础,社会捐献是官方财政所不能替代的。

第四,民营机构是慈善事业的组织基础。慈善事业只能由民间公益团体或公益组织承担具体的组织实施工作,这是慈善事业区别于单个施舍行为和强制性社会保障事业或官方社会救助的重要特征。慈善事业需要政府支持,但政府不能将慈善事业变成政府工作,原因就在于政府干预可能改变慈善事业的性质并背离捐献者的意愿,进而妨碍慈善事业的正常发展。国外成熟的慈善事业不仅是民营的,而且组织募捐与实施救助的民营机构还是分离的,如美国的联合劝募者协会、香港公益金等均是专门的募捐机构。它们募集的资金无偿拨付给各慈善团体,这样不仅效率较高,而且更加保障了受益者与普通大众在人格上的平等。

第五,捐献者的意愿是慈善事业的实施基础。慈善事业的经济基础是社会捐献,这就决定了慈善组织需要坚持以捐献者的意愿作为实施基础。捐献者有权指定所捐款物用于指定的慈善项目,而慈善组织有义务按照捐献者的意愿进行组织实施。

第六,社会成员的普遍参与是慈善事业的发展基础。发达国家或地区的发展实践已经证明,只有社会成员的普遍参与,形成大众的自觉行为和良好的社会氛围,才能使慈善事业发展成为一项宏伟的事业。在美国,65.5%的家庭参与社会捐献,70%左右的成年社会成员参与志愿者服务;在中国香港,每年参与捐献的人数达200多万人,占全香港人口总数的40%左右,以义工形式参与慈善事业的人数近200万人,从而形成了社会成员普遍参与的社会氛围,这也是这些国家或地区慈善事业蓬勃发展的重要原因。而我国内地目前有1 000—1 200万志愿者,仅占人口总数的8%。

此外,募捐与救助分离是现代慈善事业区别于早期慈善活动的一个重要特征,这种分离的实质是为慈善事业打上平等的烙印,因为它消除了捐献者与受助者之间的直接关系,捐献者的行为可以理解为对社会尽义务,对同类尽人道,慈善事业为其回报社会提供了管道;而受助者因不知道谁在帮助自己,感谢的不再是具体的个人或组织,而是社会,从而想到的也是以后如何回报社会的问题。因此,这种机制事实上不仅提高了现代慈善事业的效率,而且提高了慈善事业的境界。

三、慈善事业与社会保障

毫无疑问,现代慈善事业是现代社会保障体系的一个有机组成部分,它既与法定的基本社会保障制度有联系,并构成对基本社会保障制度的补充,又与基本社会保障制度有重大区别。

与政府举办的基本社会保障制度相比,慈善属于道德范围,慈善事业既是社会救助机制也是道德工程。两者之间的区别在于:法定的社会保障是以稳定社会为政治基础,以财政拨款或强制性筹款为经济基础,以官营或公营机构为组织基础,以法律制度为实施基础,它与道德并无直接关系,只是法制规范的政府、社会、企业与个人之间的一种强制性利益调节机制,主体各方的权利与义务都是由法律明确规范的。而慈善事业虽然客观上具有社会保障的某些功能,并事实上作为一种特殊的社会保障形式存在,但它在目标上却较法定社会保障制度多了一层弘扬助他与互助美德的宗旨,在资金来源上以捐献为主,在组织机制上是民办或私营性质,它建立在自愿的基础之上。由于慈善事业的道德性、自愿性和民营性,它在现代社会只能构成社会保障体系不可或缺的补充保障机制。一般而言,如果法定的社会保障制度完备、功能健全,慈善事业就相对萎缩;反之,慈善事业就有广阔的发展空间。不过,无论怎样,各国的经验表明,慈善事业的功能是法定社会保障制度及其他补充保障机制所无法替代或者完全替代的,它对基本社会保障制度的补充是不可缺少的。

正是由于慈善事业与社会保障的密切关系,各国政府对慈善事业均采取支持的态度,利用财政税收政策和直接拨款援助是通常采取的扶持慈善事业发展的政策措施。如几乎在所有国家,慈善捐献均能够享受到税收优惠,在中国的香港地区,政府财政拨款甚至构成了慈善团体经费的主要来源。在税收优惠方面,主要有:一是对社会各界的慈善性捐赠给予免税待遇,即税前列支;二是对慈善团体所进行经营活动的利润用于慈善事业的部分免税;三是鼓励遗产继承人将遗产中的一部分捐赠给慈善事业;四是积极促使高收入阶层积极参与慈善事业等。《中华人民共和国公益事业捐赠法》第四章在"优惠措施"中就规定:"公司和其他企业依照本法的规定捐赠财产用于公益事业,依照法律、行政法规的规定享受企业所得税方面的优惠。"

中国的社会保障制度改革,一个重要的取向就是个人责任的回归和多层次社会保障体系的构建。这不仅意味着社会成员很难从法定社会保障制度中获得所有的保障,而法定的社会保障亦无法全部满足不同阶层的社会成员的社会化保障需求,其所得到的保障很难完全解决其生活保障的后顾之忧。因此,有必要发展中国的慈善事业。

【案例讨论1】

美国401K计划

美国的401K计划是典型的缴费确定型(DC)企业年金计划,它源于1978年美国《国内税收法案》第401(k)节条款,该法授权企业可采用DC计划向雇员提供退休福利,即允许雇员将一部分税前工资存入一个储蓄计划(个人账户),积累直到退休后使用,并给予一定的税收优惠。401K条款出台后,一项以此命名的企业年金计划——401K计划开始出现,并广泛受到欢迎,成为DC计划的主流形式。到2002年底时,参与人数超过4 200万,资产规模达17 000亿美元。

(一) 401K计划的主要内容和特点

401K计划是一个涉及计划的建立、缴费、既得利益权、管理、投资、收受优惠及领取方式等因素的年金综合方案,它的具体内容包括:

(1) 计划的发起和建立。401K计划是一个自愿参加的计划。按照规定,只要有5个以上的雇员参与,就可以成立一个401K计划。雇主是该计划的发起人,负责计划的设计和管理。

(2) 缴费和公司配套资金。雇员授权雇主扣缴雇员的税前工资,一般为工资的10%~15%,但年投入最多不能超过工资的25%,或每年最高额不能超过11 000美元(2002年)。雇主同时也是计划的资助者,目前美国80%以上的雇主都提供出资的25%~100%。如雇员存款1美元的话,雇主会追加配套资金存款0.25~1美元。一般情况下,要取得配套资金,公司都要求职工在本公司工作达到一定的年限,而且雇主在雇员投入资金后才会出配套资金,通常形式为公司股票。

(3) 即得受益权。雇员对401K享有即得受益权,获得全部权益的期限最长不超过7年。

(4) 账户资金的转移。如果雇员要离开公司,他在"401K账户"上的存款将随雇员一起转移。雇员还可以将401K账户上的余额转移到个人养老金账户或其他符合条件的资金账户。

(5) 管理。实行委托制,通常由共同基金、保险公司、银行等专门金融机构帮助管理。

(6) 投资方式。雇员有权选择投资方向,但通常是接受雇主的建议。401K计划资产可以投资于储蓄、债券、股票、基金等多种金融产品,雇员要承担投资的风险。股票一直是其主要的投资方式之一,比重超过了50%。

(7) 税收优惠。这是401K计划最显著的特征和优势,也是该计划受到欢迎并得到发展的重要原因。根据规定,雇员和雇主的缴费都是在纳税前扣除的,不计入当年收入的纳税范围。基金在积累过程中,政府部队资产的增值部分,如红利、利息和其他投资所得征税,只是在退休后领取年金时才征税,即延期纳税。但由于退休雇员所处的所得税等级比较低,所以那时上缴的税收并不多。

(8) 支付方式。按规定,参加401K计划的雇员在59.5岁以前不能提取个人账户的资金,否则不但要照章纳税,还要交纳10%的罚金。当雇员离开原企业时,可以自由地提取属于自己缴费的那部分资产,但提取雇主投入的资产则有一定限制。雇员按时退休时,有3种支付方式,雇员可以任选一种:一次全部取出,但需要缴纳25%的所得税;按月支取,按月纳税,税率为10%~15%;存入银行,不需要纳税。

(9) 安全保障。即使雇主或公司破产,雇员养老基金的资产也会受到《雇员退休收入保障法》的保护。依据该法,个人401K账户的资产是个人资产,不是公司资产。即使公司破产,也不能将雇员账户上的资产用于弥补公司的亏损。

(二) 401K计划的管理

401K计划的管理包括行政管理和投资管理两个部分。企业对401K计划的行政管理通常建立一个委员会,成员由人力资源部和财务部门共同构成,按照《雇员退休收入保障法》的规定,委员会成员就是"受托人",对计划负主要责任。计划的行政管理具体内容包括:起草计划文件和组织召开成员大会;吸收新的雇员参加;向政府报送有关文件;为成员和受益人准备有关财务报告;提供投资方面的咨询;对计划成员申请贷款或申请提款进行审批;保存文件材料等。

个人账户管理是行政管理的重要组成部分,可以外包给金融机构和咨询机构进行管理,他们提供资金划拨、投资品种转换、税务处理、每日计算净值、电话中心和互联网在内的一系列快捷服务。雇员可以方便地了解账户信息,并及时进行投资转换。

个人账户基金的投资事宜由个人决定,风险也由个人承担。近来的发展趋势是将选择权交给雇员个人,即所谓的"雇员管理型"计划,从而使雇主避免承担更多的投资风险。具体做法是:由受托人在咨询公司的帮助下,选择一些具有合适风险—收益的基金产品,制成投资目录,供雇员选择投资,雇员还可以自行在目录产品中进行投资项目更换。《雇员退休收入保障法》的404C条款要求,计划发起人向雇员至少提供三类风险—收益存在明显差异的投资产品,投资目录每三个月至少更新一次。

(三) 401K 计划运作程序

企业在运作 401K 计划时,通常要按照以下 4 个步骤进行:

(1) 确定计划方案和目标。在决定建立 401K 计划时,要先进行一些准备工作,如企业人员状况调查,雇员现有投资结构调查,了解政府有关法律和政策,分析和决定计划的预算等。如果企业没有经验和能力做这些工作,可以请外部咨询公司代办。在此基础上,决定建立和实施 401K 计划,并制订计划的发展目标。

(2) 选择管理方式和管理机构。管理方式分为分离式管理和混合式管理。前者是行政管理与投资管理分开进行,行政管理由企业内部操作;投资管理则外包给金融机构承担。后者是将投资管理和行政管理合二为一,一般是较大的公司自己设立了投资管理部门,可以将两部分工作一起操作。在选择管理机构上,企业往往会先发出问讯函,然后对回收的问卷进行分析,选出合适的机构再进行"面试"考察同时再辅之以实地走访,最终确定 401K 计划的管理者。

(3) 制定投资"菜单"和提供投资选择。受托人要对市场上的投资工具进行了解,并对雇员现有的资产组合、投资偏好进行分析,决定基金的投资类别和投资组合。在此基础上,受托人根据有关资料和专家建议,挑选出一些投资基金产品,供雇员在其中进行选择。

(4) 业绩检测。受托人有义务对所选的基金品种的投资业绩进行跟踪和检测,发现问题时及时更换投资品种。

此外,在计划运行过程中,受托人还有义务与计划成员进行交流。受托人要设计交流方式,准备各种书面材料,召开计划成员大会,接受成员咨询,并鼓励更多的雇员参加计划。

(参见郑功成主编:《社会保障学》第十二章,中央广播电视大学出版社,2004。)

【案例讨论 2】

希望工程

希望工程是中国青少年发展基金会为救助贫困地区失学儿童而发起组织实施

的一项典型慈善公益事业。它的宗旨是：贯彻政府关于多渠道筹集教育经费的方针，动员海内外民间的财力资源建立基金，帮助我国贫困地区失学儿童、少年继续学业，保障适龄儿童、少年接受义务育的权利，改善贫困地区办学条件，促进贫困地区基础教育事业发展。也就是说，"希望工程"是以募集民间资金方式，救助中国贫困地区因家庭贫困而失学的孩子，使他们能有受教育的机会的慈善公益事业。

1989年10月30日，"希望工程"在我国创立，从它诞生之日就得到了党和国家领导人，特别是老一辈无产阶级革命家的赞许和支持。1990年9月5日，邓小平同志欣然为之题词"希望工程"。江泽民、李鹏等领导同志也先后为希望工程题词。15年来，希望工程累计接受海内外捐款22亿多元人民币，以"一助一"的方式资助了258万名贫困学生完成学业，同时改造和新建了1万多所希望小学，平均每50所农村小学中就有一所是用民间资金援建起来的希望小学，其中80%的希望小学和受助生分布在中西部地区。希望工程唤起了海内外各界人士的爱心，产生了深远的社会影响，推动了社会主义精神文明建设，成为20世纪90年代中国最有影响的公益项目之一。

(1) 主要形式和项目。主要形式是捐款、捐物两种。捐物主要用于改善贫困地区的办学条件，为这些地区的少年儿童成长和成才提供帮助。可捐物品主要为提高教学质量所需的教学设备和文体器材，以及适合于贫困地区教师和学生学习、生活的物品等。中国青基会成立了"希望工程捐赠物资管理调剂办公室"，将对一些捐赠物资进行调剂，以最适合于贫困地区教育所需的方式投入使用。欲捐赠零星物品的，可以由中国青基会提供贫困地区农村小学的名址，由捐赠者自己寄送。另外，希望工程实施机构的工作人员较少，事务繁重，筹资与资助规模在迅速扩大，为了提高工作效率和质量，欢迎社会各界也能为各级希望工程实施机构的建设给予物质上的帮助。主要项目有：建造希望小学、希望之星、改建贫困小学、设立希望工程专项基金、1+1结对救助、捐赠阳光书库、其他公益活动，比如在许可条件下进行的义卖、义演等社会公益活动，所得善款全部捐助希望工程。

(2) 税收优惠政策。国家为了鼓励社会各界对农村义务教育的捐赠，于2001年6月，财政部、国家税务总局下发《关于纳税人向农村义务教育捐赠有关所得税政策的通知》(财税[2001]103号)，文件规定："企事业单位、社会团体和个人等社会力量通过非营利的社会团体和国家机关向农村义务教育的捐赠，准予在缴纳企业所得税和个人所得税前的所得额中全额扣除"。文件"自2001年7月1日起执行"。

(3) 管理机制与监督机构。希望工程实施之初，中国青基会就十分重视监督工作，建立和健全了一套监督体系，成立了由社会各界享有较高声望的人士和捐方代表组成的希望工程监察委员会,专门负责监察工作。中国青基会对所有的捐款,从接受、开具收据到记账,有一套严格的程序和规范,并通过计算机实行操作和管理。捐款者可随时向中国青基会查询捐款的安排和使用情况。其次,除按宗旨建立基金外,希望工程一个重要的资助方式是"一对一",即捐一笔钱,或是救助一名失学儿童,或是援建一所希望小学。捐款者都能知道捐款的落实情况,并可与受助人或所建学校建立联系。这种资助方式是透明、公开的,其本身就是一种接受监督的过程。再次,中国青基会制定了全国各级希望工程实施机构统一执行的《希望工程实施管理规则》,对基金、资助、机构设置及人员配备、档案管理等工作,作出了详细的规定,同时制定并执行了《希望工程实施机构和人员管理规则》、《希望工程会计核算制度》等。中国青基会每年组织一次希望工程财务大检查,未雨绸缪,防微杜渐,确保希望工程健康发展。

(4) 舆论监督。中国青基会在开展各项公益活动的过程中,随时接受新闻媒体及其他社会各界的监督。虚心听取和诚恳接受各界朋友提出的正确意见和有益建议。对于在项目实施过程中反映出来的问题,尽快查清原因,落实责任,有则改之,无则加勉,确保项目健康、顺利地发展。

(5) 社会监督日。在开展希望工程的过程中,中国青基会将每年3月第一周星期二作为全国希望工程社会监督日。届时,全国希望工程实施系统同时开展社会监督活动,邀请新闻界及捐赠者代表对希望工程财务及管理工作进行质询和监督,公布捐款的管理使用情况,听取意见,改进工作。希望工程社会监督日于1992年设立,其具体议程为:第一,回顾与展望。由中国青基会的有关领导通报上一年希望工程的实施管理情况,并对下一年的工作做出安排。在通报中,公布上一年资金筹集、资金发放、项目开展、机构内部建设等多方面的情况,总结经验,吸取教训,肯定成绩,指出不足;同时,将下一年的战略重点、工作目标、工程进度及发展方向等予以公布。第二,公布审计结论。中国青基会将年度会计报表呈递给有关会计师事务所,委托其进行财产审计,并在社会监督日公布审计报告,对上年度资产、净资产类各科目的余额以及年度基金、经费收支等发表审计意见。第三,公布年度希望工程监督报告。希望工程全国监察委员会将公布上年度全国希望工程监察报告,对过去一年的监督情况作总结。在肯定过去监察工作成绩的同时,也指出其中存在的问题和不足,并提出下一年全国希望监察工作的主要思路。第四,机构负责人答记者问。除全国统一的社会监督日外,各级希望工程工作机构随时接受社会各方面的检查、质询、批评和建议。

(根据 http://www.cydf.org.cn 有关资料整理)

思 考 题

1. 如何理解补充保障的功能作用?
2. 如何理解补充保障与基本社会保障制度之关系?
3. 为什么说员工福利是企业的激励机制?
4. 企业年金有何特征?
5. 互助保障有哪些内容?
6. 如何理解慈善事业的道德功能?

主要参考书目

1. 郑功成著:《社会保障学——理念、制度、实践与思辨》,北京,商务印书馆,2000。
2. 郑功成主编:《社会保障学》,北京,中央广播电视大学出版社,2004。
3. 郑功成著:《论中国特色的社会保障道路》,武汉,武汉大学出版社,1997。
4. 郑功成著:《中国社会保障论》,武汉,湖北人民出版社,1994。
5. 郑功成等著:《中国社会保障制度变迁与评估》,北京,中国人民大学出版社,2002。
6. 郑功成等著:《中华慈善事业》,广州,广东经济出版社,1999。
7. 孙光德、董克用主编:《社会保障概论》,北京,中国人民大学出版社,2000。
8. 任正臣著:《社会保险学》,北京,社会科学文献出版社,2001。
9. 穆怀中主编:《社会保险制度国际比较》,北京,中国劳动社会保障出版社,2002。
10. 和春雷主编:《社会保障制度的国际比较》,北京,法律出版社,2001。
11. 邹根宝编著:《社会保障制度——欧盟国家的经验与发展》,上海,上海财经大学出版社,2001。
12. 乌日图著:《医疗保障制度国际比较》,北京,化学工业出版社,2003。
13. 董克用、王燕主编:《养老保险》,北京,中国人民大学出版社,2000。
14. 仇雨临、孙树菡主编:《医疗保险》,北京,中国人民大学出版社,2001。
15. 孙树菡主编:《工伤保险》,北京,中国人民大学出版社,2000。

16. 葛蔓主编:《工伤保险改革与实践》,北京,中国人事出版社,2000。
17. 陈泰才主编:《工伤保险条例实用指南》,北京,中国人事出版社,2003。
18. 杨伟民、罗桂芬主编:《失业保险》,北京,中国人民大学出版社,2000。
19. 吕学静著:《各国失业保险与再就业》,北京,经济管理出版社,2000。
20. 时正新主编:《中国社会救助体系研究》,北京,中国社会科学出版社,2002。
21. 时正新、朱勇主编:《中国社会福利与社会进步报告》,北京,社会科学文献出版社,1998。
22. 朱勇、潘屹著:《社会福利的变奏——中国社会保障问题》,北京,中共中央党校出版社,1995。
23. 白秀雄著:《社会福利行政》,台北,台湾三民书局印行,1982。
24. 刘翠宵编著:《各国残疾人权益保障比较研究》,北京,中国社会科学出版社,1994。
25. 黄素庵著:《西欧"福利国家"面面观》,北京,世界知识出版社,1985。
26. 陆士桢等:《儿童社会工作》,北京,社会科学文献出版社,2003。
27. 崔乃敏等:《补充养老保险——原理、运营与管理》,北京,中国劳动社会保障出版社,2003。
28. 王东岩主编:《劳动科学研究论文选编》,北京,地震出版社,1997。
29. 杨燕绥编著:《企业年金理论与实务》,北京,中国劳动社会保障出版社,2003。
30. 史探径主编:《社会保障法研究》,北京,法律出版社,2000。

图书在版编目(CIP)数据

社会保障概论/郑功成主编. —上海：复旦大学出版社，2005.5（2021.7重印）
（复旦博学·21世纪人力资源管理丛书）
ISBN 978-7-309-04492-8

Ⅰ.社… Ⅱ.郑… Ⅲ.社会保障-概论 Ⅳ.C913.7

中国版本图书馆 CIP 数据核字(2005)第 033655 号

社会保障概论
郑功成　主编
责任编辑/苏荣刚

复旦大学出版社有限公司出版发行
上海市国权路 579 号　邮编：200433
网址：fupnet@fudanpress.com　http://www.fudanpress.com
门市零售：86-21-65102580　团体订购：86-21-65104505
出版部电话：86-21-65642845
浙江临安曙光印务有限公司

开本 787×1092　1/16　印张 24　插页 2　字数 465 千
2021 年 7 月第 1 版第 19 次印刷
印数 88 801—90 900

ISBN 978-7-309-04492-8/F·986
定价：49.00 元

如有印装质量问题，请向复旦大学出版社有限公司出版部调换。
版权所有　　侵权必究

复旦博学：经济管理类主要教材

复旦博学·大学管理类系列教材 管理学：原理与方法（第四版），**周三多**；《管理学原理与方法》电子教案，管理学——教与学导引，**周三多**；管理心理学（第四版），**苏东水**；国际市场营销管理（第二版），**薛求知**；国际商务管理（第二版），**薛求知**；人力资源开发与管理（第三版），**胡君辰 郑绍濂**；会计学原理（第三版），**张文贤**；会计学原理习题指南，**张文贤**；现代企业管理（第二版），**王方华**；企业战略管理（第二版），**王方华**；新编组织行为学教程（第三版），**胡爱本**；生产与运营管理（第二版），**龚国华**；生产与运营管理案例精选，**龚国华**；质量管理学（第三版），**龚益鸣**；货币银行学通论（第二版），**万解秋**；市场调查教程，**范伟达**；市场营销学（第二版），**王方华**；电子商务管理，**黄立明**；现代企业财务，**张阳华**；现代投资学原理，**万解秋**；现代企业管理案例选，**芮明杰**；纳税会计，**贺志东**；有效管理 IT 投资，**黄丽华等译**。

复旦博学·经济学系列 高级政治经济学——社会主义总论，**蒋学模**；高级政治经济学——社会主义本体论，**蒋学模**；世界经济新论，**庄起善**；世界经济新论习题指南，**庄起善**；国际经济学，**华民**；统计学原理（第四版），**李洁明**；国际贸易教程（第三版），**尹翔硕**；经济学基础教程（第二版），**伍柏麟**；经济思想史教程，**马涛**；《资本论》教程简编，**洪远朋**；经济博弈论（第三版、十一五），**谢识予**；经济博弈论习题指南，**谢识予**；古代中国经济思想史，**叶世昌**；经济社会学（第二版），**朱国宏**；新编公共财政学——理论与实践，**唐朱昌**；社会主义市场经济论，**顾钰民**；经济法原理，**胡志民**；现代西方人口理论，**李竞能**；投资经济学（第二版），**金德环**；计量经济学教程，**谢识予**；当代西方经济学流派（第二版），**蒋自强、史晋川**。

复旦博学·金融学系列 国际金融新编（第三版），**姜波克**；国际金融新编习题指南（第二版），**姜波克**；现代公共财政学（第二版），**胡庆康 杜莉**；现代公共财政学习题指南，**胡庆康**；现代货币银行学教程（第二版），**胡庆康**；现代货币银行学教程习题指南（第二版），**胡庆康**；国际经贸实务（第二版），**胡涵钧**；国际金融管理学，**朱叶**；中央银行学教程，**童适平**；中国金融体制的改革与发展，**胡海鸥**；电子金融学，**杨青**；行为金融学，**饶育蕾**；金融市场学教程，**霍文文**。

复旦博学·21 世纪经济管理类研究生系列 高级计量经济学，**谢识予**；产业经济学，**干春晖**；现代企业战略，**王玉**；规制经济学，**曲振涛**；中高级公共经济学，**毛程连**；金融博弈论，**陈学彬**。

复旦博学·21 世纪人力资源管理丛书 劳动经济学，**曾湘泉**；人力资源管理概论，**彭剑锋**；组织行为学，**孙健敏**；社会保障概论，**郑功成**；战略人力资源审计，**杨伟国**；组织文化，**石伟**；组织设计与管理，**许玉林**；工作分析，**付亚和**；绩效管理，**付亚和**；员工福利管理，**仇雨临**；职业生涯管理，**周文霞**；薪酬管理原理，**文跃然**；员工招聘与人员配置，**王丽娟**；培训与开发理论及技术，**徐芳**；人员测评与选拔，**萧鸣政**；国际人力资源管理，**林新奇**；员工关系管理，**程延园**。

复旦博学·财政学系列 中国税制（第二版），**杜莉**；税收筹划，**王兆高**；政府预算管理学，**马海涛**；国际税收，**杨斌**；比较税制，**王乔**；比较财政学，**杨志勇**；国有资产管理学，**毛程连**；资产评估学，**朱萍**；政府绩效管理，**马国贤**。

复旦博学·广告学系列 现代广告学（第六版、送课件），**何修猛**；广告学原理（第二版、十一五、送课件），**陈培爱**；广告策划创意学（第三版、十一五、送课件），**余明阳**；广告媒体策划，**纪华强**；现代广告设计（第二版），**王肖生**；广告案例教程（第二版），**何佳讯**；广告文案写作教程（第二版、送课件），**丁柏铨**；广告运作策略，**刘绍庭**；广告调查与效果评估（第二版），**程士安**；广告法规管理（第二版），**吕蓉**；广告英语教程，**张祖忻**；色彩与表现，**王肖生**。

复旦博学·会计、财务管理、审计及内部控制系列 会计制度设计（十五规划），**李凤鸣**；会计信息系统，薛云奎;政府与非营利组织会计(十五规划),赵建勇;会计理论,葛家树;中级财务会计(第二版),张天西;管理会计,吕长江;高级财务会计(十一五规划),储一昀;财务管理,欧阳令南;国际会计,王松年;成本会计(十一五规划),王立彦;房地产企业会计,钱逢胜;保险公司会计,张卓奇;证券公司会计,瞿灿鑫;审计理论与案例,刘华;内部控制案例,朱荣恩;审计学原理,李凤鸣;内部会计控制制度设计,赵保卿;财务金融学,张玉明;公司理财,刘爱东;中级财务管理(十一五规划),傅元略;高级财务管理(十一五规划),刘志远;国际财务管理,张俊瑞;财务控制,朱元午;财务分析,张俊民;财务会计(十一五规划),张天西;会计英语,叶建芳;战略管理会计,夏宽云;银行会计(第二版),贺瑛。

复旦博学·工程管理系列房地产管理学(十一五规划),谭术魁;房地产金融,邓宏乾;房地产法,陈耀东;国际工程承包管理,李惠强;工程项目投资与融资,郑立群;房地开发企业会计,冯浩;房地产估价,卢新海;房地产市场营销,王爱民;工程经济学,杨克磊;工程造价与管理,李惠强;投资经济学,张宗新,杨青;财务管理概论,彭浩涛。

复旦博学·21世纪国际经济与贸易系列世界经济学,黄梅波;国际结算,叶陈刚 叶陈云;国际经济合作,湛柏明;国际服务贸易学,程大中。

复旦博学·21世纪旅游管理系列旅游经济学原理,罗明义;现代饭店经营管理,唐德鹏;饭店人力资源管理,吴中祥;旅游文化学,章海荣;生态伦理与生态美学,章海荣;旅游策划,沈祖祥;猴岛密码,沈祖祥。

复旦博学·微观金融学系列证券投资分析,邵宇等;投资学,张宗新;公司金融,朱叶。

复旦博学·21世纪管理类创新课程系列咨询学、品牌学教程、品牌管理学,余明阳;知识管理,易凌峰。

复旦卓越:适用于高职高专、实践型本科

复旦卓越·经济学系列 微观经济学,宏观经济学,金融学教程,杨长江等;国际商务单证实务,刘伟奇;市场经济法律教程,田立军。

复旦卓越·21世纪管理学系列 市场营销学教程(十一五、送课件),王妙;市场营销学实训(送课件),王妙;应用统计学(第二版、十一五),张梅琳;质量管理教程(送课件),岑咏霆;人力资源管理教程,袁蔚;管理经济学教程,毛军权;人力资源管理实务,顾沉珠;中小企业管理,杨加陆;艺术市场学概论,李万康;现代公共关系学(第二版),何修猛;人力资源管理(第三版、送课件),杨顺勇等;连锁经营管理(送课件),杨顺勇等;品质管理(送课件),周东梅;商业银行实训教程(送课件),宋羽。

复旦卓越·保险学系列 保险学,龙玉洋;工程保险理论与实务,龙玉洋;汽车保险理论与实务,龙玉国;财产保险,付菊;保险英语,刘亚非;保险公司会计(第二版、送课件),候旭华。

复旦卓越·21世纪物流管理系列教材 总顾问 朱道立 现代物流管理(送课件),黄中鼎;商品学,郭洪仙;供应链管理(送课件),杨晓雁;运输管理学(送课件),刘小卉;仓储与配送管理(十一五),邬星根;物流设施与设备,张弦;物流管理信息系统(送课件),刘小卉;第三方物流教程,骆温平;供应链管理习题与案例,胡军。

复旦卓越·21世纪会展系列 会展概论,龚平;会展营销,胡平;会展经济,陈来生;会展设计,王肖生;会展策划,许传宏;会展实务,张龙德;会展文案,毛军权;博览学,余明阳。

复旦卓越·会计学系列 基础会计(第二版),瞿灿鑫;银行外汇业务会计,陈振婷;成本管理会计,乐艳芳;管理会计学,李敏;财务管理学,孙琳;小企业会计电算化,毛华扬;审计学,王英姿。

复旦卓越·金融学新系 金融学,刘玉平;国际金融学,贺瑛;中央银行学,付一书;金融市场学,许文新;商业银行学,戴小平;保险学,徐爱荣;证券投资学,章劼;金融法学,张学森;金融英语,刘文国;国际金融实用教程,马晓青。

复旦卓越·国际经济与贸易系列 国际结算(第二版),**贺瑛**;国际贸易,**陈霜华**;国际贸易实务(英语),**黄锡光**;外贸英语函电(英语),**葛萍**;国际商务谈判,**窦然**。

新编经济学系列教材 现代西方经济学(微观经济学)(第三版),**宋承先 许强**;现代西方经济学(宏观经济学)(第三版),**宋承先 许强**;现代西方经济学习题指南(微观)(第四版),**尹伯成**;现代西方经济学习题指南(宏观)(第四版),**尹伯成**;微观经济学教程,**黄亚钧**;公共经济学教程,**华民**;社会主义市场经济学教程,**伍柏麟**;电子商务概论,**赵立平**;项目管理,**毕星**;保险学原理,**彭喜锋**;证券投资分析(第二版),**胡海鸥**;市场营销学(第三版)**徐鼎亚**;《资本论》脉络(第二版),**张薰华**;环境经济学概论,**严法善**;高级宏观经济学,**袁志刚**;高级微观经济学,**张军**。

MBA 系列教材 公司财务,**欧阳光中**;管理沟通,**苏勇**;物流和供应链管理,**朱道立**;管理经济学,**袁志刚**;概率论与管理统计基础,**周概容**;市场营销管理,**芮明杰**;投资学,**陈松男**;跨国银行管理,**薛求知**;企业战略管理教学案例精选,**许晓明**;人力资源开发与管理教学案例精选,**胡君辰**;组织行为学,**胡君辰**。

通用财经类教材 投资银行学,**贝政新**;证券投资通论,**贝政新**;现代国际金融学,**刘剑**;金融风险与银行管理,**徐镇南**;中央银行概论,**万解秋**;现代企业财务管理(第二版),**俞雪华**;保险学,**姚海明**;国际经济学(第二版),**王志明等**;财务报表分析,**欧阳光中**;国际贸易实用教程,**徐立青**;网络金融,**杨天翔等**;实用会计,**张旭霞等**。

请登录 http://www.fudanpress.com

内有所有复旦版图书全书目、内容提要、目录、封面及定价,有图书推荐、最新图书信息、最新书评、精彩书摘,还有部分免费的电子图书供大家阅读。

可以参加**网上教学论坛**的讨论,交流教学方法。

可以网上报名参编教材、主编教材、投稿出书。

填写网上调查表,可由院系统一免费借阅教材样书,教师可免费获得教材电子样书,免费获得邮寄的精品书目,并可免邮费购书一次。

请登录 http://edu.fudanpress.com

复旦大学出版社教学服务网,内有大部分教材的教学课件,请授课老师登陆本网站下载多媒体教学资源。

复旦大学出版社向使用本社《社会保障概论》作为教材进行教学的教师免费赠送多媒体课件,该课件有许多教学案例以及教学 PPT。欢迎完整填写下面的表格来索取多媒体课件。

或者登陆 www.fudanpress.com 填写网上调查反馈表,将获赠电子书一本。

教师姓名:＿＿＿＿＿＿ 职务/职称:＿＿＿＿＿＿＿＿＿＿

任课课程名称:＿＿＿＿＿＿＿＿＿ 任课课程学生数:＿＿＿＿＿＿＿＿＿

任课课程名称:＿＿＿＿＿＿＿＿＿ 任课课程学生数:＿＿＿＿＿＿＿＿＿

任课课程名称:＿＿＿＿＿＿＿＿＿ 任课课程学生数:＿＿＿＿＿＿＿＿＿

将开课课程名称:＿＿＿＿＿＿＿＿ 将开课课程学生数:＿＿＿＿＿＿＿＿

将开课课程名称:＿＿＿＿＿＿＿＿ 将开课课程学生数:＿＿＿＿＿＿＿＿

E-mail 地址:＿＿＿＿＿＿＿＿＿＿＿＿＿＿＿＿＿＿

联系电话:(O)＿＿＿＿＿＿＿＿(H)＿＿＿＿＿＿＿＿手机:＿＿＿＿＿＿＿＿

学校名称:＿＿＿＿＿＿＿＿＿＿＿＿＿＿＿＿＿＿＿

学校地址:＿＿＿＿＿＿＿＿＿＿＿＿＿＿ 邮编:＿＿＿＿＿＿＿＿＿

学校电话总机(带区号):＿＿＿＿＿＿ 学校网址:＿＿＿＿＿＿＿＿＿＿

系名称:＿＿＿＿＿＿＿＿＿＿＿＿＿＿ 系联系电话:＿＿＿＿＿＿＿＿＿

需要赠送教材样书名称:＿＿＿＿＿＿＿＿＿＿＿＿＿＿

赠送教材样书地址:＿＿＿＿＿＿＿＿＿＿＿＿＿ 邮编:＿＿＿＿＿＿＿＿

您认为本书的不足之处是:
＿＿
＿＿

您的建议是:
＿＿
＿＿

请将本页完整填写后,剪下邮寄到上海市国权路579号复旦大学出版社　罗　翔　收

邮编:200433　　　　　　联系电话:(021)65109717

E-mail:philiplaw208@yahoo.com.cn　　传真:(021)65642892

请沿此线剪下